D. グリーンナウェイ
C. ミルナー
著

産業内貿易の経済学

小柴徹修
栗山規矩
佐竹正夫
訳

文眞堂

THE ECONOMICS OF INTRA-INDUSTRY TRADE
by
©David Greenaway and Chris Milner, 1986

This edition is published by arrangement with
Blackwell Publishing Ltd, Oxford through Tuttle-Mori Agency, Inc., Tokyo.
Translated by Bunshindo Ltd. from the original English language version.
Responsibility of the accuracy of the translation rests solely with
Bunshindo Ltd. and is not the responsibility of Blackwell Publishing Ltd.

日本語訳への序文

　原著の「はじめに」のなかで指摘したとおり，本書の目的は1975年に出版されたグルーベル [Grubel]＝ロイド [Lloyd] のパイオニア文献が積み残した問題に取り掛かることであった。原書の出版以来20年以上の後に本書が日本語に翻訳されたことは私たちにとって極めて光栄なことである。産業内貿易について当時，発展中の文献を本書が整理し，その後の研究を刺激するものと私たちは期待した。未解決な理論的かつ実証的な問題が多くあり，著書や論文の形で産業内貿易の原因や意味づけについて，1980年代央以降，多数の出版物がみられることは，本書が取り扱った主題について学術的かつ政策的な研究に対する関心が持続していることを物語っている。

　産業内貿易はしばしば「新たな」貿易問題に関わってきた。最近では，貿易についての文献は「新たな」新貿易問題，とりわけ貿易における異質な企業による行動および影響が中心的な関心事となっている。貿易に与える「企業」および「産業」の影響の統合化がこれらの研究にとって重要な挑戦であり，産業内貿易のモデル構築と理解が重要であり続けると私たちは確信している。

　小柴，栗山および佐竹の3教授がこの分野の研究課題を色あせないものとするうえで非常に重要な貢献をした。これらの教授の努力によって私たちの研究が日本の多くの人びとにも身近なものとなったことに対して，私たちは心から感謝する次第である。

デビッド・グリーンナウェイ
クリス・ミルナー
ノッテンガム大学GEP（グローバリゼーションおよび経済政策）

翻訳にあたって

　経済学の分野，とりわけ国際経済学では，つねに国際経済環境が大きく変化することをうけて，理論的・実証的な研究の発展がめざましい。産業内貿易 (Intra-Industry Trade ＝ IIT) はまさにその1分野といえよう。IIT は経済理論のみならず政策面でも多くの人々の関心を集めている。ここに翻訳した原書は1986年に出版され，いまから20年以上も前に出版されたが，IIT の理論，計測，実証分析，および政策についての基本を非常に明快に記述しており，大学院だけでなく学部の授業でも基本的な教科書となると考えられる。この翻訳書（原書）は IIT 研究の嚆矢となったグルーベル [Grubel]＝ロイド [Lloyd] (1975) が出てから約10年後に出版されたものであるが，その間にも理論，計量経済学，実証分析，政策など各分野で IIT の新たな研究が次つぎと出現した。さらにそれ以降の発展も，巻末の「補論：産業内貿易論の展望」で記したとおりめざましいものである。産業内貿易への関心の深まりは世界経済のグローバリズムのもとで，製造業品を中心に貿易は拡大し，企業の経営戦略がますます無国境化（多国籍化）するとともに，所得水準の上昇につれて製品・サービスの多様化が進み，異なる国々で同一産業に属する製造業の製品への需要が喚起されるようになり，しかもその傾向が国際間でスピーディーに波及するようになったことが大きな理由の1つとして挙げられる。このような産業内での国際取引は伝統的なヘクシャー＝オリーン＝サムエルソン [Heckscher-Ohlin-Samuelson] (H-O-S) 貿易モデルでは十分に説明できない面がある。その不足を補う1つが新たな貿易パターン IIT モデルである。しかも，このような貿易パターンが今後のますます拡大する傾向にある。

　この「補論：産業内貿易論の展望」は原書がふれていないこの分野での日本における研究をサーベイするとともに，原書以降に出版されたグリーンナウェイ [Greenaway]＝ミルナー [Milner] (1987*)，サラカン [Tharakan] (1989*)，グリーンナウェイ [Greenaway]＝トーステンソン [Torstensson] (1997*)，

ブリュールハルト [Brülhalt] ＝ハイン [Hine] (eds, 1999*)，グリーンナウェイ [Greenaway] ＝ミルナー [Milner] (2005*)，グリーンナウェイ [Greenaway] ＝ミルナー [Milner] (2006*)，ならびに本研究分野の研究が多数掲載される *Weltwirtschaftliches Archiv/Review of World Economics* 誌 (2002)，138(2) や *Journal of International Economics* などを主に参照して産業内貿易の経済学を展望した。あらたな研究は経済理論や政策をはじめ，産業経済学，労働経済学などに及んでおり，関連する専門分野はますます拡大し深耕し続けている。翻訳しているそばから新たな研究が発表されており，多くの優れた研究を充分にカバーできたか不安な面もあるが，どこかで踏ん切りが必要であると判断し出版することとした。

翻訳は小柴が全体を訳しおろし，栗山と佐竹がそれぞれの専門分野から正確かつ読みやすくなるよう彫琢した。その意味でこの翻訳は共訳である。不明瞭なところは小柴がグリーンナウェイ教授およびミルナー教授から指導していただいた。翻訳がわかりやすくなったのはすべてそれらのおかげである。なお，誤訳，誤謬，誤記が残れば，すべて小柴に責任は帰する。また，最後に掲げた「補論：産業内貿易論の展望」は小柴が執筆した。

最後に，翻訳は予想を超えて長くかかったが，この間色々とご尽力をいただいた文眞堂の前野弘・隆氏には心から感謝申し上げる。

平成 20(2008) 年 2 月

訳　者

はじめに

　1975年にハーバート・G. グルーベル [Herbert G. Grubel] とピーター・J. ロイド [Peter J. Lloyd] は『産業内貿易:差別化された製品の国際貿易の理論と計測』[Intra-Industry Trade: the Theory and Measurement of International Trade in Differentiated Products] と題する著書を出版した。この著書は比較的短期間のうちに，この最新分野における標準的な研究とみなされることになった。この著書は産業内貿易の計測についての概説，産業内貿易の現象が説明できること，およびすべての OECD 加盟国について標準国際商品貿易分類 [SITC] の3桁分類での計測結果を提供した。

　グルーベル＝ロイドの著書の出版以来，もっと正確には1970年代の後半以降，産業内貿易に関し，計測，理論モデル，計量経済学，および政策的側面というあらゆる現象を探求する非常に多くの研究が現われた。最近では，産業内貿易の種々の側面が国際貿易のその他の研究課題以上に専門誌で多くのスペースを割くようになった。その理由は一部に，グルーベル＝ロイドによって与えられた刺激要因が背景になっていることは間違いない。たぶん，一層重要な誘因はディクシット [Dixit] ＝スティグリッツ [Stiglitz] (1977)，およびランキャスター [Lancaster] (1979) がおこなった一般均衡フレームワークのなかで，規模の経済と選好の多様性のモデルをつくるうえで理論的な解決がなされたことであった。その時以来，研究文献は数倍にも増えた。研究分野としてこの問題は魅力を幾つか有している。つまり，それは現実に重要だとわかっているが，国際貿易の核となっている理論（ヘクシャー＝オリーン＝サムエルソン理論）が説明しない現象を説明していることである。また産業内貿易は理論および実証の両面から，やりがいのある課題を提供している。さらに，これは種々の代替的な市場構造に関わる現象であり，この点は研究文献が多くなるのにつれてとくに重要な特徴となってきた。

　産業内貿易に関する本を執筆できるだろうかと考えたとき，著者たちは相互

に関連する3つの疑問を自らに問うた。第1に，多数のしかもどんどん増え続けている最中の研究文献を整理するうえで，いまが適切な時期なのだろうか。第2に，文献の統合化と整理をうまくおこなう十分な統一基準があるのだろうか。第3に，次からつぎへと生まれてくる研究文献がグルーベル＝ロイドの内容やアプローチよりも発展したものなのだろうか。これらの疑問に対する答は，条件が幾つかつくものの，イエスであった。本書の末尾にある参考文献はこの主題について現在達成された研究成果をある程度示している。参考文献のほとんどが，グルーベル＝ロイドの文献の後に発表されたものである。これらの文献には本質的に異なる流れがあるので，それらを完全に統合化しようとすることは現時点では非現実的である。とくに，モデルづくりと政策評価に関してはそうである。しかし，計測および実証的評価に関してだけでなく，モデルづくりおよび政策面に関しても，整理はある程度可能であると著者たちは感じた。したがって，本書の主な目的はグルーベル＝ロイドが止めたところから引き継ぎ，展望と評価をおこない，そしてそれ以降に生じた多くの発展を整理する（と著者たちは期待する）ことである。

　本書は国際貿易を専攻している学生およびこの分野の研究者のために書かれたものである。本書の内容は，大学院生および研究者が最も興味をもつものである。しかし，本書は国際貿易を専攻する学部の最終学年の学生にも理解できよう。本書は国際貿易の核となる理論および保護理論とともに，基礎的な数学や統計学にもなじんでいることが前提となっている。

　草稿の段階で本書の種々な部分を幾人かの同僚が親切に目を通してくれ，コメントをくれた。つまり，ヤコブ・コル[Jacob Kol]（エラスムス大学[Erasmus University]，ロッテルダム），アンドリア・マネスキュ[Andrea Manescu]（バンダービルト大学[Vanderbilt University])，リチャード・ポンフレット[Richard Pomfret]（ジョンズホプキンズ大学研究所[Johns Hopkins University Institute]，ボログナ），ポール・レイメント（ヨーロッパ経済協会[Economic Commission for Europe]，ジュネーブ），ボブ・ロスチャイルド[Bob Rothschild]（ランキャスター大学[Lancaster University]，およびマスュー・サラカン[Mathew Tharakan]（アントワープ大学[University of Antwerp]である。これらのコメントはすべて貴重であり，

それらがあったからこそ本書の内容を改善することができた。疑うまでもなく，これらの広範な助言にもかかわらず限界も存在する。著者たちの属する学科の学科長である G. K. ショウ [G. K. Shaw] とデイビッド・レウエリン [David Llewellyn] が励ましてくれたことに対しても謝意を表す。

　草稿はバーミンガム大学のリンダ・ウォーターマンとロフボロウ大学のスー・スペンサーがいつものように手際よく，専門的にかつ気持ち良くタイプしてくれた。編集や出版の打合わせをすばらしいものにしてくれたことに対して著者はバゼル・ブラックウェル社のスー・コルベットと彼女の同僚にも感謝する。

　最後に，著者たちの妻であるスーザンとルース，および家族のスチュアート，ダニエル，ジェイムス，およびエリザベスが支援と忍耐をしてくれたことに感謝する。1984年夏にノルマンジーへ一緒に家族ぐるみで休暇を取った折にも，本書の内容につき議論が長引いた時ですら家族はわがままをいわず忍耐強くしていてくれたことに感謝する。

　　　　　　　デイビッド・グリーンナウェイ [David Greenaway]
　　　　　　　　バッキンガム大学 [University of Buckingham]
　　　　　　　クリス・ミルナー [Chris Milner]
　　　　　　　　ロフボロウ大学 [Loughborough University]

目　　次

日本語訳への序文………………………………………………………………… i
翻訳にあたって…………………………………………………………………… ii
はじめに…………………………………………………………………………… v
表一覧………………………………………………………………………………xiii

第1章　イントロダクション………………………………………………… 1

　第1.1節　歴史的な展望 ………………………………………………………… 1
　第1.2節　本書の概要 …………………………………………………………… 4

第1部　産業内貿易理論

第2章　競争的な市場における産業内貿易……………………………… 9

　第2.1節　はじめに……………………………………………………………… 9
　第2.2節　新ヘクシャー＝オリーン流の産業内貿易…………………………10
　第2.3節　新チェンバリン派の独占的競争モデル……………………………13
　第2.4節　新ホテリング流の独占的競争モデル………………………………20
　第2.5節　結　語…………………………………………………………………26

第3章　寡占市場における産業内貿易……………………………………29

　第3.1節　はじめに………………………………………………………………29
　第3.2節　同質的な製品に関するクールノー型の企業行動と貿易…………30
　第3.3節　垂直的に差別化された製品の自然寡占と貿易……………………39
　第3.4節　水平的に差別化された製品の寡占と貿易…………………………46
　第3.5節　結　語…………………………………………………………………52

第4章　多品種製品を生産する企業，多国籍企業および産業内貿易 …54

- 第4.1節　はじめに……54
- 第4.2節　多品種製品を生産する企業と産業内貿易……55
- 第4.3節　産業内貿易と多国籍企業……61
- 第4.4節　要素移動と産業内貿易：代替的か補完的か？……67
- 第4.5節　結　語……69

第2部　計測問題

第5章　産業内貿易の計測……73

- 第5.1節　はじめに……73
- 第5.2節　幾つかの代替的な産業内貿易指数……74
- 第5.3節　標準的なグルーベル＝ロイド産業内貿易指数……77
- 第5.4節　全体の貿易不均衡に対する調整……83
- 第5.5節　集計上の問題に対する調整……90
- 第5.6節　結　語……98

第6章　産業内特化の尺度……100

- 第6.1節　はじめに……100
- 第6.2節　産業固有の特化尺度……101
- 第6.3節　国および地域固有の特化指数……103
- 第6.4節　特化傾向の国別比較……105
- 第6.5節　結　語……109

第3部　産業内貿易の実証分析

第7章　記録に基づく研究……113

- 第7.1節　はじめに……113
- 第7.2節　検討される仮説……114

第 7.3 節　1 人あたり所得と産業内貿易 …………………………………116
第 7.4 節　経済発展と産業内貿易 ………………………………………119
第 7.5 節　経済統合と産業内貿易 ………………………………………122
第 7.6 節　国のタイプと大きさ，および産業内貿易 …………………126
第 7.7 節　製品のタイプと産業内貿易 …………………………………130
第 7.8 節　結　語 …………………………………………………………131

第 8 章　方法論上の問題 …………………………………………………133

第 8.1 節　はじめに ………………………………………………………133
第 8.2 節　固有なモデルの検定 …………………………………………134
第 8.3 節　産業内貿易の発生原因に関する仮説 ………………………137
第 8.4 節　定義と計測に関する問題 ……………………………………143
第 8.5 節　結　語 …………………………………………………………154

第 9 章　計量経済学による研究と問題 …………………………………156

第 9.1 節　はじめに ………………………………………………………156
第 9.2 節　計量経済学による研究が取り扱う範囲 ……………………156
第 9.3 節　計量経済学による分析結果の概説 …………………………169
第 9.4 節　結　語 …………………………………………………………175

第 4 部　政策問題

第 10 章　産業内貿易の利益 ………………………………………………181

第 10.1 節　はじめに ……………………………………………………181
第 10.2 節　貿易の利益と特化の利益 …………………………………181
第 10.3 節　貿易利益の大きさの決定要因 ……………………………189
第 10.4 節　所得分配と貿易 ……………………………………………192
第 10.5 節　実証分析の結果 ……………………………………………195
第 10.6 節　結　語 ………………………………………………………200

第 11 章　貿易拡大へ向けての調整 ……201

 第 11.1 節　はじめに……201
 第 11.2 節　調整問題の性質……201
 第 11.3 節　調整問題と産業内貿易……204
 第 11.4 節　調整政策……208
 第 11.5 節　実証分析の結果……212
 第 11.6 節　結　語……214

第 12 章　産業内貿易と通商政策 ……215

 第 12.1 節　はじめに……215
 第 12.2 節　通商政策と新ヘクシャー＝オリーン・モデル……216
 第 12.3 節　通商政策と独占的競争……219
 第 12.4 節　国内独占モデル……224
 第 12.5 節　ゲーム理論のモデル……229
 第 12.6 節　結　語……234

第 13 章　今後の研究分野 ……236

補論：産業内貿易論の展望 ……243

 第 C.1 節　産業内貿易：産業内貿易の概念と歴史的展開 ……243
 第 C.2 節　産業内貿易理論の発展 ……250
 第 C.3 節　産業内貿易の基礎：基本的な産業内貿易モデル ……280
 第 C.4 節　限界産業内貿易 ……283
 第 C.5 節　産業内貿易の図による表現：産業トレードボックス ……292
 第 C.6 節　限界産業内貿易と産業調整問題 ……295
 第 C.7 節　産業内分業／貿易：生産プロセスの分散化（フラグメンテーション）と集積化（アグロメレーション）……311

参考文献（原書）……320

参考文献（補論） …………………………………………………………328
著者索引 ……………………………………………………………………338
事項索引 ……………………………………………………………………342

表一覧

表5.1	X_jとM_jの仮説的な値に対するB_jの値の例 ………………………	78
表5.2	SITC第7部の色々な桁で記録された英国の産業内貿易：1982年 …………	80
表5.3	産業内貿易の平均レベルでの国際比較：製造業品 ………………………	82
表5.4	英国における幾つかの代替的な産業内貿易指数の比較：1979年 …………	87
表5.5	SITC第7部（機械類および輸送機器類）の色々な分類レベル（桁）による英国の輸出と輸入：1982年 ………………………………………………	91
表5.6	標準国際貿易商品分類（改訂第2版）の色々な桁による商品グループの数 ……………………………………………………………………………	95
表5.7	製品グループ別にみた英国の産業内貿易の平均的レベル：1977年 ………	95
表6.1	製品グループ別の特化傾向：1937-69年 ……………………………………	102
表6.2	国別および地域別の特化傾向：1937-69年 …………………………………	104
表6.3	比較特化のトレンド：1973-79年 ……………………………………………	107
表7.1	SITC3桁レベルでの英国の産業内貿易の代表的または平均的なレベル（選択年に関して） ………………………………………………………	118
表7.2	産業内貿易の平均レベルと発展段階：1978年 ………………………………	120
表7.3	多国間および域内での産業内貿易指数：1975年のラテン・アメリカのケース …	122
表7.4	多国間および域内における産業内貿易指数：1977年におけるEECおよびCMEA諸国との比較 ………………………………………………………	124
表7.5	異なるタイプの国々との貿易に占める産業内貿易：1977年のスウェーデンのケース ………………………………………………………………	127
表7.6	工業国の産業内貿易指数と国の大きさ：1978年 ……………………………	128
表8.1	産業内貿易の発生原因に関する仮説の要約 ………………………………	138
表9.1	産業内貿易のクロスセクション分析：カバレッジ ………………………	157
表9.2	産業内貿易のクロスセクション分析：特徴 ………………………………	162
表9.3	産業内貿易のクロスセクション分析：分析結果 …………………………	165
表9.4	産業内貿易のクロスセクション分析：代理変数 …………………………	166
表12.1	種々の目的変数に関する色々な通商政策の効果 …………………………	218
表C.1	国別・地域別にみた製造業品の産業内貿易指数の平均値 ………………	245

表 C.2　各種の貿易パターン／貿易モデルの分類 …………………………………248
表 C.3　限界産業内貿易（MIIT）の実証研究一覧表 …………………………287
表 C.4　SAH 仮説の先行研究によって考察された調整費用の説明変数 …………302

第1章　イントロダクション

　1963年から1983年までの間に世界の輸出総額は1,540億ドルから1兆8,070億ドルへと増加した。1983年の輸出総額のほぼ60％は製造業品の輸出が占めている。過去20年のうちに多くの新興工業国が製造業品の目覚しい供給国となった。事実，1983年までに非産油途上国は製造業品の輸出総額の約11％を占めるようになった。しかし，いまでも製造業品の貿易は従来からの工業国が大宗を占め，世界の製造業品輸出の78％を占めている。さらに，1983年における製造業品の総貿易額の53％は産業内貿易であった。最近の調査により，製造業品貿易のうち，とくに工業国・地域の間で，大きな割合を占めているのは産業内貿易であることが明らかとなった。工業国間の貿易は製造業品を原材料や1次産品と交換するのではなく，製造業品同士の交換，具体的には同一製品分野での同時的な輸出と輸入の形をとるように思われる。産業内貿易として知られるようになったものはこのような現象のことである。産業内貿易が**もっぱら製造業品においてのみ**生じ，さらには工業国間の貿易で**のみ**生じるとみることは正しくなかろう。本書の第Ⅲ部で明らかになるように，産業内貿易は1次産品や原材料の貿易においても観察されるとともに，途上国の間の貿易でも生じることが観察されてきた。しかし，そうであっても，産業内貿易は製造業品の貿易において，また工業国の間の貿易において一層生じ易いということができる。その理由は，本書の第Ⅰ部と第Ⅱ部で詳しく取り挙げる。

第1.1節　歴史的な展望

　産業内の貿易についてはオリーン［Ohlin］(1933)やヒルガート［Hildgert］(1935)が言及してはいるが，産業内貿易に関して持続的な関心が寄せられる

ようになったのはごく最近のことである。この現象が注目されたのは，ほとんど偶然の出来事だといえる。1960年代初めに多くの応用経済学者はヨーロッパ経済共同体の形成によって生じる貿易パターンの展開に関心を払った。ヴァイナー [Viner] (1950) にしたがう伝統的な解釈によると，関税同盟形成の影響は産業間での特化が貿易自由化の後に生じるという。実際，このような予想は初期の一部の同盟国に対してある種の不安を与えたといっても不思議はない。とくに，農業活動への特化はイタリアとフランスで生じ，また旧ドイツ連邦共和国（旧西ドイツ）は工業活動に特化するだろうという考えがそれである。結局，初期の調査結果によれば，このような心配は根拠がないことが明らかとなった。こうしてドレッツ [Drèze] (1961)，ヴァドゥーン [Verdoorn] (1960) ならびにバラッサ [Balassa] (1965) は関税同盟形成に続く10年間に産業内特化が進行したことをみい出した。

これらの初期にみられる研究は「実証分析に基づく文献の研究」として第7章で述べる多くの研究に刺激を与えた。言い換えれば，それは色々な時期の色々な国で産業内貿易の程度がどのようのものであるのかを調べる研究であった。これはドレッツ，ヴァドゥーン，バラッサによる発見を一般化したいという強い動機づけがあった。ここには国際貿易の主力であるヘクシャー＝オリーン＝サムエルソン [Heckscher-Ohlin-Samuelson] 理論を参照しても説明されそうにない現象があった。つまり，現実には産業内貿易はどれほど一般的なものとみられるのだろうか？ こういった事実に基づく研究はグルーベル [Grubel] ＝ロイド [Lloyd] (1975) の著書により頂点に達したが，この著書は主要先進工業国のすべてに関して標準国際貿易商品分類 (SITC) 3桁レベルで産業内貿易の詳しい実証結果を明らかにした。しかし，グルーベル [Grubel] ＝ロイド [Lloyd] (1975) は産業内貿易現象の実証結果を単に示しただけではない。この著書は産業内貿易が発生し得る多くの原因を調べるとともに，政策的な意味についても若干検討を加えた。このように優れた著書が現れたにもかかわらず，ブレア [Blair] (1959) の管理価格の記述を産業内貿易に応用すること，つまり「今までと異なる現象がみられるから理論化しようとすること」は妥当なことだといえよう。1970年代央までには｛たとえば，グレイ [Gray] (1973) とグルーベル [Grubel] ＝ロイド [Lloyd] (1975) のように｝

理論化がある程度なされたが，それらは大分直感的なものであった．くわえて，1970年代央までに｛パゴウラトス［Pagoulatos］＝ソレンセン［Sorensen］(1975)は明らかに例外であるが｝，計量経済学による本格的な説明の試みはほとんどなかった．

対照的に，グルーベル＝ロイドの著書が出版された後の10年間に，このテーマに関する文献が多数現れた．とくに，理論的な研究がことのほか流行となった．その理由は1970年代末における影響力のある幾つかの出版物，とりわけディクシット［Dixit］＝スティグリッツ［Stiglitz］(1977)ならびにランキャスター［Lancaster］(1979)に基づいている．これらの文献は，一般均衡の枠組みのもとで選好の多様性と規模の経済を扱う新しい方法に洞察を加えるとともに，クルーグマン［Krugman］(1979)とランキャスター［Lancaster］(1980)による開放経済の枠組みにそれぞれ適用したものである．このようにして，きわめて多くの文献が次々と現れた．それらのなかには独占的競争のアプローチを拡張させたものもあり，またブランダー［Brander］(1981)に続いてゲーム理論の枠組みで分析したものもある．だが他にもファルヴィー［Falvey］(1981)のように，産業内貿易が新ヘクシャー＝オリーン＝サムエルソン・モデルでも生じうる状況を検討するものもあった．

計量経済学による研究への関心も同様に高まったが，研究自体は理論モデルづくりほどには活発にならなかった．その理由を理解するのはさほど難しくはない．1つには，仮定のみが異なる特定のモデルを検証するには方法論的な難しさがあること．2つには，クロスセクション分析に関わるデータの入手自体が困難であるためである．産業経済学者は市場の構造と行動の分析に関わるデータに問題があることに長い間悩まされてきた．つまり，産業内貿易はこれらの問題を開放経済の枠組みに単に押し込んでいるだけである．産業内貿易現象を経験的にではなく，理論的なモデルに構築することが魅力的なことは明らかであろう．

とはいえ，計量経済学に基づく文献も「計測」に関する文献とともに現れた．グルーベル＝ロイドの著書を読むことにより，産業内貿易の計測がそれほど複雑でないばかりか，異論続出することもなかろうと考えたとしても無理はなかろう．しかし，そうではなかったことは明らかである．最近では，多くのとて

も基本的な計測問題が定期刊行物に発表されており,それらはとりあえず一部の研究者にとってはまだ解決されずに残っている。こういった点は最近の新たな関心領域となっている。

第1.2節　本書の概要

　本書の目的の中心となるものは,産業内貿易の経済学的な側面をすべて調査することである。つまり,それは産業内貿易を発生させる原因,計測,実証,ならびにそれによって生じる政策問題である。本書は4部に分かれている。第1部は産業内貿易の理論的な説明に関しており,産業内貿易のモデルづくりに関する研究を検討する。産業内貿易現象が種々異なる市場構造に関連すると考えられるので,その内容は3つの異なる章でそれぞれ取り扱われる。これらの章は市場構造が競争的か,寡占的か,あるいは多品種製品が生産される市場もしくは多国籍企業が活躍する市場かによりそれぞれ区別される。もちろん,文献整理の方法は幾つかあるので,これらの章の間に重複はある。しかし,市場構造にしたがって区別することにより,企業の行動とその結果としての均衡の様子についての異なる意味が明らかにされる。

　第2部では,計測の問題が考察される。ここでは産業内貿易の計測と産業内特化の双方が考察される。代替的な計測尺度に関して,特徴がそれぞれ検討され,産業分類ごとの集計問題といった基本的な問題が分析される。第3部は産業内貿易の実証面の評価に関心を寄せる。このなかの1つの章は色々な記録的な研究を概観し,それらから導くことのできる推論の評価に充てられる。残る2つの章は計量経済学による研究を分析する。このうち初めの章は分析方法の問題に関しており,後の章は現在までの計量経済学による研究の結果を評価する。

　第4部は産業内貿易の政策面に関心が向けられる。貿易利益の性質と重要性が考察されるとともに,産業内貿易の枠組みのもとで貿易拡大のための調整がもたらす意味も考察される。これらの双方とも,産業間貿易の枠組みのもとで生じるものと比較した場合の意味あいが検討される。同様に,第4部では貿易

に対する介入の効果が第1部で考察したすべての市場構造について検討される。ここでは最適介入の理論を用いることにとくに関心が寄せられる。

　産業内貿易現象によって生じる問題のすべてをなんとしてでも「解き明かす」ことが本書の意図するところのものではない。そのような要求をするのは，うぬぼれであるばかりか，私たちの能力を超えていよう。理論的なものや実証的なものの双方で，多くの問題が未解決のままである。こういった理由から，私たちは将来の研究のための研究領域に関する章で本書を閉じる。それは研究課題の最終的なチェックリストにすることを意図したためではなく，将来実りある研究領域に関する私たちの独自の判断の反映なのである。もし本書が今後の研究を刺激するうえで何らかの貢献をするならば，有意義な目的に役立ったということであろう。

第1部　産業内貿易理論

第2章 競争的な市場における産業内貿易

第2.1節 はじめに

　本章では競争的市場における多数の産業内貿易モデルを概観し，それらの評価をおこなう。当該市場は，供給側に関しては費用逓減により，また需要側に関しては消費者選択が多様化していることにより，不完全競争の性質を有しているが，ひとたび貿易が開始されると比較的「小規模な」「非常に多くの」生産者が生産と交換のプロセスに参加する。こうして生産費用はある範囲の産出量水準に関しては減少することに相違ないのだが，規模の経済が生じる範囲は狭まり，かなり低い産出量水準であっても多くの生産者が共存できるようになる。このような状況のもとで，貿易が開始されるプロセスとその貿易の性質（たとえば，貿易の方向が決まるかどうか）に関心がもたれる。ところで，私たちは貿易利益に対してもコメントを加えるが，この問題の徹底的な分析は第10章まで待つことにする。

　多数の市場参加者による「独立企業同士の貿易 (arms-length trade)」の開始を予見させる幾つかのタイプのモデルが存在する。要素の賦存比率が貿易開始に影響を及ぼす新ヘクシャー＝オリーン流のモデルの検討から始めよう。つぎに，新チェンバリン派モデルに焦点をあてるが，ここでは産業内貿易は独占的競争市場で発生する。最後に，新ホテリング流のモデルが考察される。これらのタイプのモデルは独占的競争といえるが，いずれわかるとおり，これらは製品差別化の捉え方で新チェンバリン派のモデルとは著しく異なる。

第2.2節　新ヘクシャー＝オリーン流の産業内貿易

　ヘクシャー＝オリーン＝サムエルソン (H–O–S) の貿易理論は，初期の要素賦存量が各国間で異なる世界では特化と貿易が発生する余地のあることを予見している。貿易を妨げる自然的な障壁（たとえば輸送費用）や人為的な障壁（たとえば関税）がなければ，各国はそれぞれ相対的に豊富な要素を集約的に用いて生産した製品に特化するとともに，輸出をおこなうだろう。その製品と交換に希少な要素を集約的に用いて生産する製品を各国はそれぞれ輸入するだろう。本書の第1章イントロダクションで記したように，H–O–S 定理では産業内貿易が説明できないことが新たな貿易理論，つまり逓減費用と製品差別化の役割を強調する理論，を探求する重要な刺激となった。しかし，代替的な分析方法を発展させるうえで，異なる要素賦存量が貿易を発生させるうえで決定的に重要な役割を演じるかもしれないという考えを，すべてのモデルが完全に放棄したわけではなく，新 H–O–S モデルとして適切に説明することは可能である。ファルヴィー [Falvey] (1981) とファルヴィー [Falvey] ＝キャージコウスキー [Kierzkowski] (1984) は，そのようなモデルの好例である。したがって，それらについてはさらに詳しくコメントするに値する。

　ファルヴィー [Falvey] (1981) は2国・2要素の前提に基づくモデルであり，両国は資本 (K) と労働 (L) の初期の賦存量がそれぞれ異なる。H–O–S 型モデルのように，これらの異なる要素賦存量は外国の労働の価格が相対的に低く，自国の資本の価格が相対的に低いといった両国での相対価格の相違をもたらす。しかし，このモデルは2点で H–O–S 型パラダイムとは決定的に異なっている。第1に，生産要素は2種類だけだが，それらの一方（資本）は産業に特異なものである。こうして資本はある産業内では企業間を自由に移動できるが，産業間では移動しない。第2に，少なくとも1つの産業は同質的な製品ではなく差別化された製品を生産する。より具体的に言えば，製品は垂直的に差別化されている。つまり，品質によって差別化されているのである。逆に，品質はその製品を生産するために用いる労働に対する資本の量 (α) によって決

まる。異なる品質に対する需要は品質間の相対価格と消費者の所得の関数である。事実、この体系の需要面はファルヴィー[Falvey]＝キャージコウスキー[Kierzkowski](1984)によって十分精巧に工夫された。製品の種類が品質によって異なるとすれば、消費者は常に低級品よりも高級品を好むと仮定する。しかし、消費選択は所得によって制約をうける。そこで、消費者のなかには当初「低い」品質のものを消費せざるを得ないものも出てこよう。しかし、所得が上がるにつれてこれらの人々も「低い」品質から高い品質へと切り替えることになるであろう。そのプロセスは図2.1によって容易に示すことができる。B_1、B_2ならびにB_3は異なる所得水準のもとでの、しかも2つの製品、xとyの相対価格が与えられたもとでの予算制約を示している。製品yは製品xと比べて品質が「低級」であり、その価格は製品xのそれより低いと想定してある。対照的に、製品xは品質が「高級」であり、価格は高い。負の勾配をした所得・消費線ICは、所得が上昇するのにつれて品質が高級な製品の消費が増え、品質の低級な製品の消費が減ることを示している。

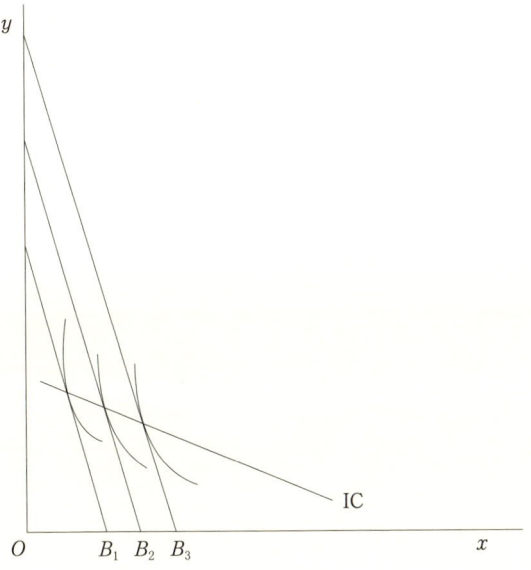

図2.1

このような設定のもとでは，産業内貿易が発生し得るばかりか，貿易の方向も決まる。それはつぎのように容易に示すことができる。ファルヴィー [Falvey] (1981) にしたがい製品の品質を α で表そう。どの α についても自国の生産費用 (π) と外国の生産費用 (π^*) は，つぎのとおりである。

$$\pi(\alpha) = W + \alpha R \tag{2.1}$$
$$\pi^*(\alpha) = W^* + \alpha R^* \tag{2.2}$$

ここで，W＝所与の賃金率，
　　　　R＝品質に固有の資本のレンタル価格，
　　　　＊＝外国を示す。

初期の要素賦存量にしたがって，$W^* < W$ ならびに $R^* > R$ とする。「品質」は資本・労働比率に基づき連続して変化すると仮定するので，自国は高級な品質帯の製品において比較優位を享受するのに対して，外国は低級な品質帯の製品に比較優位をもつだろうということが明らかになる。これまでのことからつぎの状態のもとでは限界的な品質が存在しなければならない。

$$\pi(\alpha_1) - \pi^*(\alpha_1) = 0$$

または，$W + \alpha_1 R - (W^* + \alpha_1 R^*) = 0$

したがって，

$$\alpha_1 = \frac{W - W^*}{R^* - R} \tag{2.3}$$

生産することができる他の品質はすべてつぎのとおりである。

$$\pi(\alpha) - \pi^*(\alpha) = \left[\frac{W - W^*}{\alpha_1}\right](\alpha_1 - \alpha) \tag{2.4}$$

(2.4)式から $[\pi(\alpha) - \pi^*(\alpha)] < 0$ であるかぎり，自国は比較優位を有し，一方 $[\pi(\alpha) - \pi^*(\alpha)] > 0$ のとき自国は比較劣位状態にあることは明らかである。$(W - W^*)/\alpha_1$ は常にプラスであるから，つぎのようになる。

　$\alpha_1 < \alpha$ であるかぎり，$[\pi(\alpha) - \pi^*(\alpha)] < 0$

および，

　$\alpha_1 > \alpha$ であるかぎり，$[\pi(\alpha) - \pi^*(\alpha)] > 0$。

言い換えれば，自国は限界的な品質よりも優れた品質に対して比較優位をもち，反対に，限界的な品質より劣るものに対しては比較劣位になるだろう。高

級品と低級品の両製品に対してともに需要があるかぎり，産業内貿易が発生するであろう。

資本・労働比率が高いと高品質になるという仮定にしたがい，資本豊富国はより高級な製品を輸出し，労働豊富国はより低級な製品を輸出する。

こうして，このモデルでは貿易の方向が決まる。さらに，このことは各国が相対的に豊富な要素を集約的に用いる品質の製品を輸出するとのH-O-S型モデルの説明と一致する。

したがって，これらのモデルは準ヘクシャー＝オリーンの枠組みのもとで，産業内貿易を説明するゆえに興味深いものである。実際には，垂直的差別化はよくみられる製品差別化の形態であり，生産面の相対的な資本集約度は多くの市場において存在する産業内貿易の背後にある因果関係の1つである。この種の製品に関する明瞭な産業内貿易の具体例，ならびにこういった理由の具体例は既成服の貿易や自動車のある種の貿易にそれぞれみられる。同様に，高級品は資本集約度が物理的に高いから生じるのではないといった具体例も容易に考えられる。手づくりの衣服や履物，さらには顧客の注文によってつくられた自動車はそのようなものの明らかな例である。しかし，もし熟練労働と非熟練労働を区別できるとすれば，つまり言い換えれば，人的資本の蓄積を認めることができれば，製品構成と貿易の方向に関するこのモデルの核心的な命題は変わることがないだろう。ファルヴィー［Falvey］(1981) ならびにファルヴィー［Falvey］＝キャージコウスキー［Kierzkowski］(1984) は議論をさらに進め，要素価格が変化するのにつれてα_1の大きさも変わるであろうし，通商政策の内容によってもそれは色々と変わり得ることを明らかにした。しかし，これらのことは第10章で探求する問題である。しばらくの間は他の形の製品差別化と規模の経済の役割を考察しよう。

第2.3節　新チェンバリン派の独占的競争モデル

産業内貿易を説明する別のアプローチがディクシット［Dixit］＝スティグリッツ［Stiglitz］(1977) の独占的競争の分析に基づいてなされており，これ

を新チェンバリン派の独占的競争と呼ぶことができる。この分野で発展したモデルの大部分は相対的な要素賦存量とは関係なしに貿易を説明する。しかし，いずれわかるように，このような考え方のうちの1つのモデル｛ローレンス[Lawrence]＝スピラー[Spiller] (1983)｝では要素賦存量を産業内貿易の要因として含んでいる。相互に利益をもたらしあう貿易の機会を創出する力とは，生産における費用逓減と製品差別化である。

ファルヴィー・モデルと比較して直ちにわかる違いは，製品が垂直的に差別化されているのではなく，**水平的に差別化**されていると仮定していることである。言い換えれば，特定の製品について選択可能な品種は，実際の属性または人々が認知する属性においてそれぞれ異なっているのである。製品が垂直的に差別化されていれば，消費者は製品の品質にしたがって選択肢を順序づけると想定できるが，水平的な差別化の場合は，ある同一の品質について選択可能な色々な品種に対する選好は消費者によって異なり，消費者誰もが同意するような順序づけが1つだけ存在するということはない。単純な例を挙げてみよう。消費者は誰もが絹製のネクタイの方がポリエステル製のネクタイよりも品質的に優れていると順序づけるかもしれない。しかし，誰しもが赤色の絹製ネクタイより青色の絹製ネクタイを好むとはかぎらないであろう。この考えは消費者理論のランキャスター派のアプローチとつながっており，製品は選択可能な属性の組み合わせとみなせるとともに，生産者たちは消費者側の選好の多様性にアピールするために，色々な品種を売り出している。しかし，新チェンバリン派では製品は水平的に差別化されているが，製品が消費者の効用関数にどのように入ってくるかについてはランキャスターが考えたものとは異なっている。したがって，1つの品種を他のすべての品種より選好するのではなく，消費者はできるだけ多くの異なる品種を消費しようとすると仮定する。こういった行動パターンは，この第2.3節で検討するランキャスター派モデルや新ホテリング流のモデルに関するものとはいくらか違った均衡をもたらす。

基本的な新チェンバリン派モデル

新チェンバリン派モデルの例は，クルーグマン[Krugman] (1979, 1980,

1982),ディクシット[Dixit]＝ノーマン[Norman](1980),ならびにヴェナブルズ[Venables](1984)にみられる。これらのモデルの基本的な特徴はクルーグマン[Krugman](1979)を参考にして示すことができる。

クルーグマンは多数ある製品 (i) の組み合わせのうち幾つかの組み合わせが単一要素(労働)によって生産される経済から議論を始めている。単純化のために,製品はすべて以下のような等しい費用関数をしている。

$$1_i = \alpha + \beta x_i \tag{2.5}$$

ここで,α と β は固定費用と限界費用をそれぞれ意味し,x は産出量を意味する。固定費用を考慮することによって,平均費用が産出量の増加とともに減少する状態が明らかに生じる。

この経済の需要側に関しては,個々人はすべて等しい効用関数を有し,さらに品種はすべてつぎのように対称的に効用関数のなかに入ると仮定する。つまり,

$$u = \sum_{i=1}^{n} v(c_i) \tag{2.6}$$

である。このように設定すると,個々の生産者はそれぞれつぎのように利潤を極大にしようとする。

$$\Pi_i = p_i x_i - (\alpha + \beta x_i) w \tag{2.7}$$

ここで,w は競争的に決まる賃金率である。自由参入が想定されているので,利潤がゼロでないかぎり参入や退出をもたらし,均衡においてはつぎのようになる。

$$p_i x_i - (\alpha + \beta x_i) w = 0 \tag{2.8}$$

つぎに,この関係を代表的企業の価格と産出量を表すために利用することができる。(2.8)式から次式が導ける。

$$\frac{p}{w} = \beta + \frac{\alpha}{x} \tag{2.9}$$

各企業が設定する価格は,つぎのとおりである。

$$p = \left[\beta + \frac{\alpha}{x}\right] w \tag{2.10}$$

つまり,価格は平均費用に等しく,これはまた(利潤がゼロという条件では)平均収入にも等しい。品種はすべて消費者の効用関数のなかに対称的に入って

16　第1部　産業内貿易理論

くるので，同一の品種を生産する企業は2つとない。つまり，**どの**企業もそれぞれ**異なる**品種を生産するであろう。こうして生産された各品種の産出量はそれぞれ各消費者の消費量を消費者全体で集計したものでなければならない。つまり，

$$x_i = Lc_i \forall_i \tag{2.11}$$

ここで，

$$L = \sum_{i=1}^{n} 1_i \tag{2.12}$$

である。[訳注：労働力(L)はすべて完全雇用されていると仮定する。]
(2.11)式は各企業の産出量を表している。モデルが対称的であるので，生産される品種はすべて同一価格で販売され，同じ量だけ生産されるであろう。残る問題は生産される品種の数 (n) を決めることだけである。これは生産条件によって決定される。より具体的にいえば，生産要素はたった1つしかないから，労働力の大きさによって決定され，それは代表的な品種を1つ生産するのに必要な労働力である。つまり，次式のとおりである。

$$n = \frac{L}{1_i} = \frac{L}{\alpha + \beta x} \tag{2.13}$$

　国際貿易がおこなわれる可能性を検討するために，第2番目の経済があり，しかもその経済は自国の経済とすべての点で等しいと単に仮定しよう。ここで，もし輸送費用がかからないと仮定すれば，自給自足状態では等しい範囲のなかにある品種が両国で生産されるとしても，差別化された製品の貿易が開始される。なぜかといえば，企業は他の企業と同じ品種を生産する誘因がないからである。とにかく，生産可能な品種はどれも消費者の効用関数のなかに対称的に入ってくる。こうして，貿易がひとたび開始されれば，製品差別化は一層進行する。貿易開始後における均衡の性質は，すべての品種の価格が等しく，またすべての品種の産出量はみな等しいという自給自足状態の均衡の性質と似たものになるであろう。さらに，等しい品種を生産する企業は2つとないので，品種はどれも1つの国でしか生産されないであろう。各消費者は自国の品種 ($1, \cdots, n$) の消費はもとより，外国の品種 ($n+1, \cdots, n+n^*$) の消費もおこなうことによって，自己の効用：

$$u = \sum_{i=1}^{n} v(c_i) + \sum_{i=n+1}^{n+n^*} v(c_i) \tag{2.14}$$

を極大化するであろう。貿易開始後に両国が享受できるようになった品種の数 $\{n+n^*$, ただし $n=L/(\alpha+\beta x)$, ならびに $n^*=L^*/(\alpha+\beta x)\}$ は,両国がそれぞれ自給自足状態で享受できる品種数よりも多いことから,両国にとって厚生面での利益が生じるであろう。くわえて,生産規模の拡大によって単位費用と価格を引き下げられることからも利益が生じよう。最後に,品種の数は決まるが,どの品種がどちらの国で生産されるかについては決められない。言い換えれば,貿易の方向は決まらない。

クルーグマン［Krugman］(1979)モデルは,逓減費用と(水平的な)製品差別化を導入することによって同質的な経済同士であっても,産業内貿易がどのように発生させられるかについて明らかにしている。このような見方はディクシット［Dixit］＝ノーマン［Norman］(1980),ならびにクルーグマン［Krugman］(1980, 1982)が導いたものと似ている[注1]。この問題に対するアプローチには限界があることに関してコメントする前に,この分析に関して2つの発展がみられたことを記しておかなければならない。つまり,それらはヴェナブルズ［Venables］(1984),ならびにローレンス［Lawrence］＝スピラー［Spiller］(1983)の論文である。

基本モデルへの拡張

ヴェナブルズ［Venables］(1984)はいままで議論したクルーグマン・モデルと類似の対称的な性質をもつ新チェンバリン派モデルをつくって分析をおこなっている。ただし,このモデルは差別化された製品とともに(費用一定のもとで)同質的な製品の生産がそれぞれの経済でおこなわれることを認めている。ヴェナブルズの論文で重要な点は,｛クルーグマン［Krugman］(1980)モデル,ならびにディクシット［Dixit］＝ノーマン［Norman］(1980)モデルと同様に｝,クルーグマン［Krugman］(1979)モデルがより広いモデル・グループのなかで,特殊なケースであることを示していることである。クルーグマン［Krugman］(1979)は,「...このモデルは規模の経済が企業にとって外生的

な場合に当てはまる多数均衡の制約を受けるものではなく，このために得られた結論の重要性を損なうものではない」(470ページ)と主張しているが，ヴェナブルズはそうではないことを示している．事実，このモデルは多数均衡の可能性を示しており，そのすべてが安定的であるというわけではない．このモデルのパラメーターをごくわずかに変えることで，ある均衡から他の均衡へモデルをシフトさせることができる．また，ヴェナブルズは産業内貿易が**なくても**安定的な均衡が実現可能であることを示している．言い換えれば，ある経済が差別化された製品に完全特化することが実現可能である．こうして，ヴェナブルズ・モデルは（差別化された製品の産業内貿易を発生させるが，貿易の方向は決まらない）クルーグマンと似た性質の均衡をもたらすことができるが，均衡は1つだけしか存在しないわけではなく，したがってクルーグマン・モデルの一般性が疑われる．

クルーグマンと同様に，ヴェナブルズは生産条件や，消費者の選好ならびに初期の要素賦存量が各国でそれぞれ対称的な状況について検討を加えている．ローレンス[Lawrence]＝スピラー[Spiller](1983)はディクシット＝スティグリッツ型の効用関数を前提としているが，彼らは生産条件の異なる状態を分析している．彼らは2つの産業部門（相対的に労働集約的で同質的な製品部門と相対的に資本集約的で製品差別化された製品部門）を仮定するばかりでなく，企業が差別化された製品部門に参入したければ，初めに出資をおこなわなければならないと仮定する．出資は製品を差別化するために必要な市場調査にともなう固定費用として考えることができよう．最後に，初期の要素賦存量は両国で異なると仮定する．このモデルはクルーグマン・モデルと興味深い類似性をもつと同時に，対照をなしてもいる．クルーグマン・モデルのように貿易開始によっても，品種の総数 $(n+n^*)$ は自給自足のときと変わらない．ただし，$n\ (n^*)$ はクルーグマン・モデルでは $L\ (L^*)$ で決定されるが，このモデルでは資本ストックの絶対額によって決定される．これは固定資本への出資が参入に**先立って**必要だという仮定から生じている．

クルーグマン・モデルの場合と同様に，品種によっては生産地（国）が変わるものもある．しかし，この場合，生産国の変更に関していえることが幾つかある．要素賦存量と要素集約度に各々違いがあるために，資本豊富国で生産さ

れる品種の数は貿易が開始されると増える。（一方，労働豊富国で生産される品種の数は貿易が開始されると減る。）また，生産の規模は資本豊富国では拡大する。（その結果として，当然，労働豊富国は競争的な部門である同質的な製品の生産を拡大する。）こうして，差別化された製品部門は独占的競争の状態にあるが，（ファルヴィー・モデルと同様に）初期の要素賦存量が異なるという仮定の導入により，貿易の**方向**に関して何がしか説明ができるようになる。実際，この点に関する予測は資本が相対的に豊富な国が資本集約的な（差別化された）製品に特化し，それを輸出するとともに，労働が相対的に豊富な国は労働集約的な（同質的な）製品に特化し，それを輸出するといったことで，ファルヴィーやクルーグマンとどこか似かよっている。

新チェンバリン派モデルの限界

　新チェンバリン派モデルは，要素賦存量と関連するかしないかは別として，逓減費用と製品差別化が貿易のおこなわれるための基礎を与える枠組みを提供している。貿易利益は製品の品種が増えたり，生産規模が拡大することから得られる。したがって，これらのモデルには産業内貿易に関連する幾つかの要素を説明するうえで魅力的である。しかし，構造面から生じる限界が幾つか存在する。

1. 効用関数を特定化するうえの仮定，とくに品種がすべて効用関数に対称的に入るという仮定には疑問が生じよう。このことは消費者が品種間の選好を常におこなうものとみられる日頃の観察事実とは矛盾するのみならず，製品に多様化を過度に生じさせないことを意味する。新しい品種が導入されるかぎり，それらの品種といままでの品種との違いがどれほど僅かなものであったとしても，新品種は消費者利益を増大させるであろう。
2. 製品の多様性は要素供給と生産条件によってのみ決定され，需要に関しては何であれ何の役割も果たさない。
3. 上述の第2点に関することは，企業の品種選択のプロセスならびにこの決定に影響を及ぼす要因が無視されているということである。
4. クルーグマン・モデルでは，貿易拡大への調整プロセスは費用がかからな

い。企業は費用を一切負担せずに生産する品種を変えることができる。この点は固定資本への出資がどの新しい品種を導入するにも**予め必要な条件**となっているので，ローレンス＝スピラー・モデルには適用されない。しかし，仮定されていないもう1つの潜在的な調整費用は，ひとたび貿易が始まると特定の品種は消滅するかもしれないといったことである。消費面で対称性が仮定されているので，この点は問題にはならない。

5．もし初期における要素賦存量が国によって異なっていることを認めなければ，貿易の方向は決まらない。

第2.4節　新ホテリング流の独占的競争モデル

競争的な市場構造のもとで，産業内貿易モデルの選択可能なもう1つのアプローチは，新ホテリング・モデルによってもたらされる。（たとえば，貿易構造と貿易の方向に関する考えについては）新チェンバリン派モデルと似た点が幾つかあるが，新ホテリング・アプローチは1つの点で決定的に異なっている。つまり，それは効用関数のモデルについてである。新チェンバリン派のアプローチでは，水平的に差別化された製品の品種がすべて対称的に効用関数のなかに入る。これに対して新ホテリング・アプローチでは，それが非対称的であると仮定する。選好が多様であると仮定すれば，消費者は誰もがある製品の選択可能な品種に対して異なる選好を有している。このアプローチは，元来，ランキャスター［Lancaster］(1966)で概説されたように，消費者行動についてのランキャスター派の分析に基づいており，ランキャスター［Lancaster］(1980)の産業内貿易モデルとしてよく知られている。

基本的な新ホテリング・モデル

ランキャスター派のアプローチの要点は，製品が効用の直接の目的物となるのではなく，属性もしくは特性の組み合わせだという点である。図2.2(a)に示したように，最も単純な2次元の場合でみてみよう。ある製品がxとyの2

つの特性を有し，しかもそれらがスペクトル VZ に沿って連続的に変化すると仮定する。もしこのスペクトル上の任意の点がそれぞれ各品種の**仕様**を表すならば，混在する品種の数は明らかに無数存在する。a_1 上またはその近くに位置する品種は相対的に x 集約的である。一方，a_2 上またはその近くに位置する品種は相対的に y 集約的である。これとは異なる代替的な表現方法がヘルプマン［Helpman］(1981) によって与えられ，図 2.2 (b) に再掲してある。1 本の直線を描く代わりに，1 つの円が用いられ，その円周上の 1 点によって製品の品種がそれぞれ示される。1 本の線を用いた説明に比べ，このアプローチの利点は，片側には品種が何の仕様も存在しない 1 本の線の両端にみられる特別な仮定を設定しなくてもよいことである。つまり，線の場合では両端上に位置する最後列の品種は（他のすべての品種に比べ）半分の市場でしか取引されない。これに対して，円の場合にはそういった問題はない。

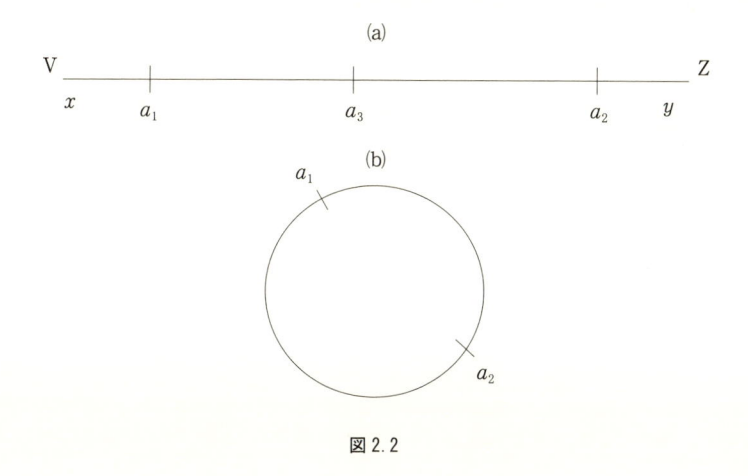

図 2.2

もし消費者が色々な選好を有していれば，所与の人口のもとで，各々の個人はそれぞれ最も好む異なる品種あるいは理想的な仕様を得るであろう。簡単化のために，品種それぞれに対する総需要がそれぞれ等しく存在するようにスペクトル全体にわたり（あるいは円の周りに）消費者が等しい密度で分布していると仮定することができる。こうして実際に生産される品種数が潜在的に需要される品種数よりも少ないときは，消費者のなかには一方で最も好む品種を消

費できるものもいれば，他方では理想的でない品種を消費せざるをえなかったり，あるいは製品をまったく消費しないものもいるであろう。消費者が理想的でない品種に対応しなければならない場合，（所得が決まっているとして）その品種に対して消費者が自ら支払おうとする価格は，この品種がその消費者の理想のものから離れている距離に反比例する。言い換えれば，この品種がその消費者の理想の品種からスペクトル上で離れていればいるほど，消費者が支払おうとする価格は低くなる。これを円で説明すれば，この消費者の理想とする品種から入手可能な品種までの弧の距離ということになる。消費者が図 2.3 に描いた補償関数 $h(V)$ をもつと仮定する。そうすると，消費者の理想の品種から入手可能な品種が離れていればいるほど，入手可能な品種を消費者に購入させるうえで必要な補償はますます大きくなる。つまり，消費者が自ら支払おうとする価格はますます低くなる。{関数 $h(V)$ は線形で増加せず，端の方では補償が増える必要があることに注意されたい。}

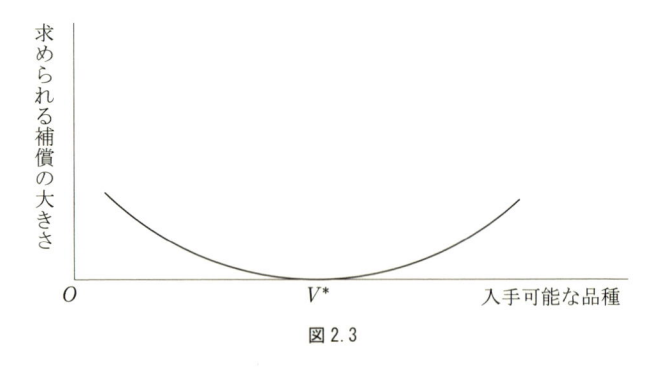

図 2.3

最後に，効用関数に関して 1 つの重要な特徴が注意されねばならない。それはランキャスターが非結合性として言及したことである。これも図 2.2 を参考にして描くことができる。もし入手可能な品種が a_1 と a_2 しかないとすれば，理想とする品種が a_3 の消費者は a_1 と a_2 を別々に買うことができないし，a_3 を得るために a_1 と a_2 を結合させることもできない[注2]。

各品種の生産者は逓減費用にしたがうと仮定する。これは最終的に生産される品種数が有限である（したがって，消費者のなかには最も好む品種が得られないものもいる）ことを意味する。企業が市場に参入すると，企業は製品をど

れほど販売するかを決めるだけでなく，品種の仕様をどうしたらよいのかも決定しなければならない。利潤極大行動は市場で同じ品種を生産する企業が2つとないことを十分保証する。さらに，選好の密度分布が一様であることと深く関わる自由参入は，生産される製品の仕様が製品スペクトル上で等間隔の距離にあり，各品種はそれぞれ等しい市場空間を有し，しかも同一価格で販売されることを十分保障する。n 種類の品種を生産し，（P＝AC，価格＝平均費用により）利潤がゼロとなる n 社の企業によるこの均衡は，ランキャスターによって**完全な独占的競争**と呼ばれている。

> というのは，それは仕様に対する選択が完全に弾力的で，結託はおこなわれず，しかも自由で希望したとおりに参入が認められる条件のもとで，完全情報の消費者と向かい合った完全情報の企業の間のナッシュ均衡を意味する。(157ページ)

このモデルでは同質的な製品と考えられる「外部製品」を生産する産業部門も存在し，この部門は収穫逓増のもとで生産される差別化された製品と対照的に，収穫一定のもとで生産がおこなわれる（農産品）。

このような設定のもとで，産業内貿易が開始されることを示すために，ランキャスターは上述した特徴のすべてを有し，どのような点でも等しい経済が2つ存在すると仮定する。後者の特徴が存在するために，両国経済の自給自足的な均衡の性質が等しいことが保障される。逆に，このことからもし貿易の機会が与えられれば，それぞれ別々の経済は1つの大きな経済を有効に形成できることが保障される。貿易の開始とそのための調整がおこなわれることが上で議論した封鎖経済の場合と関連したことによく似ているのである。言い換えれば，差別化された品種はそれぞれ1つの企業によってしか生産されず，したがって1国でしか生産されない。生産される各品種の生産量の半分が国内市場で販売され，他の半分は輸出される。両国経済がいかなる点でも等しいかぎり，貿易開始後の均衡では各国で生産された品種の数はどちらの国についても等しいであろう。下添字の1と2によって両国を表せば，$n_1 = n_2$ である。差別化された製品は逓減費用のもとで生産されるから，均衡の性質は次式のとおりである。

$$n_1^T + n_2^T > n_1^A + n_2^A \tag{2.15}$$

ここで,上添字の T と A は貿易開始後の均衡と自給自足のもとでの均衡をそれぞれ表す。したがって,可能となる品種の総数は増えるであろう。

収穫一定のもとで,ある同質的な製品 X(農産品)を生産すると同時に,収穫逓増のもとである差別化された製品 Q(製造業品)を生産する似かよった経済を仮定すれば,貿易開始後の均衡の性質はより正式にはつぎのように表すことができる。

$$Y_i = X_i + 2n_i pQ \tag{2.16}$$
$$V = X_i + n_i C(2Q) \tag{2.17}$$

ここで,(2.16)式は第 i 国で生じた所得を表し,(2.17)式はその資源制約を表す。利潤極大化と独占的競争産業での自由参入を仮定すれば,

$$p_i = \frac{C(2Q)}{2Q} \tag{2.18}$$

したがって,

$$Y_i = V, \ \forall_i \tag{2.19}$$

である。(2.17)式で資源制約が与えられれば,両国の貿易収支は

$$T_1 = (V - X) - (n_1 C(2Q) - p(n_1 - n_2)Q) \tag{2.20}$$

ならびに,

$$T_2 = (V - X) - (n_2 C(2Q) - p(n_1 - n_2)Q) \tag{2.21}$$

貿易が均衡するために $T_1 = T_2$ と仮定することで,つぎの「収支均衡条件」が生じる。

$$(n_1 - n_2)(2pQ - C(2Q)) = 0 \tag{2.22}$$

n_1 と n_2 の組み合わせはどれもこの条件と斉合する。さらに,製品に対する需要の所得弾力性が 1 またはそれを上回るかぎり,これらの均衡状態はすべて安定的である。

したがって,基本的なランキャスター・モデルでは産業内貿易が選好の多様性と逓減費用の結果として発生する。クルーグマン・モデルと同様に,貿易の一般的なパターンと大きさは予見できるが,貿易の方向は予見できない。貿易利益は両国が規模の経済を享受することから利益が得られる可能性から生じ,その可能性によって製品の品種が増えることによって得られる利益とともに,製造業者に対しては製品の価格を下げさせる。しかし,品種数の増加について

は，性格的には新チェンバリン派モデルに関するものとは質的に異なっており，製品スペクトル上の品種間の平均距離は貿易開始前と比較して貿易開始後は短くなる。結果として，消費者のなかには自給自足状態に比べ貿易開始によって理想とする品種に近づくものも出てくる。

基本モデルの拡張

前節で述べた基本モデルは，2つの経済がどの点からみても等しいという極端な場合を取り上げている。このモデルはヘルプマン［Helpman］(1981)と同様，ランキャスター自身もおこなったように比較的容易に拡張することができる。例えば，ランキャスターは（消費者の数で測った）国の大きさを変えてみた場合を検討している。こうした状況では，「偽りの比較優位」が生じる。差別化された製品の生産は初期の規模の経済にしたがわざるをえないので，自給自足の状態のもとでは「偽りの」比較優位の考えにしたがい，大きい国ほど明らかにより低い費用で所与の品種を生産するであろう。産業内貿易も依然として生じるが，各国で生産される品種の数は国の大きさに比例する。こうして均衡においては，小さい国ほど（大きい国ほど）生産可能な品種の総数の半分以上（以下）の数を輸入する（このことはそれ自体，検証可能な興味ある命題である）。しかし，このケースで特別に興味深い性質は，小さい国ほど1人あたりの貿易利益を一層多く獲得するという点で，貿易利益が不均等になる点にある。（対照的に，同質的な国の場合では1人あたりの貿易利益が両国で等しい。）

ヘルプマン［Helpman］(1981)と同様に，ランキャスターも貿易をおこなう経済同士で初期の要素賦存量に違いがある H-O-S フレームワークにモデルを拡張させた。この場合でも，産業内貿易は依然として生じるとともに，貿易の方向についても予見することができる。製造業は相対的に資本集約的で，農業は相対的に労働集約的であると仮定すると，資本豊富国は農業にではなく製造業品を高い割合で生産するであろうし，（その反対のことが労働豊富国の場合に当てはまる）。資本豊富国は製造業品の純輸出国となり，他方，労働豊富国は農産物の純輸出国となるであろう。もちろん，このことは H-O-S 定理の予見と一致する。しかし，この産業間貿易に加えて，各品種はそれぞれ1つの

国でしか生産されないから，製造業品では産業内貿易もおこなわれる。産業内貿易に対して産業間貿易が相対的に重要である理由は，初期の要素賦存量の相違に基づく。他の条件が同じであれば，これらの初期の賦存量の間における差が大きければ大きいほど産業間貿易の相対的な重要性が大きくなる。

新ホテリング流の独占的競争と新チェンバリン派の独占的競争

　これまでの節では完全な独占的競争のもとで産業内貿易の新チェンバリン派モデルと新ホテリング流のモデルの間にみられる様々な類似性を明らかにした。両者の根本的な相違点は需要の分析にある。しかし，この点はまたモデルの構造と性質の双方に重要な意味をそれぞれ与えている。議論の余地があるが，おそらく新ホテリング・モデルの多様な選好の仮定の方が新チェンバリン派の解釈に比べて一層説得力がある。つまり，新ホテリング・モデルでは，他のすべての仕様よりもある特定の仕様の方が選好されるという新チェンバリン派モデルとは異なり，すべての品種がどれも等しく選好されるとみなされる。また，この仮定は企業行動，ならびに貿易開始の際の調整に関しても重要な意味をもっている。企業はそれぞれ価格と同様に，複数の決定変数に直面している。つまり，企業は参入に先立って仕様に関する決定を下さなければならない。さらに，調整費用の考え方はひとたび貿易が発生すれば，国内でいままで生産されていた品種のなかには外国で生産されるものも出てくるので，かなりの意味を有しているのである。

　両者のアプローチにみられる類似性に関しては，$n/2$ の品種は国内で生産され，（双方の経済が同質的な場合には）産出量の半分が国内で消費され，残りの半分が輸出される。もし初期の要素賦存量に相違がなければ，どちらのアプローチでも貿易の方向は予見できない。

第2.5節　結　語

　本章では，均衡において「多」数の主体が差別化された製品の生産と消費を

おこなう**独立企業の間に生じる**産業内貿易に関する二者択一的なアプローチを検討した。ここにみたモデルのすべては自由参入モデルであり，それらが意味するところは製品を差別化させる費用は一切無視し得るとともに，または（内部的な）規模の経済は生産の最小効率規模が市場全体に比較して小さいという形で制限されている。また，モデルはすべて市場が分断（セグメント）化されておらず，統合化されていると仮定している。つぎの2つの章でこれらの仮定を緩め，生産の最小効率規模が市場全体に比べて大きく，企業内貿易が重要となる分断化された市場における産業間貿易を考察する。当面，本章で概説したモデルに関して若干一般的なコメントをして締めくくろう。

議論したアプローチのすべてが歴史的には最近のものばかりであり，ディクシット［Dixit］＝スティグリッツ［Stigliz］(1977)とランキャスター［Lancaster］(1979)の先駆的な業績から大いに刺激を受けている。その内容全体をみわたすと，このような研究は幾つかの点で重要であり，大きな影響を与えるということができる。第1に，そしておそらく最も明らかなことは，ここで議論したモデルは国際貿易の顕著な特徴として知られているが，伝統的なH-O-S定理では説明できない現象に対して筋のとおった説明を与えている。第2に，これらのモデルは産業間貿易と産業内貿易が同時におこなわれる理由の説明ができる一般均衡の設定のなかにますます組み込まれている。第3に，製品差別化の性質と消費者行動の性質に関する二者択一的な仮定によって，均衡の内容がまったく根本的に異なるものとなったり，均衡の内容が競合的な仮説を生み出せるものになることが明らかになった。たとえば，ファルヴィー・モデルでは初期の要素賦存量の違いが産業内貿易の発生にとって必要条件であるが，一方，新チェンバリン派モデルにとっては要素賦存量の類似性が産業内貿易に一層関係しているように思われる。実証分析の問題は，第8章と第9章まで待つことにし，貿易利益に関する多くの問題とこれらのモデルによって投げかけられた通商政策介入のインパクトについては第4部まで待つことにする。

第2章の注
(注1) クルーグマン［Krugman］の(1979)モデルと(1982)モデルの間の1つの重要な違いは，(1982)モデルは生産の規模が貿易開始によっても変わらないことである。それによって何が生じたのかといえば，所与の企業の産出量の半分が輸出されることだけである。こうしてこのモデルでは，貿易利益は製品の品種が増えることによって生じるだけである。

(注2) 実際には，このようなことはもちろんある種の製品については実現可能かもしれない。

第3章　寡占市場における産業内貿易

第3.1節　はじめに

　第2章では競争的市場のもとで産業内貿易を生じさせるモデルを考察した。このようなモデルは「多数ケース」と呼ぶことができよう。本章では関心の的を現実の寡占的な市場において戦略的な相互依存の問題がいたるところでみられる市場に移すことにしよう。封鎖経済の条件のもとでは寡占行動のモデルをつくるうえで遭遇する問題が，経済理論の専門家の心を長年の間さらってきた。とくに，企業の推測的変動の仮定，つまり価格や産出量，ならびに宣伝広告支出等を変化させる自己の決定に対する競争者の反応を予想することに関して，代替的な仮定がどの程度妥当するのかということを吟味せざるを得なくなった。本章でみるように，産業内貿易を発生させる国際寡占モデルの構築を容易にさせるようなしかるべき行動仮定が強く求められる。

　推測的変動に関する選択可能な仮定は，参入条件や製品の仕様に関する選択可能な仮定とあわさって，異なる貿易パターンと貿易の方向を生じさせる。基礎がしっかりしたミクロ経済理論の幾つかの概念の上に組み立てることにより，極めて多くのモデルが過去4〜5年のうちに発達してきた。分析を操作可能なものとするために，とくに3つのタイプのモデルに焦点をあてよう。つまり，同質的な製品の貿易，垂直的に差別化された製品の貿易，ならびに水平的に差別化された製品の貿易を生じさせるモデルについてである。そうすることにより，読者は各モデルの背景にある直感的な特徴を理解するとともに，モデルごとに特有な仮定が果たす役割をつかむことができるだろう。

　第3.2節は推測的変動がゼロの仮定に立脚し，同質的な製品の産業内貿易を生じさせるモデルに焦点をあてる。第3.3節は企業行動が一層複雑であり，垂直的に差別化された製品の産業内貿易が発生するモデルに視点をあわせる。第

3.4節では，寡占的な相互依存性がどのように水平的に差別化された製品の貿易を発生させるのかについて考察を加える。最後に，第3.5節は以上の3つのタイプのモデルを比較し，結論を幾つか述べる。

第3.2節　同質的な製品に関するクールノー型の企業行動と貿易

推測的変動の欠如

　理論的な扱いを難しくさせる寡占市場の基本的な特徴は戦略的な相互依存性によって不確実性が引き起こされることである。市場で企業は，それぞれ市場全体に対して規模がとても大きいので，価格や産出量の決定は競争相手の企業に直接影響を及ぼすに違いない。したがって，決定後どのような結果が生じるかは，競争者の戦略的な反応によって決まってくるに違いない。しかし，結託がおこなわれなければ，どの企業も価格や産出量の変化が他の企業によってどのような対応がなされるのかに関しては定かでない。したがって，企業は誰も競争者の反応を予想しなければならず，そのプロセスは通常「推測的変動」[注1]といわれる。

　クールノー［Cournot］(1838) の論文は，寡占行動をモデル構築する最初の本格的な試みとして広く知られている。寡占問題に対する彼の答えは，実際には，その問題を無視することであった。クールノーは複占モデルを開発したが，そこでは企業が自己の産出量を決定するさいにそれぞれ相手企業の産出量を与えられたものとして考える。実際，推測的変動は存在しないものと仮定し，戦略的な相互依存性はその場合，都合よく無視されている。このように，複雑なことを無視することによって，うまい具合に企業はそれぞれ同一の価格を設定し，完全競争市場で生産される量の半分を供給し合うといった解が得られるモデルとなる。大部分のミクロ経済学のテキストは，クールノーの仮定を素朴で均衡へ向かう非現実的な調整過程をもたらすものとみている。にもかかわらず，寡占モデルに解が存在し，しかも解は安定的であることから，クールノーの仮定は産業内貿易の分析が最近も引き継がれている寡占理論の歴史のな

かで1つの地位を築いている。とりわけ，ブランダー［Brander］(1981)，ブランダー［Brander］＝クルーグマン［Krugman］(1983)，ネヴン［Neven］＝フリップス［Phlips］(1984)，ならびにクルーグマン［Krugman］(1984)の論文はすべてクールノーの仮定に基づいている。

同質的な製品の産業内貿易

クールノーの仮定がどのように利用できるかをみるために，ブランダー［Brander］＝クルーグマン［Krugman］(1983)が発展させたタイプのモデルを検討しよう。2国（$j=1, 2$）を仮定し，それぞれ与えられたある同質的な製品をつくる生産者が1人ずついると仮定しよう。両国はあらゆる点で等しく，企業はどちらも生産数量を戦略変数とみなし，各市場で相手企業の産出量が与えられており変化しないと仮定し，極大利潤の産出量を決定しようとする。

両生産者の費用関数はつぎのように表せる。

$$C(Q)=F+fQ \tag{3.1}$$

ここで，Fは固定費用であり，fは限界費用である。当面，後者の限界費用は一定であると仮定する。輸送費用がなければ，両国のそれぞれの需要はつぎのように表せる。

$$p^1=a-b(Q_1^1+Q_2^1) \tag{3.2}$$
$$p^2=c-d(Q_2^2+Q_1^2) \tag{3.3}$$

ここで，上つき添字は国を表し，下つき添字は生産者を表す。分析をできるだけ簡単にするために，初期に$a=c$ならびに$b=d$と仮定しよう。

(3.1)式，(3.2)式ならびに(3.3)式から，両生産者にとっての利潤関数はつぎのように記すことができる。

$$\Pi_1=[a-b(Q_1^1+Q_2^1)]Q_1^1+[c-d(Q_2^2+Q_1^2)]Q_1^2-f(Q_1^1+Q_1^2)-F \tag{3.4}$$
$$\Pi_2=[c-d(Q_2^2+Q_1^2)]Q_2^2+[a-b(Q_1^1+Q_2^1)]Q_2^1-f(Q_2^2+Q_2^1)-F \tag{3.5}$$

これらの関数を極大化するさい，生産者はそれぞれ各市場で他の生産者の産出量が一定であり，変化しないと仮定する。つまり，各生産者はそれぞれクールノーの仮定にしたがい，推測的変動がないと仮定する。さらに，両市場は分断（セグメント）化されていると仮定する。つまり，生産者は他の生産者から独

立して産出量の決定をおこなうと仮定する。利潤極大のための一階の条件はつぎのとおりである。

$$\frac{\partial \Pi_1}{\partial Q_1^1} = -2bQ_1^1 - bQ_2^1 + a - f = 0 \tag{3.6}$$

$$\frac{\partial \Pi_1}{\partial Q_1^2} = -2dQ_1^2 - dQ_2^2 + c - f = 0 \tag{3.7}$$

$$\frac{\partial \Pi_2}{\partial Q_2^2} = -2dQ_2^2 - dQ_1^2 + c - f = 0 \tag{3.8}$$

$$\frac{\partial \Pi_2}{\partial Q_2^1} = -2bQ_2^1 - bQ_1^1 + a - f = 0 \tag{3.9}$$

これは均衡状態にある Q_1^1, Q_2^1, Q_2^2 ならびに Q_1^2 を解くことができる4つの未知数を含む4つの方程式をなしている。限界費用一定の仮定は，この体系が各市場［方程式の(3.6)と(3.9)は自国市場に関しており，方程式の(3.7)と(3.8)は外国市場に関する］において均衡数量についての解を与える2つのサブシステムに分割できることを意味する。事実，各生産者にとって費用関数が等しく，需要関数も等しく，さらに輸送費用ゼロの仮定から，つぎの式のようになることは明らかであろう。

$$\overset{*}{Q_1^1} = \overset{*}{Q_1^2} = \overset{*}{Q_2^2} = \overset{*}{Q_2^1} \tag{3.10}$$

ここで，*印は均衡値を表す。言い換えれば，各生産者はそれぞれの国で市場の半分を賄う。クールノー型の企業行動は同質的な製品の産業内貿易をもたらす。

　この簡単なモデルを発展させる前に，これまでの結論は図3.1のように図示することができる。(3.6)式から(3.9)式までの方程式は**反応関数**または**最適応答関数**である。そこで第1国についてみると，(3.6)式は生産者1（自国の生産者）の反応関数を表しており，他方，(3.9)式は生産者2（外国の生産者）の反応関数を表している。これらの関数は，企業がそれぞれ相手の産出量の変化に対してどのように反応するかを表しており，図3.1では R_1 と R_2 によってそれぞれ描いてある。反応関数は右下がりの傾きをしている。その理由は，相手企業の産出量が増えれば各企業の限界収入は減少すると仮定しているからである。さらに，R_1 の傾きは R_2 よりも急であるが，その理由は「それ自身の」効

果の方が「交叉」効果よりも大きいと仮定しているためである。費用条件および需要や輸送費用に関する仮定より，これらの反応関数が対称的であるとともに，原点からの45線上で交叉する。

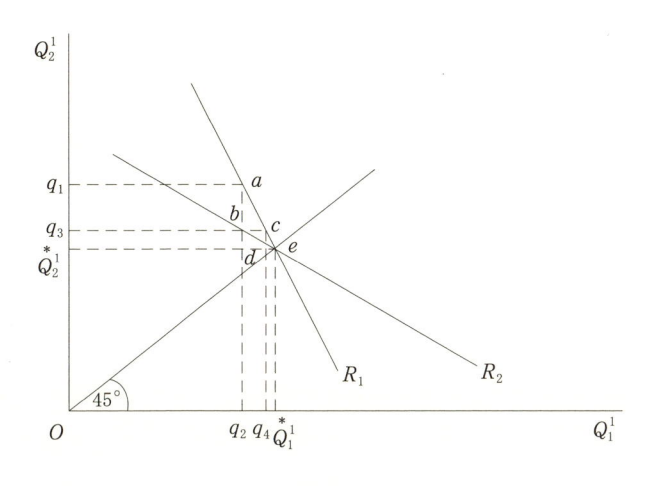

図 3.1

図 3.1 で示した調整プロセスは，初期に外国の生産者が「自国」市場に向けて q_1 を輸出すると仮定して描いてある。その場合，外国の生産者が q_1 で販売し続けると仮定して，自国企業は q_2 の供給を決定するであろう。しかし，自国企業による q_2 の販売水準は外国の生産者に産出量を q_3 に変更させる。外国の生産者にとっては自国企業が産出量水準を q_2 で変えないと考えている。こうして q_3 は外国の生産者の「最適な応答」を意味する。しかし，つぎに自国の生産者は産出量水準を変更させるであろう。このクールノー「ゲーム」は，明らかに外国の企業と自国の企業が産出量水準をそれぞれ Q_2^{1*} と Q_1^{1*} 生産する点 e に達するまで続くであろう。2つの反応関数が点 e で交わるとき，どっちの生産者からも産出量計画をさらに変える誘因は起きてこない。最後に，R_1 と R_2 の傾きの相対的な大きさは，このシステムが安定的であることを保障していることに注意されたい。両反応関数のどちらからも離れたいかなる点から出発しても，点 e に収束するまで産出量の変更を何度も続けることになるだろう。これまでに展開してきたモデルは対称的であるから，第2国（外国）にお

いても等しい結論が得られる。

輸送費用と報復的なダンピング

　これまでに示したことは，同質的な製品を生産するクールノー型の企業行動を採る2人の生産者が存在する2国からなる世界では産業内貿易が発生するということである。実際，ここで示したのは単純なクールノー型複占モデルの特殊なケースである。後にみるように，クールノー型の企業行動を仮定することに対する重要な批判が多数存在する。小さいことだが重要な点として初めに取り上げる現実への第1歩は，いままでゼロとして仮定してきた輸送費用をモデルに導入することである。ブランダー［Brander］(1981)，ならびにブランダー［Brander］＝クルーグマン［Krugman］(1983)によると，輸送費用は輸出品のある割合が運賃として吸収されると仮定してモデルに取り込むことができるであろう[注2]。したがって，もし製品1のzが第1国から第2国へ輸出されるなら，$0<g<1$とすれば，実際にはgzが第2国へ到着する。これはいわゆる輸送費用の「アイスバーグ（氷山）・モデル」であり，輸出市場における生産の限界費用を国内市場における限界費用よりも高くさせているのである。

　輸送費用をこのような形で導入するなら，モデルを若干修正するだけでよい。(3.4)式と(3.5)式の最後の項はつぎのように変えねばならない。

$$\Pi_1 = [\cdots] - f(Q_1^1 + Q_1^2/g) - F \tag{3.4a}$$

$$\Pi_2 = [\cdots] - f(Q_2^2 + Q_2^1/g) - F \tag{3.5a}$$

方程式の(3.6)と(3.8)は変わらない。言い換えれば，それぞれ国内市場における生産者の反応関数は輸送費用が何ら影響しないので変化しない。しかし，(3.7)式と(3.9)式はつぎのように修正する必要がある。

$$\frac{\partial \Pi_1}{\partial Q_1^2} = -2dQ_1^2 - dQ_2^2 + c - f/g \tag{3.7a}$$

$$\frac{\partial \Pi_2}{\partial Q_2^1} = -2bQ_2^1 - bQ_1^1 + a - f/g \tag{3.9a}$$

もし国内市場を検討するために，再び(3.6)式と(3.9a)式を分ければ，輸送費用の導入によって，外国の企業の反応関数を左下方向へシフトダウンさせることは明らかであろう。このことは $a-f/g$ が切片となっていることから生じる。$0<g<1$ であるから，$a-f/g<a-f$ である。どれほどシフトするかは輸送費用の大きさによって決まる。他の条件が同じであれば，輸送費用が大きければ大きいほど（つまり g が小さければ小さいほど），シフトの程度は大きくなる。図3.2では，R_2 が R_2' へシフトする。e' 点の均衡について注意すべき重要な点は，国内企業が外国企業よりも国内市場では大きなシェアをもつことである。さらに，輸送費用が高ければ高いほど，国内市場における輸入品のシェアは小さくなることが明らかである。（これらの変化は必要な変更を加えれば外国市場にも当てはまる。）

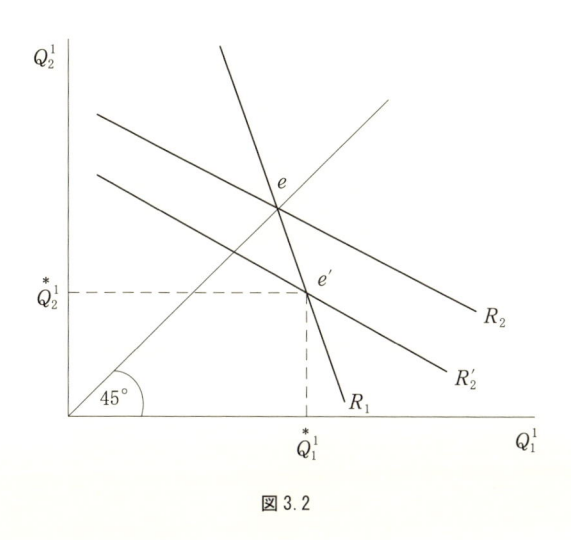

図 3.2

出来事の背景を直感的に考えてみればつぎのようである。g がプラスであれば，輸出の限界費用を国内市場向けの限界生産費よりも高くする。このことは図3.3の上部の図で示すように，価格を引き上げるとともに，限界収入を増大させ，海外市場で販売する生産量を減少させる[注3]。このことは両生産者にとって輸出市場でともに当てはまる。どちらの市場でも，それぞれ輸入が減少することによって（図3.3の下部の図に示すように），国内生産者は需要が右

へシフトするのにつれて生産量をいままでとは逆に増大させる[注4]。

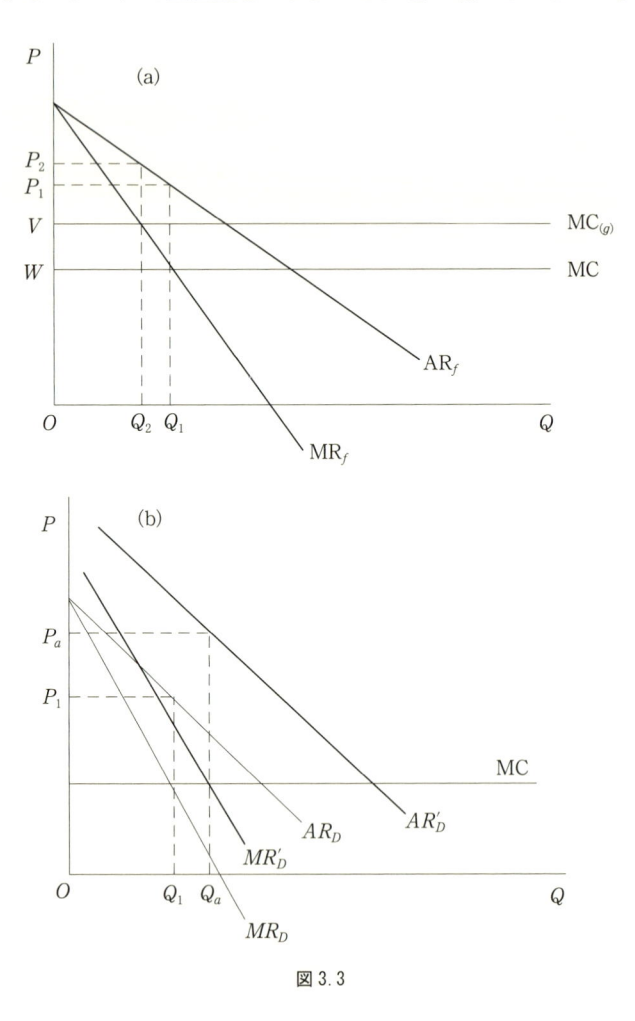

図3.3

均衡においては，両生産者はどちらの市場でも MC と MR を等しくする。しかし，MR は国内市場よりも輸出市場の方が高いにもかかわらず，輸送費用の大部分が生産者によって吸収される結果，実際には，「工場渡し」価格は低くなることに注意されたい。このことから，ブランダー [Brander] ＝クルーグマン [Krugman] (1983) は，結果として生じる産業内貿易を**報復的ダンピ**

ング（つまり，それぞれ企業が国内市場よりも輸出市場で一層低い実効価格をつける）と呼んだ。しかし，ネヴン[Neven]＝フリップス[Phlips]（1984）が示しているように，輸入品と国内で生産された製品の消費者は，（図3.3におけるように）国内の生産物と輸入された生産物の価格がともに上がるから，最終的にはある程度，輸送費用を支払うことになる点に注意されたい。

　ブランダー[Brander]（1981）が論じたように，このタイプの貿易の「ダンピング」的な性質に関心を寄せれば，それは差別価格との関連で考えられる。さらに，このタイプのモデルによって差別価格現象を一層明確にすることができるようになるとブランダー[Brander]＝クルーグマン[Krugman]（1983）は論じている。つまり，この現象は「恣意的な」要素を考えることの結果として生じるのではなく，寡占行動にシステマティックに関連しているのである。このような枠組みのもとでの差別価格の分析はネヴン＝フリップスによりさらにおこなわれたが，彼らは需要条件と費用条件の変化がどのような役割を果たすようになるのかを一層注意深く検討している。

拡張と限界

　したがって，分断化された市場に対して生産をおこなう複占者がクールノー的な感覚で行動するモデルによれば，同質的な製品に関する双方向貿易の説明が可能である。仮定はこのモデルによって予見させる内容が需要条件と費用条件が変動しても成立するという意味で頑健なものである。ブランダー[Brander]（1981）は線形の需要を仮定したが，ブランダー[Brander]＝クルーグマン[Krugman]（1983）は予見の中心的な内容がどのような需要でも妥当すると論じた。以上で展開したモデルでは，限界費用は一定だと仮定している。実際には，生産量の拡大にともない限界費用の減少が起きる場合もあり得る。方程式の(3.6)と(3.9)は分離不可能であり，同時に解かなければならないので，モデルは一層複雑となる。それにもかかわらず，クールノーの仮定は双方向貿易を発生させる。しかし，これらの一連のモデルには限界もたくさんある。

　最初の，しかも最も明らかな疑問は企業行動に関わる仮定についてである。

2つの疑問が提起できる。第1に，企業が産出量を戦略変数とみるという仮定は適切であろうか？　第2に，仮に企業が産出量を戦略変数とみなすことを認めたとしても，競争者が推測的変動を有さないという前提に基づいて産出量の変化が起きると仮定することは合理的であろうか？

新古典派の企業論では，元来，産出量ではなく価格が企業の戦略変数としてもっぱらみなされてきた。(多くの寡占理論におけるように，) 価格競争が明らかに回避できる場合でも，代替的な戦略変数は広告宣伝と新製品開発が強調され，産出量ではなかった (たとえばシーラー [Scherer] (1980) の第14章を参照)。イートン [Eaton] ＝グロスマン [Grossman] (1983) によっておこなわれた決定変数を数量ではなく価格に変更する試みは注目に値し，そのことによって結果は，(クールノー＝ベルトラント・モデルからわかる単純な閉鎖経済との比較のように) まったく大きく変わる。ネヴン [Neven] ＝フリップス [Phlips] (1984) は，自動車のような製品では生産量が戦略変数という仮定は適切なものであると論じている。その論理にしたがえば，生産は販売よりも一層前の時点で計画しなければならず，在庫を抱えることのコストが高いから，生産者は価格を現地市場の状況に応じて変化させて生産量を販売量に一致させるようにするであろう。しかし，このことは現地市場における価格競争を排除しているわけではない。

推測的変動が存在しないとする前提は，はるかに基本的なことである。この仮定を設けることでナッシュ均衡を達成する助けとなるとともに，非協調的な均衡がとても重要な参照点になるということが自からわかるようになるわけで，これはとても有益なことである。しかし，企業についての仮定として，推測的変動が存在しないということは議論としては直感的な解釈とは矛盾し，基本的にはどのような経験則にも適さない。同様に，第12章でみるように，この種のモデルでは生産者が保護によって利益を得ることができるから，保護を強く求めるかもしれないということがついでながら注目できよう。一方で生産者がとても純朴で競争相手側には推測的変動が存在しないことを信じるといった仮定と，他方で生産者が気が利いていて保護によって利益が得られることを知っており，その利益を得ようとするとした仮定との間には隔たりがあり，議論の余地がある。

ホワン [Hwang] (1984) は，同質的な製品の貿易モデルのなかで推測的変動が存在しないという仮定を緩めた。その中心となるモデルの構造は，前述したものに似ており，分析結果は興味深いものである。ホワンは推測的変動を α と定義し，α の値がマイナス1（競争的な解）とプラス1（結託した共同利潤極大化の解）との間の様子を考察した。産業内貿易の大きさは α の値とともに直接的に変化する。というのは，事実上，α は有効な結託の程度を示す尺度だからである。α が上昇するのにつれて競争は低下し，外国企業の市場シェアは高まる。もちろん，それと対称となる $\alpha=-1$ の対極においては，産業内貿易は発生しない。というのは，国内企業が外国企業に対して価格面での優位性を享受しているためである。

こうして，市場が分断化していれば，同質的な製品の産業内貿易は互いに相手の市場で寡占者がダンピングをおこなうために発生し得る。産業内貿易が発生する可能性を認めたモデルの大部分は，経済主体がそれぞれ互いにクールノー的に行動すると仮定している。もっとも，ホワンが明確にしたように，寡占者が結託する場合にも産業内貿易は発生する。これらのモデルの厚生と通商政策に関する意義については興味深いものであり，第9章と第10章で取り扱われる。

第3.3節　垂直的に差別化された製品の自然寡占と貿易

まったく異なるモデルがガシュヴィッツ [Gabszewicz]＝シェイクド [Shaked]＝サットン [Sutton]＝スィース [Thisse]（GSST）の研究で展開された。そこで強調されたことは，製品が垂直的に差別化されているとともに，埋没費用（サンクコスト），つまり参入するかしないかを決めることが重要となる市場に関している。

第2章では，新ヘクシャー＝オリーンの前提のもとで垂直的に差別化された製品の貿易を考察したことを想起してみよう。これらのモデルでは，製品の品質は要素集約度の関数であり，資本・労働比率が高いということは高品質（高級品）であることと合致している。垂直的に差別化された製品の生産は競争的

な市場構造のなかでおこなわれる。GSSTモデルでは垂直的な製品差別化の決定要素はファルヴィー＝キャージコウスキーの場合とは異なることがわかるが，しかし，多数の解もあり得る状況が存在する。このことは平均可変費用が品質の高級化にともない急激に上がり，所得分配が不平等である場合でも生じる。こういった状況のもとでは，「多様な」品質に対して需要が存在し，費用条件はどの品質も個々の企業によって供給されるようなものである。しかし，GSSTによって考察された一層興味深いケースは，所得分配が消費者の間で不平等であるとともに，平均可変費用は品質が高級になっても徐々にしか上昇しない状況である。しかし，埋没費用として扱われている研究開発支出は品質改良のための必要条件である。このような設定のもとでは，市場における企業の数は限定されてしまい，その結果，**自然寡占**が生じることがわかる。これらのモデルの主な特徴は，シェイクド [Shaked] ＝サットン [Sutton] (1982, 1983, 1984) の論文を参考にすることによって図示することができる。

封鎖経済モデル

需要に関しては，この社会の消費者はすべて好みが等しく，品質の良し悪しにしたがって製品を単調に順序づけると仮定する。選択可能な品質に対して消費者が支払おうとするかしないかは消費者の所得水準によって決まり，消費者は最も低い所得水準の消費者である a と最も高い所得水準の消費者である b との所得格差 (a, b) の間に等しく分布していると仮定する。ファルヴィー＝キャージコウスキー・モデルのように製品の品質は内生的に決まるのではなく，外生的に与えられる。

所与の品質 (u_n) を有する製品の生産者が直面する需要は幾つかの要素に依存している。明らかに，需要は当該生産者が生産する品質 (u_n) の価格 (P_n) の関数であるとともに，他の企業により供給される品質とそれらの価格の関数でもある。このことはシェイクド [Shaked] ＝サットン [Sutton] (1984) の例にしたがって明瞭に図示することができる。初めに，所与の製品のうち品質の劣るものしか入手できず (u_{n-1})，しかもそれは無料で入手できると仮定する。消費者が品質改良に対してかなりの支払いをおこなおうとするかぎり，

$P_{n-1}=0$ であっても n に対する需要表を考えることができる。最も高い所得水準 (b) を有する消費者は製品 n を購入したいという願望が一番強いだろう。このことは図3.4の需要表上の b^* で切片をもつ。所得水準が低い消費者は $n-1$ ではなく n の消費に充てる支払いを小さくしようとし、そのために需要表は a^* に達するまで下降していく。つまり、a^* は最も低い所得水準を有する消費者が支払おうとする水準である。価格 a^* では需要量は $b-a$ である。もし $n-1$ の生産者がプラスの価格をつければ、需要表 b^*c^* は $b^{**}c^{**}$ へシフトするであろう。結局、水平軸との交点は b_1 であり、この点は所得のない消費者が $n-1$ ではなく n に対してゼロ価格を支払おうとする点であることに注意されたい。

もし平均可変費用がゼロであり、価格が戦略変数であると仮定すれば、n の生産者は MC と MR を等しくさせ、しかも価格を P_n^* に設定するであろう。このような状況のもとで、もし $b-a<\frac{1}{2}b(=Q_n^*)$ であれば、n の生産者は市場全体を獲得できる。これは $a>b/2$ のときに起きる。換言すれば、所得の範囲が比較的に狭いときに起きる。もし所得の範囲が広ければ、複数の生産者が同じ市場のなかで操業するであろう。たとえば、もし $\frac{1}{4}b<a<\frac{1}{2}b$ であれば、プラスの利潤を得る企業の数は2つであろうし、その場合、両企業はそれぞれ異なる品質の製品を供給し合い、両製品はともに最も低い品質の製品 $n-1$ よ

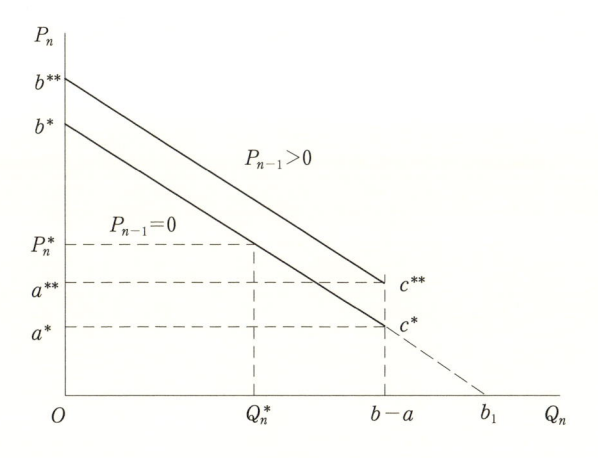

図3.4

りも優れていることをシェイクド[Shaked]＝サットン[Sutton](1982)は明らかにした。このことがどうして生じるのかというと，品質が優れた製品の生産者同士の間での価格競争が価格を品質が劣る製品に対する需要がゼロとなるところまで引き下げさせるからである。このことは**2つの異なる品質の生産に関する平均可変費用がともにゼロであると仮定している**ために生じる。品質が優れた製品の（ナッシュ）均衡価格では，2つの企業しか平均可変費用を超えては価格をつけられず，プラスの市場シェアを享受することができない。

事実，与えられた状況のなかで存続する実際の企業数は消費者の嗜好，所得分配，ならびに平均可変費用が製品の品質の違いによってどのように変化するかに依存している。注目すべき重要な点は，一般には，生産者の数はかぎられているということである。この点はシェイクド＝サットンにより有限性の性質として述べられている。上で述べた例では，それは仮定した所得分配の結果として明らかに生じる。とともに，平均可変費用が品質向上とともに上昇しないと仮定したことから明らかに生じる。品質の向上とともに平均可変費用が上昇すれば，異なる品質の間に生じる価格競争の範囲が限定され，多くの企業が同一市場で共存できる。事実，所得の分布が広く，消費者が無数いれば，共存できる企業の数は無数となる。

上で論じた例は若干異なる方法で固定費用が果たす重要な役割を引き出すように発展させることができる。可変費用が品質に応じて変化しないと仮定すれ

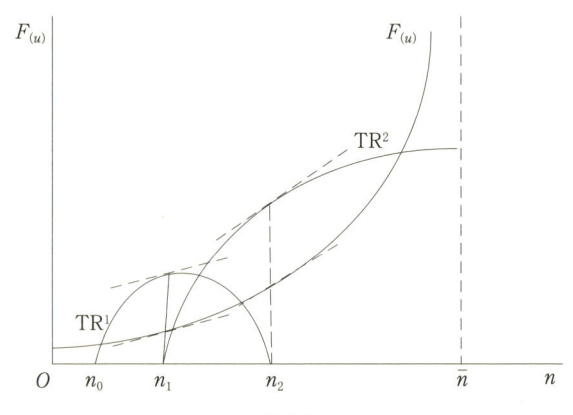

図3.5

ば，固定費用は図 3.5 の $F(u)$ で示したように，品質が向上すれば上昇すると仮定できる。これらの固定費用は品質向上のために予め必要であるとともに，参入に先だって必要な研究開発支出として考えることができる。もし企業 1 が最初に市場に参入し品質 n_1 の製品を生産すれば，企業 2 の総収入関数は TR^2 だと認めることができる。総収入は企業 2 が生産する品質と企業 1 によって生産される品質の関数である。もし企業 2 がその市場への参入を決め n_1 を生産するなら，企業 2 の総収入はゼロであろう。(両企業が同一の製品を生産し，可変費用がゼロであるベルトラントの複占モデル。) 他の条件が等しければ，総収入は選択した品質が n_1 からさらに離れていくのにつれて増加する。選択される品質は TR^2 と $F(u)$ との間の開きを極大にするところ，つまり n_2 となる。

ひとたび TR^2 が決まると，企業 1 の総収入関数は TR^1 として決まる。もし企業 1 が品質 n_2 の生産をしようとすると，総収入はゼロとなろう。企業 1 が n_2 より劣る品質を生産するのにつれて収入は増える。しかし，それは無限には増えない。ある点を超えれば，n_2 を生産する企業 2 が存在するかぎり，品質が劣る製品に対して支払いをしようとする消費者の支払い意欲は減少する。TR^1 は減少し，結局は n_0 でゼロとなる。n_2 が存在するかぎり，企業 1 の最適な選択肢は実際には n_1 である。この品質に関しては $F(u)$ と TR^1 の傾きが等しいことが容易にわかる。

もちろん企業 1 は n_2 よりも優れた品質を生産することによって参入することができただろう。n_1 での参入は総利潤が $n_1 < n_2$ に関しての方が $n_1 > n_2$ に関してよりも多いことを意味している。後者が成り立つ状況もある。もはやこのことは，現在市場にいる企業が生産する品質のどれを選ぶか，消費者の嗜好，ならびに所得分布の様子にそれぞれ依存することが明らかである。正式にはシェイクド [Shaked] ＝サットン [Sutton] (1982) がこの均衡の特徴を発展させ，とくに市場では正 (プラス) の市場シェアを有し正 (プラス) の利潤を得て操業する企業は 2 つしか存在しないことを示した。直感的にいえば，このことは品質に関する競争によってすべての企業ができるだけ最も高い品質を生産するようになる。というのは，競争企業が生産する品質よりも劣るものを生産しようとする企業は 1 社もないからである。類似の製品同士の間の価格競争は，価格と利潤の双方がゼロである (ベルトラント) 均衡を生じる。所得分布

が決まっていると仮定すれば，異なる品質をそれぞれ生産する企業は2社しか存在し得ない。所得分布が拡大すれば，企業数の上限は上昇する。

　これらのモデル分析が明らかにすることは，決定プロセスが3段階であるということである。最初に，企業は所与の市場に参入するかしないかを決定し，第2にどのような品質を生産するかについての決定がなされる。第3に，価格についての決定がなされる。このモデルの構造は価格と品質に関して非協調的なナッシュ均衡を生じる「自然寡占」をもたらす。しかし，これまでのところ私たちは議論の焦点を自給自足状態に絞ってきた。ここで経済を外国貿易にも開放し，その意味を検討してみる必要がある。

自然寡占と国際貿易

　シェイクド［Shaked］＝サットン［Sutton］(1984)は，異なる2国にある企業が垂直的に差別化された製品について異なる品質のものをそれぞれ生産する状態のもとで，国際貿易をおこなう場合の短期的効果と長期的効果を考察した。短期では，貿易に向けて経済を開放することの効果は単に市場の拡大として考えることができる。貿易の正確な効果はなかんずく貿易をおこなう2つの経済の所得分布状況によって決まる。あらゆる点で等しく，しかも封鎖経済の例で用いた所得分布が似た2つの経済という最も単純なケースを考えれば，自給自足状態のもとでは各市場で操業が許されるのは2社であろう。貿易が開始されれば2つの企業が退出し，共同市場に向けて事業をおこなうために2企業だけが生き残るであろう。このことは製品の数が経済の**規模**と独立して決まるために生じる。類似の製品を生産する生き残った2組（ペア）の企業の間で競争が起きると，それぞれ一方の生産者が退出し，生産者が両国に向けて事業をおこなうことになる。ただし，ここでは輸送費用を捨象しており，また貿易開始後の各品質の価格は下がる点にそれぞれ注意されたい。両国で所得分布が異なれば，生き残る企業の数は$(B_1+B_2)/2$（ただし，B_1とB_2は各国の自給自足状態の企業数である）より多いが，B_1+B_2より少ない。

　長期では，貿易はすべての範囲の品質に対して品質向上をもたらすであろう。このことは図3.5を参照することで容易にみることができる。市場の拡大

は TR^1 と TR^2 の両者を上方へシフトさせる。そうするとどの品質についても TR 関数の傾きは急になるから，新製品の開発に関する限界収益を引き上げ，品質向上をもたらす。第 9 章で貿易利益を陽表的に考察するが，ここでは貿易によって価格が引き下げられ，品質が向上するので貿易は疑うまでもなく厚生を増進させることがわかるであろう。

自然寡占と産業内貿易

　実際に生じる産業内貿易のパターンは，とくに貿易当事国における所得分布によって決定される。似かよった経済同士では 2 つの企業がどのように結合市場から追い出されるかを私たちはすでに調べた。各国に 1 つの企業がそれぞれ存続する場合には，垂直的に差別化された製品に関しては，結果的には産業内貿易となるであろう。直感的にはこのような特殊な結果になると考えることには説得力がある。しかし，もしそうなっても貿易の方向はまだ決まっていない。もし所得分布が 2 つの貿易（可能な）当事国同士の間で異なれば，貿易の方向は決まる。所得分布に違いがあることによって，貿易開始後の均衡状態では多くの企業が（平均）所得水準の高い国は高級品帯に特化しやすく，所得水準の低い国では低級品帯に特化しやすくなる。しかし，貿易は価格を引き下げるので，最も品質が劣る製品をつくる企業が市場から退出することが予想できる。その結果，貿易パターンはリンダー [Linder] (1961) によって論じられたパターンを思い起こさせるとともに，もし高所得国が資本豊富国であることがよくある（常にそうであるといった必然性はないが）とするなら，貿易の方向はファルヴィーやファルヴィー＝キャージコウスキーの垂直的な差別化モデルによって予見されるものと一致する。

　GSST モデルの豊かでしかも複雑な内容を僅かなスペースで正しく評価することはとても不可能である。しかし，その分析は単純なクールノー・モデルよりも大分精巧であることは事実だろう。企業は参入，製品仕様，ならびに価格を決定することが求められており，これら製品仕様と価格の関連性は私たちがどのように寡占的な市場構造をまとめればよいのか，その説明方法を与えてくれる。対照的に，企業の数はクールノー・モデルでは外生的に決定される。産

業内貿易が開始される理由は，市場が分断化され推測的変動がないと企業が想定するからではなくて，市場の拡大によって販売と利潤が増大することが企業にはわかるからである。

貿易が開始されると，このモデルでは均衡における生産者の数がどのようにして決まるのかが説明できる。ここで関心を払ったモデルは，品質向上のための負担が研究開発費用のような固定費用になっているモデルである。品質が向上するのにつれて，平均可変費用はゆっくりと上昇する（もし起きたとしても）と仮定している。この仮定を修正して品質向上とともに平均可変費用が急激に上昇すると仮定すると，実際には第2章で論じた新チェンバリン派の独占的競争モデルと似た性質の多数の解になる。品質向上のための負担が主に固定費用となる状況は恐らく多くの市場でみられる。消費財としてのエレクトロニクス製品や自動車といった製品は明白な例である。「自然寡占」モデルは，垂直的に差別化された製品の産業内貿易がどのように開始され，またそのような貿易がおこなわれる市場はなぜよく寡占的なものになるのかということを説明してくれる。

第3.4節　水平的に差別化された製品の寡占と貿易

シェイクド [Shaked] ＝サットン [Sutton] (1983) とともにイートン [Eaton] ＝キャージコウスキー [Kierzkowski] (1984) は，ある特定の市場に参入するのかしないのか，製品仕様，ならびに価格と生産量に関するそれぞれの決定が同時決定的ではなく，順番になされるような産業構造において差別化された製品の貿易について考察した。しかし，彼らは製品が垂直的に差別化されておらず，水平的に差別化されている状況に関心を寄せている。このモデルはつぎの2つの点で興味深いものである。つまり一方で，瓜ふたつの製品だが垂直的に差別化された製品に関していままで検討してきたモデルとは対照的な水平的に差別化された製品に関する寡占貿易モデルを提供している点である。他方で，このモデルは推測的変動に関して想定される企業行動の仮定がいままでの2つの節で検討したものと異なる点である。

封鎖経済モデル

　このモデルは，需要側に関しては第2.4節のランキャスター[Lancaster] (1980) モデルとの関連で論じた内容と本質的には同じであるので馴染み深いものである。そこで差別化された製品部門では，製品は水平的に差別化されており，個々人は「理想とする」品種をそれぞれ1つずつもっている。もし理想とする品種が入手できなければ，彼は選択可能な品種を1つ購入しようとする。しかしこの場合，彼はそれを理想とする品種に対して支払おうとする価格より低い価格で購入しようとする。

　このモデルの生産面はどの企業にとっても費用関数がつぎのように書ける。

$$C(Q) = K + cQ \tag{3.11}$$

ここで K は固定費用であり，c は限界費用である。表面的にはこの式は第2章で論じた多くのモデルで仮定した費用関数に似ているようにみえる。しかし，それらのモデルとは対照的に K と c との間には時間のずれがある。固定費用は生産量水準に関するいかなる決定にも先立って負担せねばならない。事実，固定費用は企業が市場へ参入を決定し生産する品種を選択するときに負担することになる。価格と生産量の決定がなされ（その結果，c が関係してく）るのは，これらの費用が負担された後でしかない。

　費用面ではこのような差異があるにもかかわらず，イートン＝キャージコウスキーの基本モデルは消費者選択が消費者間で均等に分布していると仮定しており，独占的競争解が生じる以外にはなんら違いはない。少数の解をもたらすうえで基本的でしかも予め必要なことは，需要される品種の数に関してこれらの著者たちが設けている制約についてである。実際には2つのケースが考えられる。第1は，消費者のタイプが特定の1つの品種のみを需要するという形で1つしかない場合である。第2は，消費者には2タイプがあり，それぞれ理想とする別々の品種を需要するといった場合である。これらの著者たちがこういった制約に合理的な説明を加えようとはしていないが，嗜好がたとえば雪崩（バンドワゴン）効果の結果，ある仕様の周りに房状に「集まっている」状態を表しているというようにみることができよう。それが正しいかどうかは別とし

て、この制約の重要な意味を認める必要がある。

　こことの関連で極めて興味深いケースは、2つのタイプの消費者がいると仮定していることである。均衡において、イートン＝キャージコウスキーはそれぞれ1品種のみに特化する企業が2社しかないと論じた。この特殊な均衡状態をもたらすために、参入に関する特殊なルールが定められ、競争行為に関する特殊な仮定が設けられた。

　差別化された製品市場への参入は、もし潜在的な参入者が特定のある品種を供給すれば正の利潤が得られると確信すれば参入するだろうという意味で規制されていない。しかし、参入は同時におこなわれるのではなく、順次おこなわれると仮定している。言い換えれば、ある企業は特定のある品種を供給することにより、市場への参入を決定する。これに続く潜在的な参入者たちはこの品種を所与のものと捉えたうえで、参入するかしないかを決める。いま n_1 人の消費者が品種 V_1 を購入しようとし、n_2 人の消費者が品種 V_2 を購入しようという形で、2つの異なるタイプの消費者のケースを考えた場合、イートン [Eaton]＝キャージコウスキー [Kierzkowski] (1984) は市場における生産者の数が決定される方法を明らかにしている。予想するように、その数は K, c, n_1, n_2 ならびに品種の価格に依存するとともに、製品スペクトル上の V_1 と V_2 の間の間隔にも依存する。たとえば、K と c が比較的に大きいが、n_1, n_2 および p が比較的に小であるような場合は、どのような参入があってもそれは利潤が生じるものとはならないと思われる。しかし、c と K が十分小さく、n_1, n_2 および p が参入を促進するうえで十分に大であると仮定すれば、この市場は1つの企業によって、あるいは**多くても**せいぜい2つの企業によって供給されるだろうということをイートンとキャージコウスキーは示した。最初の企業が参入すると、その企業は両方の品種をつくろうとするか、または1つの品種のみしかつくろうとはせず、そのかわりその品種を製品スペクトル上にそれ以上の参入を防ぐように位置づけようとするかもしれない。このような戦略は V_1 と V_2 が製品スペクトル上で比較的に近づいている場合には実現可能である。つまり、図3.6(a)では両方の消費者集合に対して供給するように品種 V_3 を生産し、V_1 と V_2 の点の上でかまたはこれらの両点の近くで参入してくる企業に利潤を生じさせなくさせることができよう。これに対して図3.6(b)

(a)

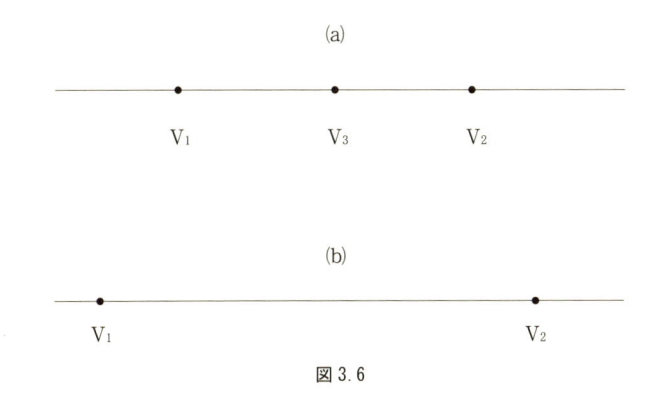

――――・――――――・――――――・――――
　　　　V₁　　　　　V₃　　　　　V₂

(b)

――――・――――――――――――・――――
　　　V₁　　　　　　　　　　　V₂

図 3.6

では，そのような戦略が成功する可能性は明らかに少ない。参入阻止戦略が実行不可能であるとともに利益がないものであれば，2番目の企業が市場に参入するであろう。イートン＝キャージコウスキーは，現行の2つの企業が V_1 と V_2 を生産しているかぎりでは，それ以上利潤を生む形での参入はあり得ないことを明らかにした。その背景として直感的に考えられることは，第3番目の参入者が V_1 と V_2 の間に入ってくるとすれば，これらの「理想とする」品種の周りの嗜好の房状の集まりが一定であるかぎり，第3番目の参入者にとっての潜在的な市場は最も小さいであろう。もし第3番目の生産者が V_1 と V_2 の点上で参入してくれば，価格を引き下げ，限界費用と等しくさせる（ベルトラントの）価格競争に巻き込まれるであろう。その結果，最終的には少なくとも1つの企業の退出が生じる。

もし市場に2つの企業が存在する場合を考えてみると，明らかに相互作用の問題が問われる。複占があるから，明らかに（仕様に関してと同様に）価格に関する戦略的な相互依存性も関係する。イートン＝キャージコウスキーは価格上昇とか価格引き下げに関して，各複占者の期待が非対称的な形をした**修正ベルトラント型反応関数**を想定する。価格引き下げを考えた場合，各企業はそれぞれ相手企業の価格は変わらないものとのベルトラントの仮定にしたがう。しかし，価格引き上げを企てる場合，相手企業は**価格引き下げ**によって対応するであろうと仮定する。これら相手企業の価格引き下げの仮定の背後にある理屈は，1生産者の価格引き上げによって相手の生産者を刺激し，両方の品種を消

費者に対して供給しようとさせるという議論である．そうするために，この生産者は自己の品種の価格を引き下げる．したがって，自ら価格を引き上げる誘因をもつ企業はどこにもいない．前者の仮定の背後にある理屈は，**他の企業の価格が一定であれば**，各企業の初めに選択する極大利潤価格が初期の均衡価格以下の価格で両方の市場で販売しても利潤は増えないということを裏づけているからである．図3.7では，初期の均衡価格はP_2^*とP_1^*であり，このとき各企業はそれぞれ品種V_1と品種V_2を供給する．どちらの企業であれ価格をP_i^*に据え置くかぎり，相手企業にとっては価格を引き下げる誘因をもたない．両方の価格ともP_i^*以下の場合であれば，価格競争が起き，企業が（プラスの）利潤を極大にするe点で新たに均衡が成立しよう．競争者の反応が価格引き下げだと企業が考えれば，その企業もP_i^*以上に価格を引き上げる誘因はもたない．こうして，企業1の反応関数は$defg$であり，企業2の反応関数は$aebc$である．均衡はeで安定的である．

この均衡はこれらの著者たちによって**準反応ベルトラント型均衡**といわれている．これは単純なクールノーやベルトラントの仮定に対して長所をもっており，それは現実の企業行動に関する予想と矛盾しておらず，推測が一貫して正しいものとなっている．

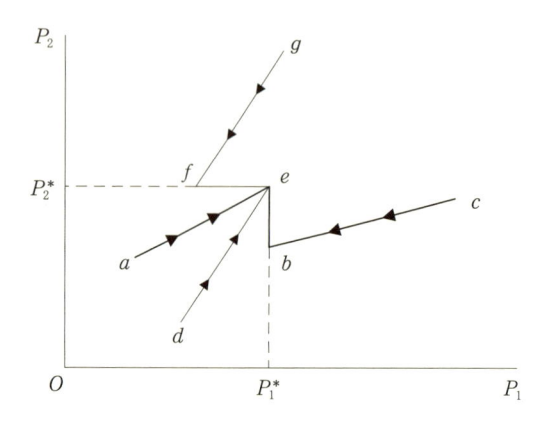

図3.7

国際貿易の導入

　水平的に差別化された製品の貿易は，このような設定のもとで発生し得る。貿易される品種の数，それらの品種を生産する企業の数，ならびに貿易純利益の大きさは貿易をおこなう経済のなかで自給自足について設定される初期の仮定によって明らかに決まる。一層具体的にいえば，それはとくに各国の自給自足状態のもとでの選好分布に依存している。もし選好が両国の製品スペクトル全体にわたって均等に分布しているなら，第2.4節で論じたランキャスター流の設定に立ち戻ることになろう。もし選好がまとまった房状の集まりを形成しており，少なくとも消費者に2つの「タイプ」の嗜好があるという上述の仮定をそのまま残せば，貿易をおこなう企業の数と現実に貿易される品種の数は V_1 と V_2，V_1^* と V_2^*，n_1 と n_2，ならびに n_1^* と n_2^*，つまり各国の「理想とする」品種とそれらにそれぞれ直面する潜在的な消費者の数によって決定される。さらに，V_1，V_2，V_1^*，および V_2^* の間の製品スペクトルとの距離，ならびにそこに嗜好の重複が存在するのかしないのかも同様に重要である。たとえば，もしどちらの経済も似たものであれば，貿易開始によって品種ごとに安い価格で販売する唯一の生産者が結果として残ることになろう。各国にそれぞれ1つの生産者が存在する場合は，明らかに水平的な差別化製品に関しては産業内貿易になるだろう。しかし，イートン＝キャージコウスキー・モデルではそのようなことになるとは必ずしもかぎらない。状況によっては，同質的な製品部門が存在し，一方の国が差別化された製品の両方の品種に特化し，その差別化された製品を同質的な製品と交換することが可能である。

　実際には，色々な結果があり，貿易開始後に生産者の数が増えることも，減ることも，あるいはまた変わらない場合もある。その結果は企業によってモデルをどのような性質のものに変えるかということに関わっているのかもしれない。それは両国経済における自給自足における需要条件や，嗜好の房状の集まり状態や，嗜好の重複の程度，およびそれぞれの経済の大きさに依存する。たとえば，他の条件が等しければ，両国経済の嗜好パターンが似ていればいるほど，両国経済の大きさが似かよっていればいるほど，および「理想とする」品

種が似ていればいるほど，産業内貿易は発生しやすい。さしあたり注意すべき点として，このモデルは差別化された製品の双方向貿易が寡占的な状況のなかで生じ得るシナリオを説明していることである。

第3.5節　結　語

「寡占問題」とは，長年エコノミストに興味をそそらせてきた問題である。寡占市場における企業同士の戦略的な相互依存性は，色々な状況に適応させるモデルの構築を不可能にさせている。検討している市場構造の基本的な特徴に関してどのような仮定をおくのかということに結局は大部分が依存するとともに，さらに重要な点はそれが推測的変動について設ける仮定に大きく依存している。

本章では企業行動の仮定と同様に，初期における市場構造の条件によって変化する寡占モデルを検討した。クールノー・モデルは自給自足における独占を所与とし，もし企業が幼稚なクールノー寡占者のように行動するなら，類似の製品の産業内貿易がどのようにして発生し得るのかを明らかにしている。対照的に，イートン＝キャージコウスキーは市場集中度を内生化している。しかし，ここでとりわけ決定的に重要なことになるのは，嗜好と選好に関する初期の仮定である。同様に，サットン＝シェイクドはどのようにして自給自足のもとで寡占が生じるのかを示した。ただし，彼らのケースでは消費者は垂直的に差別化された製品を需要しており，水平的に差別化された製品を需要するのではない。ここで，決定的に重要なことは初期における所得分配（というのは，需要される品質が所得の関数だから）と技術条件である。こうして，水平的製品差別化および垂直的製品差別化モデルの両者ではどの程度高度に集中化した市場が出現するのか，そしてそれによりどのようにして双方向貿易が生じるのかについて議論がなされる。これらのモデルも参入とモデルの特定化に関する決定が価格と産出量に関する決定とは時間的にずれているという意味で多段階決定モデルである。

第2章と同様に，これらのモデルは幾つかの需要要素と供給要素が重要であ

りそうだということを示しており，実際，これらの要素は第2章で明らかにしたものと似ている。消費者に色々な選好がある場合には，選好構造が関わってくる。つまり，異なる消費者が異なる色々の品質を需要する場合には，嗜好の重複の程度と同様に，所得分布が重要である。技術条件は規模の経済が固定費用を平均的に引き下げるようなものである。自由参入が認められたとしても，このことは同一市場のなかでそれぞれ異なった方法で事業をおこなう数少ない企業が生じる結果となる。私たちが頼りにした企業の行動仮説が確かに未熟なものであっても，これらの仮定は種々な状況のもとで，どのようにして産業内貿易が寡占市場で発生するのかを示している。

第3章の注
（注1）　第9章でみるように，逓減費用をともなうクールノー型の産業内貿易に関する通商政策の意味は興味深いものである。
（注2）　現実にこれが生じるケースの1つは電気の貿易であり，ある割合の「製品」がある場所から他の場所へ送電・輸送されるさいに「使われてしまう」。
（注3）　一方の企業の限界収入が他方の企業の生産量に応じて減少するという初めの仮定に変化がなければ，ここでは混乱が生じるかもしれない。その場合，私たちは需要曲線のシフトについて述べている。これに対して本文中で私たちは所与の需要曲線上の移動に言及している。
（注4）　このことは図3.2のR_1をシフトさせるに違いないという点に注意されたい。ここでは簡単化のためにその点を無視する。

第4章　多品種製品を生産する企業，多国籍企業および産業内貿易

第4.1節　はじめに

　第2章と第3章では産業内貿易に関する代替的な各種のモデルを概説し，色々の市場構造のもとで産業内貿易がどのようにして生じるのかを示した。検討したモデルにおいて暗に仮定されていることは，生産をおこなう企業の生産設備が1つの国にあって，単一の製品を生産する企業であった。実際，多くの実証分析が示唆しているところによると，産業内貿易が重要な役割をしている市場では多くの企業がある製品につき複数の品種または異なる品種を複数つくっており，しかも複数の国において生産設備または流通施設を有しているケースもある。言い換えると，企業とは多品種製品を生産する企業（MPFs：Multi-product Firms）のことであるとともに／または，多国籍企業（MNFs：Multinational Firms）のことなのかもしれない。

　本章では，第2章と第3章で紹介した幾つかのモデルがどのようにすればMPFsやMNFsを説明するために拡張できるかを検討するとともに，それらを説明する新たなモデルを示す。第4.2節では，多品種製品企業となるための要因を解明するうえで役立つフレームワークを展開する。第4.3節では，多品種製品企業に関する最近の研究を考察するとともに，最近みられる幾つかのモデルが有している説明力に関してコメントを加える。第4.4節では，産業内貿易にMNFsが関係するようになった要因を明らかにするために，多国籍業に関する最近の研究を考察する。この節で生じる子会社の問題は，H-O-S型モデルと同様に，要素の移動性と製品貿易が互いに代替可能であるのかないのかということである。最後に，第4.5節で幾つかの結論となるコメントを示しておく。

第4.2節　多品種製品を生産する企業と産業内貿易

　本節で多品種製品を生産する企業というと，それはある製品の品種または品質をたくさんつくっている企業を考えている。したがって，生産面でも消費面でも相互に密接に代替的とはいえない一連の製品を生産する多くの工場を有する「コングロマリット」企業はここでは除かれる。多品種の生産活動を分析するうえで最も便利なフレームワークは水平的に差別化された製品に関わるものである。しかし，いずれ明らかになるように，この問題は垂直的差別化との関連でも考察することができる。ひとたび多品種製品が存在するということが認識されるようになれば，そのようなもとで国際貿易が開始される状況を想像するのは難しいことではない。

差別化された多品種製品の生産活動

　2つ以上の品種または品質を有する製品を企業につくらせる誘因についてはまだ未解決の状態であり，この問題は「産業組織論」または「企業論」の分野の内容であるといままでずっと考えられてきた。この問題は，「国際経済学者」と自任する多くの人々にとってはそういったものとして最近にいたるまで中心的な関心事ではなかった。いまでは読者に明らかなように，国際貿易と不完全競争に関する最近の研究がもたらした外部効果によって，これらのいわば人為的な障害はなくなった。実際，国際貿易と不完全競争に関する文献で重要な問題の多くは，産業組織論における問題である。

　MPFsに関する研究のために拡張できるフレームワークは，1970年代における産業組織論の文献 {たとえば，スペンス [Spence] (1976)，シーラー [Scherer] (1979) を参照} に源をもっており(注1)，グリーンナウェイ [Greenaway] (1982) により開放経済との関連で発展し，拡張されてきたものである。このフレームワークは，本来，新たな品種を導入することによるメリットとデメリットが明らかになるような方法で拡張された本質的には基本的な水平的差別

化のパラダイムである。このフレームワークによれば，品種改良が社会的にみて有益だと期待できるかできないかの問題に取り組むように拡張することができる。しかし，ここでの関連でいえば私たちの関心事は企業が製品の品種を1品種だけつくるのか，または多くをつくるのかの決定に対して影響を及ぼす要因を明らかにするために，そのフレームワークを用いることである(注2)。

第2.4節で論じた水平的に差別化された製品に似た特徴を有する製品の市場を想い出されたい。つまり，製品はそれぞれ2つの属性を有し水平的に差別化され，かつ製品スペクトル全体にわたって消費者の分布密度は一様な製品を考える。したがって，識別可能な品種に対してはどれもみな潜在的な需要が存在する。しかし，費用条件はつぎのように，ある一定の産出量の範囲内で規模の経済が得られるものと仮定する。つまり，

$$C = cQ + F \tag{4.1}$$

である。ここでcは限界生産費，Fは固定費用である。したがって，実際に生産される品種の数には上限が存在する。そこで最終的な均衡において「多」数の品種の共存が許されるようなかなり少ない産出量では規模の経済が失われてしまうものと初めに仮定しよう。消費者需要はつぎのように表示できる。

$$q = q(p, v) \tag{4.2}$$

ここで，pは品種の価格，vは選択した品種が当該消費者の理想とする品種からどれぐらい離れているかの「距離」を表す。明らかに，$\partial q/\partial p < 0$，かつ$\partial q/\partial v < 0$である。

初めに品種は図4.1のV_1とV_2で示した2つしか実際には生産されないと仮定しよう。第2.3節でみたように，V_1とV_2の間に参入することによって，または市場のなかでどの2つの品種の間に参入するとしても，正の利潤が得られるかぎり，参入は起き得るし，また利潤が生じよう。ランキャスター[Lancaster] (1980) モデルでは，n個の企業がn個の品種を生産するようになるまで参入が生じる。ランキャスター・モデルの（暗黙の）特徴の1つは，新製品開発のための埋没費用（サンクコスト）がゼロだということである。ライアンズ[Lyons] (1984) が示すように，もし実際に埋没費用がプラスであれば，市場における企業の数は（多数であるだろうが）n個より少なく，均衡においてはプラスの利潤が依然として生じるであろう。

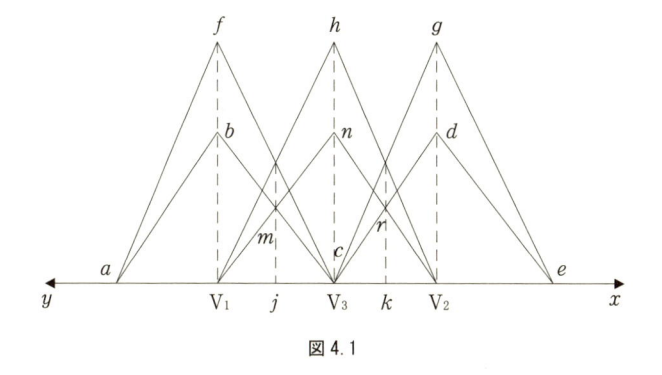

第4章　多品種製品を生産する企業，多国籍企業および産業内貿易　57

図 4.1

ランキャスター・モデルでは，参入が起きるときはいつでも市場に参入してくる企業は新しい企業である。このことは新規参入企業にとっての潜在的な利益が既存企業にとっての潜在的な利益を上回っているために生じる。このことは図 4.1 を参照すれば容易に示すことができる。品種が 2 つだけ生産される場合，消費者余剰と生産者余剰は V_1 と V_2 の上部で局所的に最大化されている。(4.2)式から $\partial q/\partial v < 0$ であることがわかるから，消費者余剰も生産者余剰もともに V_1 と V_2 からの距離が大きくなるのにつれて減少する。V_1 と V_2 に対応する生産者総余剰はそれぞれ abc と cde である。説明の便宜上，消費者余剰を垂直的に加えると，V_1 と V_2 に対応する消費者余剰はそれぞれ $afcb$ と $cged$ である[注3]。図 4.1 は V_3 にいる消費者がちょうど境界点上におり，どの品種も消費しないものとして描いてある。明らかに，品種 V_3 に対する潜在的な需要が存在し，この品種を供給する明白な誘因が生産者にはある。もし新しい参入企業が V_3 を生産すれば，この生産者は既存の V_1 の生産者から jV_3 の範囲にいる消費者を奪うとともに，V_3k の範囲にいる消費者を V_2 の生産者から奪う。V_3 の品種を導入することにより，消費者余剰と生産者余剰にもう 1 つピーク（山）ができる。この場合，V_3 の生産者は $jmnrk$ の生産者余剰を得る。この生産者余剰の追加分の方が新しい品種を導入するためにかかる固定費用より大きいかぎり，参入は生じるであろう。新規企業はつぎの場合に市場に参入するであろう。

$$\text{PS} > \text{F}^* \tag{4.3}$$

ここで，PS は生産者余剰を表し，F^* は新しい品種を導入するためにかかる固

定費用を表す。明らかに,この条件が満たされるか満たされないかは参入に先立って実現可能な品種の数,およびそれに関わる固定費用の大きさによって決まる。他の条件が同じであれば,実現可能な品種の数が多ければ多いほど PS は一層小であろう。一方,検討している製品が精巧であればあるほど F^* は一層大であろう。

　市場で事業をしている既存企業が直面している状況は異なる。たとえば,V_1 の生産者が V_3 の導入を決定すると想定しよう。同じピークが以前と同様に出現するであろう。V_3k の範囲にいる消費者もまた V_2 の生産者から獲得され,jV_3 の範囲にいる消費者もまた V_1 の生産者から獲得されるであろう。V_3 の導入は結果として生産者余剰を増大させるが,新しい品種が V_1 から市場の一部を奪うということは,その利益がいかなるものであれ,それは内部移転にすぎないことを意味している。このことは面積 jmc として容易に明らかにすることができる。言い換えれば,生産者余剰の純利益は $mnrkc < jmnrk$ である。当面,F^* は既存企業にとって,どの新規参入企業と同様に等しいと仮定すると,V_3 を導入する誘因は明らかに,新規参入企業の方が市場で操業している既存企業におけるよりも大きい。

　しかし,このことは V_3 が必ず新規参入企業によって生産されるということを意味しない。多くの要因が市場で操業中の既存企業のなかのある企業に V_3 を生産させるようにさせ,その結果,多品種製品を生産する企業にさせるかもしれない。品種をたくさん生産することは,既存企業にとっては参入抑制戦略の基本となり得る。他の条件が同じであれば,各既存企業が提供する品種数が多ければ多いほど,新規参入企業にとって生産者余剰としての潜在的な利益は一層小さくなる。このような防衛的な行動は,しばしば現実に観察される。それが実現する可能性は,製品すべての開発費用がどれほどであれその費用の大きさに大きく依存する。製品の開発費用が比較的小さかったり,あるいは／またその企業が市場から退出するさいに,開発費用が十分回収できれば,既存企業は参入企業に対して実質上の優位性をもたないから,増え続ける「多くの」品種数が単一品種製品企業によって生産されるのか,多品種製品企業によって生産されるのかについては前もって述べることはできない。

　開発費用が「多額」であったり,あるいは／また回収不可能(つまり,真の

意味で埋没費用）であれば，製品の仕様を変更する費用はさらにかかる。すなわち，価格がある所与の仕様の限界費用を実際に上回る場合は（つまり，いつでもそのようなことは(4.1)式の費用関数にしたがって生じるに相違ないが），製品の仕様を変更することは実際には合理的ではない。この場合は，既存企業による市場への介入が自分たちにとって戦略的に優位になるかもしれない。もし既存企業が参入に直面した場合，再調整をおこなうさいにかかる潜在的な費用は製品スペクトルを「束ねる」ことで参入を生じさせなくするうえで合理的なものであるのかもしれない。

　企業が多品種製品の生産をおこなおうとする誘因を与える第2の考え方は，「協調解」に関するものである。もし生産される品種数が有限であれば，非協調的な形で価格が決定されるよりも，協調がなされて価格が決定される状況のもとで，利潤は正となるであろう。明らかに，市場の企業数は少なければ少ないほど，単に価格に関してのみならず製品スペクトルのなかにおける各品種の位置づけに関しても調整的に結果が導かれる方が一層現実可能性が高い。

　埋没費用の役割ならびに価格と品種の位置づけを調整する可能性は，ライアンズ［Lyons］(1984)によって多品種製品モデルで論じられた。調整の問題はランキャスター［Lancaster］(1984)の論文で大きく取り扱われた。これらの論文ではどちらも，既存企業にとってもう1つの，しかも一層重大な優位性を与えると思われる2つの要因，つまり**多品種製品生産の規模の経済および多種製品生産の範囲の経済**を詳しく調べていない。これらのうち前者の規模の経済は産業経済では馴染みの概念であり，間接的な固定費用を多くの品種に分散させる可能性に関している。後者の範囲の経済は最近の概念であり，所与の生産設備で多くの別々の品種を生産する可能性に関している。最も劇的な具体例はおそらく，自動車生産におけるコンピュータ制御技術（ロボット）の利用である。近代的な工場では，所与の生産ラインが文字どおりまさに「ボタンに触れただけで」多くの異なる品種を生産することができる。器具の取り替えや作業中断のためのコストは最小ですむ。このような精密な技術の導入にかかる固定費用は，（英国における英国レイランド社の事業再構築プログラムによって例示されるように）かなり大きい。しかし，ひとたびこのような費用が埋没してしまえば，既存企業は明らかに潜在的な参入者に対して決定的に優位な立場に

立つ。範囲の経済がますます重要となることは極めて明らかである。産業構造がどのような様子をしているのか，また実際，産業内貿易についての実態が意味するものは今後数年間にわたり，多くの研究材料を提供してくれるものと思われる。

多品種製品を生産する企業と産業内貿易

封鎖経済のもとでMPF（Multi-product Firm）の出現に影響を及ぼす要因を検討したが，これはこのような企業が産業内貿易を引き起こす可能性の小さな第1歩である。

ランキャスター［Lancaster］（1979）の議論では，差別化には費用がかからず，産業内貿易はMPFがものつくりの生産者であっても生じ得る。貿易の開始に影響を及ぼす要因は，第2.4節で論じたものと同じである。つまり，それらの要因は国際間での嗜好の重複の程度，各国の製品スペクトルにわたる選好分布状態，ならびに生産関数に関する逓減費用の状態である。したがって，このような設定条件のもとでMPFの存在の可能性を認めても，これらの要因は産業内貿易の開始を阻止しない。しかし，その他の場合は，そのようにならないかもしれない。ランキャスター［Lancaster］（1984）は需要に関してランキャスター［Lancaster］（1980）と似た仮定をおくが，外国企業の参入の可能性に直面する多品種製品を生産する自国の独占企業のケースを論じるために，生産条件を変化させている（この結果，産業内貿易が発生する）。ランキャスターは外国企業が既存の自国の独占企業に対して費用面での優位性を有する場合でも，既存の自国の独占企業は参入を妨げる防衛戦略に訴えることができることを示している。基本的には，独占企業は価格を引き下げ品種数を増やすので，状況によってはそれによって参入を防止するのに十分である。こうして，多品種製品企業が自給自足の国内市場で独占を享受するときは，防衛戦略は明らかに産業内貿易の発生を妨げることに向けられるかもしれない。

前項でみたように，「埋没費用」はMPFを出現させるうえで重要である。とくにそれが範囲の経済に関わっているときにはなおさらであり，その両者が結びつくことによって単一品種製品企業の参入を阻止するように作用するかも

しれない。しかし，明らかに範囲の経済は規模の経済とほぼ同じ方法で産業内貿易を生じさせる刺激剤となるといえよう。規模の経済を交換し合うことが産業内貿易の利益の重要な根拠となっていることが思い出される。輸出市場へアクセスできる単一品種製品企業は自己の生産ラインを長くすることができ，それにより単位費用と価格を引き下げられる。このことは異なる国々の企業に対して異なる品種に特化する誘因を与える。明らかに，範囲の経済は異なる範囲の製品に特化する異なる国々の異なる企業に対して似たような効果を及ぼすと思われる。とくに，ある程度重複需要が存在する場合はそうである。さらに，範囲の経済によって国内生産者が参入しようとする誘因を削いでしまうような場合，範囲の経済は外国の潜在的な参入企業の場合に，重要性が低いものとなる。外国のどの潜在的な参入企業も各自の国内市場向けの品種数を増やすとき埋没費用をすでに消化しているならば，（取引費用を除外すれば）輸出市場に参入する費用は多分ゼロに近い。このことは自国企業に関しても同様であろう。2国間で嗜好に重複がみられ，その品種が差別化されているかぎり，互いに相手国の市場に参入する誘因をもち，産業内貿易が発生し得る。

　最後に説明されなければならない点が1つある。新規参入企業に対し既存のMPFが享受できる優位性を論じるさい，私たちは既存のMPFが価格を調整する可能性について注目した。実際には，国際市場で差別価格が蔓延している。第3.2節で瓜2つの製品の市場ではどのように輸送費用が複占企業に差別価格を生じさせ，そのことにより産業内貿易を発生させることになるかをみた。製品が水平的に差別化されている国々の間では，差別価格を設ける可能性が産業内貿易の新たな基礎をなす。

第4.3節　産業内貿易と多国籍企業

OLIパラダイム

　対外直接投資（FDI：Foreign Direct Investment）ならびに多国籍企業の構造，行動および成果は戦後期を通して綿密に検討されてきた問題である。こ

れらの問題はきわめて多くの研究を促すとともに,かなり議論を呼んだ。対外直接投資を生じるとみられる多くの要因を研究するうえで,ダニング [Dunning] (1981) は最近「OLI (Ownership-Location-Internalisation) パラダイム」として知られるようになった問題に対して「折衷的な」アプローチを示した。これが主張するところによると,対外直接投資はつぎの3つの条件があるときに生じる。第1に,企業は地元の生産者に比べ何ら著しい比較劣位が存在しない海外市場において,生産設備の設置を認める**所有**面でのある種の優位性がなければならない。このような所有面での優位性は技術面でのノウハウ,またはパテント保護の形をとることもある。第2に,企業が自国ではなく海外において生産設備に投資することを勧める特殊な生産の**地理的**優位性が海外市場に存在しなければならない。地理的な優位性は原材料を一層入手しやすくしたり,安価な労働の入手可能性,あるいは関税障壁や数量制限を「飛び越える」可能性といった形をとり得る。第3に,企業は所有面や地理的な優位性を**企業の内部**で獲得しようと望む。つまり,内部市場を通じてそれらを獲得しようとするものであり,海外ライセシングのようなそれ以外の「独立企業同士 (arms-length)」の取引契約によっておこなおうとするのではない。たとえば,親企業はライセンスを受けた地元の企業が事業活動を親企業の生産プロセスに適応させる能力をもっているかいないかに関して,疑問をもっている場合もある。これらの要素の相互作用は,英国における日本の自動車生産の投資活動を参考することにより考えることができよう。日産はきっと自社がブリティッシュ・レイランド社に対抗できるデザインや組み立てに関し,かなり所有面で優位性をもつと感じている。生産設備を英国につくることで,日産は多くの日本車が英国市場に入ってくるのを制限している輸出自主規制を回避する地理的な優位性を得ている。最後に,企業はライセシングよりも内部市場の利用の方を好む。というのは,企業はそれが品質管理基準を維持する唯一の保障となると信じているからである。

OLI パラダイムが産業間貿易との関連で (少なくとも暗々裏に) 展開されたが,これは実際,産業内貿易との関係でも容易に利用することができる。ノーマン [Norman] = ダニング [Dunning] (1984) は一方向的な対外直接投資,双方向的な対外直接投資 (産業内対外直接投資),およびこれらと色々なタイ

プの製品の産業内貿易との関連性を論じている。FDIおよびそれによって生じる産業内貿易を刺激する確たる要素は，消費，生産あるいはその双方において密接な代替財である製品を扱っているかいないかによって異なる。しかし，どの場合であっても共通する1つの主題はOLIパラダイムである。所有面での優位性はここでも重要なものとして協調される。差別化された製品の場合には，所有面の優位性はブランド・イメージの形をとることもある。また，地理的な優位性は各国間の要素価格の差から生じるものとして認識されており，海外市場に立地することで嗜好の変化に対してきっと一層容易に対応できる能力として認識される。内部化は不確実性を減らし貿易を促進するのみでなく，垂直的な規模の経済を容易に獲得させるかもしれない。たとえば，特定の品種を生産するのにともない重要な規模の経済が明らかに存在し，品種はすべてあらゆる市場で販売することができるといった具体的な場合をみてみよう。その場合，FDIと産業内貿易が相互に歩調を合わせて生じる傾向がみられる。このようなことの好例が欧州フォード社の生産活動であろう。異なる国々にある特定の工場は，（1つのモデルで多数の品種を生産する）特定のモデルに特化したものである。各工場が西ヨーロッパのあらゆる消費者に対してサービスを提供しているから，産業内貿易が生じる。

したがって，詳細は異なるかもしれないが，一般に外観上は産業間貿易の場合と類似している。FDIと産業内貿易の概略を論じたので，ここで多くの具体的なモデルを調べてみよう。

企業内で生じる産業内貿易モデル

ハーシ［Hirsch］(1976)，およびアグモン［Agmon］＝ハーシ［Hirsch］(1979)は国際的な不完全競争市場における多国籍企業に適した企業行動のルールを幾つか開発した。これらのルールはメイナルディー［Mainardi］(1986)によって，どのような企業内貿易も産業内貿易になりそうな状況へ拡張された。

ハーシ［Hirsch］(1976)は，B国で生産拠点を設立するのとB国へ輸出するのとのどちらがよいのかを検討しているA国の企業が直面する誘因の比較検

討に関心があった。ハーシにより導出された FDI の効率的な条件はつぎのものである。

$$P_b + C < P_a + M \tag{4.4}$$

ならびに，

$$P_b + C < P_b + K \tag{4.5}$$

ここで P_a と P_b はそれぞれ A 国と B 国の生産費用を表し，C は「統制費用」つまり海外の投資にともなって生じる追加的な投資（国内での投資以上に必要なもの）を表す。M は国内の販売費用を超えた輸出の販売費用の超過分であり，K は（ノウハウまたはブランド・イメージのような）企業特異なあらゆる所得創出資産を表す。独立企業同士の市場取引による B 国への輸出については，同様の条件はつぎのものである。

$$P_a + M < P_b + K \tag{4.6}$$
$$P_a + M < P_b + C \tag{4.7}$$

つまり，海外での生産能力に対して投資をするかしないか，あるいは第三者を通して輸出するかしないかを決定するのは，両国における相対的な生産費用，相対的な販売費用，さらには企業が享受するかもしれない所有面でのすべての優位性に依存している。

メイナルディ［Mainardi］(1986) はこのモデルを企業が費用最小化戦略を追求するという設定のもとで発展させた。この場合にも企業は FDI に対して独立企業同士での市場取引（arms-length）により輸出を検討すると仮定している。さらに，生産した製品が差別化されている状態にあることが仮定されている。A 国にある企業にとり，B 国での FDI に関する条件はメイナルディにより，つぎのように述べられている。

$$\lambda_i a_{iq} P_q < \bar{\lambda}_i \bar{a}_{iq} \bar{P}_q \tag{4.8}$$
$$\lambda_i a_{iq} P_q < \delta_i b_{iq} \hat{P}_q \tag{4.9}$$
$$\lambda_i a_{iq} P_q < \tilde{\lambda}_i \tilde{a}_{iq} \tilde{P}_q \tag{4.10}$$
$$\lambda_i a_{iq} P_q < \check{\lambda}_i \check{a}_{iq} \tilde{P}_q \tag{4.11}$$

ここで，λ_i ＝B 国での販売のため，子会社によって負担される販売費用，

$\bar{\lambda}_i$ ＝B 国への輸出または B 国での販売のため，親企業が負担する販売費用，

δ_i＝B国の限界的な地元の企業によって負担される販売費用,

$\tilde{\lambda}_i$＝C国にある代替的な外国子会社によって負担される販売費用,

$\bar{\lambda}_i$＝B国への輸出またはB国での販売のため,代替的な外国子会社によって負担される販売費用,

a_{iq}＝技術的な生産係数,

P_q＝投入財 q の単価,

を表す。こうして,ハーシのようにメイナルディはホスト(投資受け入れ)国にある子会社の販売費用と生産費用を独立企業同士の市場取引(arms-length)における親企業の販売費用と生産費用に関係づけている(不等式4.8)。くわえて,他のMNFの子会社とも陽表的に比較するとともに(不等式4.11),現地での競争企業の費用を導入し(不等式4.9),また,第三国における投資の可能性をそれぞれ陽表的に導入する(不等式4.10)。企業内で生じる産業内貿易の可能性を実現させるために,メイナルディは生産費用と販売費用を親企業と子会社の双方で分ける。企業内で生じる「水平的な」産業内貿易(つまり差別化された製品の貿易)は,つぎの条件が成立すれば発生するであろう。

$$\lambda_i < \bar{\lambda}_i \text{ および } a_{iq}P_q > \bar{a}_{iq}\bar{P}_q \quad (1 \leq i \leq j) \tag{4.12}$$

ならびに,

$$\gamma_i > \bar{\gamma}_i \text{ および } a_{iq}P_q < \bar{a}_{iq}\bar{P}_q \quad (j \leq i \leq n) \tag{4.13}$$

ここで,

γ_i＝A国への輸出やA国における販売のために子会社によって負担される販売費用,

$\bar{\gamma}_i$＝B国の親会社によって負担される販売費用,

を表す。言い換えれば,品種のなかには親企業が生産費用面で優位性を有するものもある(不等式4.12)。しかし,それら同一の品種について子会社が販売費用面で優位性をもっている。その他の品種については,これと逆の状況が生じるかもしれない(不等式4.13)。これらの状況のもとでは,費用最小化の戦略を追求するMNFは,A国とB国で販売するためにA国で品種1から品種 j までを生産するであろう。しかし,B国では品種 $j+1$ から品種 n までを生産し,それらをA国とB国で販売する。メイナルディは立地特異の生産費用面での優位性が生じる理由も,あるいは立地特異の販売費用面での優位性が生じ

る理由についても一切考慮していない。前者の立地特異の生産費用面での優位性に関しては，その費用面での優位性が規模の経済と範囲の経済に関係しているとみられる。品種ごとに特化が求められるある一定数の品種については，最適な工場規模があるかもしれない。こういった観点から欧州フォード社の生産決定を考えることができよう。西ヨーロッパ市場全体に関する特定の品種の生産は欧州大陸全土で異なる工場にそれぞれ別々に集中している。もう1つの可能性は第2.2節で論じたモデルのように，「品種」が相対的な資本投入量の関数になっている垂直的に差別化された製品を取り扱ってみることである。ここで初期の要素賦存量に違いがあれば，親企業は資本豊富国で「高級」品を生産することになり，他方，子会社は労働豊富国で「低級」品に特化するようになる。販売費用の違いは一層説明しやすい。地元の消費者にアクセスしたり，嗜好や選好の変化に対応する能力は，輸送費用の引き下げと同様に，明らかに重要な影響を及ぼす。

したがって，メイナルディ・モデルは企業内における産業内貿易を発生させるうえで影響を及ぼすと思われる要因について比較的単純な説明をしている。最終的なコメントを2つつぎに挙げる。第1に，私たちの議論は「水平的な」産業内貿易に焦点をあてたが，条件式の(4.12)と(4.13)は実際，企業内に生じる「垂直的な」産業内貿易，つまり生産プロセスの異なる段階で製品の双方向的な貿易のための基礎を提供するように容易に修正することができる。これは「調達」としてよく知られている現象であり，MNF活動の一般的な特徴である。第2に，メイナルディの分析はOLIパラダイムの枠組みのなかで考えることができる。立地面の考察は条件式の(4.8)と(4.11)によって陽表的に確かめられる。他方，内部化は条件式(4.8)において暗々裏に，また条件式の(4.12)と(4.13)において陽表的に表されている。所有面の優位性も条件式(4.8)で暗々裏なものとして考えられるが，分析には陽表的には入ってこない。

第4.2節において多品種製品企業を論じたさい，ライアンズ[Lyons](1984)の論文に対して多くのコメントがなされた。本節を締めくくるにあたって，このモデルはMNFが存在する状況のものに拡張される点に注目できよう。協調的な行動から潜在的に生じる利益が多品種製品企業を説明するうえで効果的であることが想起されよう。同様の考察がMNFを考察するさいに，重要なこと

として現れてくる。とくに、ライアンズは参入を防ぐため製品スペクトル上に品種を最適に配置する能力とともに、生産設備を地理的に最適に立地させる能力を強調している。ここでもこれらの考察を OLI のフレームワークでおこなうことができる。このモデルにおいて所有面 (O) の優位性は製品スペクトル上の特定の位置を占めることによって生じる。立地面 (L) の優位性は貿易取引の費用を最小化することができる能力によって生じる。内部化 (I) による優位性は最適な製品配置と価格づけに関連している。

第 4.4 節　要素移動と産業内貿易：代替的か補完的か？

　FDI と産業内貿易に関し、多くの特徴を検討してきたので、最後の問題、つまり FDI と産業内貿易が互いに代替的か補完的かの問題を考察して本章を締めくくることにしよう。よく知られた論文で、マンデル [Mundell] (1957) はヘクシャー＝オリーン＝サムエルソン・モデルで要素移動の効果を分析した。マンデルが示したことは、要素の貿易と財の貿易は互いに代替的だということであった。H–O–S モデルでは、要素賦存量の差が自給自足の要素価格に差を生じさせ、（需要が所与であれば）財の価格にも違いをもたらす。要素が移動しなければ、財の貿易が生まれる。結局、貿易を刺激する財価格の差異は裁定され、サムエルソン [Samuelson] (1948, 1949) が証明したように、財の価格均等化に必然的に付随して起きることは要素価格の均等化であろう。マンデルが示したことは、もし要素移動を認めれば、要素は要素価格の国際間での違いに応じて移動するであろうということである。ひとたび要素報酬のいかなる差も裁定されれば（つまり、要素価格均等化が達成されれば）、要素の移動は止む。この点で財価格の均等化も達成されるであろう。この分析からマンデルは財の貿易と要素の貿易は互いに代替的であると考えられるとの結論をくだした。私たちのここでの目的にとって、このことは FDI と貿易が代替的であることを暗に意味している。この結論は H–O–S パラダイムの中心的な命題の 1 つとして広く受け入れられてきた。

　第 2 章、第 3 章ならびに第 4 章を通してみたように、産業内貿易は各国間に

要素賦存量に差がなく，要素価格にも差がない状態で起き得る。このことは興味深い疑問を生じる。つまり，財の貿易と要素の貿易とが互いに代替的であるとこれからも考えてよいものなのか，あるいはこのような認識は変えるべきなのであろうか？　本章の主題の視点からもっと具体的にいうならば，産業内貿易の世界では FDI と貿易が代替的なものとみるべきか，あるいは補完的なものとみるべきであろうか？

　サーベイ論文のなかでノーマン［Norman］＝ダニング［Dunning］(1984) は，この問題に関して結論を出してはいない。彼らが検討したケースのなかには，FDI が貿易抑制的なものもあれば，貿易促進的なケースもある。最終的な結論は，貿易される財がどのようなタイプのものであるのか，取引費用がいかなるものであれその大きさ，さらには規模の経済の程度にそれぞれ依存する。しかし，アグモン［Agmon］(1979) にとってはこの問題には疑いが存在しない。彼は FDI と産業内貿易は代替的ではなく補完的なものだと主張する。このように結論する理由は，MNF を出現させると思われる要因が産業内貿易を発生させると期待できる要素でもあることから，これらの両者が手を取り合いながら進行していくと考えられるという見方だからである。とくにアグモンは産業内貿易の発生に先立っておこなわれる FDI を海外市場に関する情報の入手手段であると同時に，企業特異の優位性を利用する道筋であるとみている。逆に，産業内貿易は新製品の開発や一層の拡大を容易にさせる。明らかに，アグモンが頭に描いているものは，先の節でコメントした「欧州フォード社」の戦略である。このような状況では，なぜ FDI と産業内貿易が代替的でなく補完的なものとみることができるのかが直感的に明らかである。

　したがって，産業内貿易との関連でマンデルの命題を疑問視する余地があるように思われる。幾つかの点ではこのようなことが考えられなくはない。マンデル流の結論の一般性は疑問とされてきた。また，マークーセン［Markusen］(1983) は要素移動と製品の貿易が代替的でなく補完的である他の状況を色々と考察している。マークーセンは各国間での生産技術の違い，製品の多様性，および要素市場の歪みなど，これらすべてのことがどのように要素の移動と製品の貿易とが代替的でなく補完的な状況をもたらしているのかについて明らかにしている。このことから，彼は製品の貿易と要素移動が代替的である状況が

おそらく H-O-S モデルに固有なものとしてみられる特殊な場合だと結論づけている。第2章，第3章ならびに第4章で扱った大部分のケースは産業内貿易が製品市場におけるある種の歪み，あるいは別のタイプの歪みとの関連で生じるので，FDI と産業内貿易が代替的でなく補完的なものであり得るという命題は，マークーセンの見方と一致している。

第4.5節　結　語

　実証的には，MPF と MNF は産業内貿易と関連していることがわかっており，本章ではこれらの企業を出現させることのできる要因に関心を寄せてきた。企業の多くは多品種製品企業である**とともに**，多国籍企業ではあるが，両者を分ける方が分析のうえでは便利であった。多品種製品企業の場合は埋没費用や価格・産出量の決定を調整できる能力，および範囲の経済はすべて MPF の出現を説明するさい重要な作用を及ぼすことがわかった。多国籍企業を考察する場合，所有のパラダイムならびに立地面での優位性や内部化の優位性が分析の基礎となった。また，特定のモデルにおいては MNF と産業内貿易の関連性を説明するうえで，これらの要因が果たす役割が調べられた。最後に，製品の貿易と要素移動との関係が検討され，これらが代替的であるとみる H-O-S モデルとは異なり，産業内貿易の設定条件のもとでは，これらは補完的であるかもしれないということが明らかとなった。

　このような分析は多くの検定可能な命題を生み出すとともに，MPF と MNF の役割を実証的に評価する試みが第8章で検討される。第4部では，これらのモデルの厚生面の意味について幾つか考察する。

第4章の注
(注1)　このフレームワークが「立地」分析の応用だから，事実そのルーツはさらに遡る。
(注2)　モデルは貿易利益を検討するさいに第10章でさらに詳しく説明する。本章での目的のために根幹となる本質の部分だけを明らかにする。
(注3)　これらの関数の特徴に関する詳しい内容は第10章でさらに検討される。

第 2 部　計測問題

第5章　産業内貿易の計測

第5.1節　はじめに

　公的な貿易分類によって各国ごとに記録された同質的な製品または差別化された製品の同時的な貿易は，産業内貿易（IIT）が統計的には明らかに存在していることを示している。しかし，公式の貿易分類により恣意的にもたらされる統計上の「双方向貿易」あるいは「重複貿易」に関する現実のIITの大きさは，明らかに「産業」の定義に依存している。残念だが，産業の概念を規定する単一の基準は存在しない。したがって，IITの定義は基本的にはあいまいである。つまり，IITの現象面での認識やその計測は統計上のグループ分けに関わる製品の同質性の程度と種類に大きく依存している。

　本章では，産業内貿易の計測に関する幾つかの代替的なアプローチを検討する。産業を定義する明瞭な単一の基準が欠けていることから生じる複雑さを検討するとともに，この問題を解決するための代替的なアプローチが検討される。さらに，全体的な収支不均衡から生じる問題も議論する。

　本章は以下の構成をしている。第5.2節は産業内貿易の幾つかの代替的な指数を識別するとともに，それらについて論じる。第5.3節は最も広く用いられるグルーベル＝ロイド指数の特徴に焦点をあてる。第5.4節は，産業内貿易指数を集計的な収支不均衡に対処するために調整をおこなうべきか否かという論争に関する議論を検討する。他方，第5.5節ではあらゆる問題のうちで最も基本的な「集計上」の問題（訳注：産業分類をおこなうさい，各産業が同一のカテゴリーからなるものだけによって構成することが期待されるが，現実の統計分類では必ずしもそのようになってはおらず，産業集計上の問題が生じる）に焦点をあてる。最後に，第5.6節は結論としてのコメントを幾つか挙げる。

第5.2節　幾つかの代替的な産業内貿易指数

この分野に関する初期の実証分析は貿易と特化に関するパターンの傾向や変化をつかむことに関していた。たとえば，ヴァドゥーン［Verdoorn］(1960) はベネルックス同盟国内部の貿易パターンの変化を調べるために，ある産業グループまたは製品グループ (j) について輸入 (M_j) に対する輸出 (X_j) の比率を用いた。S_j ($=X_j/M_j$) がどちらの方向であれ，1に近づくかまたは1から離れていくかにしたがい，産業内特化あるいは産業間特化のいずれが生じているかを推論した。$S_j=1$ の場合を除き，この種の指標は特定の産業グループにおいて輸出入がそれぞれ釣り合う大きさを容易に，かつ直接的に計測することはない。（このような特化指数は第6章でさらに詳しく考察する。）

バラッサ指数

バラッサ［Balassa］(1966) は，まず輸出と輸入が釣り合う様子を示す尺度，あるいはむしろそれが釣り合うことの相対的な重要度を表す尺度を (A_j) として示した。つまり，貿易が釣り合うということは，ある集計段階での製品の（金額で表した）輸出の絶対量 (X_j) が輸入量 (M_j) によって相殺される程度であり，A_j はつぎのように表せる。

$$A_j = \frac{|X_j - M_j|}{(X_j + M_j)} = 純貿易／総貿易 \tag{5.1}$$

ただし，$0 \leq A_j \leq 1$ である。

A_j は産業内貿易と反対の関係になる。つまり，A_j は X_j または M_j がゼロのとき1になり，$X_j=M_j$ のときゼロになる。同様に，この種の指数には特殊な加重の性質があることにも注意されたい。第1に，純貿易がある製品グループ (j) の総貿易に対する割合として表されるので，この指数は輸出入の**絶対**額が著しく異なる場合でも特定の値をとり得る。たとえば，$M_j=X_j=100$ 英ポンドの場合でも，あるいは $M_j=X_j=1$ 億英ポンドの場合でも，A_j は等しくゼロで

ある。また，純貿易は総貿易に対して測られており，国内の生産や販売に対して測られているわけではないことにも注意されたい。したがって，この尺度により示される高水準の産業間貿易は必ずしも高水準の産業間特化を含んでいるわけではない。第2に，産業の下位のサブグループの貿易不均衡の符号がすべて等しい場合にのみ（したがって，さらに集計された段階でも同様である），A_jはそれら下位グループの指数すべての加重平均（A_j）となる。いま，グループjが下位グループのaとbから構成されるとすれば，指数はつぎのように書き直すことができる。

$$A_j = \frac{|X_a + X_b - M_a - M_b|}{(X_a + X_b + M_a + M_b)} \tag{5.2}$$

もし，$(X_a - M_a) > 0$ で $(X_b - M_b) > 0$，または $(X_a - M_a) < 0$ で $(X_b - M_b) < 0$ であれば，$A_j = w_a A_{aj} + w_b A_{bj}$ である。ただし，

$$w_a = \frac{X_a + M_a}{X_j + M_j} \text{ および, } w_b = \frac{X_b + M_b}{X_j + M_j} \text{ である。}$$

しかし，もし下位グループのなかに貿易収支の符号が異なっているものが含まれていれば，加重をすることの効果は失われる。極端な場合，$M_a = 0$ ($X_a > 0$) で $X_b = 0$ ($M_b > 0$) であれば，結果として $A_{aj} = 1$ であり，$A_{bj} = 1$ である。しかし，もし $X_a = M_b$ であれば，A_jはゼロになり得る。

貿易データの集計から生じるこのような「加重」効果や「相反する符号」効果がどの程度重要な影響を及ぼすかは，指数の使い方にも依存するが，どの集計レベルを選択するのが適切かという人々の考え方にも依存する。もし特定の集計レベルでの産業間貿易や産業内貿易の相対的な重要性を反映させる総括的な統計を求めたければ，加重による効果は望ましいものといえる。たとえば，目的が下位グループ・レベルでの重要性を総括的に示すことであれば，A_jはA_{ij}指数の加重平均であるべきである。総括的な指数に対してこのような性質を保障するためには，指数は以下のように調整されなければならない。

$$A'_j = \frac{\sum_{i=1}^{n} |X_{ij} - M_{ij}|}{(X_j + M_j)} \tag{5.3}$$

ここで，相反する符号が含まれていなければ，$A'_j = A_j$ である。しかし，相反

する符号が含まれている場合は

$$A'_j = \sum_{i=1}^{n} w_i A_{ij} \quad \left[\text{ここで,} \quad w_i = \frac{X_{ij} + M_{ij}}{X_j + M_j} \right]$$

となる。もし加重平均 ($\bar{A}_j$) あるいは A_j 指数すべての総括的な統計を考案したければ、つぎの調整処理も利用できる。つまり，

$$\bar{A}_j = \frac{\sum_{j=1}^{n} |X_j - M_j|}{\sum_{j=1}^{n} (X_j + M_j)} = \sum_{j=1}^{n} w_j A_j, \quad \text{ここで,} \quad w_j = \frac{X_j + M_j}{\Sigma X_j + \Sigma M_j} \quad \text{である。}$$

もちろん、もし個々の指数を計算するために選んだ集計レベルがグループ内のあるいは「産業」内の同質性に関する研究者の見方に密接に対応していれば、それぞれの指数を加重することは不適切かもしれない。加重平均は個々の指数の典型的な水準を表わしていないかもしれない。事実，バラッサ [Balassa] (1966) は代表的な尺度として個々の指数を加重平均しないまま用いている。つまり，特定の集計レベルでは，

$$\bar{A}_j = \frac{1}{n} \sum_{j=1}^{n} A_j$$

である。

したがって、一般には加重平均は IIT の総括的な尺度にとって、一層適しているかもしれず、とくに貿易のすべてにわたって、あるいは製造業品の貿易のすべてにわたって経済全体として総括する場合にはそうである。貿易不均衡が全体として存在する状況では、総括的な尺度は IIT の全体としての大きさを過小評価するかもしれない。その理由は、全体の不均衡自体が産業全体の輸出と輸入を正確に均衡させるのを妨げるからである。（この問題は本章の第 5.5 節でさらに詳しく考察する。）しかし、産業ごとに輸出と輸入の差を絶対値ではなく比率で測った比値で考察する場合には、このような内部に潜んでいる難しさは出てこない。

マイカリー指数

マイカリー [Michaely] (1962) はこの比率原理を用いて輸出と輸入の製品

構成が全体としてどの程度似かよっているかを示す指数 ($\bar{H}$) をつぎのように提案した[注1]。

$$\bar{H}=1-\frac{1}{2}\sum_{j=1}^{n}\left|\frac{X_j}{\sum_{j=1}^{n}X_j}-\frac{M_j}{\sum_{j=1}^{n}M_j}\right| \tag{5.4}$$

これは総輸出に占める産業グループないし製品グループごとの輸出が総輸入に占める当該産業グループの輸入をどの程度相殺するのか，その程度を計測している。この場合でも，この指数はゼロから1までの値をとる。この値が大きいほど輸出入の製品構成における類似性が一層高いことを表す。しかし，値が1であってもそれは全体として貿易が均衡 ($\sum X_j = \sum M_j$) しているわけでもなければ，各々のグループでそれぞれ収支が均衡しているわけでもない。事実，(現実に貿易全体が不均衡であるかぎり)，この指数は全体での現実のIITの割合を計測するものでもなければ，個々の産業レベルでIITを計測するうえで適しているというわけでもない。実際，もし製品グループごとに現実の輸出と輸入の類似性を計測したければ，それは単純な相関係数によって計測できよう[注2]。事実，比率法を用いることによって[注3]，貿易全体が均衡していれば，マイカリー指数によって輸出と輸入の全般的な類似性が計測される。(この指数および産業内の特化パターンを計測するために一層適した指数は第6章でさらに詳しく考察する。)

第5.3節　標準的なグルーベル＝ロイド産業内貿易指数

　現実の産業内貿易を計測するために，多くの実証分析はグルーベル [Grubel]＝ロイド [Lloyd] (1975) が示した指数 (GL指数) を用いている[注4]。多数国ベースでは，GL指数 (B_j) はある産業 (j) あるいはある製品グループについて輸出から輸入を差し引いた絶対値の大きさを計測し，この産業内貿易を当該製品の総貿易に占める割合として表す。つまり，以下のとおりである。

$$B_j=\frac{(X_j+M_j)-|X_j-M_j|}{(X_j+M_j)} \tag{5.5}$$

省略形はつぎのとおりである。

$$B_j = 1 - \frac{|X_j - M_j|}{(X_j + M_j)} \quad (= 1 - A_j) \tag{5.6}$$

ただし，$(0 \leqq B_j \leqq 1)$ である。

A_j が産業**間**貿易の計測レベルに直接関わっているのに対して，B_j は産業**内**貿易の計測レベルに直接関わっている。$X_j = 0$ または $M_j = 0$ であり，かつ産業 j に関して輸出と輸入に重複がなければ，B_j はゼロとなる。同様に，もし $X_j = M_j$ であり，双方が完全に均衡していれば，B_j は1となる。しかし，この指数は比例的に変化しないことに注意されたい。表5.1が示すように，$X_j (M_j)$ の水準が一定であれば，$M_j (X_j)$ が一定の大きさで増えれば，B_j の増加率は $M_j (X_j)$ が増えるのにつれて減少する。この指数の性質は B_j を従属変数として用いる計量経済学による分析においても特定化の選択をおこなうさいに重要な意味をもつと思われる。

表5.1　X_j と M_j の仮説的な値に対する B_j の値の例

X_j	M_j	$\|X_j - M_j\|$	$(X_j + M_j)$	B_j
100	0	100	100	0
100	10	90	110	0.18
100	20	80	120	0.33
.	.	.	.	
.	.	.	.	
.	.	.	.	
100	50	50	150	0.67
100	60	40	160	0.75
.	.	.	.	
.	.	.	.	
100	100	0	100	1

$B_j = 1 - A_j$ であるから，GL指数はバラッサ指数と同様の加重に関する性質を有している。これは再び，クロスセクション（産業横断的な）分析であろうと，あるいはタイムシリーズ（時系列）分析であろうと，B_j 指数で計測される産業内貿易の色々な水準を「説明」しようとする回帰分析であればどんなものであれ，認識しておかなければならない性質である。B_j は特定の製品グルー

プの総貿易に対する「均衡」貿易量を計測するから，この指数の変化は産業間あるいは時間の経過にしたがって生じる総貿易の加重の変化により影響を受ける。したがって，総貿易が（たとえば製造業における貿易全体でみて）絶対的に小さかったり大きかったり，あるいは相対的にも小さかったり大きかったりするような特定の産業に関して「釣り合った」貿易が高い割合をしている様子がみられるかもしれない。同様に，各産業の総貿易水準は産業の生産水準や販売水準に応じて直接変化することもあるし，ないこともあろう。

以上で論じた指数は比例的な性質をしていないので，回帰分析に関して B_j 指数をつくるうえで用いる基礎的な貿易データを検討するとき，ある程度注意が払われなければならない。もし市場構造や産業構造の特徴が IIT を「説明」するうえで式の右辺（RHS）にくる独立変数として用いられるなら，（統計的有意性や「当てはまりの良さ」）という分析結果の内容はこの加重の性質によって影響されそうである。B_j の高い値は「産業」の総貿易が小さいことと関連しているのかもしれず，その場合は貿易障壁や輸送費用が高いか，あるいは（季節的な面や国境といった）「特別」な要素の影響が IIT の観測値を高くする主な原因かもしれない。表 5.2 は表 5.5 の英国の 1982 年における標準国際商品貿易分類（SITC）第 7 部の輸出と輸入のデータに関する B_j 指数を明らかにしたものである。B_j 値を比較するうえでの潜在的な問題が明らかにされている。総貿易と国内生産は電動式タイプライターと電動式以外のタイプライターとで大きく異なる。したがって，「説明」変数の選定はどのようなタイプの活動が含まれているかによってなされなければならない。言い換えれば，IIT の原因に関する特定の仮説を検証するためには，ある特定のタイプの生産活動もしくは製品を用いることが適切であるかもしれない。

同時に，表 5.2 は貿易データを集計するさいの加重プロセスも示している。下位グループのすべて（たとえば 3 桁分類グループにおける 4 桁分類カテゴリーのこと）で純貿易収支の符号が等しい場合には，B_j は下位グループ（B_{ij}）に関する GL 指数の（各下位グループ i の産業 j，もしくは製品グループ j についての総貿易のシェアによる）加重平均である。集計するさいに反対の符号効果が現れるときは，

表5.2 SITC 第7部の色々な桁で記録された英国の産業内貿易：1982年

桁			パーセントIITの値 ($B_j \times 100$)
2桁	第75類	事務用機器および自動データ処理機械	86
3桁	751	事務用機器	97
4桁	751.1		<u>41</u>
5桁	.11	電動式タイプライター	44
5桁	.12	タイプライター（電動式のものを除く）	10
5桁	.18	その他のタイプライターおよびチェックライター	90
4桁	751.2		<u>34</u>
5桁	.21	計算機（電子式卓上型計算機を含む）	17
5桁	.22	会計機（簿記会計機を含む）	48
5桁	.23	金銭登録機（計算機構を有するもの）	16
5桁	.28	郵便料金計機，切符発行機その他これらに類する計算機構を有する機械	70
4桁	751.8		<u>80</u>
5桁	.81	謄写機	9
5桁	.82	感光式複写機および感熱式複写機	89
5桁	.88	その他の事務用機器	70

$$B_j > \sum_{i=1}^{n} w_i B_{ij} \quad \left[ここで, \ w_i = \frac{X_{ij} + M_{ij}}{X_j + M_j} \right]$$

である。(751.1に関する4桁分類のGL指数を751.2のものと比較されたい。) しかし，これらの統計的効果の重要性は下位グループでの要素の類似性または代替可能性に依存するとともに，要素の相違がいかなるものであってもそれが細かく分類されたデータにそれぞれどのように表れてくるかによって決まってくる。もし，要素の違いがサブグループの貿易収支において相反する符号となってそれぞれ現れるならば，B_jは上方へ歪められたIITの尺度となるから，**カテゴリー別集計**の効果に関する尺度を修正する方法を考えなければならない。これを可能にする方法は第5.5節で考察する。もし要素の違いが存在しても「相反する符号の効果」を生じなければ，極端だが重要でないB_{ij}値がB_j値を大きく歪めないかぎり，加重値を用いて平均化する方法は望ましい。しかし，カテゴリー別集計（集計上の）問題は解決されてはいない。

国際間または異時点間での1国の経済あるいは製造業全体での産業内貿易の「平均」水準の比較は加重しない方法で，あるいは加重平均によっておこなう

ことができる。もし集計レベル (j) が予め満足いくように決められていれば，単純な代数平均

$$\bar{B}_j = \frac{1}{n}\sum_{j=1}^{n} B_j$$

は B_j の分布が単一モードで理想的なピークをもつかぎり，IIT の満足できる代表的尺度であるかもしれない。j の定義にはわからないことが多いので，総括的な加重指数

$$\bar{B}_j = \sum_{j=1}^{n} w_j B_j \quad \left[\text{ここで,}\ w_j = \frac{X_j + M_j}{\sum X_j + \sum M_j}\right]$$

の方がさらに適しているかもしれない。これは以下のように計算することができる。

$$\bar{B}_j = 1 - \frac{\sum_{j=1}^{n}|X_j - M_j|}{\sum_{j=1}^{n}(X_j + M_j)} \tag{5.7}$$

ここでよくあるように，もし貿易収支の符号が産業で異なっていれば，

$$\sum_{j=1}^{n}|X_j - M_j| \neq \left|\sum_{j=1}^{n} X_j - \sum_{j=1}^{n} M_j\right|$$

である。表 5.3 は 1964 年と 1977 年における平均水準でみた IIT の国際比較を示したものである。これらの指数は記録を目的として，そして回帰分析の国際間での比較を目的として利用できるかもしれない。ここに示した総括的な尺度は多数国間ベースにより計算した。目的に応じては 2 国間ベースによって IIT を計測することは有益な場合もある。つまり，ある国のもう一方の国 (k) またはもう1つのグループの国々について，ある産業の輸出と輸入という形で以下のようにしてである。

$$B_{jk} = 1 - \frac{|X_{jk} - M_{jk}|}{(X_{jk} + M_{jk})} \tag{5.8}$$

　地理的なベースに基づいて集計を分解すると，IIT の計測にバイアスを与えたり，2 国間での貿易フローに対して特異な影響を及ぼすインパクトを取り込んでしまったり，あるいは多国間での貿易フローの仮説を不適切に検定するといったような危険が生じる。k が（工業化の水準や地理的な近さ，あるいは経

済統合といった）経済的な特徴に基づいてグループ分けされた国であれば，このようなことが起きる危険性は小さくなる。製造業品，とりわけ技術的に差別化された製品の貿易について，英国の先進市場経済（DME：Developed Market Economy）の貿易は英国の先進市場経済以外との間の同じような製品の輸出入とどこが異なるのかについて関心がもたれるかもしれない。もちろん，多国間での B_j の尺度はその値が大きくなる方向へバイアスが生じる可能性［極端な場合には，$B_j=1$ だが，$B_{jk}=0$（ただし $k=1, \cdots, n$），ならびに $B_{jk}=0$（ただし $k>n$）というように］があり，それはカテゴリーごとの集計と別のものではない。もし，ある国が DMEs からある製品グループのものしか輸入せず，当該製品グループのもののみを DMEs 以外の国々へ輸出するならば，この製品グループを構成する下位グループのなかに異なる投入比率をしたものが存在することは大いにあり得ることである。

表5.3 産業内貿易の平均レベルでの国際比較：製造業品

	1964年	1977年
ベルギー＝ルクセンブルグ	0.67	0.69
フランス	0.73	0.76
イタリア	0.60	0.58
オランダ	0.67	0.69
英国	0.64	0.72
ドイツ	0.53	0.64
オーストリア	0.53	0.63
スウェーデン	0.58	0.63
ノルウェー	0.39	0.40
スイス	0.55	0.58
チェコスロバキア	0.55	0.56
ハンガリー	0.51	0.70[a]

a：1975年。
出典：ドラベク［Drabek］＝グリーンナウェイ［Greenaway］(1984).

バーグストランド［Bergstrand］(1983)は2国間ベースで IIT を計測しようとする実用主義的なアプローチを否定し，2国間で（細かく分類した）貿易フローから実際につくられる計測法が理論的には正しい計測であると論じている。彼がこのような立場を正しいとするのは，H–O–S 定理が一般的な（多数国，多数財等の）ケースといった1国の多数国との貿易に関しては妥当せず，

1対（ペア）にした2国間に関して妥当するからである｛たとえばボールドウィン［Baldwin］（1979）を参照｝。多数国間でのIITは新古典派の要素賦存比率の前提とは矛盾しないが，2国間でのIITとは矛盾する。そこで，私たちが関心を向けなければならないのは後者のタイプのIIT，つまり2国間のIITであり，要素賦存比率理論とは異なり差別化された製品に関する新たな貿易論によって説明しなければならないと，バーグストランドは論じている。2国間IITに関するデータを参考にして仮説を検定してみることは興味あることかもしれない。しかし，一般化したH-O-Sモデルと多国間IITが矛盾しないこと，それ自体は，多数国間の計測を不適切なものとしているわけではない。伝統的でない新たな貿易モデルでこれまでに多数国間IITを発生させることができるから，これらのモデルによってつくられた仮説により多数国間IITの計測を検定してみることもできる。

第5.4節　全体の貿易不均衡に対する調整

もしIITが標準的なGL指数を用いて特定の集計レベルで計測されれば，検討中の「産業」または製品貿易の範囲について全体の貿易収支の不均衡や不釣り合いが存在するということは，あらゆる産業や製品グループでも輸出が輸入と釣り合っていないことを意味している。式によって表せば，実態はつぎのとおりである。

$$\sum_{j=1}^{n} X_j \neq \sum_{j=1}^{n} M_j$$

（ここで$n \leq$輸出産業および／または輸入産業の総数。）この実態は観察している産業に関して産業内貿易の全体または平均的な水準に対して制約を課しているのである。このことは(5.7)式を参照することで正式に示すことができる。全体として貿易が不均衡であれば，

$$\sum_{j=1}^{n} |X_j - M_j| > 0$$

である。しかも，$\overline{B}_j$ は1を下回っていなければならない。この数学的な要求

によってもたらされる問題は，それがIITの計測に関して明確なバイアスをもたらすか否かである。そうだと答える論者もいれば｛グルーベル［Grubel］＝ロイド［Lloyd］(1975)，アキノ［Aquino］(1978)｝，他方ではそれは計測のバイアスをもたらすかもしれないとしかいわず，しかもそのバイアスの性質は上記の論評者が批評するほど容易には決定されるものではないと主張する論者もいる｛グリーンナウェイ［Greenaway］＝ミルナー［Milner］(1981)｝。

グルーベル＝ロイドの調整

グルーベル［Grubel］＝ロイド［Lloyd］(1975)は全体で貿易不均衡が存在し，しかも平均してみたIITの総括的な尺度が1未満でなければならないという制約のもとでは，$\bar{B}_j$はIIT期待値の下方にバイアスがかかった尺度であると論じている。つぎに，グルーベル＝ロイドはIITを総貿易から貿易不均衡を差し引いた値に対する割合として表すことにより，この指数が集計的な貿易不均衡に対して調整可能であると論じている。このことからつぎの調整された総括的な尺度がもたらされる。

$$\bar{B}_j \text{（調整済）} = \frac{\sum_{j=1}^{n}(X_j+M_j) - \sum_{j=1}^{n}|X_j-M_j|}{\sum_{j=1}^{n}(X_j+M_j) - |\sum_{j=1}^{n}X_j - \sum_{j=1}^{n}M_j|}$$

$$= \frac{\bar{B}_j}{1-k} \tag{5.9}$$

ここで，$k = \dfrac{|\sum_{j=1}^{n}X_j - \sum_{j=1}^{n}M_j|}{\sum_{j=1}^{n}(X_j+M_j)}$

($0 \leq \bar{B}_j$（調整済）≤ 1)。

こうして，調整した尺度は総貿易に対する全体の貿易不均衡の割合であるkが大きくなるのにつれて増大する。グルーベル＝ロイドはこのような調整済指数が多国間あるいは2国間ベースでIITを計測するために利用できると提案している。

したがって，調整済指数は，取り挙げた一連の貿易取引について全体で収支

が均衡した状態であれば，IIT の平均的な大きさはどの程度の大きさなのかという尺度を明らかにしようとしている．しかし，もしこの一連の貿易取引が均衡しなければならないという理由がどこにもなければ，どうするのか？ グルーベル＝ロイドは $\bar{B}_j$ の値に対する関数上の純然たる制約の結果として，調整が必要であると無批判に受け入れているように思われる．調整の原理は 2 つの基本的な問題を検討する必要がある．第 1 に，どの程度，輸出と輸入が均衡または釣り合えば均衡状態というのか？ 第 2 に，もし均衡が回復されなければならないなら，検討中の一連の取引活動の輸出と輸入（たとえば製造業品の貿易）はどのように変化するのか？ ここで示した調整は（適切に定義した）不均衡が存在するとともに，その不均衡が特定の自律的な国際貿易活動を均衡状態に戻すように調整させると想定している．しかし，均衡は多国間でも，また明らかに 2 国間でも，ともにあるまとまった取引活動に関しての不均衡と矛盾していない．同時に，均衡をもたらす力はあるまとまった取引活動について不均衡を減らすどころか増大させることもある．各国の経済はそれぞれ特異な性質をしており，そのことは「均衡」が製造業品の貿易を含むいかなる国際取引活動に関しても不均衡と両立することを意味している．石油の輸出国になる前に，英国は経常赤字と経常黒字のどちらの年でも，製造業品の貿易では常に黒字であった．また，1972 年の後に生じた石油価格上昇の影響を考えてみられたい．石油を輸入している他の工業国と同様に，英国の経常収支や貿易収支は当初，赤字に転落した．その結果生じた調整は（所得デフレや為替レートの調整によって）製造業品以外の貿易不均衡の拡大を相殺するために，製造業品の貿易黒字を減らすのではなく，逆に増大させた．最後に，米国のケースを考察されたい．つまり，米国はドルの基軸通貨としての立場が経常勘定の不均衡を長期間「常態」にさせた．

したがって，$\bar{B}_j$ は集計レベルでみて貿易が不均衡であれば，必ずしも平均レベルでの IIT の測定値を下方へ引き下げる歪みをもつ尺度ではない．つまり，1 国経済の産業や特化の特徴は個々の産業や集計的な貿易フローが不均衡であっても，均衡を回復させたりマクロ均衡と矛盾しないものにしていると思われる．しかし，もし不均衡が存在すると認められれば，$\bar{B}_j$ へ向けての調整の方向は必ずしもグルーベル＝ロイドが提案するものではない．もし，ある特

定のまとまった取引活動について集計レベルでの不均衡が全体的な均衡回復のために拡大すると予想されれば，$\bar{B}_j$ は平均的で（仮説的な）IIT の過小評価でなく過大評価だと疑う余地が生じる。

アキノの調整

アキノ［Aquino］(1978) もグルーベル＝ロイドの提案と同じ考え方に基づいて調整の必要性を認めているが，グルーベル＝ロイドがその原則を一層細分化したレベルあるいは「産業」レベルへの拡張に失敗していることに批判的である。アキノは「全体の不均衡が個々の製品の貿易フローに対して不均衡な効果を及ぼさないということはおそらくあり得ないから，したがって不均衡をもたらす効果が産業集計の最も高いレベルで現れることを認識せよ」と論じている｛アキノ［Aquino］(1978), 280 ページ｝。彼はこの**明らかな**欠点を均衡化の効果がすべての産業に等しい割合で及ぶという仮定に基づき，基本的な GL 指数（個々の B_j）を調整することによって修正するよう提案している。(調整しなければならない全体の不均衡の大きさは，アキノによれば製造業品に関するもの（SITC の第 5 部から第 8 部まで）と自分が産業内貿易を計測した産業群に関するものだと考えている。) グルーベル＝ロイドの調整と同様に，適切な均衡・不均衡効果の選択が決定的に重要である。アキノ指数 (Q_j) はつぎのものである。

$$Q_j = 1 - \frac{|\hat{X}_j - \hat{M}_j|}{(\hat{X}_j + \hat{M}_j)} \tag{5.10}$$

ここで，「期待される」輸出は $(\hat{X}_j) = X_j \cdot 1/2 \left[\dfrac{\sum_{j=1}^{n}(X_j + M_j)}{\sum_{j=1}^{n} X_j} \right]$

および，「期待される」輸入は $(\hat{M}_j) = M_j \cdot 1/2 \left[\dfrac{\sum_{j=1}^{n}(X_j + M_j)}{\sum_{j=1}^{n} M_j} \right]$

そして，$\sum_{j=1}^{n} \hat{X}_j = \sum_{j=1}^{n} \hat{M}_j = 1/2 \sum_{j=1}^{n}(X_j + M_j)$

したがって，産業 B_j の指数に対する調整の方向は個別産業と全体の貿易不均衡の符号の間の関係によって決まる．形式的には

もし $X_j \gtrless M_j$ でかつ，$\sum_{j=1}^{n} X_j \gtrless \sum_{j=1}^{n} M_j$ なら，$Q_j \gtrless B_j$ である．しかし，

もし，$X_j \gtrless M_j$ でかつ，$\sum_{j=1}^{n} X_j \lessgtr \sum_{j=1}^{n} M_j$ ならば，$Q_j \lessgtr B_j$ である．

こうして，アキノが提起するように個々の産業についての IIT の尺度（B_j 指数）の調整方向（とその大きさ）は，IIT が計測される（当初選んだ）取引活動全体に決定的に依存しているであろう．このことは表 5.4 に示してある．

表 5.4 英国における幾つかの代替的な産業内貿易指数の比較：1979 年

SITC	B_j	Q_j	Q_j'
6.1	0.94	0.88	0.96
6.2	0.83	0.77	0.86
6.3	0.28	0.31	0.27
6.4	0.52	0.57	0.50
6.5	0.88	0.95	0.86
6.6	0.95	0.89	0.97
6.7	0.98	0.91	1.00
6.8	0.84	0.90	0.82
6.9	0.79	0.73	0.81

出典：グリーンナウェイ［Greenaway］＝ミルナー［Milner］(1981) より引用．

この表は 1979 年の英国における SITC 第 6 部（製造業品）について幾つかの代替的な IIT 尺度を示している．基本的な GL 指数（B_j）は 2 桁分類によってまず商品貿易全体（Q_j）の不均衡について，そしてつぎに製造業品のみ（Q_j'）の不均衡について修正を施したアキノ指数と比較してある．1979 年の英国に関しては前者の商品貿易全体では赤字であり，後者の製造業品のみに関しては黒字だったので，調整済みの指数は同様の未調整の指数と比較し，それぞれ一層大であることもまた小であることもあり得る．産業の指数や下位グループの指数に対する調整方向がこのように変わり得ることは，もし調整済尺度が計量経済分析で従属変数として用いられるならば，とくに悩ましいところである．分析の目的が産業や製品および国の特徴との関連で IIT の実際のレベルを「説明」

することであるならば,修正されない B_j 指数はアキノ型の調整方法が用いられる前には,短期的なマクロ的または全体の貿易収支効果によって歪められることがかなり明瞭であるに違いない。確かに,2国間での不均衡調整のケースでは,2国のどのような状況が多国間の均衡と矛盾しないのかということについての知識がいままでにあまり多くないように思われる。2国間の不均衡は多国間の収支または均衡と少しも矛盾せず,IIT を説明すると思われる(製品と産業の特化に対して影響を及ぼす)要因自体が調整処理によって取り除かれてしまうといった危険がある(注5)。アキノ指数の利用が結果に対して及ぼす効果の好例はバラッサ [Balassa] (1986) でみることができる。この論文で用いられたモデルは DME と LDC (Less-developed Country) の間の貿易よりも DME と DME との間の貿易に関して一層良好な成果を挙げた。その理由の1つは DME と LDC の間の貿易不均衡は DME と DME との間のものに比べ,平均的には一層大きいからだと思われる。

バーグストランドの調整

バーグストランド [Bergstrand] (1983) は,(産業レベルの)2国間での貿易フローが2国間ではなく多国間での貿易不均衡に関して調整されなければならないと主張する。こういった調整は(収斂基準を満たしていくかたちで)繰り返し演算処理をおこなう必要があるが,アキノの調整と同様に,このような調整は(多国間での)均衡が個々の産業の間で比例的にばら撒かれるとの前提にたっている。バーグストランドは2国間での貿易不均衡に関して,2国間の貿易を細分化することによって調整するのは理論的な見地からは正当化できないことを知っているとともに,「不均衡」を適切に選定することが理論的な説明と矛盾しないようななんらかの基準に従ってなされなければならないことも知っている。製造業品の貿易の均衡状態を選らび出すことはまったく恣意的なことである。バーグストランドは対外的な均衡を多国間での貿易均衡と一致させるという事前的な理由づけを純粋な貿易理論によっておこなっている。そうすることでバーグストランドは恣意的であるとの批判をかわしている。しかし,貿易均衡が対外的な均衡と一致しないということが現実にはあるが,その

点は解決されず残ったままである。

しかし，全体での仮説的な均衡

$$\left[\sum_{j=1}^{n}\hat{X}=\sum_{j=1}^{n}\hat{M}\right]$$

を回復するために，産業ごとの輸出入を等しい割合で調整するといった前提は（調整法が決まっており，不可避的な性質のものであるとはいえ）恣意的であり，望ましい均衡回復効果の性質が正しく決められたとしても，IIT の計測を歪めやすい。どのようなマクロ均衡回復の効果あるいは調整効果であれ，その伝播はすべての「産業特異」な要素によって決まるであろう。また，その要素が現実のしかも期待された IIT レベルを決定するかもしれない。IIT に影響を及ぼす因果関係を特定化するためにクロスセクション分析のモデルをつくる場合，アキノ指数を従属変数として用いることは恒久的な，あるいはくり返し生じるミクロ的かつ産業ごとの影響が生じるので，それは IIT の尺度とはならないといった危惧がある。

そこで，記述分析の段階では，あるいは単なる比較の段階では，全体的な不均衡によって生み出されるバイアスの可能性に対するアキノ流の修正は，それほど問題ではない。その手法は全体の不均衡を異なる期間を通じて「正規化」したり，あるいは各国間で「正規化」することを狙っているのである。つまり，仮想的な IIT レベルが比較できる。ひとたび製品または産業レベルで現実の双方向貿易を説明しようということに関心が移れば，調整プロセスは恣意的な歪みを産業レベルでの IIT の計測に取り込む危険性がある。表 5.4 で表してみると，SITC 第 6.2 類の IIT レベルは 0.77 だと「説明」することになるのか，あるいは 0.86 だと「説明」することになるのだろうか？ IIT の水準が方程式左辺の被説明変数である計量経済学による分析の場合，正確な不均衡効果を選定するうえで注意が払われなければならない。これは時期が異なれば，そして国ごとに異なってくるとともに，特定の国の貿易と収支の「過去の経緯」に関してある程度詳しい知識を必要とする。言い換えれば，全体の不均衡に対して大きな調整は，必要がないと判断される特定の期間に IIT を計測することによって，（またはそれらの期間の平均を採ることによって）調整手続きは回避されるのかもしれない。

第 5.5 節　集計上の問題に対する調整

実際におこなわれている調整

　製品を貿易分類に集計するさいに生じる問題，つまり集計上の問題は，製品が当面の目的のために貿易分類において不適切なグループに分類される場合に産業集計の問題が生じる。すなわち，IIT を計測する場合の目的は，ある「産業」を構成する製品群を一緒にまとめることである。しかし，原理上，製品グループの同質性について幾つかの選択的な見方があるとともに，公式の分類において同じ製品グループに集計することができる，または実際に集計する選択的な基準が存在する。たとえば，バラッサ [Balassa] (1979) は同質性を生産面での「高い」代替の弾力性によって定義している。対照的に，アキノ [Aquino] (1978) は製造業品の貿易で問題となる同質性を生産プロセスにおける「技術集約度」の「類似性」とみている。ここでの目的，つまり検定される理論が異なっても，弾力性が低いのに対して高いということは何なのか，あるいは類似していないのに対して類似しているということは何なのかということが，経済法則との関連では客観的に決められない。同様に，公式統計による貿易分類ではどのように製品や経済活動を「産業」ごとにグループ分けすべきかに関する道標を経済理論に頼ることはできない。これらの分類はいずれにせよ経済の研究目的だけのためにつくられたのではない。データ収集の性質，方法ならびに多様な目的は，公式分類を経済分析の必要性と一致させるうえでの制約となっている。たとえば，英国では現在，貿易データは標準産業分類 (SIC) と標準国際商品貿易分類 (SITC) の両者に従って分類されている。前者の標準産業分類は生産プロセスの特徴に従って経済活動を識別していると思われ，他方，後者の標準国際商品貿易分類は製品の特性を強調している。

　(新古典派) 理論では，「製品」と「産業」は区別できない。つまり，製品の技術面での相違または要素投入 (要素賦存比率) の相違が産業の違いを決める。一般的な仮定として，製品の要素投入面での類似性は生産面 (α_s) と消費面

表5.5 SITC第7部(機械類および輸送機器類)の色々な分類レベル(桁)による英国の輸出と輸入:1982年

桁			輸出*	輸入*
(2桁)	第75類	事務用機器および自動データ処理機械	1,599,548	2,121,878
(3桁)	751	事務用機器	257,064	271,642
(4桁)	751.1		15,921	61,547
(5桁)	.11	電動式タイプライター	15,280	53,975
(5桁)	.12	タイプライター(電動式のものを除く)	388	7,263
(5桁)	.18	その他のタイプライターおよびチェックライター	253	309
(4桁)	751.2		11,031	54,383
(5桁)	.21	計算機	2,566	27,152
(5桁)	.22	会計機	384	1,202
(5桁)	.23	金銭登録機	2,023	22,742
(5桁)	.28	郵便料金計機,切符発行機,その他これらに類する計算機構を有する機械	6,058	3,287
(4桁)	751.8		230,112	155,712
(5桁)	.81	謄写機	13,027	631
(5桁)	.82	感光式複写機および感熱式複写機	148,511	118,849
(5桁)	.88	その他の事務用機器	68,574	36,232

* 単位は1,000英ポンド。

(α_d)の両面で,「同一産業内」の製品の間で高い代替性が存在することも意味している。もちろん実際には,この仮定は常に正しいわけではない。α_sとα_dの臨界値を明らかにすることが困難だということから,公的な分類の恣意性が記録された双方向貿易の主な原因だといった皮肉な見解が生まれている。フィンガー[Finger](1975)はSITCの3桁レベルでの米国の貿易データについて,異なるグループ間よりも同一のグループ内での方が要素投入において一層大きな違いがあると論じている。レイメント[Rayment](1976)も英国に関してSITCの3桁レベルで要素投入比率に非常に大きな違いがあることを明らかにしている。しかし,表5.5は最も細かく定義したカテゴリーに分割した貿易データでも一般には輸出と輸入が同時に生じる結果を取り除けないことを示している。英国についてのこの結果は他の国に関する結果でも支持される{グルーベル[Grubel]=ロイド[Lloyd](1975),グレイ[Gray](1979),ならびにポンフレット[Pomfret](1979)}。不適切な分類(集計上の問題)の重大性はデータの集計が進むほど大きくなると考えられるかもしれないが,最も細かな桁レベルでのグループは(少なくとも「ある産業」に対する多くの研究者が

もつ先入観念を超えて大きなものであり)、その数の少なさやその具体的な性質を考えると、最低限の集計段階でも、この問題の解決は難しいとの見方が正しいと思われている。生データを用意することにより、集計の影響を除いた「純粋」な産業内貿易の研究と計量化をおこなう場合には、つぎの2通りのどちらかの形をとり得る。研究者は公的な分類を再グループ化することで、理論的な産業の構築に(少なくとも自分の見解に)より近い「産業」のグループ分けをすることができる。上述した基準に従えば、アキノ [Aquino] (1978) は SITC の2桁、3桁、および4桁レベルのデータを25業種の「産業」に分類し直したし、バラッサ [Balassa] (1966) も SITC の3桁と4桁レベルのデータを91業種の「産業」に分類し直した。しかし、このような再分類をおこなってみても、同時に発生する貿易はなくならない。再分類に替わる方法としては、公式の分類において産業概念への最善の近似として、ある特定の統計的な集計レベルを選択することである。このような選択はデータと分類自体に関する詳しい検討によって支持される必要があるとともに、要素投入と代替の弾力性に関し「外部」から確証できる証拠によって支持されなければならない。さらに、研究者同士も何らかの形で意見を一致させ、そのことによってそれが支持される必要があろう。この場合でも、(通常、SITC の3桁レベルあるいは SITC 以外の分類によってこれに似たような)共通した特定の集計レベルを用いた実証研究によって、IIT は量的な面でも重要であることが示唆されている {グルーベル [Grubel] ＝ロイド [Lloyd] (1975)、ギャヴェリン [Gavelin] ＝ルンドバーグ [Lundberg] (1983)、グリーンナウェイ [Greenaway] ＝ミルナー [Milner] (1983)}。

　このような議論から原理的に、貿易データを集計上の問題から影響を受けないようにする最善の方法、つまり理論的な産業の構築に一層密接に適合できるように公式の統計データを再分類する最善の方法は、実際には疑わしく問題となりやすいのである。再分類するさいに依拠する唯一の客観的な基準はどこにもないのである。「産業」の数および各産業を構成する製品の中身は研究者の主観と目的によって異なる傾向がある。IIT は公式の貿易分類の恣意性と特異性から生み出される確率的な測定差の所産であるといった危険とは対照的に、再分類にともなう危険とは IIT が研究者がおこなう産業分類の過程で体系的で

個人的な偏りによって生じる（あるいは，IIT の計測がそのような偏りによって歪められる）ことである。再分類が産業を構成するものは何かということについて予め決められた経済基準にたとえ体系的に基づいているとしても，何らかの再分類をおこなうさい貿易をパーツや部分品に分け，それらをどのように再分類するのかを決めるのは明瞭なことではない。

　もし上記の理由により，あるいはそのためにかかる調査費用が高額であるために，再分類をおこなわないとするならば，公式貿易データを使う場合，利用可能で広義の選択肢がつぎの通り 2 つある。第 1 は，ある所与の集計レベルをもって，ある「産業」に関して理屈にあった当初の代理変数であると判断せざるを得ないこと。あるいは第 2 は，集計上の問題は解決が困難だとの「不可知論」にとどまり，そのような判断はいかなるものであれ避けることである。後者の場合，IIT は色々な集計レベルで計測され，報告されるだけに止まることになる。もちろん，記録された重複貿易がある程度の細分類で消えてしまったり，少なくとも 1 つの「産業」として考えられるレベルで消えてしまわないかぎり，問題はすべて未解決のままである。事実，表 5.2 が示すように，B_j の正の値は細分類したレベルであっても依然として記録されており，したがって不可知論でない立場を採用したくなる。（もちろん，懐疑論者は細分類したデータが「産業」に最も密接に適合すると確信しがちである。というのは，記録された重複貿易は [B_j 指数によって計測されるように] 最も低い値をとるからである。産業を構成するものは何かについて，エコノミストの間では満場一致の合意はないかもしれないが，細分類レベルを採用することが良かろうとみる傾向もある。）もし研究の出発点が「産業」の当初の近似的な概念として特定の細分類レベルに基づく形で専門家による意見の一致をみることであれば，その特定の集計レベルで集計のバイアスの大きさを明らかにする方法が色々存在する。

　筆者たちが論じているように{グリーンナウェイ[Greenaway]＝ミルナー[Milner] (1983, 1985)}，専門家の間では SITC の 3 桁が産業として合理的であり，最初の推計として適切であることについて意見の一致がみられる。非常に多くの研究者たちがこの集計レベルによって記述的な研究と計量経済学による分析をいままでおこなってきた。（表 5.6 は SITC の 2 桁，3 桁，4 桁およ

び5桁の各レベルの製品グループの数を示しており，表5.5 はこれらの色々な桁レベルで捉えた集計の程度とタイプを幾つか示している。）このような当初の選択については，経験上ある程度正当性をもたせることも可能である。一層特定化した製品群に細分化すればするほど，（非加重）IIT の平均レベルは下がるものと考えられる。もし IIT の平均レベルが3桁レベルから4桁レベルとなることで大きく下がれば，集計上の問題が現れたことを示すとともに，当初「産業」の代理変数として3桁レベルを選んだことを再考すべきだという理由になるであろう。表5.7 が示すように，3桁レベルと4桁レベルとの間にみられる平均値の比例的な減少の傾向は約15パーセントであり，4桁レベルでの IIT の平均レベルは（1977年の）英国では0.47 にとどまっている。これは正式な「検定」であるわけではないし，特定な集計レベルの当初の選択からつくられたものであるが，この当初の選択に関してはある程度認めてもよいことを示唆している。（SITC の4桁レベルで細分化し，特定化した製品群を扱っているものもある。例としては，SITC732 道路走行車両の幾つかの構成部品がある。たとえば732.1 乗用自動車，732.2 バス，732.3 貨物自動車・トラックなどが挙げられよう。）当初の選択が妥当かどうかを再確認する同様の現実的な方法は詳しく産業分類をおこなうのに従って，B_j がどのように敏感に反応するかをみるのではなく，分類と集計に関する基礎が変わると，B_j がどのように敏感に反応するのかをみることで得られるかもしれない。たとえば，英国に関しては SIC と SITC の両者に従って分類された貿易データを用いて IIT を計測することができる。これら2つの分類を「結合」させることによって（SITC 3桁，4桁，ならびに5桁の各レベルでデータを SIC の最小リスト項目に再分類することによって），計測された IIT を共通の詳細な集計レベルで2つの分類から比較することができる。色々な分類法で計測された IIT レベルに類似性があるのかないのか，および IIT のレベルの順位づけに斉合性があるのか否かということは，用いた集計レベルについてある程度さらに支持を与えることになる。〔1977年に関して，グリーナウェーイ[Greenaway]＝ミルナー[Milner]（1983）は代替的な分類から計算した B_j の98個の組（対）に対して順位相関係数を計算し，その値が0.71 となることを明らかにした。〕

表5.6 標準国際貿易商品分類（改訂第2版）の色々な桁による商品グループの数

1桁	10 部
2桁	63 類
3桁	233 グループ
4桁	786 サブグループ
5桁	1466 品目

表5.7 製品グループ別にみた英国の産業内貿易の平均的[a]レベル：1977年

SITCの部		3桁 B_j	4桁 B_j	3桁 C_j
0	食料品および動物	0.35	0.34	0.33
1	飲料およびたばこ	0.35	0.34	0.22
2	食料に適さない原材料	0.40	0.29	0.35
3	鉱物性燃料，潤滑油その他これらに類するもの	0.58	0.49	0.45
4	動物性または植物性の油脂およびろう	0.50	0.28	0.26
5	化学工業の生産品	0.69	0.67	0.57
6	原材料別製品	0.69	0.58	0.63
7	機械類および輸送機器類	0.69	0.57	0.64
8	雑製品	0.80	0.70	0.73
第0部から第8部までの平均		0.56	0.47	

a：算術平均
出典：グリーナウェーイ［Greenaway］＝ミルナー［Milner］（1983）より引用。

特定の細分類レベルでの集計上の問題を評価するうえで，一層正式でかつ体系的な操作は〔方程式 (5.3) の調整済バラッサ指数 (A'_j) に似た〕調整済の産業内貿易指数を計測することである．つまり，

$$C_j = 1 - \frac{\sum_{i=1}^{m}|X_{ij}-M_{ij}|}{\sum(X_{ij}+M_{ij})} \tag{5.11}$$

ここで，j はある統計上の集計レベルでの n 産業中の第 j 番目の産業であり，i は $j-1$ の集計レベルでの j 産業における m 小グループのなかの第 i 番目の小グループである．ならびに，$0 \leqq C_j \leqq B_j \leqq 1$ である．
これよりこの式は（B_j と同様に）分子については3桁レベルについて（もしこの集計レベルが当初の産業の代理変数として捉えられれば），輸出と輸入の差の絶対値をとるのではなく，特定の3桁レベルのグループのなかで4桁レベルでの貿易不均衡の絶対額をそれぞれ総和したものである．4桁レベルでの輸出

入における不均衡のすべてが同じ符号であれば $B_j=C_j$ となり,それらの符号が異なれば $C_j<B_j$ となる。(C_j は各々4桁レベルでの B_{ij} 指数の加重平均である。極端な場合には,それぞれ個々に $B_{ij}=0$ であるので,C_j はゼロになり得る。また,符号の相殺効果により,B_j が1に等しくなっても C_j はゼロにもなり得る。)

したがって,調整はカテゴリー集計が(直近の)細かい分類レベルでの貿易収支に異なる符号があることと関連するという前提に基づいている。(ポンフレット[Pomfret](1979)と同様に,もし C_j がそれぞれ j に関して最も細かな分類レベルでの小グループすべての加重平均として計算されるなら,計測されたIITがたとえばSITC3桁のような当初の「産業」の代理変数を細分化し,**限界的な**集計から得られるものと類似しているのかどうかを調べることはできない。)もし,4桁レベルの経済活動の多くが異なった要素投入量や要素の代替が生じる範囲がかぎられていれば,貿易収支に対して異なる符号となって反映されるかもしれない。この場合,B_j はIITを過大にする尺度となり,小グループのデータの再分類がない場合には,C_j は(異質な)小グループの一層適切で加重平均された指数を与えてくれる。もちろん,もし不均衡の相殺が集計上の問題の産物であり,産業内特化ではないという当初の前提自体が正しくないと判断されれば,C_j は下方にバイアスがかかったIITの尺度になる傾向がある。集計上の問題がどこにあるのかについての情報は前もって存在せず,またどこでそれが小グループの貿易収支を相殺するのか予めわからなければ,私たちにはIITの適切な尺度として,いつ B_j を用い,いつ C_j を用いるかを決めることができない。しかし,これらの両指数は計量経済学による研究で従属変数として別々に利用可能である。カテゴリー集計は,それ自体では,貿易収支を相殺するようになっていないので,B_j も C_j もIITを計測する理想的な尺度ではない。しかし,再分類によって異質性が取り除かれない場合,当初選択した統計的な集計レベルが理想的なものに似ているかぎり,B_j や C_j は産業レベルでのIITの任意の計測尺度よりもましなものである。3桁レベルが理想的な当初の近似であり,非常に多くの研究者たちが3桁レベルで記述的な研究や計量経済学的な研究をおこなってきたことが,ある程度,専門的に合意されていることの証拠であると著者たちは感じている。こうして,この集計レベルでの

集計上の問題を一層強く認識することは（初めは「感度分析」法により，ついで調整済 C_j 指数を直接計算することにより），大きな関心をひきつけるのである。（B_j と C_j によって計測された IIT の個々のレベルと平均のレベルは表 5.3 と表 5.7 に掲げてある。）3 桁レベルが適切ではないかもしれないといって批判をする研究活動は ｛［グルーベル［Grubel］＝ロイド［Lloyd］(1975) に対するリプシー［Lipsey］(1976) の書評によって広められた競技大会ともいえる｝実証研究をおこなう人々を遠ざけることにもならないし，いかなる分類レベルであれ永久に繰り返えされることであろう。

調整原則

　純粋な IIT の「調整済集計」の計測をおこなううえでもっと積極的な方法は，残余尺度を提案したグリーンナウェイ［Greenaway］(1984) によって示された。もしあるグループまたはカテゴリー（j）において計測された IIT レベル（B_j）が産業と製品の属性（x_j）に体系的に関連しており，全部で（m）個の属性の関連性が適当な関数形によって特定化できれば，それをつぎのように書き表すことができる。

$$B_j = a_1 x_1 + a_2 x_2 + \ldots + a_m x_m + a_n CA + u \tag{5.12}$$

ここで，$a_n CA$ はカテゴリー集計に起因する計測された IIT の割合であり，u は撹乱項である。クロスセクション分析によって純粋な IIT の推定値（$\hat{B}_j$）を得たい場合は，原理的にはつぎの方程式を推定することでそれができよう。

$$\hat{B}_j = \hat{a}_1 x_1^* + \hat{a}_2 x_2^* + \cdots + \hat{a}_m x_m^* + u \tag{5.13}$$

ここで，$x_1^* \cdots x_m^*$ は産業と製品の属性に関する適切な代理変数であり，$\hat{a}_1 \cdots \hat{a}_m$ は方程式 (5.12) のパラメーター推定値である。（このような推定法は，たとえば特定の製品の属性によって，または製品差別化のタイプによって説明される双方向貿易の相対的な重要性を取り出すために段階的におこなうことができよう。）もちろん，このタイプのアプローチの意義は，どのように方程式を定式化するかに大きく依存するとともに，用いる代理変数の内容にも大きく依存する。実際には，除外した変数の影響や不完全な代理変数，および取り入れた変数同士の間で生じる共線性の結果，計測エラーが生じ易い。（このような計測

エラーの具体例は，いままでになされてきた計量経済学による研究をまとめた本書第9章で検討する予定である。）

どのような場合であれ，方程式 (5.12) の係数の正しい推定には第 j 番目の集計段階でカテゴリーごとの理想的な代理変数を選ぶ必要がある。したがって，このような残余法の適用には（本章の議論に沿って），IIT 計測と IIT のモデルづくりの両者に関して継続的な改良がなされる必要がある。しかし，将来の研究にとって重要なポイントは方法論であると思われる。

第 5.6 節　結　語

本章の目的は，産業内貿易を計測するために採用される種々の代替的な IIT 指数の性質と，その相対的なメリットをそれぞれ検討することであった。結論は当面，最大限満足できるように特定の尺度を選択することである。要約ないし比較のために用いられる尺度は，特定の産業レベルでの IIT 計測にとって必ずしも適していない。第9章の議論が明らかするように，このことは観察された IIT のレベルで産業間貿易の変動を統計的に「説明」しようとする場合には，とくに重要である。したがって，特定の指数の統計的な性質が無視されてはならない。しかし，このような検討は集計上の問題に比べれば，重要でなくなる。IIT として観察されたり記録されるものは，産業の境界をどこに引くかに大きく依存する。つまり，それは「産業」の概念をどのように定義し，取り扱うのかによって決まる。この問題に対しては，私たちは完璧で十分満足できる解決策を示していない[注6]。しかし，集計効果の大きさが除去されたり最小となると思われる方法を色々と示してみた。観察されたり，統計記録されたIIT が真の IIT と計測ミスの何か不明確な混合物であり続けるとしても，私たちは記録された IIT が無秩序な計測エラーによってだけ，あるいは主にそれによって生じるのではないと確信をもって結論する。

第5章の注
(注1)　ここで示している式はグルーベル [Grubel] ＝ロイド [Lloyd] (1975) が導出したものと同じである。マイカリー [Michaely] (1962) はある国の多国間との間の収支均衡の程度を測

定する指数を定式化した。
(注2) リンネマン [Linneman] (1966) は異なる国々の貿易の製品構成を比較するために，密接に関連した余弦尺度を用いているが，この尺度の値は相関係数におけるプラス1からマイナス1までの範囲をとるのではなく，ゼロからプラス1の範囲の値をとるといった性質をしている。グルーベル [Grubel] ＝ロイド [Lloyd] (1975, 28 ページ) が指摘するように，この尺度は1国だけの輸出と輸入の類似性を計測するためにも用いることができよう。
(注3) フィンガー [Finger] ＝クライニン [Kreinin] (1979) は2カ国または2カ国グループの第三国市場に対する「輸出の類似性」を計測する尺度をつくるために，似たような比率法をとっている。
(注4) 1つの例外として単純な指数である以下の指数を用いたのがラーチャー [Loertsher] ＝ウォルター [Wolter] (1980) である。
$$\text{IIT}_j = -\left|\ell n \frac{X_j}{M_j}\right|$$
IIT_j はゼロ（すべてが産業内貿易）からマイナス無限大（産業内貿易は存在しない）の値の間にある。これは標準的な指数以上に広い範囲の値をとり得る。
(注5) アキノの調整法は，たとえばラーチャー [Loertsher] ＝ウォルター [Wolter] (1980) のような2国間ベースによる計量経済分析の幾つかにおいて用いられている。このような研究結果は第9章で触れる。
(注6) レイメント [Rayment] (1983) はどのような場合にも恒久的な解決策は存在しないと論じている。たとえ私たちが産業ベクトルをすべて「純粋に」定義し，明確に区別できるとして始めても，動態的な分業や生産の特化が次々に分類のし直しを求めると彼は論じている。

第6章　産業内特化の尺度

第6.1節　はじめに

　貿易の規模やパターンおよび製品構成は生産面（や消費面）における国際的な特化の程度とその性質によって決定される。比較劣位にある産業の犠牲のもとで比較優位にある産業に生産要素を集中させたり（**産業間特化**），またはある産業の製品群を犠牲にして同一産業内の他の製品に生産要素を集中させることは（**産業内特化**），（真の）産業間貿易あるいは産業内貿易を発生させるようである(注1)。「産業内貿易」と「産業間特化」は基本的には相互に関連しているが（事実，これらの用語を交代的に用いる傾向がある），これらは論理的かつ分析面では別々のものであり，分離可能な概念である。ある国の爾余の国々との間の差別化された製品の貿易（IIT）は，生産構造になんの変化がなくても，したがって特化構造に影響を及ぼすことなく変わり得る。しかし，一般的な特化・貿易の原理がすでに確立しているので，前章で言及した統計指数に基づき産業内特化の性質と程度に論評することは不適切とはいえまい。IITかまたは産業内特化のどちらかの大きさを単一の統計指数で計測するには明らかに限界があるが，本章の第6.4節でみるように，それらの程度を計測するための指標は幾つか存在する。そこで，本章で取り扱う内容は第5章の議論を補足するものと考えられる。実際，産業の定義と区別の問題は特化とIITの計測にとって等しく重要である。

　しかし，本章の残りの部分では，適切な集計レベルでのデータが実際に入手可能であるとの前提に基づいて記述してある。私たちの関心は入手可能であり，かつ実証分析における特定の目的を満たすと思われる各種の統計指標の性質に絞られる。産業固有の特化尺度は第6.2節で検討され，特化のまとめまたは各国固有の特化指数は第6.3節で検討される。特化傾向の異時点間の問題や

国別比較は第6.4節で検討される。

第6.2節 産業固有の特化尺度

　グルーベル＝ロイドのIIT指数（B_j）は，総貿易に対する純貿易を計測する。ここで，総貿易は国内生産または国内販売に比べて相対的に大であることも小であることもあり得る(注2)。したがって，特化の性質と程度はある産業につき国内生産（つまり付加価値）（Q_j）や国内販売（Z_j）に対する当該産業の輸出と輸入をそれぞれ調べてみることで示すことができよう。産業間特化の状態では，各産業について輸入・浸透度比率と輸出・販売比率，または輸出・生産比率が反対方向へ動く傾向をもつと予想されるかもしれない。産業内特化との関連では，これらの指数は特化の進展とともに増大すると予想されるかもしれない。同様の考え方は国内生産（または国内販売）と比べてみた純貿易（S_j）と総貿易（G_j）を計測することによって表せよう。つまり，以下の通りである。

$$S_j = \frac{|X_j - M_j|}{Q_j} \tag{6.1}$$

および，$$G_j = \frac{(X_j + M_j)}{Q_j} \tag{6.2}$$

どちらの指数に関しても上限はないし，変化はどちらも分子または分母が変われば生じるかもしれないが，それぞれの変化を注視すれば，幾つかの推論ができる。S_jの増加とG_jの減少が同時に起きれば，それは産業間の特化傾向を暗示している。輸出促進と輸入代替の結果，（国内需要が一定のもとで）国内生産を増やすj産業製品の（産業間の）生産特化が進行することは，国内生産に比べ$|X_j - M_j|$を増大させ，$(X_j + M_j)$を減少させる傾向があろう。逆に，S_jの減少とG_jの増加が同時に生じることは産業内特化の傾向を示すことになろう。

　もちろん，S_jとG_jとの関連性は，ある程度，用いる統計の集計レベル，つまりjの定義の仕方に依存するであろう。もし最も細分類化したレベルでも双方向貿易が現れなければ，総貿易は純貿易と等しくなるであろうし，S_jはG_j

が当該産業レベルで産業間特化の増大した程度と同じだけ増え，両者は常に等しくなるであろう。細分類化したレベルで輸入と輸出が出現するときにカテゴリー集計すると，ひとたび $(X_j+M_j) > |X_j-M_j|$ であれば，S_j と G_j の乖離をもたらすことになる。したがって，j が適切に定義され，$G_j > S_j$ でその差が一層開く傾向にあれば，産業内特化が増大したことの一層信頼できる証拠となる。(そこで，「産業」レベルに関して受容可能なレベル以下での細分類化したレベルで S_j 指数が増大すれば，それは産業内特化の一層の証拠と解釈できよう。)

方程式の(6.1)と(6.2)で示したように，これらの指数は一方向的な尺度である。ハフバウアー［Hafbauer］－チラス［Chilas］(1974) はある1つのグループをなす国々(この場合は工業国)の j 製品または j 産業の貿易に関する特化の傾向をつかむために，似たような特化指数を用いている。したがって，方程式の(6.1)と(6.2)の分子と分母は観察している国々全体にわたり j についてそれぞれ合計される。この研究から得られた特化傾向に関する証拠の幾つかが表6.1に示してある。結果は産業間特化ではなく産業内特化の拡大過程と一致している。輸送機器を除き，どのケースもみな S_j 指数は1969年までは第二次世界大戦以前(1937年)のレベルには到達していない。対照的に，G_j 指数はどのケースでもみなかなり高く，幾つかのケースでは急激に増加した(第二次世

表6.1 製品グループ別の特化傾向[a]：1937-69年

製品名	指数	1937年	1960年	1969年
金属製品	S_j	0.13	0.09	0.12
	G_j	0.37	0.57	0.68
機械製品	S_j	0.15	0.15	0.13
	G_j	0.25	0.34	0.43
輸送機器	S_j	0.10	0.18	0.15
	G_j	0.17	0.34	0.64
化学製品	S_j	0.14	0.10	0.08
	G_j	0.34	0.33	0.34
繊維製品	S_j	0.17	0.12	0.15
	G_j	0.28	0.31	0.49

a：英国，フランス，旧西ドイツ，その他のヨーロッパ諸国，カナダ，米国，および日本の世界との貿易。

出所：ハフバウアー［Hafbauer］＝チラス［Chilas］(1974) の表4と表5からの引用。

大戦後においても調整が完全になされたと想定できる。）結果は高度に集計的であるが，結論は産業を一層細かく，しかも一層適切に細分類してみたものと矛盾していない。ハフバウアー＝チラスは102個のSITC 3桁グループを共同市場の製造業品貿易について計算したが，S_j指数に明白な増加を認めていない。

第6.3節　国および地域固有の特化指数

S_jとG_jの場合，地域別特化（i）について論評するために，国際間での集計に替えてある国または地域について，産業間の集計をおこなうことができる。ある範囲のj産業またはj製品に関する指数は生産額ウエイトを用いてまとめられる。つまり以下の通りである。

$$S_i = \sum_{j=1}^{n} \frac{|X_{ij} - M_{ij}|}{Q_{ij}} \cdot \frac{Q_{ij}}{\sum_{j=1}^{n} Q_{ij}}$$

$$= \frac{\sum_{j=1}^{n} |X_{ij} - M_{ij}|}{\sum_{j=1}^{n} Q_{ij}} \tag{6.3}$$

同様に，

$$G_i = \frac{\sum_{j=1}^{n} |X_{ij} + M_{ij}|}{\sum_{j=1}^{n} Q_{ij}} \tag{6.4}$$

S_j指数とG_j指数の変化に適用したのと同様の解釈がS_i指数とG_i指数の変化にも適用できる。例証となるデータが表6.2に幾つか示してある。この場合も，製造業品の貿易について（産業間）特化の大きさは，第二次世界大戦後の期間，拡大していないようである。S_i指数では1937年から1967年の間にほとんど変化しなかった。事実，日本とカナダの場合では大きく下がっている。（1937年の貿易パターンが長年にわたる保護主義的な政策を反映していることにも注意されたい。）対照的に，（日本を除き）G_i指数は1937年よりも1969年

がかなり高い。

　産業内特化の過程はこれらの国々の指数によっても示唆される。多国間での貿易ベースでこれらの指数を計測してみると，集計に地理的な影響が出易いことがわかるが，工業国同士の貿易だけに調査を絞ってみた場合にも，同様の結果が得られた。しかし，表6.2にもあるように，ハフバウアー＝チラスは米国の地域間特化に関してはむしろ違った結果を得ている。（地域間の取引を計測した）S_i指数は，国際間よりも米国内の地域間の方がさらに一貫してしかもかなり高い。したがって，国際貿易に関する障壁が存在しないなかで，米国内での産業間特化が高いことをハフバウアー＝チラスは特化のパターンに対する関税政策の影響の証拠だと解釈している。彼らはGATTの制度的な構造が政府の関税譲許の相互供与を促進させ，産業間特化に対して産業内特化を助長すると考えている。しかし，（大きな国に関して）国際的かつ地域的な特化のレベルに関する記述的な比較によっては，このような仮説あるいは他の仮説を正式に検定してみることはできない。どのような場合でもIITの「説明」の詳しい

表6.2　国別および地域別の特化傾向[a]：1937-69年

国および地域	指数	1937年	1960年	1969年
英国	S_i	0.18	0.18	0.14
	G_i	0.43	0.50	0.68
フランス	S_i	0.07	0.15	0.07
	G_i	0.20	0.40	0.63
旧西ドイツ	S_i	0.18	0.18	0.19
	G_i	0.25	0.37	0.55
日本	S_i	0.33	0.19	0.22
	G_i	0.48	0.30	0.37
カナダ	S_i	0.39	0.34	0.20
	G_i	0.83	0.83	1.14
米国	S_i	0.06	0.05	0.05
	G_i	0.10	0.13	0.18
北東部	S_i			0.33[b]
北央部	S_i			0.71[b]
南部	S_i			0.91[b]
西部	S_i			1.17[b]

　a：製造業品に関するすべての貿易。
　b：1967年。
　出典：ハフバウアー［Hufbauer］＝チラス［Chilas］(1974)の表の4，5および
　　　　6から引用。

考察を本書の第3部まで待つことにしよう。

第6.4節　特化傾向の国別比較

　本章の初めの部分でIITの計測と産業内特化の計測が共通の代理変数を共有する傾向があると示唆した。グルーベル＝ロイド指数（B_j）やアキノ指数のような指標（第5章を参照）は，特定の時点で1国の産業内特化の大きさを計測する場合にかぎって用いてもよいが，異なる時点や異なる国々に関してこれらの指数を比較する場合は特化傾向の指標として注意して用いる必要があるかもしれない。

　一連の実証分析のなかで，バラッサ［Balassa］（1966, 1975, 1979）はこの目的のために「代表的レシオ」（$1-B_j$）の比較を用いた。これらの「代表的レシオ」は，たとえばEECについてみると域内貿易における個々の国について，レシオの非加重（単純）平均値であるが，この平均値は1958年には0.39から0.58までの範囲に分布していたが，その後下がり，1967には0.32-0.52になった。代表的レシオの下落は産業内特化が拡大した証拠とみられている。事実，バラッサはこの目的のために（第5章の初めの部分で述べた）このタイプの1つの代理変数を用いることの限界を意識している。つまり，彼は「産業内貿易」と「産業内特化」の表現を言い替えて用いることは全体としては正しくないと考えている。バラッサは異なる時点においてスペアマン順位相関係数（r_{rank}）を比べてみることにより，自分の主張を支持する他の証拠を挙げている。たとえばバラッサ［Balassa］（1975）において，1958年，1963年ならびに1970年におけるEEC域内の貿易について，共同市場加盟国の輸出構造の順位相関係数を計測した。順位相関係数の上昇，したがって輸出構造がますます似かよってくることは特化が拡大していることの証拠であるという。この場合も，たとえ貿易が適切なレベルで分類されたとしても，その証拠は示唆的なものでしかない。双方向貿易の拡大は必ずしも生産構造の変化をもたらすものではなく，輸出面で類似性が増すことは差別化された製品でなく同質的な製品の双方向貿易が増えることによって生じているのかもしれない。

グレジャー指数

一連の論文のなかで｛グレジャーほか [Glejser, et al.] (1979, 1982)；グレジャー [Glejser] (1983)｝，グレジャーは比較特化に関する他の代替的な尺度を提案した。ここでは，貿易水準は他のグループ国の生産ではなく貿易水準と比較して計測されている。さらに，他の多くの指数（たとえば方程式の (5.5) と (5.1) の B_j や A_j）と同様に，IIT や特化の大きさを計測するさい，輸出と輸入を同時に考察するのでなく，供給（輸出）面と需要（輸入）面から国別に「特化の様子」を調べている[注3]。こうして，彼らはある国が（適切に選んだ）他のグループ国よりもより多くの輸出や輸入をおこなう場合，この国は供給国としてまたは需要国として，ある特定の産業に特化しているのだという前提に基づき，独自の指数をつくった。こうして t (ε_t) 時点における供給の比較特化指数（非加重の平均）は，つぎのように示される。

$$\varepsilon_t = \frac{1}{n}\sum_{j=1}^{n}\log\left[\frac{X_{ij}}{\Sigma X_{ij}}\bigg/\frac{\Sigma X_j}{\Sigma X}\right] = \frac{1}{n}\sum_{j=1}^{n}\varepsilon_{jt} \tag{6.5}$$

ただし，X_{ij} = 第 i 国の j 産業のグループ国への輸出，

ΣX_{ij} = 第 i 国の（全産業での）グループ国への総輸出，

ΣX_j = 第 i 国を除く j 産業のグループ国内への総輸出，

ΣX = 第 i 国を除く（全産業での）グループ国のグループ国内への総輸出，

ならびに，t 時点での需要の比較特化についても，定義を(6.5)式の供給特化に対応させれば，

$$\mu_t = \frac{1}{n}\sum_{j=1}^{n}\log\left[\frac{M_j}{\Sigma M_{ij}}\bigg/\frac{\Sigma M_j}{\Sigma M}\right] = \frac{1}{n}\sum_{j=1}^{n}\mu_{jt} \tag{6.6}$$

となる。

もし産業間の比較特化の方が大きければ，彼らは

$\dfrac{X_{ij}}{\Sigma X_{ij}}\left[\dfrac{M_{ij}}{\Sigma M_{ij}}\right]$ が $\dfrac{\Sigma X_j}{\Sigma X}\left[\dfrac{\Sigma M_j}{\Sigma M}\right]$ から発散すると予想している。反対に，（相対的な）産業内の特化の方が大きな割合を占める場合は，上述のレシオは各産業

j について 1 に近づいていくと期待される。したがって，ε_{jt} と μ_{jt} の単純平均値はゼロに近い値となるだろうと考えている。

同時に，彼らは ε_{jt} の分散を計測している。つまり，

$$\frac{1}{n}\sum_{j=1}^{n}(\varepsilon_{jt}-\varepsilon_{t})^{2}=S_{\varepsilon t}^{2} \tag{6.7}$$

また，同様に必要な変更を加えて μ_{jt} の分散に関して $S_{\mu t}^{2}$ も計測している。平均値のまわりの個々の ε_{jt} (μ_{jt}) 値の分散が大きければ大きいほど，産業間での輸出（輸入）特化の程度が一層大きくなり，分散が小さければ小さいほど予想される産業内における相対的な特化の程度がますます小さくなる。分布の第 2 モーメント（$S_{\varepsilon t}^{2}$ と $S_{\mu t}^{2}$）へ注意を払おうとするのは，異時点間での特化の変化の有意性を統計的に検定してみることが技術的に可能になるためである。もし特定の j につき 2 つの時点で 2 つの ε_{jt}（または μ_{jt}）の観察値が独立して正規分布していれば，（$S_{\varepsilon t}^{2}$ または $S_{\mu t}^{2}$）の値について，対応する分散レシオは F 分布にしたがう[注4]。(5 パーセント有意水準での両側検定で）臨界値は相対的な産業内特化の増大については 1.51 であり，減少については 0.66 である。表 6.3 にはこの手法を用いて 1973 年と 1979 年の間の EEC 域内における輸出入の特化の相対的な進展に関するデータを幾つか示してある。フランスの輸出特化とアイルランドの輸入特化を除けば，分散値は 1973 年と 1979 年の間で減少し

表 6.3　比較特化のトレンド：1973-79 年

国 名	統計値					
	輸出特化			輸入特化		
	S_{ε}^{2} 1973 年	S_{ε}^{2} 1979 年	F レシオ	S_{μ}^{2} 1973 年	S_{μ}^{2} 1979 年	F レシオ
ベルギー＝ルクセンブルグ	0.185	0.184	1.01	0.041	0.039	1.05
デンマーク	0.577	0.314	1.84[a]	0.063	0.037	1.70[a]
フランス	0.066	0.070	0.94	0.035	0.026	1.35
ドイツ（連邦共和国）	0.076	0.065	1.17	0.049	0.029	1.69[a]
アイルランド	0.261	0.189	1.38	0.069	0.075	0.92
イタリア	0.276	0.244	1.13	0.102	0.098	1.04
オランダ	0.175	0.099	1.77[a]	0.040	0.033	1.21
英国	0.139	0.122	1.14	0.059	0.044	1.34

a：5 パーセント水準で有意。
出所：グレジャー [Glejser] (1983)，表 1，38 ページから採った。

た。統計的に有意であるのはほんの僅かな場合だけだが，これはこの期間に産業内の（輸出入の）特化が増大したとの見解を支持する新たな証拠となっている。

考察した他の幾つかの指数に関して，このタイプの特化指標だけに注意を払いすぎるのは危険であろう。グレジャー指数では国内の生産や販売については何の考察もしないから，これらの指数は比較特化に対してと同様に，比較成果または比較競争力に関して光をあてていると考えることもできる。事実，顕示された比較優位指数｛たとえばバラッサ[Balassa](1965)｝は，ε_{jt}に似た形でつくれるかもしれない。バラッサは特定の国における個々の産業の輸出成果をつぎのようにして評価する。

$$R_j = \frac{X_{ij}}{\Sigma X_j} \bigg/ \frac{\Sigma X_{ij}}{\Sigma X} \tag{6.8}$$

ここで，X_{ij}＝第i国のj製品の輸出,
 ΣX_j＝j製品の世界への輸出,
 ΣX_{ij}＝第i国の総輸出,
 ΣX＝世界の総輸出,

である。ある国に関して，ある製品または産業（j）の輸出が世界の輸出に占めるシェア$\left[X_{ij}\big/\Sigma X_j\right]$は，世界の総輸出に占めるこの国のシェア$\left[\Sigma X_{ij}\big/\Sigma X\right]$に対する相対的な量として計測される。ある製品の顕示された比較劣位はR_jがゼロに近づくことによって示されるとともに，比較優位はR_jが1を超えて増大する場合に認められる。バラッサ[Balassa](1965)も比較優位が「明白であるのかないのか」について論評するために，顕示された比較優位についてのバラッサ指数の分散を用いている。つまり，分散が大きければ，比較優位パターンや比較劣位パターンが明白または明瞭である。これと似ているが異なる方法でアキノ[Aquino](1978)も1つの国（あるいは1産業）における産業間特化に関する集約度の尺度として，このバラッサ指数の標準偏差を用いている。たとえば，もし1国の輸出の製品構成または産業構成が世界の輸出に関するものと同じならば，R_jはあらゆる産業について1に等しく，しかもこの産業指数の標準偏差はゼロである。標準偏差がゼロであるということは，産業間特化が存在しないことを意味するとともに，**産業内**特化が存在すると考えられ

ることを意味している。反対に，ある国が幾つかの産業に特化すれば，R_jの値は1を超える。それ以外の場合は，この指数は1未満に下がる傾向があろう。R_j値のばらつきが大きければ大きいほど標準偏差は大きくなり，産業間特化がますます大きくなる。

つぎに，本章と前章で考察した産業内貿易と産業内特化の種々の尺度を用いた研究結果の検討に関心を移そう。

第6.5節　結　語

特定の，しかも複雑な属性を計測するさい，単純で総括的な指数には限界があることに気づくことは実証分析を健全なものにするためにも重要である。しかし，そのことが研究にとって障害となることはない。必要なことは代替的な代理変数を色々と考えることであり，そのことによってよく検討され注意深い論評が導き出せる。

本章の目的は概念的に異なるものの，実質的には相互に関連している産業内貿易と産業内特化の性質を明確にするとともに，産業内特化に関する代替的な尺度の性質と限界を明らかにすることであった。種々の指数が考察され，各々の指数の性質と適正な応用が検討された。IITに関する研究目的が変われば，用いられる尺度も変える必要があろう。私たちが説明しようとしているものが何であるのか，また事実，（少なくとも統計的な意味で）私たちが「説明」しているものが何であるのかを，私たちは明確に知っていなければならない。定義上の問題と計測上の問題は，IIT理論の実証的かつ計量経済学的な「検定」にとって最も重要な点である。つぎに私たちが注意を払うのはこのような問題に対してである。

第6章の注
(注1) 新古典派の貿易理論では，比較優位パターンは相対的な要素賦存量により決定される。差別化された製品に関する現代の双方向貿易に関する理論との関連では，比較優位またはランキャスター[Lancaster] (1980)が「偽りの比較優位」と呼んでいるものは，実際には両国で等しく存在する規模の経済によって生み出されるかもしれない（第2章を参照）。
(注2) 色々な特化指数の性質はグルーベル[Grubel]＝ロイド[Lloyd] (1971)によって論じられ

ている。

(注3) これは輸出の場合に国内生産との比較ではなく,あるいは輸入の場合に国内販売との比較でもなく,それ以外のグループの国々の貿易水準と比較してみた「特化」なのである。輸出と輸入を別々に考えることによって,もし X_j か M_j の一方がゼロであれば,$(X_j+M_j)=|X_j-M_j|$ となる多くの他の指数の性質が除外される。

(注4) ε_{jt}(または μ_{jt})の2つの分布が独立しているといった仮定は疑問である。しかし,間近な年についてはプラスの相関関係があるとみられるし,帰無仮説を否定することはさらに難しそうである。一般に,検定の適正さはフェイズ [Fase] (1983) によって問題とされている。

第3部　産業内貿易の実証分析

第7章 記録に基づく研究

第7.1節 はじめに

　産業内貿易（IIT）の記録的な研究はその性質上，異時点間，クロスセクション（横断的），または1国や多数国を対象にすることが可能であり，また先進市場経済｛たとえば，グルーベル［Grubel］＝ロイド［Lloyd］(1975)；アキノ［Aquino］(1978)；グリーンナウェイ［Greenaway］(1983b)｝，発展途上国｛たとえば，ウィルマー［Willmore］(1974)；バラッサ［Balassa］(1979)；ハヴリリシン［Havrylyshyn］＝シヴァン［Civan］(1983)｝，あるいはさらに中央計画経済｛たとえば，ペルズマン［Pelzman］(1978)；ドラベク［Drabek］＝グリーンナウェイ［Greenaway］(1984)｝についておこなわれた。このように多様であるので，本章の目的はそれぞれの研究の目的，方法，および結論を詳細に記述しようとするのではない。本章の目的は，むしろ多くの実証研究と特定の結果から導出できる幾つかの一般的な結論を調べることである。

　したがって，本章の目的はIITと所得の伸び，製品のタイプ，経済発展段階，経済のタイプ，国の大きさ，および経済統合の程度との関係について導出できる推論について一般化を幾つかおこなうことである。事実，第7.3節から第7.7節までの部分はこれらの関係の1つひとつについて順番に記録された証拠を調べる。その検討に先立ち，第7.2節では（IITについての理論的な貢献を参照して），記述に基づくまたは記録に基づく証拠との関連で，私たちが検討したいタイプの仮説をたてる必要があろう。結果を概観し，明らかになる実証の裏づけに照らしてみて，IITの「定型化された事実」に関する幾つかの論評を結論として最終節の第7.8節で明らかにする。

第7.2節 検討される仮説

本章では以下の6つの仮説が検討される。

1. IIT の平均水準の伸びが1人あたり所得の伸びと直接関係しているであろう（とくに先進市場経済（DMEs）では）。「多様性仮説」{バーカー[Barker] (1977)} は1人あたり所得の上昇につれて、品種の数、つまり差別化された製品に対する需要が増えるというものである。これと似た仮説がハーシ [Hirsch] (1977) によって示された。彼は富裕国では差別可能で人的資本集約的な製品の重要性が増している点を指摘した。このことから、双方向貿易を含む差別化された製品の貿易が戦後、絶対的にも相対的にも、重要性を増していると考えることができよう。

2. IIT の平均水準は先進市場経済（DMEs）における方が発展途上国（LDCs）におけるよりも一層高いであろう。経済の発展水準や発展段階が IIT の観察値水準に対して（正の）影響を及ぼすと期待できよう。その理由は異なる発展段階で所得と経済構造に違いがあるためである。LDCs における（差別化しづらい）1次産品の入手可能性が相対的に増大する可能性があることに加えて、需要の多様性に対しておよびそれにより差別化された製品の需要に対する所得制約も存在しそうである。

3. 中央計画経済（CPEs）を除けば、IIT の観察値は統合化されてない国々の貿易でよりもなんらかの経済統合がなされていたり、類似の国々間の貿易において一層大きいであろう。しかし、ここでみられる因果関係は経済統合だけに関しているのではなく、経済統合と相互に関連した要因に関係している。したがって、地理的に近接していることと貿易自由化のインパクトが影響するのかもしれない。言い換えれば、ここで関連するのは統合の政策面で調和が図られているということではなく、IIT を刺激する拡大した市場において規模の経済を享受する可能性が増大することであり、その結果、経済統合がおこなわれるのである。同様に、実際、統合は需要条件も一層似ている地理的、政治的、さらには経済的に似かよった国々の間で

生じ易い。リンダーの「類似性の命題」{[Linder]（1961）} はいかなる 2 カ国とも需要パターンが似てない場合よりも似ている場合（や重複している）の方が（国民所得に対する割合でみると）双方向貿易の規模を拡大させるということである。

4. **IIT の記録値は中央計画経済（CPEs）におけるよりも市場経済（MEs）における方が一層大きいかもしれない。** このことは一部には，先進市場経済（DMEs）で 1 人あたり所得が一層高い結果，そうなるのだと考えられる。しかし，他の要因が影響するかもしれない。たとえば，中央計画経済（CEPs）の計画プロセス自体は，供給側では（標準化を推し進めることが合理化を許し，また，産業間特化を促進することとなり），競争を妨げるとともに，需要側では嗜好の多様性の出現を抑制するかもしれない。

5. **IIT は「小」国よりも「大」国における方が一層大きい，という弱い仮定を設けることができる。** 他の事情が等しければ，製品の多様性と規模の経済の程度は（国内）市場の大きさに直接関係していると考えられる。ドレッツ［Drèze］（1961）の標準化仮説によれば，小規模な先進工業国は需要が標準化している産業において比較優位を享受するであろう。対照的に，小国は（産業内特化が可能な）高度に差別化された製品に比較劣位を有するであろう。その理由は，国内市場が規模の経済を働かせるだけ大きくないからである。もちろん，IIT と国／市場の規模とが関連する強さは，輸出市場を通じた埋め合わせの程度によって影響されるであろう。各国間で嗜好が似ていればいるほど，また貿易障壁が低ければ低いほど，さらには国際貿易において多国籍企業（MNEs／TNCs）の役割が大きければ大きいほど，産業内特化に関する国内市場規模の制約は小さくなると考えられよう。

6. **IIT は原材料や 1 次産品におけるよりも製造業品の貿易における方が一層浸透している。** 第 2 章から第 4 章までに概説した IIT の新たな理論の多くには，それぞれ IIT 発生のための必要かつ充分条件として選好の多様性と規模の経済が存在する。製品差別化と規模の経済の両者の大きさは，1 次産品よりも製造業品の方が一層大きいと確信する明らかな技術的背景が存在する。上記の仮定 1 の通りであるとし，さらに製造業品に対する需要は

1次産品に対するよりも一層所得弾力的であると考えれば，それは仮定6のための強力な背景となる。

IITに関する別々の影響を記録に基づく証拠によって解きほぐすことは不可能であろう。1人あたり所得，市場規模，ならびに貿易自由化のパターンはIITに対して独立した影響を及ぼすわけではないし，戦後期はIITに与える色々な影響の可能性が一度に変化を生じさせたことを物語っている。経験的な観察に基づく別々の「検定」は注意深くみなければならない。しかし，記述的または記録された証拠について初めにおこなう検討は，第8章と第9章で論じる一層体系的な仮説検定にとって有益な導入部となるであろう。したがって，本章のこの後に続く部分は読者にとって記録に基づく研究の範囲と取り扱う内容に馴染んでもらおうとするためのものであり，同時にIITのレベルとパターンに対して及ぼす体系的な影響がいかなるものでも，その性質を明らかにすることである。

第7.3節　1人あたり所得と産業内貿易

普段，私たちが経験することからでも，戦後期にはIITの平均レベルが高くなる傾向が観察されてきた。その増加傾向の様子はヘス［Hesse］(1974)，グルーベル［Grubel］＝ロイド［Lloyd］(1975)ならびにアキノ［Aquino］(1978)の研究に記述されている。第5章のIITの計測に関する初期の情報は（前節に示した）仮定1を基本的にはさらに支持していた。表5.3で国際比較をおこなったヨーロッパ12カ国の1カ国（イタリア）を除くすべてで，（製造業品の貿易に関する）IITの平均レベルは1964年から1977年の間に増大した。もちろん，この増大傾向に対して影響を及ぼした他の要因（たとえば，GATTの保護のもとで一般的な関税自由化の影響，またはEECやEFTAの活動によって生じる差別的な自由化の影響）のなかから，1人あたり所得の伸びによる影響を取り出すことは困難である。しかし，表5.3はIITの増大がGATTに加盟している国々（たとえばハンガリー）に固有でないばかりか，EEC加盟

国（たとえばスウェーデンは異なる）に固有なものでもないことを示している。

この結果はIITと1人あたり所得との間の正の相関関係について正式な時系列分析による検定をおこなってはいない。しかし，特定の国々に関する時系列分析の結果とは矛盾していない。アイルランドのIITを分析したマッカリース [McAleese] (1979) はIITとより大きな1人あたり所得の間に明白な対応関係がみられると結論している。表7.1はSITC（第0部から第8部）に関して，1959年から1979年までの間の選定した幾つかの年について，IITの平均レベル，あるいは代表的なレベル(注1)についての英国の情報を示している。ここでも，指数の一般的な上昇傾向がみられ，（第5部から第8部までの）製造業品では最も大きな水準値の増加がみられる。事実，IITが1979年よりも1959年において一層高い部門は1つもない。例外は第4部（動物性または植物性の油脂およびろう）であり，ここでは観察年の最初と最後の間に絶対値の増加が著しい。この時系列についての情報からは，所得要因を取り出すことはできないが（この観察期間中に総貿易の伸びが一番大きかった），製造業品の場合，IITのさらに大きな伸びが前半期中に起きたことを指摘する価値はあろう(注2)。1959-70年の期間は（とくに製造業品の）貿易の伸びが歴史的に高かったことと，大規模な貿易自由化によって特徴づけることができた。対照的に，1970年代後半は大規模で全世界的な景気後退とともに，まして実質的な関税引き下げはほとんど実施されなかったことが観察される。事実，非貿易障壁が著しく増えてきた。実際，IITの増加，1人あたり所得ならびに貿易自由化は動態的な条件のもとでは，相互に複雑に絡み合っているようである。市場全体の大きさとその拡大が製品差別化と規模の経済の生じる範囲に対して決定的な影響を及ぼすまでは，1人あたり所得の水準とその伸び，および貿易ならびに資本の自由化の程度が国内市場と外国市場（つまり輸出市場）の大きさを別々にまたは同時に制約するかもしれない。

クロスセクション分析の検定は時間を基準化するので，問題点が少ないかもしれない。たとえば，ハーシ [Hirsch] (1977) は各国間のクロスセクション・データが（1人あたり）所得とIITとの関係の仮説内容と矛盾しないと論じている。同様に，ハフバウアー [Hufbauer] (1970) は各国間のクロスセクション分析を用いて，1国の1人あたりGDPと輸出品にみられる製品差別化の程

表 7.1 SITC 3 桁レベルでの英国の産業内貿易の代表的または平均的なレベル[a]（選択年に関して[b]）

SITC 分類		1959 年	1964 年	1970 年	1977 年	1979 年
第 0 部	食料品および動物					
	（生きているもの，主として食用のもの）	0.23	0.22	0.31	0.35	0.37
第 1 部	飲料およびたばこ	0.26	0.28	0.27	0.35	0.51
第 2 部	食用に適さない原材料					
	（鉱物性燃料を除く）	0.18	0.19	0.36	0.40	0.38
第 3 部	鉱物性燃料，潤滑油，					
	その他これらに類するもの	0.30	0.35	0.26	0.58	0.74
第 4 部	動物性または植物性の油脂，およびろう	0.41	0.29	0.25	0.50	0.41
第 5 部	化学工業の生産品	0.42	0.56	0.59	0.69	0.72
第 6 部	原料別製品	0.44	0.52	0.56	0.69	0.69
第 7 部	機械類および輸送機械類	0.38	0.51	0.60	0.69	0.70
第 8 部	雑製品	0.66	0.75	0.79	0.80	0.75

a：算術平均。
b：各部における「産業」の数，つまり 3 桁でグループ分けした産業の数，は分類法が変わるのにつれて，年により変わる。
出所：グルーベル [Grubel]＝ロイド [Lloyd] (1975) より，1959 年と 1964 年についての 3 桁での指数から算出した。それ以外の年については英国の海外貿易統計 [*Overseas Trade Statistics of the UK*] より算出した。

度との間に正の相関関係があることをみい出した。しかし，クロスセクションの「検定」には限界があり，それは発展段階および総所得や市場の大きさについて基準化ができないという恐れである。ハヴリリシン [Havrylyshyn]＝シヴァン [Civan] (1983) はこの複雑性を描いている。彼らが示しているところによると，新興工業国 (NICs) 全体の IIT レベルは NICs の 1 人あたり所得が平均でみて先進市場経済 (DMEs) よりも NICs でない国々のものに近いにもかかわらず，他の発展途上国 (LDCs) よりも工業化した先進市場経済 (DMEs) のレベルにかなり近い。図 7.1 は 1 人あたり所得と IIT との間には単純な線形で直接的な関連性がみられない国々の標本について示してある。両者の間には非線形の関係があるかもしれないが，IIT に対して他の影響も存在しそうである。

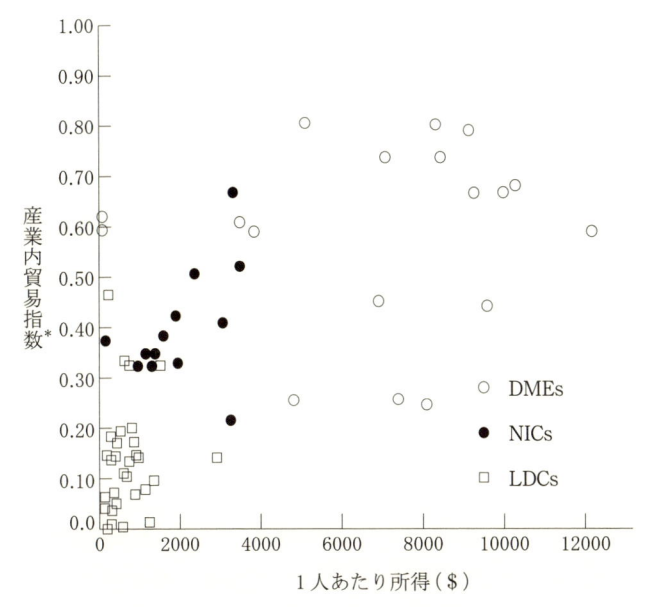

図 7.1 国別にみた産業内貿易*と 1 人あたり所得（国別）：1978 年

* グルーベル [Grubel] ＝ロイド [Lloyd]（1975）が要約した指数，方程式(5.7)を参照。
出所：ハヴリリシン [Havrylyshn] ＝シヴァン [Civan]（1983）。

第 7.4 節　経済発展と産業内貿易

　1 人あたり所得，市場の大きさ，ならびに産業構造という要因が経済の発展段階に依存していたり，あるいはそれらの影響を受けるならば，IIT は経済発展や工業化と正の相関があると大いに考えられる。この関連性は長続きしないかもしれないが，（平均）レベルでみると，明らかに $IIT_{DMEs} > IIT_{NICs} > IIT_{LDCs}$ であると期待できよう。図 7.1 の IIT と 1 人あたり所得の組み合わせの房状のまとまりをみると，確かにこの見方を支持している。つまり，この標本では LDCs グループの IIT 値が 0.0 から 0.2 までの範囲に収まっており，NICs については房状のまとまりが 0.3 から 0.5 までの範囲にあり，DMEs では 0.6 から 0.85 までの範囲でかなりまとまっている。（これと同じ見方が表 7.2 で表されている。

つまり，第1列は各経済タイプごとの標本につき，製造業品の総貿易における IIT の（算術）平均を示している。すなわち，DMEs については 0.59, NICs では 0.42, および LDCs は 0.15 である。）

表 7.2　産業内貿易[a]の平均[b]レベルと発展段階：1978 年

	総貿易	DMEs だけとの貿易	すべての DMEs との貿易	NICs だけとの貿易
工業国 (DMEs)	0.59	0.64	0.21	―
NICs 以外の発展途上国 (LDCs)	0.15	0.10	0.22	―
新興工業国 (NICs)	0.42	0.48	0.38	0.31

a：製造業品の貿易に関するもの。
b：グルーベル＝ロイドが要約した指数（方程式 5.7）に関する各国間の算術平均。
資料：ハヴリリシン［Havrylyshyn］(1983) から採用した。

　工業化された DMEs の貿易の大部分は他の DMEs との間の貿易である（つまり「北-北」貿易）。すなわち，他の高所得国および（需給の性質からすると）比較的に似た経済との貿易である。このような条件が製品差別化と産業内特化に貢献することを私たちはすでに論じた。対照的に，LDCs の国内市場は狭隘であり，DMEs の一層大きな市場とは異なることが産業間特化と「南北」貿易の特徴に資することになっている。｛ハヴリリシン［Havrylyshyn］＝ウォルフ［Wolf］(1983) は LDCs の輸出の 3 分の 2 以上が工業国へ向かっていることを示している。｝このような貿易は，IIT が生じる範囲が明らかに限定された同質的な 1 次産品に集中する傾向がある。LDCs と DMEs との製造業品の貿易を促進させる力があるところでは，それらの促進力は産業間特化を生じさせるかまたは各産業の内部において特定の垂直的なタイプの特化を生じさせ易い。工業化の初期段階では，LDCs はたとえば繊維のような一般には一方向貿易を生じる傾向をもつ技術水準が低く労働集約的な製品に比較優位をもっている。産業内特化はおおにして真の IIT ではなく，しばしば見せ掛けの双方向貿易を生じさせ，多国籍企業 (MNEs／TNCs) の「原材料調達」活動の結果であることもよくある。LDCs の労働力が相対的に廉価であることが資本／技術集約的な部品，部分品またはアクセサリーの輸入を生じさせている。これらの輸入品は（非伝統的な）製造業の輸出品を生産するために LDCs の現地の労働集約的投入要素と結合して生産される。南北間にみられる需要面と所得面での相違

は，多くのLDCsにおいて水平的な特化，つまり「南北」貿易のIITにとって制約となる。他方，1人あたり所得が低いことは差別化された製品の「南南」間で双方向貿易の生じる範囲を制限する。

NICsはこれらの制約を打ち破りつつあるようにみえる。IITは1968年から1978年までの間に，DMEsに関してよりもNICsに関して一層急速に拡大した。事実，図7.1は1978年までにIITの平均レベルがDMEsの何カ国か（および1人あたり所得がかなり高いDMEs）におけるよりも一層高いレベルのNICsがあったことを示している。ハヴリリシン[Havrylyshyn]＝シヴァン[Civan]（1983）は（彼らが標本にした国々に関して）NICsと（たぶん似ていない）DMEsとの貿易の方が（1人あたり所得でみて似ている）他のNICsとの貿易よりも平均では一層IITが多かったことを示している。表7.2の第3行からNICsのIIT値はDMEsとの貿易では0.48であり，他のNICsとの貿易に関しては0.31である。NICsのDMEsとの貿易に関して，このような予期しなかったほどの高い数字は幾つかの要因を参照することにより，合理的な説明ができるかもしれない。多くのNICsにおける政策の方向づけは産業内特化に役立つかもしれない。つまり，その方向づけは地球的で工業製品市場にかみ合う産業化推進政策であり，産業間特化を抑制する高い輸入保護レベルと結びついた地域市場向けのものではない。加えて，DMEsの労働費用の上昇は（多国籍企業の活動を通して，あるいは現地企業との間の契約変更を通して），DMEsとNICsとの間で産業内の垂直的特化を推し進めるともに，部品，部分品および最終製品の双方向貿易を促進させたと思われる。したがって，このタイプの貿易の持続的な拡大は労働費用の格差が持続したことから生じた。

NICs同士の貿易については，IITレベルが明らかに低いということは誤解を与えやすい。標本にしたNICsの国・地域には東南アジア（たとえばシンガポール），南ヨーロッパ（たとえばギリシャ），および南米（たとえばブラジル）の国々が含まれる。物理的ならびに文化的な距離はこれら多くの特定の国々の間で（双方向貿易を含む）貿易に対する障壁となるかもしれない。NICsについては，特定の地域内では様子はかなり異なるようである。とくに，もしそれらのNICsが何らかの経済グループのメンバー国である場合はそうである。IITと経済統合／近接性の水準が正の相関関係を有していることが第7.2節で

仮定された。ここで，その関連性について実状を検討することにしよう。

第7.5節　経済統合と産業内貿易

　地域経済統合が NICs を含む発展途上国の IIT に対して与える効果についての幾つかの指標が表7.3 に示してある。NICs 同士の IIT が NICs と工業国との貿易におけるよりも一般には低いというハヴリリシン＝シヴァンの結論は色々な産業分類では必ずしも該当しない。とくに，統合のインパクトは IIT の観察値に対して重大なインパクトを及ぼしているようにみえる。表7.3 の情報はバラッサ [Balassa] (1979) から採った。バラッサは IIT を多国間ベースで計測する場合よりも域内でみた場合の方が高いラテン・アメリカ自由貿易地域 (LAFTA)（ならびに中央アメリカ共同市場 (CACM)）のうち，表にみるこれら6カ国について作成した。ハヴリリシン [Haveylyshyn]＝シヴァン [Civan] (1983) により用いられた NICs の標本に含まれるアルゼンチン，ブラジル，およびメキシコの3カ国はここでの分類のなかに含まれている。事実，バラッサはこれらの国々に関しては，工業国と他の（LAFTA に加わって

表7.3　多国間および域内での産業内貿易[a]指数[b]：1975年[c]のラテン・アメリカのケース

貿易国	貿易相手国・地域	
	対全世界	対地域経済[d]
アルゼンチン	0.35	0.40
ブラジル	0.26	0.35
チリ	0.14	0.19
コロンビア	0.22	0.51
メキシコ	0.34	0.46
ベネズエラ	0.03	0.11

a：製造業品の貿易に関するもの。
b：加重したグルーベル＝ロイド指数（方程式5.11を参照。）
c：チリとメキシコについては1974年のものである。
d：これらの国々はラテン・アメリカ自由貿易地域 (LAFTA) の加盟国である。これらの国々のほかに5カ国あり，ボリビア，エクアドル，パラグアイ，ペルー，およびウルグアイである。

資料：バラッサ [Balassa] (1979) から採用した。

いない) LDCs の両者との貿易に関する IIT よりも域内貿易に関する IIT の方が一層高いことを明らかにしている。

したがって，工業国以外であっても地域的または統合による正の効果が IIT に対してあるようにみえる。(もっとも，IIT はここでの標本ではチリとベネズエラのような産業面で発展途上にある経済については，相対的には重要なものとはなっていない。)対照的に，新古典派の関税理論は統合が産業内の貿易と特化を促進するのではなく，産業間の貿易と特化を促進すると予見している。もちろん，ヴァイナー流の関税同盟理論の結論は特定の仮定に基づいており，規模の経済と差別化された製品の世界には不適である。しかし，発展途上国に分類された国々では，市場規模と所得の条件は IIT を促進するうえでとくに役立っているようにはみられない。域内の「類似性」が一層進み，また域内における貿易と輸送の障壁をさらに低くしても，表7.3の結果を充分に説明するようには考えられない。事実，障壁を一層低くすることは単に貿易を刺激するだけであって，必ずしも双方向貿易を促進するとはかぎらないのである。統合の役割とインパクトは発展途上国の場合は，工業国の場合とは異なるかもしれない。事実，バラッサ [Balassa] (1979) は，LAFTA 協定の一部をなす「補完協定」が LAFTA 域内での特化に対して重要なインパクトを与えるかもしれないと論じている。とくにコロンビアをみると，IIT はこれらの国々のなかでかなり大きく，しかも補完協定に深く関わる産業において極めて大きい。もともとの考えでは，この協定は産業間特化によって規模の利益を享受するための枠組みを提供しようとした。つまり，LAFTA 域内の特定国は製品のすべての品種にわたって特化するとともに，域内で無差別な関税譲許を与えようとした。このような協定の締結を渋った結果，製品の特化が求められることはもはやなくなり，特恵関税引き下げが LAFTA 域内で与えられるよう規定が修正された。

したがって，統合によるインパクトは産業の発展段階と加盟する国々のタイプに依存するようである。(IIT が生じる程度は EEC における方が LAFTA や CACM よりも一層大きい。表7.4を参照。)しかし同様に，統合のインパクトは加盟国同士の類似性の程度と採用される通商政策の性質そのものにも依存するようである。ウィルマー [Willmore] (1974) とバラッサ [Balassa] (1979)

はIITがCACMにおける方がLAFTAよりも一般には著しく高いことを明らかにしている。エルサルバドルは経済発展の面で，アルゼンチンがエクアドルに似ている以上に一層ホンジュラス(注3)に似ている。関税自由化もLAFTA域内におけるよりもCACM域内でははるかに進んでいる。しかし，関税自由化地域の形成は多国間での自由貿易に対抗するものとして，統合体域内での制限された自由貿易をもたらすので，問題にならないのだろうか？

表7.4 多国間および域内における産業内貿易[a]指数[b]：1977年におけるEECおよびCMEA諸国との比較

当該国・地域	対全世界	対域内
ベルギー＝ルクセンブルグ	0.69	0.68
フランス	0.76	0.75
イタリア	0.58	0.59
オランダ	0.69	0.67
英国	0.72	0.75
旧西ドイツ	0.64	0.72
EEC平均	0.68	0.66
チェコスロバキア	0.56	0.55
ハンガリー	0.70	0.70

a：製造業品のみ。
b：グルーベル＝ロイドのIIT指数，SITC 3桁レベルの単純平均。ただし，ハンガリーは2桁データに基づく。
出所：ドラベク[Drabek]＝グリーンナウェイ[Greenaway] (1984) から採用した。

ドラベク[Drabek]＝グリーンナウェイ[Greenaway] (1984) は，もし統合化している経済の需要と生産のパターンがそれぞれ似ていれば，統合体域内での関税自由化は多国間での関税自由化(注4)よりも一層大きな刺激をIITに与えるだろうと論じている。類似性がある，つまり補完性とは反対の競争的な生産構造は産業間特化に対してとは反対に，産業内特化にとって必要条件である。（域外共通関税も生産コストが一層低い生産者を統合体の域外へ排除するかもしれない。）この場合，需要条件の類似性は，つまり嗜好の重複は大規模生産の利益を享受するために，産業内で水平的な差別化と特化をもたらす誘因となる。1人あたり所得の増加をもたらす統合の動態的利益があるほど，品種に対する需要とIITが生じる範囲は拡大すると考えられる。経済統合とIITと

の間の予期された正のつながりは，統合に付随する資本移動の自由化によって強化されるとともに，資本移動の自由化はたとえば多国籍企業による垂直的な特化を促進させる。

表5.3と表7.4は，EEC加盟国におけるIITの観察値の平均的な水準が1964年から1977年までの間に上昇したことを示している。これは必ずしも統合効果の結果だとはいえないが，他の研究結果とも一致している。たとえば，グレジャー[Glejser] (1983) はEECではそれ以前の時期と比べればスピードが幾分落ちたものの，産業内特化へ向けた動きが1973-79年の期間に続いていることを明らかにしている。(この研究から導き出せる結論の幾つかは表6.3に示してあり，それらに関する議論は第6.4節にみられる。) 少なくとも，統合それ自体はIITに対して正の効果をもつというある程度の証拠について，IITレベルは第3国同士であったときよりも統合化することによって上昇すると期待される。(各国の) 集計レベルでみると，表7.4のデータはそのような考え方を支持していない。場合によっては，世界との貿易に関する指数 (これは爾余の世界に関する指数を示唆する) は，統合体の域内での指数よりも大きい場合もある (たとえばベルギー，フランス，およびオランダ)。この反対の場合は，イタリア，英国，および旧西ドイツに当てはまる。しかし産業レベルでみると，ドラベク＝グリーンナウェイはIITがEECの域内貿易に関して一層高いという見方をますます支持できると結論づけている。

ドラベク＝グリーンナウェイの研究で一層興味があるのは，CMEAの中央計画経済 (CPEs) との比較である。一般に，CMEAよりもEECの方がIITレベルは高いことがこの研究とペルズマン[Pelzman] (1978) により示されている (ただし，一層集計されたデータがハンガリーのケースで使われている)。この違いについては，一部の理由として，EECでは1人あたり所得が一層高いこととに加えて，CMEAの域内では生産構造が一層補完的であり，そのことは逆に旧ソ連の支配的な経済の存在によって決定された貿易特化協定に起因するのだと，理由づけることができよう。しかし同時に，私たちはこの違いをグループに加わっている国の経済タイプの相違，つまり中央計画経済に対する市場タイプの経済という固有な相違に関係づけようと思う。

第7.6節 国のタイプと大きさ,および産業内貿易

市場のタイプ

　市場の力に対して制限を加えないことの結果としてIITが出現するのだとみるならば,他の事情が等しければ,IITは中央計画経済(およびその経済同士の間で)よりも市場経済において(およびその経済同士の間で)一層多くなると予見できよう。表7.4の結果は,異なるタイプの国々との間にみられるスウェーデンの貿易に関するIITレベルを示している表7.5のように,このような見方を支持している。距離や所得の相違を基準化していないが,(先進)市場経済グループのすべて(EEC,他の西ヨーロッパ諸国,および他の工業諸国)とのスウェーデンのIITは,スウェーデンの計画経済とのIITよりもかなり高いことに注目することが大切である。経済のタイプは所得/発展または統合の要因とはまったく別に,IITに影響を及ぼすようにみえる。嗜好と選好がさらに自由に表現できるようになるのか否か,および市場経済において競争的な供給と市場への参入範囲がさらに拡大することの可能性は,差別化された製品の需要と供給の創出にとって一層の助けとなる。中央計画経済の制御システムと誘因は国内の市場構造を市場経済と同様に独占的競争市場に近いものにするとは思われないし,あるいは寡占的な国際市場において競争的な行動様式を促進しそうにもない。CPEsにおける国の貿易会社は,実際には,IITを妨げるかもしれない基準を用いたり,その思惑に直面している。たとえば,2国間で貿易均衡をさせなければならないという要求は,効率性基準に従うというよりも,その要求を満たすための支払いに従って管理を進めているのである。同様に,CPEs内部のおよびCPEsへの自由な資本移動に対する制限は,産業内で垂直的特化がおこなわれる範囲を制限してしまう。計画プロセスはCPEs同士で補完的な生産構造,つまり産業間特化を通じて規模の利益を享受する生産構造を形成するように,資本を振り向ける傾向がある。これらの要因はすべて国内と国際間での一層自由な資本移動がIITを促進しやすい市場経済と比べて

みると｛アグモン［Agmon］(1979)を参照｝，IITにとって障害となりやすい。

表7.5 異なるタイプの国々との貿易[a]に占める産業内貿易：
1977年のスウェーデンのケース

グループ国	IITの平均レベル[b]
アジアNICs	0.17
他のLDCs	0.08
南ヨーロッパ	0.29
EEC	0.58
他の西ヨーロッパ	0.68
他の工業国	0.71
計画経済圏	0.29

a：製造業品の貿易。
b：グルーベル＝ロイドの加重要約IIT指数。
出所：ルンドバーグ［Lundberg］(1982)から採用した。

国の大きさ

東ヨーロッパの幾つかのCPEsの国々も人口とGNPでみると，比較的に小さく（たとえば旧東ドイツとチェコスロバキア），IITに対して負の「小国」効果があるかもしれないということを本章の初めに述べた。国内市場の狭隘性は，ドレッツの標準化命題によって1国が差別化の可能な製品を生産するとき，規模の経済から得られる利益に対する制約となる可能性がある。したがって小国の場合，製品の属性に基づく差別化が生じる範囲が制限される製品／産業に，標準化または特化する誘因が存在する。事実，属性に基づく差別化よりも品質に基づく差別化の方がこれらの国々では一層適しているかもしれない。この場合，「小」国は詳しい仕様と特定の投入物が必要な高度に特化した製品群に集中することによって，規模の経済が享受できる。製品が水平的に差別化されているのではなく，垂直的に差別化されており，しかもかなり垂直的特化が進んでいれば，IIT指数を導出するさい不適切な製品分類がなされないかぎり，IIT指数は一層低くなると考えることができよう。もちろん，私たちは十分練り上げた方法で異なるタイプの製品差別化と特化の相違を経験的に識別することができそうにない。表7.6はIITの平均レベルとGDPの国際比較を示しているが，この表は両者の順位の間に何ら体系的な関連性がないことを明確に示

している。2つの変数間の順位相関係数は+0.195であり，10%水準で，ゼロと有意に異なっていない。仮説に一致すると思われるケースが幾つか存在する。たとえば，順位で最下位に位置するオーストラリア，ニュージーランド，フィンランド，およびノルウェーの位置を検討されたい。とはいえ，仮説とする両者の関連性から明らかに遊離しているのは，たとえばベルギー＝ルクセンブルグ（IITは0.79）の「小」国，ならびに米国（IITは0.59）の「大」国がある。もちろん，このような単純化した考察では「規模」の影響を統合と距離の効果から分離することはできない。たとえば，距離の要因は部分的には，少なくともオーストラリアとニュージーランドによって確認できる低いIITレベルを説明するかもしれない。

また，私たちは先にIITのレベルに対して統合は正の影響を及ぼす可能性があることを論じた。このことは，この表の上位3分の1にEEC加盟国がそれ

表7.6 工業国の産業内貿易[a]指数[b]と国の大きさ：1978年

	IIT	IITの順位	GDPの順位
オーストラリア	0.25	(18)	(9)
オーストリア	0.74	(4)	(13)
ベルギー＝ルクセンブルグ	0.79	(3)	(10)
カナダ	0.67	(7)	(7)
デンマーク	0.67	(7)	(14)
フィンランド	0.45	(14)	(16)
フランス	0.80	(2)	(4)
旧西ドイツ	0.63	(9)	(3)
アイルランド	0.61	(10)	(18)
イタリア	0.59	(12)	(6)
日本	0.26	(16)	(2)
オランダ	0.74	(4)	(8)
ニュージーランド	0.26	(16)	(17)
ノルウェー	0.44	(15)	(15)
スウェーデン	0.68	(6)	(11)
スイス	0.60	(11)	(12)
英国	0.81	(1)	(5)
米国	0.59	(12)	(1)

a：製造業品の貿易に関する。
b：方程式 (5.7) の加重平均値。
出所：ハヴリリシン［Havrylyshyn］(1983) から採ったIIT指数，および国際連合（UN）の国民所得統計年報（*Yearbook of National Account Statistics*），第Ⅱ巻，国際比較表，1979年からのUSドルによる各国のGDPの推定値。

それ集中して含まれていることの説明となっているのかもしれない。だが，前章（第6.3節）で論じたように，ハフバウアー［Hufbauer］＝チラス［Chilas］(1974) によって認められた EEC 域内での貿易よりも米国内の地域間での取引の方が産業間特化水準は一層高いことが単純な自由貿易効果に対して疑問を投じている。「管理」のインパクトが無視されてはならないが，そのような国際間の比較は同質的な地域グループ間のものとは異なる。米国内の地域間の物理的な距離と要素賦存量の相違は，多くの EEC 加盟国間におけるものとは極めて異なっている。もし IIT の平均レベルの計測を歪める大きな（一時的な）貿易不均衡効果があるならば，どのようなケースであっても，これらの指数の国際比較には隠れた問題点が存在する。日本の数字は製造業品に関して，この国の大幅な黒字により疑うまでもなく下方へバイアスがかかっている。（しかし，第 5.4 節の議論は貿易不均衡効果に関して IIT 指数を自動的かつ充分に「調整」することが適正であるのか否かについて疑問を呈している。）事実，特定の国々についての個別の事例研究では，国際比較よりも一層内容が明らかになることもある。小国の命題については，このような一連の調査でさらに支持されている。マッカリース［McAleese］(1979) は，アイルランドの時系列分析をおこない，結果は総貿易に占める差別化された製品のシェアが市場規模と発展段階の正の関数であるという仮説と一致すると結論づけている。事実，彼はドレッツの命題が小国では現地の多国籍企業以外の地元の企業の輸出に関して最も説明力があると論じている。同様に，グリーンナウェイ［Greenaway］(1983b) はスイスのケースで，この国がかなり狭い範囲の製品群に輸出を集中させていることを発見しており，比較的小規模であるために IIT が相対的に少ない(注5)という見方を支持するたくさんの質的な証拠があると結論している。したがって IIT に関して，とくに製造業品の IIT に関しては，市場や国の大きさについての命題に対して圧倒的ではないが，ある程度の支持が得られる。市場の規模およびそれが規模の経済等の作用する範囲などに及ぼす影響は，生産プロセスと製品の属性に関する技術的な制約が少ない製品の場合には一層重要である。

130　第3部　産業内貿易の実証分析

第7.7節　製品のタイプと産業内貿易

　IITが原材料の貿易（SITCの第0部から第4部まで）よりも製造業品の貿易（SITC第5部から第8部まで）において一層広くみられるという事実は疑うまでもない。この事実は異なる国々についても，また異なる時期についても多くの研究によっても明らかにされる必要がある。{この点に関する実態の包括的な概説はサラカン［Tharakan］(1983)でみることができる。}表7.1は1959年から1979年までの選んだ幾つかの年についてSITCの各部門に関する英国のIITの平均レベルについて若干の情報を示している。製造業品に関するIITの平均レベルは全期間を通して，原材料の平均レベルよりも明らかにかなり高い。実際，第0部から第4部までの（1979年の鉱物性燃料を除き）すべての観察値は各年について第5部から第8部までの各観察値をそれぞれ下回っている。このことは（第2章から第4章までの）理論的な研究に関する議論，あるいは本章の初めに示した実証分析に関する議論の通りであれば，驚くにはあたらない。1人あたり所得，市場規模，または発展段階とIITとの間に正の関係がみられるという特徴は，1人あたり所得の伸び，市場規模の拡大，および発展段階の上昇と呼応する製品の貿易構造上の変化なのである。製造業品に関わる市場の特性，製品の特性（属性および品質の相違の程度），ならびに生産の可能性（規模の経済と範囲の経済が働く程度，ならびに生産過程の分割と特化が生じる程度）は，理論と実証の両者で明らかにされているものであり，IITを促進している。対照的に，多くの1次産品の市場と生産の特性は製品差別化を妨げるようなものなのである。事実，伝統的な新古典派貿易モデルは原材料品の多くの貿易について，いまでも一般に満足のいく説明をし，先進国と発展途上国との1次産品と製造業品の多くでみられる一方向貿易について要素賦存比率による説明をおこなっており，その説明は受け入れ可能である。

　明らかに，市場，製品，および生産の特性は，それぞれ製造業品や製造部門が異なれば異なるであろう。したがって，市場の特性（たとえば企業の数），製品の特性（たとえば製品差別化が生じる範囲），ならびに生産の特性（たとえ

ば規模の経済が働く範囲）が IIT レベルにどのように影響するのか，その方法をさらにある程度詳しく検討する必要がある．つまり，私たちがこれから関心を払うのは，（産業の）クロスセクション分析による IIT の特性についての考察，ならびに IIT について産業間でみられる違いと製品の違いに関して，第2章から第4章までに提起した固有の仮説を検定する問題である．

第7.8節　結　語

第7.2節で提起した各々の仮説について，IIT に関し記録に基づく証拠のなかにはある程度支持できるものがある．以下の「定型化された」構図がいままで実施されてきた実証研究によって示唆される．戦後における先進経済の1人あたり所得の伸びは，製造活動において品種に対する需要，製品差別化および産業内特化が生じる範囲を拡大させた．この拡大は所得が伸び，選択のできる範囲が拡大する市場経済において一層著しい傾向があるとともに，市場規模の狭隘性，あるいは類似した経済から（物理的かつ文化的に）離れている経済であっても，それらが産業内特化に対する制約として作用していない経済では一層著しい傾向にある．このような制約は経済統合によって，先進国でも発展途上国でも等しく減らせるかもしれないし，あるいはその制約はさらに広い市場と多くの事業機会をもつ多国籍企業の事業活動によって，したがって特定の産業の内部で水平的かつ垂直的な特化のための一層大きな機会を有する多国籍企業の事業活動によって回避されるかもしれない．このような傾向はすべて通商政策の方針と形態によって強化したり，または弱体化させることが可能である．たとえば，NICs の IIT を工業国の一層高い所得の市場と調和させる生産構造に向けて，活発な通商政策の方向づけをすることで，いままで以上の水準に高められると考えられる．同様に，特定の国々の間でおこなわれてきた関税の引き下げ競争の形態と非関税障壁の利用が産業間特化に対する障害となるかもしれず，したがって IIT を促進しているのかもしれない．

定型化されたこの種の説明はある種の目的にとって有益な役割を果たしてはいるが，そのような一般化では一層適切で詳細な内容の大部分を不明瞭なもの

としている。私たちがつぎに関心を向けるのは，IIT の固有なモデル，つまり IIT に関する特定の仮説について，一層適切で詳細な中身と正式なモデルの検定に対してである。

第 7 章の注
(注 1) これらは 3 桁レベルの基本的なグルーベル＝ロイド指数の単純非加重・調整前の平均値である。これらは要約的な測定法ではなく，代表的な測定法として解釈すべきである。このような区別と非加重の平均値を用いることの合理的な理由は第 5 章に論じてある。しかし，IIT と 1 人あたり所得とが正の相関関係にあるとの主張は，選択した IIT の測定に対してさほどデリケートなものではない。
(注 2) このことから推論を引き出すとき，ある程度注意が必要である。2 つの観察期間における IIT の増加における明らかな違いは，一部にはグルーベル＝ロイド指数が非線形である性質によって説明できるかもしれない。第 5 章と表 5.1 を参照。
(注 3) ホンジュラスはその後 CACM を脱退した。
(注 4) 国境を越えての一様な自由化が存在すると仮定する。ハフバウアー [Hufbauer]＝チラス [Chilas] (1974) は多国間関税交渉がもともと品目対品目ベースであったので，実際に，IIT を促進させる傾向があったと述べている。
(注 5) 典型的な IIT レベルの一層適切な指標であると思われる非加重の平均レベルでみると（表 7.6 に示された加重平均レベルではなく），グリーンナウェイ [Greenaway] (1983b) はスイスと EEC 加盟国の間にみられるレベルとの間にはギャップがより大きいことを認めている。

第8章　方法論上の問題

第8.1節　はじめに

　産業内貿易論の記録的な分析と「検定」との間の区別は，明らかにいくぶん，恣意的なものである。前章で概説した記録的な証拠から，産業内貿易に関わる国および製品の特性について，理論から導出される**一般的**な仮説を支持する幾つかの「定型化された事実」が明らかになった。しかし，こういった方法論はむしろ公式的なものではない。本書の第1部では，IIT の市場とその生産決定要因に関する**固有な仮説**（ときどき論争になるが）が導出できる色々な IIT の理論やモデルのすべてを概説した。これらのモデルと特定の仮説はともに原則的には，記録的な証拠よりも一層きっちりとした「検定」が可能である。本章で注目するのは，このようなきっちりとした検定をおこなうときに直面する実際上の難しさを考察することである。

　IIT のモデルが多様であるために，H-O-S の貿易理論の要素集約度に基づく貿易の予見という形で，またはリカード流の貿易理論による賃金率と生産性の関係という形で単純かつ普遍的な「検定」をおこなうことは不可能である。事実，固有なモデルを実証的に検定することの難しさに直面し，多くの実証分析はいままで IIT の様々なモデルによって示唆されるとともに，IIT のモデルと矛盾のない様々な影響要因を（回帰分析を用いて）「確認する」ことに集中してきた。本章の目的は3つある。第1は，IIT の特定の「新たな理論」を「検定」しようとするときに直面する問題点を明らかにすることである。第2は，本書の第1部で概要を描いた IIT 理論を再考するとともに，実証の必要があると思われるタイプの仮説を識別することである。最後に，本書はこの特定の分野で仮説ー検定を実施するさいの難しさを検討してみる。（このことは第9章でおこなう計量経済学による分析結果の概説にとって重要かつ，注意深い準備を私

たちにもたらしてくれるであろう。)

したがって，本書のこの後の部分はつぎのような構成になっている。第8.2節では，特定のIITモデルを検定するさいの問題点を検討する。第8.3節では，代替的な理論から導出されるIITの決定要因につき幾つかの仮説を示す。第8.4節では，方法論上の幾つかの（定義上および計測上の）問題を論議する。最後の第8.5節では，現在の実証に関する方法論上の質とその限界について，および将来，研究を改善していく分野に関して論評する。

第8.2節　固有なモデルの検定

新たな幾つかのIITモデルの検定を論じるにあたり，ディアドーフ［Deardorff］(1984)はこれらのモデルが「...それだけで検定をおこなうには時期早尚である」と主張している。しかし，これらの固有なモデルの検定を妨げているのは新しさだけではない。（同質の製品，水平的または垂直的に差別化された製品の）IITのタイプが多様であるために，および（競争的な，独占的競争の，または寡占的な）色々な市場構造のもとでは（推論，あるいは結果に基づく検定によろうとも），固有なモデルの検定が問題点の多いものになっている。ファルヴィー［Falvey］(1981)のように新H–O型のIITモデルを受け入れることのできる検定とはどのようなものであろうか？　要素投入量による検定法はつぎのことを意味しよう。つまり，輸出産業に関し1組にした要素投入比率（K/L）の順位がその国の要素賦存比率の順位に等しくなければならず，対照的に，輸入産業での要素投入比率についてはその国の要素賦存比率の順位と逆でなければならない。しかし，このような検定を実施するには多くの要素が存在し，しかも要素価格が均等化していない状態では問題であるとともに，その諾否を決定することは困難であろう。たとえ産業を満足に定義できる（当面の目的のために，産業内や産業間で要素集約度の違いが現実にはあるとみられる）場合であっても，非垂直的な差別化製品に対し垂直的に差別化された製品の産業で生じる双方向貿易と，あるタイプの要素集約度（つまりK/L）で表してみて垂直的に差別化された製品のみの産業で生じる双方向貿易とを区別する

必要があろう。

　もちろん，ある特定のタイプの IIT を出現させたり，あるいは IIT が出現するための条件づくりに役立つかもしれない国際貿易モデルの実証的な仮説「検定」がおこなわれてきた。たとえば，国際貿易における新たな技術とプロダクト・サイクルに関するモデルの場合，グルーバーほか [Gruber et al.] (1967)，キーシング [Keesing] (1967) およびハフバウアー [Hufbauer] (1970) の研究は（技術進歩にある程度関連している）R&D と輸出との間に正の相関関係をみい出した。同様に，第2章から第4章までのなかで論じた大部分の IIT モデルでは，規模の経済が果たす役割が繰り返しみられるとともに，前章では国の大きさと規模の経済，および製品差別化が生じる範囲との間のつながりが提起された（ドレッツ仮説については第 7.7 節を参照）。たとえば，ハフバウアー [Hufbauer] (1970) とカトラック [Katrak] (1973) にみられる輸出産業における規模の経済と国の大きさには正の相関関係があるということで実証的には支持されている。しかし，これらの研究は IIT の特定なモデルの検定ではない。これらは非 IIT モデルに関して導出できる意味合いのものなのか，または IIT の特定のモデルからは推論することのできない意味合いのものかのどちらかである。

　ある特定の独占的競争モデルから検定可能な含意を導き出そうとする試みがヘルプマン [Helpman] (1984a) とヘルプマン [Helpman]＝クルーグマン [Krugman] (1985) によっておこなわれた。ヘルプマンはグラビティー（重力）型の方程式がこのようなモデルから導出できることを示すとともに，そのようなモデルから双方向貿易の組み合わせとグループ国同士の貿易の組み合わせに関する仮説が導出できることを示した。たとえば，ヘルプマン [Helpman] (1984b) は双方向貿易に占める IIT の割合が1人あたり所得の似かよった国々の間で高いという仮説の検定を試みている。事実，ヘルプマンは異なる国々の間で要素結合の類似性に関する供給側の代理変数として，1人あたり所得の類似性を用いている。しかし，この仮説は製造業品の貿易が需要の類似性によって生じるとみるリンダー型の見方とも一致している。したがって，リンダーの主張を検定するのと同様に，ヘルプマンの分析は1人あたり所得が類似している国々が同時に地理的に房のように集まる傾向があるといった問題に遭遇す

る。したがって，貿易の量，つまり IIT の割合は距離にともなう費用（輸送費用と他の取引費用）に直接，関わっているのかもしれない。もちろん，2 国間貿易のグラビティー・モデルに 1 人あたり所得と距離を含めることにより，距離の要素をうまく取り扱う方法を模索できるかもしれない。かりにどうして 1 人あたり所得と距離が関連するのかが正確に説明できないとしても，このようなモデルはすべての関連する実証的な現象を組み込むので，いつも実証的にはうまくいくのである｛エイトケン［Aitken］(1973)，およびリーマー［Leamer］(1974)｝。したがって，このタイプの研究から生じる検定は固有の代替的な貿易理論（産業内または他）の検定としてみることはできず，したがって，競合的な仮説同士を比較することもできない。

　固有なモデルの予見がはっきりと検定できなければ，私たちにはそれに代わるモデルの前提と的確性について，つまり一般的でなく特殊な環境への適合性について熟考することが残されている。本書の第 2 章から第 4 章までに述べたモデルの仮定について詳しく再考されたい。新チェンバリン型の独占的競争モデルの場合のように，個人は消費可能な異なる品種をすべて消費するものとして表現することが満足できるものなのだろうか｛クルーグマン［Krugman］(1979)｝？　対照的に，クールノーの行動仮説はブランダー［Brander］(1981)のケースのように，寡占モデルで採り入れられる適切な仮説なのであろうか？本書の著者たちは読者に代わってそのような調査を繰り返すことは止めよう。仮説の検定に比べ，モデル評価へのアプローチは本来欠点を何も有していない。事実，仮説の検定が昔からおこなわれ，高い評価を得ている経済学の分野もある。しかし，一般には貿易論の場合，こういったことははるかに少ない。疑うまでもなく，そのことは少なくとも一部には，たとえば行動仮説の検定を実際どのように企てるかが難しいことが原因なのである。とくに IIT の理論構築をおこなう場合には，そういった方法が実際上，いままで無視されてきた。したがって，幾つかの固有なモデルを検定することではなく，実証内容と IIT の色々な発生原因との間の整合性の問題をつぎに考察することにしよう。（もちろん，各々の IIT モデルの仮定に関するある程度の評価は，理論を取り扱う第 2 章から第 4 章でみられる。）

第8.3節　産業内貿易の発生原因に関する仮説

　固有な IIT モデルの検定は問題があるばかりか，IIT の発生原因が色々存在すること，つまり検定される代替的な仮説が色々存在することが計量経済学的な研究を潜在的に不安なものにしている。色々なモデルおよび時には衝突するモデルによって推論される市場，製品，および生産の特性を考察することにより，IIT レベルの産業間での違いを説明しようとする試みは必然的に，定義上の問題，計測上の誤差，不適切な変数が含まれていたり，あるいは適切な変数が除かれているといった不適合性，さらには「説明」変数間の共線性の可能性の存在に遭遇する。このような問題点は本章の以下の幾つかの節と次章でさらに詳しく検討する。当面，私たちの仕事は本書の第 2 章から第 4 章までのなかで論じた IIT モデルを再考することによって，導出できる仮説を構築することである。

需要の影響

　各国間にみられる需要条件の類似性や嗜好の重複は各国の個々の消費者の間でみられる選好の多様性と関わっているが，これらは差別化された製品の市場をつくり出すうえで，またその結果として IIT を発生させるうえで重要な役割を果たしているようである。

　「類似性の命題」は，需要パターンが一層似かよった国々における方が貿易量は多いことが観察されており，その理由の説明を試みたリンダー [Linder] (1961) によって最初に提起された。IIT との関連では，嗜好の重複が重要である場合は，差別化された製品の貿易の可能性が高まると主張できよう（表 8.1 の要約のなかの仮説 1 ）。この命題は第 7 章ですでに検討した。嗜好の重複が国内で生産した製品に対する（国内および海外での）市場を拡大するばかりでなく，つまり規模の経済の及ぶ範囲を拡大するばかりでなく，種々の品種に対する需要に出会い利益が生じる可能性も高める。第 2 章では，種々の品種に対す

る需要が競争的な市場でIITを発生させるうえでどのように重要な役割を演じるかをみた。新チェンバリン派のモデル｛たとえばクルーグマン［Krugman］(1979)｝では，（国内および海外の）個々人はそれぞれ入手可能なブランドをすべて等しい数量だけ消費するとして，および増加した品種から対称的な方法によって効用を得るものとして表されている。対照的に，新ホテリング流の捉え方によると｛たとえばランキャスター［Lancaster］(1979)｝，選好の多様性は水平的な方法で特性により差別化された特殊な品種または理想的な品種に対する個々人の色々な需要として表される。IITが発生することで，個々人は自分の理想とする品種にできるだけ近づけるようになる。したがって，選好の多様性はこのタイプのモデルでは，IIT発生のための必要条件である。というのは，選好の多様性が特性による製品差別化の可能性をもたらすからである。しかし，表8.1の仮説2も第1部で議論した他のタイプのモデルを参照することによって支持することができる。自給自足的な需要条件と経済の相対的な大きさにより種々の結果が生じ得るものの，第3.4節では水平的に差別化された製品に関するIITの寡占モデル｛たとえば，イートン［Eaton］＝キャージコウスキー［Kierzkowski］(1984)｝を概説している。このモデルはこのような代替的な市場構造のもとで，IITの発生する可能性を明らかにしている。他の事

表8.1　産業内貿易の発生原因に関する仮説の要約

1.	嗜好の類似性	貿易当事国間で嗜好の重複がみられれば，IITは一層拡大する傾向があるだろう。
2.	特性に基づく差別化	特性に基づく製品差別化の可能性が大きければ大きいほど，IITは一層拡大する傾向があるだろう。
3.	規模の経済	IITは，規模の経済が作用する製品で拡大する傾向があるだろう。
4.	企業の数	市場構造が（独占的）競争状態になればなるほど，差別化された製品のIITは拡大する傾向があるだろう。
5.	寡占的相互依存性	同質的な製品のIITは国際的な寡占市場と関連している。
6.	技術的要因	プロダクト・サイクルに基づく貿易の可能性があるところでは，および／また技術的要因，または垂直的差別化の可能性があるところでは，IITは拡大する傾向があるだろう。
7.	対外直接投資	多国籍企業の事業に関わるレベルが高まるほど，IITは拡大する傾向があるだろう。
8.	距離の要因	貿易当事国同士が地理的に近ければ，IITは拡大する傾向があるだろう。
9.	関税および非関税障壁	関税および非関税障壁が低いほど，IITは拡大する傾向があるだろう。

情が等しければ，各国間での嗜好パターンがますます似てくれば似てくるほど，IIT 発生の可能性が高くなる。

規模と費用の影響

大部分のモデルでは，規模の経済（工場の規模あるいは工程の長さに関わる生産活動における逓減費用の発生）も特殊な品種については国際間で価格差別化を生じさせるうえで，したがって産業内特化と双方向貿易を発生させるうえで必要な要因である。しかし，第 4 章でみたように，固定費用／間接費用が大きければ，それは新企業の参入という形で，利益が生じる新たな品種の導入の機会をもたらすだけでなく，固定的な間接費用を多くの品種に割り振ろうとする誘因のもとで，多品種生産企業の参入する機会を生じるかもしれない。同時に，そのことは特定の品種または品質（あるいは品種群）について生産の最小効率規模が市場規模全体に比べてより大きいことを意味する。このようなことから，IIT と規模の経済の広がりとの間には，単に連続的で直接的な関係を想定することはできない。現在事業をおこなっている企業の国内における市場支配力（マーケットパワー）が増大するのにつれて，また（価格づけや製品の生産域を決定することにより）参入阻止戦略の範囲と誘因が増大するのにつれて，「外国の参入」に対するインパクトと IIT の大きさはますます予見しづらいものになる。このことから IIT は一般に，企業および／または品種が多く存在することの理由を説明する規模の経済の及ぶ範囲と直接的に関連するが，IIT は逓減費用の大きさそれ自体とは直接的に関連することはないと仮定できよう（仮定 3）。

市場構造

産業経済学を学ぶ学生は企業行動に対して与える市場構造のインパクトについて，単純なルールを確立することが困難であるということに以前から馴染んできた。これは国際貿易論を学ぶ学生も徐々に馴染みとなってきた問題である。IIT は市場構造が変化するときに発生し得る。つまり，第 2 章は相対的に

「小規模」な生産者が「多数」存在する場合の IIT モデルを考察した。対照的に，第3章は IIT を発生させる国際寡占モデルを明らかにした。市場集中度が高いことを与件として受け入れるのか（たとえばクールノー型「報復ダンピング」モデル），あるいは市場集中度を内生化するのかによって{たとえばイートン[Eaton]＝キャージコウスキー[Kierzkowski](1984)}，同質的な製品つまり水平的に差別化された製品の双方向貿易，および垂直的に差別化された製品の双方向貿易の可能性が確立している。明らかに，市場構造の色々な側面（参入条件，市場規模，生産の最小効率規模，および企業の行動と目標）は相互に関連しあっており，さらに重要なこととして，これらは同時決定されるとともに，内生的に決定される。したがって，他の事情が等しければ，企業の数と IIT との関連性についての仮説設定には問題がある。しかし，もし他の事情が等しければという前提が正しければ，「多数」の企業が存在する市場の方がほんの僅かな数の企業しか存在しない市場に比べ，水平的に差別化された製品の IIT を発生させそうである（表の 8.1 の仮説 4 を参照）。たとえば，ランキャスター[Lancaster](1984)は IIT が「完全な」独占的競争の条件のもとで，最大になるだろうと論じている。同様に，イートン[Eaton]＝キャージコウスキー[Kierzkowski](1984)も品種に対する需要が「制約される」結果，すなわちたとえば房状となった選好集合が生まれる結果，「完全な」ケースから逸脱するケース，つまり小数の企業が存在するケースが生じることを示している。その場合，IIT 発生の可能性と大きさは，なかんずく嗜好の房状のまとまりの大きさと重複嗜好に大きく依存することになる。最後に，ランキャスター[Lancaster](1984)は自給自足のもとで，国内での市場支配力を享受することにより，多品種生産企業が参入や IIT を妨害する防御的な誘因をもつと論じている。

　垂直的な製品差別化がみられる場合，市場構造のインパクトがどのような帰結をもたらすかは理論的には明らかでない。第2章で，市場構造が競争的な新 H–O–S の前提条件のもとで，垂直的に差別化された製品の双方向貿易が導出された。対照的に，このような製品の IIT は自然寡占モデルでも同様に生じる。もちろん，垂直的に差別化された製品との関係では，国内と外国との産業間に存在する要素賦存（たとえば技術集約度）の違いは，用いる産業の分類や

定義の適合性を問題とするようなものかもしれない。しかし，同質的な製品の場合は，このような問題はなく，このケースでは第3.2節で国際的な寡占市場の出現により双方向貿易の可能性が明らかになった（仮説5）。

技術的要因

ヴァーノン [Vernon] (1966) は，プロダクト（製品）サイクルに基づく製品の貿易が比較優位（H-O-S の意味で）の動態的変化と関連していることを認めた。原理的には，プロダクト・サイクルの要因は産業間の貿易を生じるはずである。現実には，たとえばある1国がプロダクト・サイクル「年齢」または「年輪」の異なる製品の輸出と輸入を同時におこなうとき，貿易が重複して記録され得る。技術面での差異が産業内ではっきりと観察されるようになると，技術的な相違が IIT に与える静態的な影響のほうが一層重要となるかもしれない。生産プロセスや技術的な特性について，企業固有の，または国固有の技術知識は，国際競争力の面でとくに研究集約的な活動で重要な役割を演じるように思える。このことの重要性は，垂直的に差別化された製品の IIT に関する理論的な文献が増えてきていることに反映されている。第2章では，このような貿易は新 H-O-S の前提条件のもとでは，製品の品質が要素集約度の関数であるという形で，各国の要素賦存量の違いから生じた ｛たとえばファルヴィー [Falvey] (1981)｝。対照的に，「自然寡占」をもたらし得る企業固有の優位性を生み出すうえで，および垂直的に差別化された製品の IIT に関するもう1つの説明において，市場条件と費用条件が果たす役割は第3章で概説した ｛たとえばシェイクド [Shaked]＝サットン [Sutton] (1984)｝。これらのモデルは表8.1の仮定6に合理的な説明力を与えている。

他の影響要因

市場に多国籍企業を含めることと IIT の大きさとの間には正の関係があると期待する理論的な背景が幾つか存在する（仮説7）。第4.3節と第4.4節で，要素の移動（対外直接投資）と IIT との間に代替性はなく，補完性の可能性が

みられるとともに,本質的には産業内貿易である企業内貿易の可能性があることが明らかとなった。対外直接投資は一方向貿易の取引量を減らすと容易に認められるが,同時に,「OLIパラダイム」は双方向貿易の納得のいく理由づけを提供する。つまり,多国籍企業がある与えられた複数の市場のために,異なる国々で(特性や品質面で差別化された)異なる品種を生産するということである。

　表8.1にある残りの仮説(仮説の8と9)は通商障壁に関連している。他の事情が等しければ,双方向貿易は輸出入均衡の程度とは必ずしも関係しないが,通商障壁の程度と負の相関関係があると予見できよう。通商政策の介入および距離に関連する輸送費用の価格引き上げ効果は,貿易量を減少させるはずである。輸出入の均衡に対して与える通商障壁の影響は一層不明瞭である。物理的な近接性は国境貿易の場合のように,明らかに双方向貿易を刺激する。というのは,物理的な近接性は文化的近似性や嗜好の類似性と正の相関関係をもっているようだからである。あるいは地理的に近接した貿易当事国同士は,ある種の自由貿易地域の加盟国になり易い。通商政策が及ぼす効果の可能性には一層問題がある。たとえば,関税同盟域内の低い関税や関税非課税はIITを促進させるかもしれないが,高い対域外共通関税は同時に域外から対内直接投資を誘致させるとともに,域内でのIITを生ぜしめるかもしれない。これとは別に,トゥムリア[Tumlir](1979)が論じたように,西ヨーロッパでIITが増大していることが観察されているが,これはデリケートな産業で雇用を維持するために政府による関税非課税の介入をますます増大させることで,産業間特化を制限しようとしていることに一部は起因しているかもしれない。ある産業の輸出を促進させるために支給水準を超えた隠れた形での補助金が使われることもある。他方,それ以外の政策手段(たとえば調達政策)も非介入の状態に比べ,輸入拡大を妨げるかもしれない。片側貿易の量は以上のようなことがない場合に比べれば,減少する**かもしれない**。とくに各国がすべて同じように行動する場合はそうである。とはいえ,輸出と輸入が均衡した貿易量が総貿易に占める割合は自由貿易状態で観察される割合よりも高い**かもしれない**。しかし,輸出促進手段や輸入代替手段の相対的な強さやその効果次第では,さらにそれらの手段を講じなかった場合に生じる輸出入の規模次第では,他の結果が

生じる可能性もある。この議論に対する明白で理論的な支持が得られないので，IIT と通商障壁とは負の相関関係があるとする従前からの考えを仮説 9 で示した。

上述の仮説を検定することの努力がどれほどの結果をもたらすのかを検討する前に，検定操作実施の問題点を考察しなければならない。従属変数である IIT を定義し計測するさいの問題点は第 5 章で十分論じられている。ここでは，独立変数，つまり説明変数，たとえば製品差別化および規模の経済といった変数を定義し，計測するさいの問題点に焦点を絞ろう。

第 8.4 節　定義と計測に関する問題

前節の概論では IIT に体系的に関連すると思われる製品の多様性，市場，および生産の特性を明らかにした。このようなモデルの多様性に直面し，大部分の研究者は IIT およびこのタイプの「独立」変数が産業の多様性と整合的なものであるのかについて調べようとしてきた。このようなクロスセクション分析は異なるタイプの IIT について特定の決定因子（およびその相対的な重要性）を確定しないが，その分析によって産業間の特性についての有益な洞察がなされるとともに，重回帰モデルにとり入れるために考えられた独立変数をどのように選定するのかという注意深い考察が促された。変数のなかには定義上あるいは計測上，極めて難解とはいえないものもある（たとえば物理的な距離）。一方，定義上は比較的容易であっても，計測上では困難なものもある（非関税障壁，嗜好の類似性，対外直接投資）。しかし，専門の産業エコノミストにとって定義と計測の両面で等しく問題となるような変数もある。「製品差別化」，「競争力」，または「規模の経済」によって私たちはいったい何を意味するのか，また，それらをどのように計測できるのか？　つぎに，私たちが取り扱うのはそのような問題の考察であるが，市場構造と規模の要素に関係する幾つかの問題点も手短に考察する。わかりやすく説明することを目的にしているので，本節の大部分が製品差別化を定義し，その代理変数を探し出すことに充てられる。

製品差別化の定義

　第2章から第4章までで概観したIITモデルは，同質的な製品ではなく差別化された製品の双方向貿易を一層重要なものとして位置づけることを目指している。したがって，差別化製品が貿易される潜在的な決定因子について実証的に精査する必要が生じるが，その場合，製品差別化の代理変数をどのようにするのかという問題が必然的に生じる。{この問題に関して一層充実した議論がグリーンナウェイ [Greenaway] (1984) にみられる。}

　実際には，製品差別化を明瞭に識別することは常に可能とはいえないまでも，当面の目的にとって製品差別化の3形態が考えられる。

1. **水平的な差別化**は，属性ミックスまたは特性ミックスによる差別化に関係している。つまり，ある1つのグループのなかの製品はすべて特定の共通した核となる特性を共有している。これら特性の含有具合の相違が製品の仕様を決定し，製品差別化または特性差別化は特定の製品グループまたは産業のなかで，色々な仕様が存在することにより識別可能である。{この種の製品差別化をイメージに基づく差別化またはランキャスター [Lancaster] (1979) が偽りの差別化と呼んだものと区別することは有益である。つまり，偽りの差別化とは仕様のうえでは差異のないブランド・イメージやロイヤリティーの存在である。}
2. **垂直的な差別化**は，あるグループの製品のなかで核となるすべての属性の絶対量に相違があることに関係している。品質面の差に広く関わるものとして，垂直的な差別化を考えることができる。つまり，ある産業グループのなかで製品の品質面で代替的な相違が存在する可能性がある場合である。
3. **技術的な差別化**は，ある製品グループのなかで1つあるいは複数の核となる製品の特徴が技術的に異なる特性を有していたり，および／またはそれらの特色が技術的に異なる生産プロセスによって，生産過程中に組み合わされる場合に生じる。このようにして，技術的な差別化は製品のすべての

価格／品質面において新たに，また技術的に改良された製品を生むイノベーション（属性および／または生産プロセス）の結果である。したがって，技術的に差別化された製品は技術の波及／調整プロセスが即刻生じるわけではないためか，あるいはそのようなイノベーションがつぎからつぎへと起きたためのどちらかによるために，市場のなかでそれぞれ併存している。

　概念的には，これら3タイプの差別化はそれぞれ異なっており，一般的にその違いを例示する状況を示すことができる。各種の色／形状の絵画の出現は水平的な差別化といえるだろうし，水彩画か油絵かの違いは垂直的な差別化といえるであろう。また，ノンドリップ法の導入による絵画は技術的な差別化といえよう。しかし，この例は差別化のすべての形態がある産業の製品グループのなかで同時に出現するかもしれず，また各製品が2つ以上の方法で他の製品から区別されるかもしれないということを強調するのに役立つ。製品はそれぞれ個々の属性に分割できないから，差別化はしばしば水平的な差別化と垂直的な差別化の混合形態，あるいは垂直的な差別化と技術的な差別化の混合形態となることもある。

　しかし，これら色々な形態の製品差別化をもたらす決定因子と種々の差別化形態が国際貿易に対して与える影響の仕方が製品差別化ごとに異なることがあるので，これら種々の形態をそれぞれ識別することは重要である。ランキャスター＝クルーグマンの意味でのIITは，水平的に差別化された製品の貿易に関してのものである。つまり，「自然寡占」モデルは垂直的な差別化に関しており，これに対してプロダクト・サイクル理論は技術的に差別化された製品の貿易の説明に関係している。したがって，特定の仮説の検定には製品差別化の代理変数を十分注意して選定する必要がある。

製品差別化の代理変数選び

ハフバウアー指数　　製品差別化の代理変数として最も頻繁に用いられるものの1つは，ハフバウアー[Hufbauer]（1970）によって提案された指数である。

つまり,

$$H = \frac{\sigma_{ij}}{M_{ij}} \tag{8.1}$$

である。ただし,σ_{ij} は第 i 製品を第 j 国へ輸出するときの単位輸出価値の標準偏差であり,M_{ij} はその単位輸出価値の非加重平均値である。したがって,この指数は単位輸出価値の変動係数とし,それを参照にすることで「製品差別化」の代理変数とするよう試みており,そこで暗に仮定していることはこれらの代理変数が異なる仕向地へ輸出される価格の違いによる効果を捉えているということである。

もしこの指数がうまく特定の製品グループのなかの輸出価格の違いの代理変数となれば,確かに垂直的な差別化,およびたぶん技術的な差別化を捉える方法であるとみなせる。しかし,クレイヴィス [Kravis] ＝リプシー [Lipsey] (1971),およびグレイ [Gray] ＝マーティン [Martin] (1980) は単位輸出価値指数が SITC 分類カテゴリー内での貿易の構成上の違いを敏感に反映するとしても,その単位輸出価値指数が輸出価格指数の信頼に足る代理変数としてみなせるかどうかについて疑問を投げかけた。単位輸出価格指数は各国間でそれぞれおこなわれている出荷の組み合わせが異なれば,そのことだけでも変わり得る。たとえその指数が輸出価格の相違をうまく計測するとしても,その使用については多くの問題が残る。第 1 に,その指数は差別化された製品の貿易が異なる市場に向けた品種の輸出の形態を採ると想定している。差別化された製品の双方向貿易は,自国がある品種を生産し幾つかの仕向国へ輸出すると同時に,他の幾つかの品種を輸入する場合に発生し得る。第 2 に,製品差別化に関係することが他にもあれば,単位輸出価値の違いは理由づけとしては僅かなものでしかない。もしあるとしても,価格政策は地方市場の条件に応じて変わるかもしれない。つまり,輸出価格は市場ごとに作用する市場支配力（マーケットパワー）の大きさによって直接変化するとともに,競合する品種の数によっても影響される。

広告集約度　製品差別化の代理変数として広告集約度の尺度を用いることは,産業組織論の研究では比較的広くおこなわれている。この研究分野では,

通常,「情報提供的」な広告と「説得的」な広告とを区別している。情報提供的な広告に関しては,普通,ある種の差別化が広告活動にとって必要条件であろう。一方,「説得的」な広告伝達は一般に異なる品種ごとの(実質的または外見上の)違いを強調するようにおこなわれよう。したがって,広告支出は直接,製品差別化の可能性の代理変数となるか否かについて論議されるかもしれない。実際,広告集約度と製品差別化との間につながりがあると一見思われることから,多くの研究者は貿易に関する研究で,製品差別化の程度が産業ごとに異なることを表す代理変数を選定するために,(産業の販売額や純産出量,または消費によってデフレートした)広告集約度の産業ごとの相違を使用する。

とりわけケイヴス[Caves]＝カリザデ・シラジ[Khalizadeh-Shirazi](1977)は,広告集約度が一般に水平的な差別化,つまりとくにイメージに基づく差別化(すなわち偽りの差別化)の代理変数になりそうだと論じた。もしそうであれば,広告集約度は「買回り」品よりも「便宜」品の方が一層重要であると考えてよかろう｛ポーター[Porter](1976)｝。もしそうなら,広告集約度は国際貿易の分析にとってとても有益だということではなかろう。というのは,「便宜」品は多くの小売販売先を必要とし,比較的に低い粗利益率であり,購買の繰り返しに依存しているので,便宜品は国際貿易では主流とはなりそうもない。他方,製品の仕様が異なる場合,つまりイメージに基づく差別化に対して水平的な差別化の場合,企業には製品仕様の詳細を広告の媒体を通して知らせる明確な誘因がある。市場のなかのある企業がひとたび製品仕様の詳細を知らせるようになれば,他の企業はこれに追随せざるを得ない。このような理由づけに従えば,導かれる結論は,製品スペクトルに含まれる品種の数が多ければ多いほど,広告集約度はますます高くなるという結論が導ける。このような製品が貿易では主流であると考えられよう。

たとえ広告集約度が疑いもなく製品差別化の1つの特殊な形態に関連していることが明らかだとしても,広告集約度の産業間での相違が製品差別化の産業間での相違と組織的に関連しているかどうかを疑問視する余地がまだある。最適広告支出のための単純なドーフマン＝スタイナー条件を考えてみよう。つまり,

$$\frac{\mathrm{AT}}{\mathrm{PQ}} = \frac{\eta_a + \eta^* \eta_{ar}}{|\eta|} \tag{8.2}$$

ただし，AT/PQ＝広告・販売額比率，η_a＝需要の広告支出弾力性，η^*＝ライバル企業（競争企業）の需要の広告支出弾力性，η_{ar}＝「自企業」の広告に対するライバル企業の広告の反応弾力性，および$|\eta|$＝需要の価格弾力性である。

これより，AT/PQ の企業間での相違と産業間での相違は η_a の違いに基づいて生じることが明らかである。ポーター［Porter］(1976) が示したように，この弾力性は産業間にみられる AT/PQ の違いが高い単位費用の広告先か低い単位費用の広告先かの相対的な依存度によって生じるという形で広告先ごとに異なるであろう。このことはさらに，製品の性質および／または法的および制度的なルールが決定を妨げる方法に関わっていよう。

同様に，AT/PQ は推測的変動を表す $\eta^* \eta_{ar}$ によって影響されることがドーフマン＝スタイナー条件から明らかである。このことが重要なのは，$\eta^* \eta_{ar}$ が AT/PQ と市場構造との組織的な関連性と関わるようになるかもしれないということである。差別化された製品を売る企業の数が「多」ければ，最適広告支出は相対的に少ないであろう。しかし，売り手の数が少なくなるのにつれて，η_a は高くなり，広告を増大させる誘因は増す。集中が進むのにつれて，$\eta^* \eta_{ar}$ 項も上昇する。しかし，売り手の数が減り，ある臨界点を超えてしまえば，結託の利益および広告支出を互いに減らそうとの申し合わせが生じ，AT/PQ は下落する。重要な点は広告支出が選好の多様性によって外生的に決定されるのではなく，内生的に決定されるかもしれないということである。このことはさらに，製品差別化と広告集約度との間に体系的な関係があるということに対して，新たな疑問を投じる。

センサス分類の代理変数　　製品差別化について満足できる代理変数が不足しているために，研究者のなかにはセンサス（全数調査）分類そのものにその助けとなるものを探そうとするものもいる。その手法とは「産業」の代理となる適切な集計レベルを決定し，ついでそれよりも下位の産業分類レベルで分類される産業の数を記録する。明らかに，これは問題に対する場あたり的な対応策

である。このことは参考となるグループが1つの産業または1つの製品グループと一致する方法で決定されることを想定しており，センサス分類が製品差別化の基本的な概念と一致することを前提としている。これらの条件が満たされる程度は，用いるセンサス区分およびそのセンサス区分がどのように用いられるかの方法に大きく依存する。「方法論」に対する信頼を高めるために，副次的な調整をおこなうことができる。しかし，最終的には，そのようなやり方はまだ比較的に粗雑なものである。その方法が製品差別化を捉えることができるか否かの解釈は，現実的には判断の問題であり，選択された集計レベルの根拠と参考となるものに原則的には依存する。たとえば，この指数が製品差別化を捉えるように，もし8桁表の数から手がけ始め3桁で記録すれば，一切がっさいをひっくるめた形でそれをおこなっていることになるかもしれない。他方，8桁表の数から始め5桁で記録するならば，単に集計レベルを引き上げていくことにより，水平的な差別化およびきっと原理的には垂直的な差別化が捉えられるとともに，技術的な差別化が除ける可能性が高くなる。しかし，この方法に関わる大きな障害は，実際，とくにSITC製品グループの第0部から第4部の分類について分類別集計を拾い上げるかもしれないということである。

ヘドニック価格指数　　垂直的な差別化と水平的な差別化の代理変数選びに関して，およびたとえば製品の売上げという技術的な差別化の一層共通的な代理変数に関してこれまで概説した幾つかの方法は，基本的には特定の市場で消費されたとして記録された製品の数を勘定する方法に頼っている。あるいは（広告集約度または価格の相違のような）製品の多様性に関連していると思われる数量の観察に頼っている。対照的に，ヘドニック価格指数は基本的な製品の特性の数によって製品差別化を取り扱おうとしている。ローゼン[Rosen] (1974) はヘドニック価格を「差別化された製品を観察して得た価格および差別化された製品に関わる固有な特性の含有量によって経済主体に顕示された属性の潜在的価格」(34ページ) と定義している。

　ヘドニック価格を用いることが合理的だと思われる理由は，製品の多様な仕様そのものが製品価格の多様性を証明しているということである。適切な関数形により「多様な」価格を多様な特性に回帰させることによって，特定の製品に

関する特性を識別することができると仮定することで，当該属性を暗に示す価格として推定された属性係数を捉えることができる。

この手法は異時点間での価格の比較や産業経済学の研究において広く用いられてきた。前者の場合，ヘドニック価格指数は，いかなる価格変化の場合でも，「品質」の要素を識別するために用いられる。後者の場合，ヘドニック価格指数は消費者にとってとくに関心があるようにみえる属性（つまり，最も高い回帰係数を有する属性または潜在的価格）を明らかにするために用いられる。たぶんこの手法の応用によって，グレイ［Gray］＝マーティン［Martin］(1980)は貿易の研究においてこのような手法に大きく依拠するようになった。しかしさらに詳しくみれば，貿易の実証分析にこの手法を用いることの有用性に疑問を抱くに相違ない。この手法は明らかに，代替的な品種の間で価格差が現われることに依拠している。とりわけ，この手法は製品の特性に関する「潜在的価格」の推定にとって必要である。こういった点で，この手法は垂直的な差別化が重要な市場の分析となる場合は確かに有益かもしれない。その理由はもともと測定可能な特性が常に「品質」に基づくとともに，（クロスセクション・ベースで）品質面での相対的な相違は相対価格に違いがあることによって明示されると考えられるためである。しかし，水平的な差別化を扱う場合や，品種に違いはあってもそれらの間で相対価格に差がない場合には，この手法は明らかに適してはいない。

さらに，この手法が垂直的に差別化された製品との関連で用いられる場合でも，つぎの2点が指摘されなければならない。第1に，価格に差があり，独立変数（つまり製品の特性）のすべてについて係数が推定できる場合，推定された係数の解釈はとても明瞭なものとはいえないかもしれない。たとえば，異なる国についての研究で「潜在的価格」は品質の違いと同様に，相対的な要素賦存量によっても影響されるはずである。第2に，言わずとも，関連する特性はすべて推計するうえで含まれていなければならない。実際には，基数で計測できるかあるいはダミー変数で捉えることができる特性だけしか含まれていない。この方法は，以上で述べた他の代理変数が使用される方法によっては，集計的なクロスセクション分析や時系列分析では通常，用いることができないことが明らかである。

市場構造変数

　市場の構造上の特性は，産業組織論における多様性と関連づけることができる。つまり，それらは市場における企業の数，固有な企業の市場シェア，企業の所有構造，参入や退出の条件，生産された製品のタイプ，および規模の経済が作用する範囲などである。さらに，新古典派の企業論の教義が示唆するところでは，市場構造と企業行動との間，つまりライバル企業および顧客に対する企業の態度と行動との間には非常に密接なつながりがあるとともに，市場構造，市場行動および経済成果，つまり企業の産出物ミックス，収益性，投資決定など，との間にも非常に密接なつながりがある。構造－行動－成果の考え方が一般に妥当するかについては疑問があるかもしれず，とくにそれは新古典派の条件から外れた場合にはなおさら疑問であるかもしれないが，市場構造はIITのモデルをつくるうえでは明らかに1つの変数である。第2章と第3章で，たとえば市場構造が競争的であるときのIITと寡占的な市場におけるIITとを区別した。市場構造が果たす役割についての仮説を検討するさいの問題点は，以下のどちらかの理由で生じ易い。1つは市場構造の特定の理論的な形が幾つかの特性や条件（たとえば，独占的競争では企業が多数存在し，企業はマーケットパワーをもたず，参入と退出が自由であり，製品差別化がみられる）を有する場合である。もう1つは，ある特定の形の企業行動が市場構造のある特定の特性から誤って推論されてしまうかもしれない場合である（たとえば，競争力は集中が生じないことから推論される）。

　もちろん，（水平的な）集中度に関する正しい尺度は特定の産業において独占力の大きさを十分測定するかもしれず，企業の数と市場シェアの両者の影響を捉えるであろう。しかし，集中度（n 社のうち最上位規模 m 社によって占められる市場または産業のシェア）といった広く使われており直ぐに入手できる代理変数は，特定の市場において明確なマーケットパワーの尺度でないばかりか，産業間の比較にもそれほどうまく適していない。主要企業 m 社の市場シェアには暗に示した加重値である1が与えられるのに対して，それ以外の企業の市場シェアにはその加重値はゼロが与えられる。したがって，m 社のな

かに含まれる企業数の選定は重要である。同様に、どれほどの企業数が $n-m$ グループのなかに含まれているのか、あるいは集中の尺度が市場の定義に対してどれほど敏感であるのかについては定かではない。

産業エコノミストは集中度の尺度を用いることに長い間嘆いてきたし、産業内のすべての企業を考慮に入れたり、市場シェアに与えられる加重値を変更する他の様々な尺度（たとえば、ハーフィンダール指数、リンダー指数、エントロピー係数など）が今までに提案されてきた。しかし、集中度の計測方法はどんどん改良されてはきたものの、特定のタイプの集中（構造）から市場行動を推論する問題に私たちは直面し続けている。競争的な条件を独占的な条件と区別するうえで、また独占を寡占から区別するうえで、集中のどのような水準や程度が決定的に重要なのだろうか？　産業間にみられる集中の違いは市場タイプの産業間での相違と同じなのか？　最後に、たとえ競争条件から徐々に離れる様子を市場構造の単一の包括的な尺度によって正しく捉えることができるとしても、産業内貿易をおこなう可能性のある企業が採る特定のタイプの企業行動を推論することは先験的には不可能である。クロスセクション分析では、国内での（独占的）競争市場を独占的市場から区別するために、私たちは集約的な尺度を用いることもある。しかし、国内で独占が生じても、それは海外での独占市場を保障しないし、寡占的な相互作用が及ぶ範囲をも保障しない。たとえば、もし寡占条件が存在することがわかったとしても、市場参加者の（クールノーや他の）行動を予見することはできない。

規模および費用条件

生産において規模の経済が存在することは大部分の IIT の理論にとって中心的なこととなっている。すなわち、規模の経済は場合によっては IIT 出現のための必要かつ十分条件である。大部分の場合、規模の経済は産業内の製品ラインにおいて、国際間での価格差を生じさせるうえで必要である。しかし、大部分の場合、規模の経済は規模（工場規模）の拡大にともなって生産費用の逓減をもたらすという伝統的で狭義の方法によっては、必ずしも具体的に示されていない。代表的企業の費用関数のなかに、（工場や製品の開発にともなう）固

定費用を含めることで生産費用逓減（およびもし生産の長さを規模の重要な概念とみるならば時間の経過とともに）の可能性を認めることができる。しかし，こういった形での逓減費用の程度，またはそれが作用する範囲に関し産業間に相違があることは整合的に，あるいは予知し得るものとして，産業内貿易の発生とは必ずしも関連しているわけではない。逓減費用の程度とそれが作用する生産範囲の意味は考察する製品，および使用している技術の性質によって決まる。市場全体の規模および生産の最小効率規模 (m.e.s.) の大きさは，産業ごとに生産構造および製品差別化がみられる範囲を決定するだろう。

したがって，A産業でもB産業でもともにIITが発生するなら，両産業の生産が拡大することにより費用は下がるに違いない。同様に，IITが生じる範囲は費用削減のみられる範囲が各産業内で拡大するのにつれて大きくなる。しかし，たとえばA産業およびB産業において，IITの範囲について最小効率規模に相違があるのはどうしてなのかということについては，私たちは何ら明確な予見を予めすることはできない。最小効率規模が小さいA産業で品種の大部分が国内と外国で生産できるが，IITは少ししか生じず，これに対し，最小効率規模が一層大きいB産業ではIITの範囲を拡大させるであろうと論じることができよう。これとは別に，最小効率規模が（市場全体に比べて）小さいということは，A産業に適合できる企業数を増加させ，したがって産業内特化と製品差別化がみられる範囲を拡大させるものとしてみることができる[注1]。このような理由づけに従えば，B産業の場合のように，（市場全体に比べてみて）最小効率規模が大きいときは，費用条件は生産者の数を制約するとともに，製品の標準化を刺激できるだろう。

クロスセクションによる計量経済学モデルにおいて，この説明変数を用いる場合，妥当な規模／費用要因の定義を探し，それをクロスセクション分析で測定する前に，IITの発生に与える費用の影響が果たす役割について私たちの考え方を注意深く具体的に捉えてみる必要がある。たとえば，トー [Toh] (1982) は，IITの範囲は生産の流れが長ければ長いほど大きくなるという仮説をたてている。ラーチャー [Loertscher] ＝ウォルター [Wolter] (1980) はIITが工場や事業所の規模に直接関連しているとの仮説をたてている。一方，グリーンナウェイ [Greenaway] ＝ミルナー [Milner] (1984a) は相対的に大

きな最小効率規模が IIT と逆相関関係にあるとの見方に対して（僅かな）支持しかしていない。したがって，驚くまでもなく，特定の規模の影響をそれぞれ捉えるために用いられる代理変数は研究ごとに異なる。（どのケースであれ，異なる期間，異なる国々，および異なる産業標本を取り扱っている）異なる研究結果およびその意義を比較するにあたっては，結果として注意を払わなければならない。第9章で私たちが注意を払うのは，そのような概説／比較である。（本章は独立変数となり得るものに関わる計測／定義の問題に関連してきた。従属変数である IIT の計測に関する問題は第5章で取り扱った。）

第8.5節 結 語

IIT には多くの異なるモデルがあり，そのことが検定可能な仮説の定式化を許しているのだが，必ずしもモデル固有なものではないことを私たちは論じてきた。したがって，当面，少なくとも特定の IIT モデルを「検定」することは難しい。産業間貿易の H-O-S モデル（および要素賦存比率，規模の経済，製品差別化のタイプとそれがみられる範囲，ならびに市場構造が相互に影響し合って貿易の量とパターンを決定するモデル）と比較できる「正統な」IIT の理論ができれば，私たちはモデルごとに固有で検定可能な仮説を構築することができるかもしれない。その時がくるまで，私たちは記録的な証拠がどの程度固有なモデルを支持できるのかを考えることにかぎられてしまう。たとえば，それは固有なモデルの前提もしくは含意のどちらかと整合的な証拠を記録することなのかもしれない。

しかし，貿易理論の新たな「正論」を定式化し改良していく過程は，それが現実の様子と一致する方向へ進んでいくのを確認しようとする努力によって支援され得る。重回帰分析法の利用がおこなわれてきた方向はこの目的に向けたものなのである。モデル固有でない様々な仮説が事実と一致しているかどうかを検証してみることによって，モデルの改良の機会が与えられる。その方向は，このような様々な計量経済学的な研究，および私たちがいま扱っている第8.3節で検討した仮説の一貫性について調べてみることである。つまり，でき

れば特定の仮説を操作可能なものにするうえで (定義と計測の) 問題を自らよく知ることである。

第8章の注
(注1) バーグストランド [Bergstrand] (1983) は彼の理論モデルとの関連で，産業内での収穫逓増の大きさが均衡市場においては製品差別化の程度の正の関数であり，したがって計量経済学による適切な特定化には，これらの変数のなかの1つのみを含めるべきであると論じた。

第9章　計量経済学による研究と問題

第9.1節　はじめに

　前章では，IIT の色々なモデルから推論される IIT の製品とその市場の特性に関する種々の仮説を区別し，計量経済学の側面から検討した。IIT を計測するうえでの問題点（第5章を参照）をいまや知るとともに，どの計量経済学モデルにおいても独立変数となる可能性があるもののなかから代理変数を選ぶさいの問題点（第8.4節を参照）がわかったので，IIT の発生原因についての計量経済学による実証分析を概観することができる。

　本章は以下の構成になっている。第9.2節では，いままでの主要な研究の性質およびそれらが取り扱った研究内容が概説される。第9.3節では，これらの研究が導いた結果およびその仮説との関連性が首尾一貫しているかどうかが検討される。途上国と先進国との間の，あるいは途上国間でのものと比較して，先進国間にみられる IIT の色々な発生原因の重要性を明らかにしようと試みる。これらの試みはデータの質，用いた方法と代理変数に関して広く論評する形でおこなう。そうすることによって，研究結果およびこれまで用いてきた方法論に対する全体的な評価の基礎が得られるとともに，まとめの節で今後可能と思われる研究について議論する基礎が得られるであろう。

第9.2節　計量経済学による研究が取り扱う範囲

　計量経済学による IIT の研究は記録的な研究と同じ程にはいままでに概説されてこなかった。｛ディアドーフ [Deardorff] (1984)；サラカン [Tharakan] (1985)；およびグリーンナウェイ [Greenaway] ＝ミルナー [Milner] (1984a)

第9章 計量経済学による研究と問題　157

表9.1 産業内貿易のクロスセクション分析：カバレッジ

	(1) パゴウラトス=ソレンセン	(2) フィンガー=デ・ローサ	(3) ラーチャー=ウォルター	(4) ケイヴス	(5) ルンドバーグ	(6) トー	(7) バーグストランド	(8) グリーンナウェイ=ミルナー	(9) サラカン	(10) バラッサ	(11) バラッサ
	(1975)	(1979)	(1980)	(1981)	(1982)	(1982)	(1983)	(1984a)	(1984)	(1986)	(1986)
対象国	米国	米国	OECD	OECD加盟14カ国[a]	スウェーデン	米国	OECD加盟14カ国	英国	先進工業5カ国[c]	先進18カ国	途上20カ国[d]
年／期間	1965 1967[a]	1963 1967 1972 1975[e]	1971 1972	1970	1970 1977[e]	1970[e] 1971	1976	1977	1972 1973 1974[e]	1979	
時期	年間	年間	年平均	年間	年間	年間	年間	年間	年間	年間	
貿易	多国間貿易	先進工業13カ国との貿易[b]	双方向貿易	先進工業国間貿易	多国間貿易	多国間貿易	双方向貿易	多国間貿易	途上国すべてとの貿易	双方向貿易	
製品グループ	SITCの製造業	SITCの5-8	SITCの5-8	米国のSICに適合するSITC	ISIC3	米国のSIC	SITC7	英国SIC	SITCの5-8	SITCの製造業	
産業集計レベル	3桁	3桁	3桁	3桁	4桁	4桁	2桁	3桁	3桁	4桁グループの主観的な集計	
標本に含まれる「産業」の数	102	75	59	94	77	112	3	68	102 (大規模[e]と小規模との製品に区別)	167	

a：オーストラリアおよびニュージーランドを除く。
b：オーストリア，ベルギー＝ルクセンブルク，カナダ，デンマーク，フランス，旧西ドイツ，イタリア，日本，オランダ，ノルウェー，スウェーデン，スイス，および英国。
c：米国，ドイツ，日本，英国，およびイタリア。
d：ここでの注aと注bのすべての国に加え，イスラエル，オーストラリア，アイルランド，およびフィンランド。
e：分析結果を引用したもの。

による貿易に関する実証分析の広範な概説のなかで，ある程度，議論がなされている。}事実，この分野でいままでおこなわれてきた計量経済学による研究は比較的に少なく，それらの研究も最近のものである。表9.1は10件（研究番号の(10)と(11)は1セットとする）のクロスセクション分析について，性質とカバレッジ（取り扱った範囲）をそれぞれまとめている。{先進国と途上国に関する結果はバラッサ [Balassa] (1986) では，別々に取り上げられている。}これらが表8.1で述べた仮説についての実証結果を提供している主要な論文である。第7章で説明したように，国についての仮説，つまりたとえば国の大きさや発展段階など，各国の特性だけに関心を寄せた研究も若干存在する。たとえばハヴリリシン [Havrylyshyn] ＝シヴァン [Civan] (1983)，ヘルプマン [Helpman] (1984b)，ルンドバーグ [Lundberg] ＝ハンセン [Hanssen] (1986) である。事実，表9.1に記載した研究のなかにも幾つかの国に関する仮説を検定しているものもある{たとえばラーチャー [Loertscher] ＝ウォルター [Wolter] (1980)}。しかし，結果は一般には，製品または産業についての仮説に集中している[注1]。国の特性に関する実証結果は第7章に記してある。

　これらの研究を比較するさいには注意が必要である。その理由は，それらの研究は異なる国々，異なる時期，産業分類レベル，標本数や貿易のタイプもそれぞれ異なるからである。同様に，これらの研究は異なる従属変数，異なる定式化，回帰方程式の左辺の変数について異なる代理変数を用いるとともに，推定方法も異なるからである。しかし，この分野におけるクロスセクションの検定の難しさを別にすれば，もっと関心があるのはきっと，モデルの全体的な当てはまり具合よりも，変数の符号条件とそれらの統計的な有意性についてである。したがって，その意味でカバレッジが広いということはIITの発生原因に関する仮説が受け入れ可能であるのか否かについてのなんらかの結論を導出するさい，ある程度，頑健性を提供してくれるかもしれない。

カバレッジ

　表9.1に掲げた研究の半数は多数国間の調査内容である（それぞれ研究番号の3，4，7，9，および10）。これらのうち大部分のものがOECD加盟国に

おける，つまり先進工業国における，産業内貿易の産業間での相違の説明のみに関わっている。バラッサ [Balassa] (1986) だけが途上国の IIT を検討している。これらの研究以外で 1 カ国に関する研究のうち 3 つの研究 (研究番号の 1，2，および 6) は米国に関するものであり，研究番号の 5 と 8 はスウェーデンと英国をそれぞれカバーしている。どの場合でも，回帰分析は 1965 年から 1979 年までのうちの特定の年または期間についての年ごとのデータについておこなっている。

大部分の場合，分析は製造業 (SITC の第 5 部から第 8 部まで，または国内産業分類によってそれと等しい産業) をカバーしている。しかし，バーグストランド [Bergstrand] (1983) は SITC の第 7 部 (機械類および輸送機器類) にのみに集中している。各研究によってカバーされた「産業」の数，および回帰分析でそれぞれ使用された観測数は用いられた集計レベルおよび IIT が計測される貿易のタイプによって大きく異なっている。たとえば，バーグストランド [Bergstrand] (1983) は 3 つの「産業」のみ (SITC の第 7 部から 2 桁グループを 3 つ) を取り扱っているが，273 個の観測値を取り扱っている。これは多国間に関する研究であるが，一層重要な点はそれが双方向貿易における IIT を計測している点である (14 カ国間で 91 個の双方向 IIT 指数を取り扱っている)。この研究をトー [Toh] (1982) と比較してみると，トーは 112 個の (4 桁レベルの)「産業」をカバーしているが，多国間での IIT を計測し，同数の観測値を計測している。これらの研究には IIT を計測するのにあたっての特徴と目的に関して相違が存在するので，さらに詳しい議論をするのが有益である。

IIT の計測

第 5 章では，IIT の計測に影響を及ぼす種々の問題点を概説した。そのなかには，産業の定義，計測と集計上の問題，多国間貿易の計測と双方向貿易の計測との違い，貿易不均衡または収支不均衡の効果に関する問題，および指数の選択に関する問題が含まれる。

これらの問題のなかには，かなり共通したもの，あるいは意見の一致したものもある。たとえば，使用する産業集計レベルについて考えてみよう。これら

の研究のすべてが細分類レベルでデータを独自な形でなんら再分類もせずに,特定の集計レベルで公的な産業分類を用いている。事実,集計上の危険性に気づいているケースも幾つかはあるものの,大部分の研究は3桁レベルを用いている。トー[Toh](1982)とルンドバーグ[Lundberg](1982)はともに4桁レベルのデータで分析している。一方,バラッサ[Balassa](1986)は主観的に4桁レベルのデータで集計し,167産業としている。グリーンナウェイ[Greenaway]＝ミルナー[Milner](1984a)は標準的なグルーベル＝ロイド指数(B_j)とそれを調整しさらに細かくした指数C_j(方程式5.11を参照)をともに用いている。集計の潜在的な偏より効果という点で最も不満足な研究は,バーグストランド[Bergstrand](1983)であり,彼は用いた2桁データを何の調整もしていない。

　他の問題点については,意見の一致はほんの僅かしか得られていない。貿易のタイプに関しては,IITが3つの異なる基準ベースで測られている。4つの研究(研究番号の1,5,6,および8)はIITをそれぞれ多国間ベースで計測しており,3つの研究はIITを特定のグループの国々との間の貿易全体で｛つまり,研究番号の2と4のケースでは他の先進国との間での,またサラカン[Tharakan](1984)のケースでは途上国との間で計測し｝,残りの研究(研究番号の3,7,および10)はIITを2国間ベースで計測している。2国間でIITを生じる固有なモデルの予測内容を検定しようとしたバーグストランドを除けば,2国間ベースで自動的に計測することについて強い理論的背景は存在しない。いままでにそれなりに発展してきたIITの多くのモデルは明らかに2国間のケースであるが,説明の便宜的目的のためにそれらが用いられてきた。市場の規模および需要条件が多様な多国間,多数製品,多数要素の世界では,2国間ベースで双方向貿易を**含もうと,あるいは含むまいが**多国間ベースのもとでIITの出現が期待できるかもしれない。しかし,多国間でIITを計測する場合はカテゴリーに基づいておこなう集計と同じように,地域に基づいて集計した形になっているかもしれないという可能性があり,そのような可能性は(要素賦存と需要条件からみて)異なるタイプの経済の間に生じる貿易の場合に,ますます高くなるとともに,重要性がますます高まるかもしれない。このことは,H-O-S流の貿易が一層重要になりそうな先進国と途上国との間の貿

易の場合に当てはまるかもしれない。したがって，非 H–O–S 流の貿易の発生原因に焦点を絞る場合，つまり異なるタイプの貿易の間における要素賦存と需要条件とは別の要素の間での相対的な重要性の相違を明らかにするために，H–O–S 流の貿易を除外したい。フィンガー [Finger] ＝デ・ローサ [De Rosa] (1979)，ケイヴス [Caves] (1981)，およびサラカン [Tharakan] (1984) による研究は，この方向での優れた洞察をもたらしている。{また，バラッサ [Balassa] (1986) は，途上国間の IIT が先進国間の IIT とは対称的なものであるとして両者を区別している。しかし，この場合は 2 国間の貿易を観察している。}

どのケースであれ，2 国間の IIT において産業間の違いを説明しようとする試みは実際面で，新たな困難がさらに加わりそうである。つまり，1 つにはデータに関する要求がかなりのものであり，それは従属変数 (2 国間の貿易) に関するものではなく，回帰方程式の右辺つまり説明変数についてのものである。製品および産業の特性に関する情報は，2 国間貿易ごとに含まれる両国に関して絶対に必要である。このような情報は特定の産業につき，2 国間貿易ごとに自国と外国の両方の条件を自国の条件のみで (第三国の条件が変わらないものとして) 代理させることでは，不十分である。たとえば，ラーチャー [Loertscher] ＝ウォルター [Wolter] (1980) は，米国の各産業の 1 事業所あたり付加価値額を，OECD 加盟国すべての間の (同一産業における) 各々 2 国間貿易フローに関する規模の経済の可能性を示す指標として用いている。**多国間の IIT** の場合には，特定の産業について国際間の平均的な条件の代わりとして (ただ 1 回だけ)，自国の条件を使用することができる。しかし，ケイヴス [Caves] (1981) は OECD 加盟国内の貿易について，多国間での IIT の産業間にみられる相違を説明しようとするさいに，米国に加えて他の OECD 加盟 13 カ国の条件の代わりとして，米国の条件を用いている。同じ観察内容がデータセットの右辺に 14 回も出てくることは，分析結果の重要性に対して大きな疑問を投げかけるに相違ない。

実際面での他の問題点は，全体的な貿易不均衡を調整する問題に関わっている。第 5 章で，全体としての貿易不均衡を調整するのかしないのか，またそれをどのように調整するのかを決定するさいに，十分な注意が必要であることを

論じた。提起されたアキノの調整方法とその結果生じる IIT の Q_j 指数に関する問題点が明らかになった。各々2国間レベルでの IIT を計算するさいにラーチャー＝ウォルターが2国間での全体的な不均衡に対しておこなった包括的な調整（研究番号3）は，考慮に値する根拠を与えてくれるに違いない。彼らの研究は，貿易が2国間で均衡するならば実現していたであろうと思われる IIT，つまり2国間での仮説的な IIT の産業間でみられる相違を説明しようとしている。この仮説的な条件は均衡と必ずしも一致するものではない。バーグストランド［Bergstrand］(1983) が多国間での全体的な不均衡に対して，2国間で計測される IIT を調整しようとしたことは，まさにこの理由なのである。私たちはこの特定の調整を含め，残る問題点に対して論評をした。しかし，バーグストランドが自分の回帰分析のなかで，IIT の B_j と Q_j の両尺度を用いたことは重要である（表9.2 を参照）。

表9.2　産業内貿易のクロスセクション分析：特徴

	(1)	(2)	(3)	(4)	(5)	(6)	(7)	(8)	(9)	(10)	(11)
従属変数：											
B_j		/		/a	/	/		/a			
C_j								/			
Q_j										/	/
$\ln B_j$	/							/			
$\ln C_j$								/			
Logit B_j				/			/a		/		
Logit C_j							/				
Logit Q_j			/				/				
$-\ln\left|\dfrac{X_j}{M_j}\right|$			/a								
推定方法：											
OLS	/	/		/a	/	/		/			
WLS			/	/			/		/		
NLLS										/b	/b

a：結果を引用した従属変数の特徴。
b：ロジスティック変換に関するもの。

モデルの特定化

つぎの形の回帰モデルの検定には，特定化が必要である。つまり，被説明変数または説明されるはずの回帰式左辺の変数の特定化とデータセットに適合させる方程式の関数形の特定化である。

$$\mathrm{IIT}_j = f(x_{ij} + x_{2j} + \cdots x_{mj} + u_j) \tag{9.1}$$

ただし，$x_{ij} = j$ 産業の i 特性

m ＝モデルに含まれる産業特性の数

u ＝確率的撹乱項

である。表9.2は IIT の計量経済学による研究で用いられてきたモデルの特定化に関する概略的な情報を提供している。明らかに，左辺に色々な変数が用いられており，そのことは結果をどのように比較をする場合でも，注意深くなければならないことを意味している。

概説した10件の研究のうち，7件は貿易不均衡に対して何の調整もおこなっていない。研究番号の3，7および10だけが，Q_j 型の指数をある程度利用しており，そのうち1件 {バラッサ[Balassa] (1986)} だけが Q_j 指数を説明される唯一の従属変数としている。事実，標準的な B_j 指数を従属変数とする線形モデルに関して，通常の単純最小二乗推定法 (OLS) で推定するというのが最も一般的なアプローチとなっている (たとえば，研究番号の2，4，5，6および8)。しかし，この基本的なアプローチには重要な違いが幾つかあり，その点については論評する価値がある。

第1に，カテゴリーに基づく集計がモデルの左辺に影響を及ぼし得ることを直接的に可能にさせる研究は2件しかない。バーグストランド[Bergstrand] (1983) は従属変数として logit B_j と logit C_j を用いて，その結果を比較している。一方，グリーンナウェイ[Greenaway]＝ミルナー[Milner] (1984a) は B_j と C_j に関する結果と ln B_j と ln C_j に関する結果とを比較している。前者の場合，C_j は3桁グループの加重平均である。一方，後者のより好ましいケースでは，C_j は4桁グループの加重平均である (C_j 指数を用いる由来と合理的な理由づけの議論については第5章を参照)。第2に，2件の研究では {パ

ゴウラトス [Pagoulatos] ＝ソレンセン [Sorensen] (1975)，およびグリーンナウェイ [Greenaway] ＝ミルナー [Milner] (1984a)}，両対数線形による特定化が用いられた。この特定化が用いられる理由は，右辺の特定の変数とIITとの間に明らかな非線形性が十分存在するかもしれないのか（たとえば，規模の経済および技術面での差別化），および／またはIITに与える右辺の変数の影響は独立した／加算的な影響ではなく，相互作用的／乗法的に影響し合うもののどちらかである。

第3に，これらの研究のなかにはIIT$_j$のlogit変換を用いているものもある {ln (IIT$_j$/(1− IIT$_j$))}（研究番号の3，4，7および9）。従属変数が区間 {0, 1またはIIT (100)のケースでは0, 100} に制限されているため，最小二乗法に当てはめられた方程式は実現可能な区間を超えたIITの推定値を生み出す可能性がある。明らかに，これは方程式が予測／予報的な問題のために用いられる場合には，一層問題となる。IITの説明や「仮説検定」が回帰分析の主要な目的である場合は，関数形の正確さはそれほど重大ではなくなる[注2]。いずれの場合でも，右辺の変数，つまり説明変数の値がとり得る範囲が制約されれば，変換は適切におこなわれなくなるであろう。同時に，変換によって生じ得る不均一分散を避ける目的で，加重最小二乗法 (WLS) を採用する場合は適切な加重値の選定の問題もある。このようなクロスセクション分析で遭遇するデータ不足と代理変数の問題に照らしてみると，このような技術的な面での改良がメリットをもたらすかどうかについては，疑問があるに違いない[注3]。たぶん，2つの研究（研究番号の3と4）のケースでは，加重の仕方が正しくない点が重大である[注4]。IITのモデルを実証検定するにあたって，私たちは代理変数の選定やとくに潜在的な説明変数に用いられるデータの質を選ぶうえで，さらなる注意を払わねばならない状態にある。

説明変数の代わりとなるものの選定

前章では，IITのいかなる推定式であっても右辺の項になり得るもの，つまり説明変数を直接測定することは困難であることに大きな関心を払った。多くの産業または製品の特性に関する次元や属性は，たとえば製品差別化や市場構

表9.3 産業内貿易のクロスセクション分析：分析結果

分析結果：	(1)	(2)	(3)	(4)	(5)	(6)	(7)	(8)	(9)	(10)	(11)	期待される符号条件
$\bar{R}^2$	0.40	0.12	0.07	0.27	0.25	0.32	n.a.	0.50	0.60	0.94	0.67	
F値	7.59	2.16	39.72	3.24	3.95	5.30	8.89	10.58	48.59			
観察値の数 (N)または自由度	102	75	c.7000	c.1300まで	77	112	273	68	190	153	175	

独立変数(代理変数)：		(1)	(2)	(3)	(4)	(5)	(6)	(7)	(8)	(9)	(10)	(11)	期待される符号条件
嗜好の重複	TO1	*** +		*** +			* +		*** +	*** +	+	+	(+)
	TO2							+					(+)
製品差別化	PD1	** +		+	** +				*** +	* −			(+)
	PD2	+	** +		* +		*** +						(+)
	PD3			−	−								(+)?
	PD4								*** +	+			(−/+)
規模の経済	SE1			*** −					** −				(−/+)
	SE2					* +	*** +						(+)
	SE3		−					*** +					(+)
市場構造	MS1						*** +		** −				(−)
	MS2							−					(−)
	MS3							** −					(−)
技術的要因	TF1				+	+			+				(+)
	TF2					** +							(+)
	TF3			−			** +						(+)
対外直接投資	FDI1				** −								(−)
	FDI2				** +								(+)
距離	D1						*** −			*** −	*** −	−	(−)
	D2	*** +		*** −		−			*** −				(+)
	D3						** −				*** +	*** +	(+)
通商障壁	TB1	*** −			+		+	−					(−)
	TB2	−											(−)

* 有意性が10%レベル、 ** 有意性が5%レベル、 *** 有意性が1%レベル。

造といった多面性をもっており，しかもクロスセクションによる産業分析の場合には，著しくデータが不足するので，同一のまたは類似の従属変数を説明するための，独立変数の代理変数が広範囲に及び，どれを選ぶべきかという選択の問題が生じ易い。表9.4を調べれば，それがまさに IIT の一連の計量経済学による研究の場合に当てはまることを示している。

前章の表8.1 で述べた仮説に沿って，表9.2 で述べたようなモデルの定式化を用いて，以下の式にしたがってモデルの検定を試みることができよう。（定義の概略は表9.4に述べてある。たとえば，TO は嗜好の重複に，PD は製品

166　第3部　産業内貿易の実証分析

表9.4　産業内貿易のクロスセクション分析：代理変数

独立変数 （代理変数）：		
嗜好の重複	TO1	色々な貿易の方向，または1人あたり所得水準尺度の類似性
	TO2	嗜好の違いの代理変数
製品差別化	PD1	各々の3桁分類グループまたは「産業」ごとの製品グループの数，または関税分類の数
	PD2	ハフバウアー指数，つまり単位輸出価値の多様性
	PD3	販売活動に投入された投入量の尺度（労働者に占める販売員の割合）
	PD4	販売額に占める広告費の割合
規模の経済	SE1	相対的な付加価値，または最小効率規模の尺度
	SE2	大規模工場の様々な生産工程の長さの代理変数，または大規模工場に雇用される労働力の構成比
	SE3	規模の要因
市場構造	MS1	上位5社の集中度
	MS2	寡占的相互依存性の代理変数となる国際的に調整された集中度
	MS3	外国企業に対する参入障壁の大きさ
技術的要因	TF1	研究開発支出の集約度
	TF2	労働力に占める技術者の構成比
	TF3	多様な製品の数，または総売上高
対外直接投資	FDI1	対外直接投資活動の大きさ
	FDI2	米国の多国籍企業と海外子会社との間の取引活動の重要性
距離	D1	取引費用の尺度としての貿易当事国間の物理的な距離
	D2	輸送費用の重要性の逆の尺度としての米国で出荷された距離
	D3	貿易当事国間にある普通の国境の存在を表すダミー
通商障壁	TB1	産業の平均名目関税率
	TB2	非関税障壁

差別化にそれぞれ関わっている。等など。）

$$\mathrm{IIT}_j = f(\alpha_0 + \alpha_1 \mathrm{TO}_j + \alpha_2 \mathrm{PD}_j + \alpha_3 \mathrm{SE}_j + \alpha_4 \mathrm{MS}_j + \\ \alpha_5 \mathrm{TF}_j + \alpha_6 \mathrm{FDI}_j + \alpha_7 \mathrm{D}_j + \alpha_8 \mathrm{TB}_j + u_j) \quad (9.2)$$

検定が可能な色々なIITモデルのどの点に注目するのか，またはどのような点に重要性をみい出すか，さらには入手可能なデータに関し国ごとに違いがみられるが，それらの点を別にすれば，(9.2)式における一般的な変数のそれぞれに対して選定される代理変数や係数（$\alpha_1 \cdots \alpha_8$）の期待される符号条件，および採用されたり除外される変数は表9.1に概説した10件の研究において大きく異なる。

様々なIITモデルを通じて明らかに核となる変数は嗜好の重複（TO），製品差別化（PD），および規模の経済（SE）である。同様に，たとえば距離（D）や

通商障壁（TB）といった直接数量化できる測定可能な要因が多くの方程式に採り入れられている。反対に，データ不足および測定が困難であるために，市場構造（MS）（研究番号の6と8），および対外直接投資（FDI）（研究番号の4のみ）の変数が表9.3においてほとんどみられないようである。事実，引用した研究のなかには(9.2)式によって示された変数のすべてを取り扱うものは1つもない。データや代理変数の問題点があり，さらに共通してみられる固有なモデルが検定されていないわけであるから，このことはこのサーベイ研究の特徴として別に驚くにはあたらない。事実，固有なモデルを実証的に検定しようとする唯一の研究はバーグストランド［Bergstrand］(1983) によるものである。バーグストランドは製品差別化の程度が収穫逓増率に等しいという単純なモデルを構築している。この目的はバーグストランドが自分の回帰式にはPDとSEの両者を一緒に含めないようにするためである。その理由として，これらの要因の効果を以前の研究では分離できなかったとバーグストランドは論じている。その意図は立派である。しかし，(用いた制限的前提が満たされない状態での) データが実証的な検定に供されるときには，単純化した前提は結果の有効性を大きく制約するに違いない。事実，バーグストランドはモデルに固有なものでない他の多くの説明変数を採り入れることによって，自らこの点を認めている。

　各変数のために用いられる代理変数が色々あることについては，様々な理由がある。ある場合には，調査される関連性についての様々な局面や側面がある。グリーンナウェイ［Greenaway］＝ミルナー［Milner］(1984a) によって国内市場の競争力を捉えるために用いられた変数MS1を，国際的な寡占の相互依存性の大きさを捉えるために使用したMS2｛トー［Toh］(1982)｝と比べてみよ。同様に，属性の違いに注目するための分類に用いる代理変数(PD1)を販売促進での違いを捉えるために用いる代理変数(PD3およびPD4)と比べてみよ。(製品差別化の定義と計測の問題についての詳しい議論については，第8.4節を参照。) 他の場合には，幾つかの選択肢が同一の変数の代理変数となると，選択肢同士の競合が生じる。たとえば，双方向貿易において，技術革新や差別化の影響を捉えようとする3つのTF変数を考えてみよ。これとは別に，属性の違いの影響を捉えるためのPD1とPD2 (ハフバウアー指数) の相

対的なメリットを考えてみよ。

その他の場合には，代替的な代理変数が幾つかあることで，検定される仮説の違いに影響を及ぼすとともに，両者の関係について期待される符号条件に違いをもたらす。(各変数に関して期待される符号条件[注5]は表 9.3 の最終列のカッコ内に示してある。) 代理変数の TO1 (嗜好の類似性の尺度)[注6] と TO2 (嗜好の相違の尺度) を考えてみよ。両ケースとも正の符号条件が想定されている。多くの研究がリンダー型の仮説を検定しようとしている (第 7.2 節を参照)。対照的に，バーグストランド [Bergstrand] (1983) は IIT の成立条件として嗜好の類似性を考えているが，そのあとでは，嗜好の相違が大きくなればなるほど，ますます IIT が拡大すると考えている。これとは別に，SE1 について期待される符号条件 (負／正)，および SE2 と SE3 に期待されるもの (ともに正) を考えてみよ。規模の経済の場合，ケイヴス [Caves] (1981) およびグリーンナウェイ [Greenaway] = ミルナー [Milner] (1984a) は逓減費用が IIT の発生にとって必要であるが，最小最適規模が全体の市場の大きさに比べて大きければ，製品の数および生産立地の数が制限される傾向があり，したがって，製品の標準化が刺激され，IIT は抑制されると論じている。対照的に，他の研究者は収穫逓増の程度あるいは生産の長期における運用範囲と IIT との間には直接的な関係があるとの仮説をつくった。

これらの研究結果を検討する前に，距離に関する変数について論評する価値はある。というのは，これらの変数の符号条件の性質が混乱を生むこともあるからである。貿易当事国間に存在する共通の国境のダミー変数である D3 は，国境貿易が IIT に対して正の影響を与えることをみようとするのであるから，明らかに正の符号をもつだろうと期待できる。しかし，D1 と D2 はともに距離に関する尺度であるが，距離に関する異なる効果を捉えようとするものであり，したがって，第 12 列では異なる符号が期待される。D1 は貿易当事国間の物理的な距離を測る。これが輸送費用の絶対額の代理変数となるから，IIT に対して負の関係をもつと期待される。しかし，D2 はある産業の製品が米国のなかで出荷された平均距離を測る。この代理変数を用いることの暗黙の前提によると，製品が出荷され利益が生じる距離がさらに伸びるほど，輸送費用は他の費用と比較してますます重要でなくなる。こうして，IIT は利益を確保

しながら，さらに遠距離に出荷できる産業にとっては，拡大すると期待される(注7)。仮説はどれも，本質的には産業間であれ産業内であれ，貿易に対する輸送費用が影響を及ぼす可能性のごく一部しか捉えていないことが明らかである。事実，従属変数は各産業の貿易総額に占める均衡貿易部分のシェアあるいは双方向貿易のシェアを計測しているのであって，双方向貿易の絶対額そのものを捉えようとしているのではないということを想起する必要がある。したがって，どのようなクロスセクション・モデルでも，距離要因の影響を捉えることは困難である。これらの変数に関する結果に矛盾があっても驚くべきではない。それでは，これから結果を検討してみよう。

第9.3節　計量経済学による分析結果の概説

概説した研究の主要な結果は表9.3に記してある。用いた方程式の全体の当てはまり具合または説明力（$\bar{R}^2$）を含む統計結果のまとめは，表の上の部分に示してあり，独立変数の符号および統計的有意性は表の下の部分に示してある。

「当てはまりの良さ」

すでに述べたように，用いた従属変数ならびにカバーする範囲がそれぞれ異なるので，分析結果を直接比較することは正しくない。しかし，観察して役立つことがある。
1. これらの研究は，本質的にはすべてがクロスセクション分析であり，$\bar{R}^2$は時系列分析と比べ，しばしばかなり低い。とくに，代理変数の問題が広く存在する場合ではそうである。
2. IITの産業間での相違の半分以上が「説明」できた研究（第9欄，第10欄，第11欄）は，それぞれ産業の特性ではなく，国の特性（1人あたりの所得水準，距離および通商障壁）に対して注目する傾向がある。これはとくに製品差別化，規模の経済，市場構造，あるいは技術に関する変数を含ま

いバラッサの研究の場合がそうである[注8]。
3. ある国の多数国との貿易に関する研究の全体的な説明力またはモデルは（研究番号の8，1，6に注目せよ），多数国間の貿易やモデルに関するものよりも説明力がさらに高い傾向がある。
4. 2国間ベースに基づいて多数国間に関する研究および／またはIITの計測は，標本数では一層大きなデータセットを有しているが，一層重大な計測問題を生じている。米国のために用意された代理変数は研究において，他の国々にも等しく適用することが仮定されている。
5. これらの研究の全体としての当てはまり具合は採用された変数（モデルの右辺と左辺に現れる）の観測誤差によって影響を受けるのみならず，不適切にも変数を除外したり，その逆に含めてしまうことによっても影響されることを想起する必要がある。これらの研究のなかで，まったく等しい組の独立変数を用いた研究は2つとはない。
6. 理論がそれぞれ異なり，データが不足しているといった理由だけでなく，右辺の変数同士で共線性の可能性があるために（とくに産業の特性に関する変数では），変数の選定には問題がある。

推定された符号

　表9.3の下半分は推定された係数の符号と有意水準を表している。右辺の変数に関する共通の尺度がないので，IITの産業間にみられる多様性を明らかにするうえで，各々の相対的な重要性に対して論評することはできない。理論的な面での高度性や代理変数に関わる問題点がどのケースでも前述したようなものであるならば，これらの研究はIITと表9.3の第1欄に掲げた変数との間の関連性の性質と傾向について，基本的な仮説を検討する必要がある。（これらの変数とその並びは表8.1で示した仮説に対応している）。結果を以下それぞれ検討しよう。

嗜好の重複　　IITと需要の類似性との関係のリンダー型仮説を捉えるために，嗜好重複の変数（TO1）を採り入れた研究はすべて期待された正の符号を

有している。これらの研究のうち4件では，推定された係数が1パーセント水準で統計的に有意である。この変数についての統計上の有意性が検出されない唯一の研究はバラッサ［Balassa］(1986) である。このケースでは，先進国間の2国間貿易についての結果（第10欄）と，途上国間の貿易に関するもの（第11欄）とが別々に掲げてある。バラッサは，この変数が先進国と途上国との両者の存在する場合の貿易にとって重要であることを発見したが，別個に扱うと有意でないという事実はその内容と関係しているのかもしれない。グループ全体のなかで国民所得水準の差異が拡大すると，2国間貿易の大きさに対して与える所得の相違の影響を捉えることが容易になる。いかなる場合であれ，ペア（対）にした国々の1人あたり所得の単純平均は，どのペアの国々の平均所得水準の差異の理想的な尺度とはいえないとしても，その単純平均は表9.3に掲げる一層手の込んだ所得不平等変数よりは（1パーセントの有意水準で望ましい符号を有しており）優れている。

2国間 IIT が嗜好の国際間での相違に正の相関関係を有しているという，バーグストランドにより提起され検定された代替的な仮説は，統計的には確認できなかった。

製品差別化　　製品差別化として用いられたの諸々の代理変数に関する分析結果は，決定力が若干低い。属性の相違に関するハフバウアー指数および分類の代理変数は，一般には正しい（正の）符号を有しており，大部分のケースでは，1パーセントまたは5パーセントの水準で統計上有意である。(PD1 の場合，計測された IIT に対する産業集計の効果を捉えており，本来の属性による差別化の効果を捉えているのではないかもしれないということを私たちは知らなければならない。）この場合，相反する結果が変数 PD1 について負の符号を得た (10 パーセント水準ではあるが) サラカン [Tharakan] (1984) によって出された。しかし，この結果との関係で，サラカンのこの研究は先進国の途上国との貿易を取り扱っている点に注目すれば，興味が湧くかもしれない。このケースでは，需要条件の違いが属性に基づく差別化に関する説明力を鈍らせているのかもしれない。

販売促進に基づく差別化に関する結果は，説明力がさらに弱い。有意性はな

いが，負の符号が研究番号の4と5のPD3について得られた。対照的に，研究番号の8と9はPD4（宣伝広告費・販売額比率）変数について正の符号を得た。グリーンナウェイ［Greenaway］＝ミルナー［Milner］(1984a) のケースでは，正符号が1パーセント水準で有意であるのに対して，ケイヴス［Caves］(1981) では負の符号を得た。この種の代理変数の使用は単純なものではないことを前節で論じた。しかし，結果は国際貿易の場合でも，販売促進のための宣伝広告費が決定的に重要な役割を果たしていることをほのめかしている。（どのケースでも，私たちはケイヴスの研究の主な欠点，つまり米国の条件はIITが「説明」される米国以外の13カ国の代理変数にそっくりそのまま使用されていること，に対して注意を払った。）

規模の経済　第9.2節で，IITと規模の経済との関係につき期待される符号条件の違いについて触れた。規模の経済の影響を実証的に捉えるうえで予想される難しさ，およびIITと規模との間の明白で持続的な関係を仮説にすることの難しさは表9.3に示してある。SE1の符号はそれが含まれるケースのすべてで負であり，研究番号の3と8のケースでは有意である。これらの結果は規模の経済とIITとが連続的に関連しているのではないという見方を支持している。つまり，生産の最小効率規模が市場規模に比べて大きい場合には，製品は差別化よりもむしろ標準化がみられ易いのである。しかし，他の4ケースのうち3ケースでは取り入れた代替的な代理変数であるSE2とSE3（これらは規模の若干異なる側面を捉えるために取り入れたものだが）の符号は，正で有意である。

　したがって，規模はIITに対して重要な影響を与えているようにみえる。定義や計測の問題は分析結果が不明瞭であることを部分的に説明するかもしれない。しかし，最小効率規模，長い生産期間の導入の程度，ならびに費用逓減が生じる機会はこの種のクロスセクション分析では捉えることが難しいが，これらの3つの間には産業固有の関係が大分存在すると思われる。この特定なモデルとの関連で，バーグストランド［Bergstrand］(1983) は収穫逓増の大きさが製品差別化の大きさの正の関数であり，したがってこれら2つの変数のうちの一方だけが採り入れられるべきだということを提起した。（規模の経済の方

が計測しやすいといった疑わしい理由で），製品差別化を除外してしまうことにより，バーグストランドは引用した先の研究（研究番号の2，3，および4）で，D変数とSE変数につき正と負の符号，および統計上の有意性と非有意性がともにそれぞれ発生することを避けようとしている。対照的に，サラカン[Tharakan]（1984）は標本を規模の経済が大きい製品と小さい製品とに分け，これらの2つの部分標本につき，説明変数とくにPD変数の説明力の差異を検討することにより，この見かけ上の問題を避けようとしている。サラカンは製品差別化の代理変数のなかの1つで有意性が下がったことを発見したが，とにかく係数の符号はどの場合でも期待したものではなかった。加えて，研究者たちはすべて自分たちのPDとSEの両変数について，正の符号を仮定しているわけではないし（研究番号の8），あるいはすべての研究が正と負の符号の混合が生じ，これらの変数の有意性を下げてしまったということでもない（たとえば研究番号の6）(注9)。

市場構造　すでに述べたように，市場構造の変数はこれらの研究のなかの2件だけに含まれている。しかし，これらの変数は満足な結果をもたらしているとともに，期待に合致しているようにみえる。つまり，負の係数がMS1，MS2，およびMS3で得られるとともに，少なくとも5パーセントの有意性が得られた。しかし，これらの結果にはある程度注意が必要である。グリーンナウェイ[Greenaway]＝ミルナー[Milner]（1984a）は競争力，およびその結果としてIITは国内集中度（MS1）が高まると減少するとの見解を支持している。反対に，トー[Toh]（1982）はIITを国際寡占企業同士の市場での相互浸透の結果とみる。つまり，相互浸透と競合の程度が高まるほど（つまりMS2およびMS3が下落すればするほど），IITは拡大する。したがって，その結果は国際寡占が国内の集中を求めるようになると，反対にIITが減少する可能性が高い。現在の「研究水準」のもとでは，取り入れる代理変数の限界と（第8.4節を参照），色々なタイプのIITの可能性を参照しつつ（第8.3節を参照），分析を合理的なものにすることしかできない。

技術的要因　技術的な違いとプロダクト・サイクルの影響に関する代理変数

の分析結果は,表8.1で明らかにしたように,仮説6を強力に支持するものとはなっていない。技術集約度に関する投入物の代理変数 (TF1 と TF2) はすべて正しい (正の) 符号を得ているが,有意であるのは1つのケースでしかない。もちろん,とりわけ市場構造/市場行動というもう1つの内生変数が IIT に連続的にまたは線形的に関係していないかもしれない。研究開発への当初の投入物は競争的な条件のもとでは,技術的な相違をもたらすために必要であるかもしれない。しかし,ある臨界点を超えると (産業ごとに技術的な要求が異なるが),投入物の追加は参入およびさらなる産業内での特化に対して障壁となって作用することもある。

したがって,製品の技術面での差別化が産出物に現れるという事実は,企業行動に直接視点を絞ってみれば,一層説得的であるかもしれない。変数 TF3 に関する符号は正と負が混ざっているが,望ましい符号が研究番号6のケースでは,統計的に有意であることがある程度安らぎを与えてくれるかもしれない。(このケースで用いられた代理変数も {フィンガー [Finger] =デ・ローサ [De Rosa] (1979)} によって採用された製品販売高の単純な分類尺度よりも製品の多様性に関する一層明確な尺度であった。)

対外直接投資 ケイヴス [Caves] (1981) だけが対外直接投資 (FDI) の果たす役割について何らかの結果を提供している。FDI1 に関する有意な負の符号はケイヴスが期待する FDI と IIT の代替性を証明するが,前章で仮定した両者の純粋な補完関係と対立する。明らかに,理論的な結論は強力な期待をもたらすようなものではないが,もし確証できる結果があれば,実証的な結論を導出する確信につながるであろう。このことは現時点で,ケイヴスによって採られた方法が全体として限定されたものであるために,つまり対外直接投資活動の大きさに関して,同一の代理変数が14カ国を通じて産業ごとの観察で各々用いられているために,とくに必要なことかもしれない。しかし,FDI2 に関して期待される符号条件が得られれば (つまり,IIT と多国籍企業による企業内貿易量との間に正の相関関係があることが発見されれば),私たちはこの批判には注意が必要だといいたい。

距離　第9.2節で示唆したように，距離変数についての分析結果はある程度矛盾があると考えざるを得ない理由がある。事実，この矛盾が表9.3でみられる。変数 D1（貿易当事国同士の間の物理的な距離）の係数はすべて負で，かなり有意である。輸送費用に関わる貿易障壁仮説は IIT にも当てはまるようにみえる。しかし，従属変数の性質が決まっているので，D1（これはたとえば，嗜好の重複といった変数と共線しているかもしれない）が，IIT の絶対的なレベルと輸送費用との関連性以外の他の影響を捉えているかもしれないということに，私たちは注意を払わなければならない。同様なことが変数の D2 と D3 にとっても当てはまるかもしれず，これらの両変数にみられる有意で負と有意で正の両符号が現れる理由の説明を助けているかもしれない。{もっとも，「大多数の見方」では D2 と IIT との間には（期待しなかった）負の相関関係があり，D3 と IIT との間には（期待した）正の相関関係がある。}

通商障壁　距離の変数に関してと同様に，関税および非関税の効果が各産業ごとの貿易総額に占める IIT のシェアに対して与えるインパクトは不明である。これらすべての研究によって期待される TB1 の符号は負だが，4件のうちの2件は（有意ではないものの）正の符号が得られた。変数 TB2（非関税障壁の代理変数）については，期待した負の符号が出たが，統計的には有意ではない。もちろんこの場合，多くの非関税障壁（NTB）の性質が明瞭なものでなく，うまく定義された NTB 指数が存在しないことを別にしても，計測上の問題がたくさんある。しかし，第8.3節を参照すれば，結果はトゥムリア [Tumlir]（1979）により提起された議論，つまり非関税障壁が産業内特化を刺激することを支持していない。

第9.4節　結　語

　多くの統計上の有意な関連性がたとえ明らかにならなくても，産業のカテゴリーに基づく集計が普及すれば，分析結果は IIT の産業間での相違が市場構造や市場行動の種々の側面に非常に大きく関係しており，単なる無作為的な計測

上の結果ではないということを提起するうえで，十分な理由づけとなる。直面する定義上の問題や代理変数に関する問題点についての酌量を別にしても，分析結果はおおむね事前に期待した内容と極めてよく適合しており，理論的な研究に関する第 8 章のなかで私たちが概説で言及した説明変数に対して，ある程度，実証的な正当性を与えていると解釈できる。

　これらの結論に関して私たちが抱いている自信は，それが多国間の研究に関し，および先進国間の貿易に関し，さらに先進国の途上国との貿易や途上国間の貿易に関して，個々様々な国から分析結果が導出されているという事実によって強められている。たとえば，サラカン［Tharakan］(1984) の研究は幾つかの先進国の途上国との貿易につき IIT を調査したものである。サラカンはこのタイプの IIT（要素賦存が明らかに異なる国同士の）を IIT の新しい理論から導出した幾つかの重要な変数を用いても説明できなかったと結論づけてはいるものの，多くの新しい理論は要素賦存の類似している H-O-S とは異なる状態を想定しているので，私たちはそのことで落胆すべきではない。まさに，サラカンは嗜好の重複と距離の変数に関して重要な結果を得ている。しかし，彼はたとえば，製品差別化と規模の経済といった変数につき，期待した効果を明らかにすることはできていない。このことはこれらの変数に関わる計測上の問題を部分的に反映しているのかもしれない。しかし，それはまた，先進国間の IIT が従属変数から除かれているということを反映しているのかもしれない。これらの重要な変数が期待され，しかもそれが重要な役割を果たすと思われるのはこのような先進国間の貿易だからである。

　疑うまでもなく，対立する発見事象も幾つか存在し，私たちは先進国だけの結果に関しては結論づけられないことも幾つかあることを明らかにした。しかし，IIT と嗜好の類似性，および IIT と多様な品種に対する需要（様々な形の製品差別化で表せるような）との間には体系的な関連性があり，また IIT と逓減費用との間にも，さらには IIT と企業の数やそのタイプおよび企業行動との間にも体系的な関連性があるのだという指摘には凛とした一貫性がかなりある。

　しかし，これらの結論が一層確信あるものとなるとともに，さらなる改善のためには，計測や代理変数に関する誤差が削減されるとともに，その結果，さ

らに彫琢されたモデルづくりがなされることが求められる。いままでおこなわれてきた研究はすべて IIT の一次式のモデルを採用している。独立変数はすべて外生的なものとして取り扱われている。明らかに，色々な市場構造や製品の特性は IIT と並んで，内生的かつ同時に決定される。必要なことは内生変数と外生変数をさらに厳密に峻別する同時決定方程式モデルを発展させ，検定してみることである。このような発展は，産業エコノミストが国内の市場構造と市場行動の分析を追求してきた方法と合致している｛たとえばグプタ［Gupta］(1983)を参照｝。しかし，産業エコノミストも推定を目的としたモデルの改良だけでは問題点をすべて取り除けないことがわかった。（しばしば概説的な方法によって）市場構造と製品の特性を計測することには限界があり，それがクロスセクション分析または産業間分析の意義に対しても限界を与えている。個々の産業ごとの詳細な事例研究は産業構造と企業行動について多くの，しかも相互作用的な側面を解き明かそうとするうえで，重要な役割を果たしている。同様の目的と必要性は，IIT を産業ごとに事例研究することによって満たすことができる。現在はこのような分析結果が不足している。

　詳細な産業研究は，IIT が発生する方法についてのみならず，IIT が与えるインパクトと（産業政策または通商政策という形の）政府の介入の効果についても，価値ある情報を提供してくれそうである。いままでのところ，IIT の政策面（このような貿易利益の性質，産業内特化にともなう調整費用，および通商政策措置のインパクト）に関する多くの研究は，IIT の「新しい理論」の特徴を検討することに関わるとともに，一般的な結論を導出するフレームワークを求めることに関わってきた。つぎに，本書の最終部で私たちが関心を払うのはこのような研究や調査についてである。

第9章の注
(注1) どの場合も各々の研究から導出された結果がすべて表記されているわけではない。むしろ表8.1で提示した変数だけ，およびある程度比較ができる変数のみが表9.3にまとめて記してある。
(注2) **もし推定式として不適切な形（不適切とはデータの構造にとって不適切な）が選ばれ推定値を歪めるならば，仮説を受け入れるかまたは却下するかについて不正確な結論を導くことになり得る**。しかし，このような理由による統計上のエラーの可能性は変数を除外してしまったり計測中にエラーを犯してしまうといった問題と比較してみれば，僅かなもののようである。

(注3) また,バラッサ [Balassa] (1986) も logit 変換が区間 (0, 1) の極端な値を扱うことはできないし,このことが潜在的に関連性のある情報を見落としてしまうと指摘する。したがって,バラッサは非線形最小二乗法 (NLLS) により次式を推定する。

$$\text{IIT}_j = \frac{1}{1+\exp-B'z_j}$$

ただし,z_j は説明変数のベクトルである。

(注4) ラーチャー [Loertscher] =ウォルター [Wolter] (1980) は独立変数にのみ加重を適用する。一方,ケイヴスは観察値を $w^{1/2}$ ではなく,$w^{-1/2}$ によって加重する。ただし,$w=n_j \text{IIT}_j/(1-\text{IIT}_j)$,および $n_j=\text{IIT}_j$ を生じる観察値 (または取引の値) の数を表す。

(注5) これらは引用した特定の研究の研究者が期待する符号条件である。異なる選択的な符号条件が異なる研究者によってそれぞれ仮定される場合もあれば (−／+),他の場合には,すべての研究者が特定の符号条件を強く仮定しない場合もある (つまり,(+)?または (−)?)。

(注6) バラッサ [Balassa] (1986) の研究 (表9.3 の第10欄と第11欄) の TO1 に関する符号条件は,あたかも TO1 型の尺度が用いられたかのように,正の符号で示されている。事実,所得水準の非類似尺度が使われたが,それはリンダー型の仮説を検定するためであった。

(注7) ケイヴス [Caves] (1981) は,研究番号の1と3がこの仮定を表し,変数 D2 の正の符号を期待できるものとして適切に引用した。したがって,ケイヴスはこの関連性を捉えるために導入した変数である D2 の逆数について負の符号条件を期待しなければならなかった。彼は 1/D2 が IIT と正の相関関係をもつと誤って記述している。

(注8) この研究は表9.3 に示したものよりもさらに多くの独立変数を含んでいる。

(注9) これらの研究で多重共線性の問題が起きたとの報告は1つもない。

第4部　政策問題

第10章　産業内貿易の利益

第10.1節　はじめに

　H-O-S の設定のもとで，貿易利益の性質はよく知られている(たとえ実証的には利益の大きさに異論があるにしても)。パレート改善の可能性があるという意味で，貿易利益は世界価格で貿易をおこなう機会とその刺激によって結果的に生じる特化と関連している。産業内貿易の設定のもとでも，貿易の利益と特化の利益を区別することは可能である。しかし，質的にはこれらの利益の内容は H-O-S モデルのものとは異なるかもしれない。というのは，貿易利益は製品の品種が多様であることによって得られる利益を考慮に入れなければならないのに対して，特化の利益は規模の経済を相互に提供することにより相対価格面で利益を考えなければならないからである。

　本章では，第10.2節でまず H-O-S モデルの貿易利益について論評をおこない，その貿易利益を産業内貿易に関わる利益と対比してみる。第10.3節では，産業内貿易のもとで特化の利益と貿易の利益がいかなる程度のものであれ，その大きさを決定する要因は何かを考察する。第10.4節では，所得分配と貿易を検討し，第10.5節では，これらの問題についていままでの実証分析をまとめる。最後に第10.6節では，結論としての論評を幾つか指摘する。

第10.2節　貿易の利益と特化の利益

H-O-S モデルの貿易利益

　H-O-S モデルとの関連では，貿易の総利益を貿易の利益と特化の利益に分

けることができる。これらの利益の内訳は図 10.1 を参照にして明らかにすることができる。H-O-S モデルの標準的な前提をおく。自給自足の状態のもとでは，検討中の 1 国は点 a で生産した量にまさに相当する製品の組み合せを消費するようになる。生産可能領域と社会的無差別曲線の接線の傾き，および自給自足の価格比率が均衡を保障する。相対価格比率 $-P'_x/P'_y$ で貿易をおこなう機会が与えられると，この経済は点 b で x の生産に（不完全）特化し，y の輸入のために余剰な x の必要量を交換する。この結果，無差別曲線 I_2 上の d 点で消費が可能となる。I_1 曲線上の点 a から I_2 曲線上の点 d への移動は貿易の総利益をもたらす。

直線 $-P'_x/P'_y$ を生産可能領域曲線上の点 a で交差するまで並行にシフトさせることにより，貿易利益を特化の利益から分離することができる。直線 $-P'_x/P'_y$ をこのようにシフトさせることにより，もし生産が点 a にとどまっても，消費者は世界の価格比率に直面する場合に選択する消費の組み合わせが明らかになる。事実，選択された消費の組み合わせは点 c で示されるものである。点 a から点 c への移動は純然たる貿易の利益を表す。これは相対価格変化

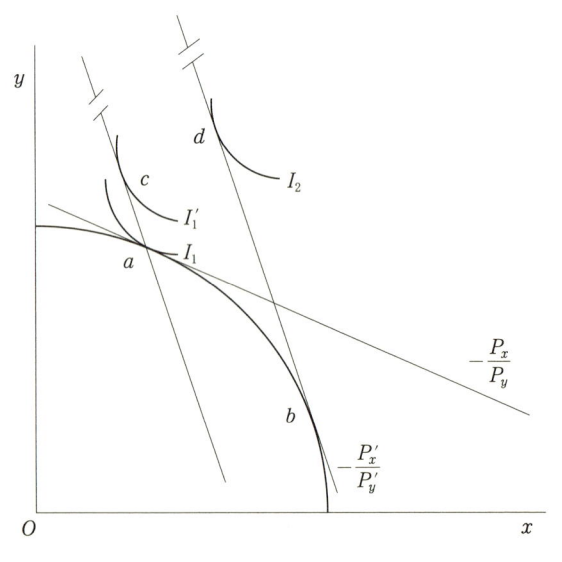

図 10.1

のみによって生じた(および,価格変化の純粋な代替効果に類似したものである)。もしこの経済が相対価格の変化に応じて生産要素を異なる産業部門間で再分配すれば,産出物の組み合わせは点 a によって示されるものから点 b によって示されるものへと変化する。この特化によって曲線 I_1' 上の点 c から曲線 I_2 上の点 d へ消費組み合わせの変化を促す。こうして,点 c から点 d への移動は純然たる特化の利益である。この利益は資源が相対価格の変化に応じて再分配されるときにのみ実現する。しかも,これらのことはもし相対価格の変化に対する調整が十分に生じる場合にのみ実現する。もし調整が不十分であれば,潜在的な利益は実現しない。

貿易利益と産業内貿易

H-O-S モデルのこれらの貿易利益は産業内貿易の設定条件のもとでは,ある程度修正する必要がある。その場合でも,貿易の利益と特化の利益を区別することはできる。しかし,これらの利益の性質は異なるかもしれない。とくに第 1 部ですでにみたように,製品の多様性は産業内貿易の多くのモデルでは利益の重要な源泉であり,それが果たす役割は貿易利益のどのような評価にあっても認識されなければならない。さらに,特化が産業内貿易で生じるとき,生じる利益は H-O-S モデルのように静態的な資源配分による利益であるかもしれない。しかし同時に,動態的な規模の経済の発生にともなう動態的な利益も存在するかもしれない。最後に,利益のこれらの源泉の性質や相対的な重要性はモデルによって異なり得る。第 1 部でみたように,産業内貿易の発生を予見させるモデルはたくさんある。どのような一般化ができるのかということに焦点を絞るために,再び大数のケースと小数のケースを区別しよう。

図解:貿易利益と水平的差別化

製品が多様であることから得られる利益は,代表的な消費者の効用関数の具体的な定式化が垂直的に差別化されている製品に依存しているのか,あるいは水平的に差別化されている製品に依存しているのかによっている。特化の利益

は実現可能な規模の経済の性質とその大きさ，さらにとくに生産の最小効率規模のよって決まる。これらの様々な市場構造が果たす役割は，第4章で紹介した単純なモデルを参照することにより図示することができる。この分析は産業組織論の最近の発展に基づくとともに，グリーンナウェイ［Greenaway］(1982) の議論に従ったものである。以下の幾つかの前提が議論の基礎にある。

1. 検討中の経済では，2つの製品，つまり農産品と製造業品が生産できる。ただし，農産品は同質的であるが，製造業品は差別化が生じることがある。私たちの関心はもっぱら製造業品の市場を調べることである。{このタイプのモデルで，すべての産業部門における均衡成立の公式的な分析についてはランキャスター［Lancaster］(1980) を参照。}
2. 初めに水平的な製品差別化を取り扱うと仮定しよう。
3. 検討する製品について，消費者の選好は特性（または属性）空間に一様に分布する。つまり，可能なすべての仕様に関して潜在的な需要が存在する。
4. 選好の強度はそれぞれ等しい。このことから，所得分配が所与であり，相対価格も所与であれば，「理想的な」品種を有する2人の消費者は等しい厚生水準に達するであろう。
5. 消費技術は変わらない。したがって，消費者は提供される多様な品種を消費するか，あるいはまったく消費しないかのどちらかにならざるを得ない。選好の相違を別にすれば，理想的な品種が提供される消費者の方が理想的な品種が少ない消費者よりも厚生水準は高くなる。
6. すべての品種に関する生産関数は生産に共通費が存在するか，あるいは開発費が存在する結果，逓減費用を示し，これにより生産される品種の数は最大可能である数よりも少ない。
7. 供給独占がおこなわれても，価格差別化は排除される。その結果，生産者は一定の品種をそれが理想的なものより見劣りがすると考える消費者に売るよりも高い価格では，「理想的な」品種だと考える消費者に対して提供することができない。
8. 市場への参入は制限されており，新しい仕様を導入することによって得られる超過利潤が開発費を上回る場合に，参入は生じるであろう。

9. 厚生水準の変化は生産者余剰と消費者余剰の変化によって計測することができる。

開発した分析方法の基礎は図 10.2 を参照し概説することができる。製品の特性（y および x）は水平面 CD に沿って変化する[注1]。品種の仕様（つまり，その仕様のなかに含まれる y と x の相対的な含有割合）は平面上の点の位置を決め，いかなる特定の品種もこの平面上に存在する。品種の仕様 A を，

$$A_i = \left[\frac{y}{x}\right]_i \tag{10.1}$$

と定義すれば，この平面のさらに左方に位置する品種は，さらに右方に位置するものよりも y の相対的な含有割合が高いことになる。

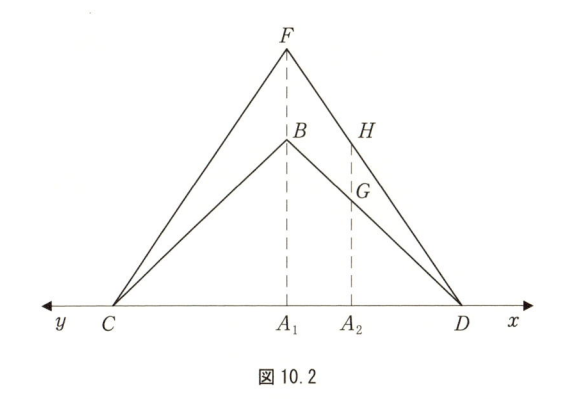

図 10.2

消費者の選好が特性空間に一様に分布しているので，潜在的需要はどの品種にもあることになる。生産されている品種の数が最多以下であることの厚生的な意味を表現するために，**当初**は 1 つの品種（A_1）だけしか**所与の価格**で販売されていない状況を考えてみよう。消費者は A_1 をある程度購入するか，あるいはまったく買わない。消費者選好の分布と強度が一様であり，かつ完全に分割可能であれば，理想とする品種が A_1 である消費者は理想とする品種が入手不可能な消費者より，明らかにより多くの A_1 を消費するであろう。図 10.2 では，消費者余剰と生産者余剰の大きさを垂直方向に「測る」ことができる。このことは，もし個々人の需要曲線が産業 i すべてについて総余剰価値を得る

ために統合されれば，序数的な方法であれ，あるいは基数的な方法であれ，どちらででも観察できよう。私たちの目的にとっては，序数的な順序づけで十分である。選好が A_1 で一義的に位置している消費者については，生産者余剰も消費者余剰もともに最大であろう。A_1 の左右のどちらかに位置している消費者にとっては，消費者余剰と生産者余剰は，たとえば点 C や点 D といった境界点に到達するまでは減少するであろう。こうして，選好が A_1 に位置している消費者にとって，生産者余剰は A_1B であろうし，A_2 に位置している消費者にとっては A_2G であろう。以下同様である。消費者余剰についても同様のやり方でみることができよう。しかし，解説するうえで便利なので，消費者余剰は生産者余剰に垂直方向に単純に加えられる。この結果，選好が A_1 に位置している消費者については，消費者余剰は BF であり，A_2 に位置している個人については，消費者余剰は GH である。

　これらの生産関数および消費関数の幾つかの重要な特徴を以下のようにまとめておこう。

1．ここでは関数を連続的なものとして描いた。つまり，品質の性質は完全に分割可能であることから生じている。分割が不可能な場合は不連続なものとしてみることになろう。
2．面積 CBD と面積 CFDBC はそれぞれ総生産者余剰および総消費者余剰に等しい。
3．両関数とも左右対称である。これは一様な選好分布を仮定しているからである。
4．両関数とも頂点の左側または右側が線形である。これも選好の分布が一様であるという前提からの帰結である。だから，もし選好が大多数の（マイノリティーの）消費者の嗜好にしたがって偏在していれば，両関数は下からみて凹（凸）状となるであろう。
5．総生産者余剰に対する総消費者余剰の比率は基になる需要関数と供給関数の傾きによって決定される。所与の供給曲線にとって，生産者余剰に対する消費者余剰の比率は市場の需要表が（関係する範囲にわたって）非弾力的であればあるほど，大きくなるであろう。もし市場の需要曲線が非線形であれば，当該需要曲線が下方に対して凹状ではなく凸状の場合は，生産

者余剰に対する消費者余剰の比率は大きくなるであろう。ここに用いている図は固有なケースであり，関連の需要曲線はすべて線形であると仮定され，限界費用は関連するすべての範囲にわたって一定である。ここでの例では，利潤極大化行動は生産者余剰が消費者余剰よりも常に2倍の大きさであることを保障するものとなっている。

さて，2カ国があると想定し，両国の要素賦存が等しく，消費者の数および所得分配でみて両国の市場の大きさは等しく，さらに両国の農産品は自給自足状態にあると想定しよう。さらに，製造業品である製品Aは両国でそれぞれ自給されるが，製品Aの異なる品種が異なる選好分布状態に応じて生産されると想定しよう。初期に，両国で1品種しか生産されないので，供給独占を仮定する。もし2社の独占企業が利潤を極大化すれば，選好が等しく分布していることによって，各独占企業が市場の中央にいる消費者にそれぞれうまく適合させるようにa_1とa_2を組み合わせる品種を生産することになろう｛イートン[Eaton]＝キャージコウスキー[Kierzkowski] (1984)｝。

図10.3では，Ⅰ国の市場は水平距離ztで表され，Ⅱ国の市場はswでそれぞれ表される。自給自足のもとでは，品種A_1と品種A_2はそれぞれⅠ国とⅡ国により生産される。したがって，嗜好の重複部分としてstが存在する。選好が一様に分布し，選好の強度も等しいとしているので，両品種が等しい名目価格で売れるとする仮定から，品種A_1と品種A_2の上方にある生産者余剰と

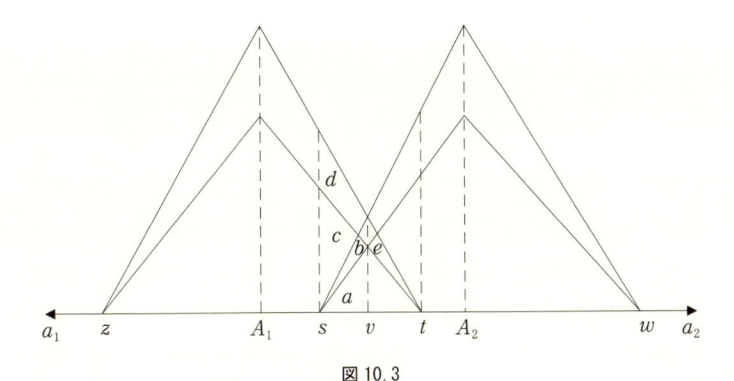

図10.3

消費者余剰の関数の頂点の高さが等しいことが確かめられる。2つの関数は図10.2で展開した特徴と同じである。

初期の相対価格では,利益は**既存**の品種を貿易することから得られる。海外市場に参加すると,選好が sv 上の特性空間領域にあるⅡ国の消費者は品種 A_2 から品種 A_1 へ消費を転換するであろう。(必要な変更を加えれば,同じことは理想の品種が vt 範囲にあるⅠ国の消費者にとっても同様に適合する。)

多くの厚生変化が貿易から生じる。選好が sv 範囲にある消費者にとって,品種 A_1 は品種 A_2 より自分の理想とする品種にはるかに近い。その結果,A_1 の消費は A_2 の消費を上回り,消費者余剰は増大するであろう。もちろん,消費者余剰の増加は価格不変のもとで単に消費が拡大した結果なのだということで,A_2 と A_1 の製品の相対価格は変わらないということを暗に仮定している。sv の範囲で選好をおこなう消費者は消費者余剰を $(d-b)>0$ だけ増加させることで利益を得るであろう。(モデルが左右対称なので,消費を A_1 から A_2 へ転換させる消費者も等しい分だけ利益を得るであろう。)

貿易の結果,Ⅱ国の生産者余剰の変化は $a+b+c$ となる。面積 a は貿易が始まると,海外の生産者に移転される生産者余剰と相殺され,面積 b は海外の消費者からの移転部分であり,面積 c は市場拡大の結果生じる。つまり,参入する海外の消費者は市場から出ていく国内の消費者よりもその品種をたくさん購入する。(モデルが左右対称なので,これらの利益は両生産者にとっても当てはまる。)生産者の観点からは,貿易は $b+c$ が輸送にかかる新たな追加費用を超えるかぎりおこなわれる。Ⅱ国全体の貿易純利益は $c+d$ となる。

これまでに明らかになったことは,純粋な貿易利益は消費者に自給自足状態よりも自分の理想とする品種に近づくことを貿易の可能性が許すのだということである。いままでは,貿易の開始前と開始後の相対価格が等しいと仮定することによって,「特化」の利益の可能性を無視してきた。この仮定は現実的ではない。両国の生産者がそれぞれ消費者の多い「多数派の」品種にさらに生産特化するのにつれて,差別化された製造業品の相対価格はつぎの2つの理由のどちらか(または両者)の結果,下落するであろう。第1に,互いの市場に新たな供給者が出現し,そのことで価格に与える競争促進効果があるかもしれない。第2に,第1の点は単位費用を引き下げる市場拡大効果によって強化されるか

もしれない。明らかに，このことは両国企業が結託し共同利潤を極大化させる価格を追求するようになるか，あるいは両国企業が相互に競争し，クールノー＝ナッシュ均衡で落ち着くようになるのか，両企業の間での戦略的な相互作用によって決定される。同様に，これは生産関数をどのように特定化するのかによっても決まる。明らかに，これらはモデルがどのように固有な性質であるのかに依存している。しかし，参考として上述のフレームワークを用いれば，貿易利益の大きさに影響を与える要因に対してさらに論評することができる。

第10.3節 貿易利益の大きさの決定要因

このような設定のもとでは，貿易利益の大きさに影響を与える要因は幾つか存在する。それらはとくに貿易開始前後における品種の数，貿易開始前後における企業の数，実現可能な規模の経済の性質とその大きさ，輸送費用の重要性，導入される品種改良の性質とその大きさである。

貿易開始前後における品種の数

貿易開始前に存在する品種の数，および貿易開始後に均衡が成立したときの品種の数は消費者余剰の潜在的利益に対して重要な影響を及ぼす。多の事情が等しければ，自給自足のときの品種数が多ければ多いほど，消費者余剰の利益の可能性は小さい。このことは以上で発展させたフレームワークから明らかであろう。このモデルでは，効用はある個人の理想とする品種からどれだけ離れたところにあるのかという距離の関数である（図2.3の補償関数の概念を再び参照のこと）。新たな品種の導入はもう1人の消費者に理想的な品種を提供するだけでなく，他の何人かの消費者が自分たちの理想的な品種に一層近づけることを可能にさせる。品種間の平均距離が縮まるので，消費者は一般に，新しい品種が製品配列上の自分たちのまさに理想的なところにあるわけではないとしても，新たな品種を導入することから利益を得る。したがって，貿易開始に

先立って品種数が多ければ多いほど,品種間の平均距離は短くなり,他の事情が等しければ,消費者余剰の利益の可能性は小さくなるということになる。この点をもっと具体的にするために,たとえば歯磨き粉や石鹸といった色々な化粧品の品種数を2倍にすることで,利益の可能性がどのように変わるのかを考えてみよう。これらの製品の市場では,非常に多くの品種の存在が可能であり,「社会として最適な」品種数にすでになっており,あるいはきっとそれを上回っていることすらあり得る。この点は以下でさらに検討する。この命題は効用が消費される製品の品種数の関数であるという新チェンバリン派の関わりでも当てはまることに注意されたい。限界効用逓減の法則を想定すれば,品種数が増加するのにつれて,各品種の消費から得られる限界効用は減少する。

貿易開始前後における企業の数

企業が製品を1種類しかつくっていないか,あるいは多くの種類をつくっているかということは明らかに,一般的には競争行為に影響を与え,とくに価格政策に対して影響を与える。完全な独占的競争の状態では｛ランキャスター[Lancaster](1980)｝,生産期間を長くすることが単位費用に与える効果は価格の引き下げという形で消費者に還元される。このことは相対的に僅かの企業が多くの品種を生産する産業で起きるといった必然性はない。つまり,これは価格政策によって決まるのである。他の事情が等しければ,企業数が少なければ少ないほど,生産者余剰の利益の可能性は増大するか,または外国企業へ支払うレントが大きくなる。第12章でみるように,国内の企業/消費者から外国の企業へレントが移転する可能性はそのようなレントを再分配するために関税を介入させる合理性を与える｛ヴェナブルズ[Venables](1986)も参照｝。

逓減費用の性質

ここで関係することは「規模の要因」として,産業組織論の分析を参照にすることである。言い換えれば,それは関連する範囲にわたる規模曲線の傾きに関することである。これは市場の拡大にともない,単位費用が減少する程度を

決定する。他の事情が等しければ、明らかに関連する範囲にわたり規模曲線が急勾配であればあるほど、貿易利益の可能性は大きくなる（もし利益が消費者に還元されれば）。もし製品市場が集中していれば、このような利益はいかなるものであれ国内企業または外国企業へのレントとして生じるかもしれない。外国企業へレントとして利益が生じる場合、民族主義的な観点からは厚生損失としてみなされるであろう。

　主要な競争的な構造モデル、とくにランキャスター＝ヘルプマン、およびディクシット＝スティグリッツ＝クルーグマンの伝統的なモデルでは、規模要因は比較的に小さいとの捉え方が暗に考えられている。このことは選好が製品配列全体にわたって等しくおこなわれると仮定されていることから起きており（ランキャスター＝スティグリッツ＝クルーグマンの設定のように）、あるいは消費する品種の数を最大化しようとするといった前提で消費者を仮定している（ディクシット＝スティグリッツ＝クルーグマンの設定のように）ことから起きている。どちらの場合でも、特定の品種に関する生産期間の長さは比較的に短い。対照的に、選好が大きな固まりとなっていたり、および／または多種類の製品をつくる企業が範囲の経済によって利益を得ることができるような場合には、規模の要素は一層大きいかもしれない。このような状況では、特化や貿易の利益の可能性は一層大きいかもしれない。その場合、生産者と消費者との間の利益配分は価格競争が生じる程度にしたがって決定される。

輸送費用

　以上で概説した単純なモデルは輸送費用を考慮していない。H-O-Sモデルのように、輸送費用は貿易利益の可能性を減らすように作用する。産業内貿易の設定のもとでは、輸送費用は消費者余剰の利益の可能性をすべてまたはその一部を相殺するように作用するであろう[注2]。明らかに、輸送費用が関係するのは実証的な問題においてである。しかし、ここで再び、生じるいかなる利益の大きさも市場の競争力によって決定される。ブランダー［Brander］＝クルーグマン［Krugman］（1983）が示したように、輸送費用から生じる純然たる浪費は複占の前提条件のもとでは、貿易の競争促進効果によって相殺され得る。

品種開発の誘因

　貿易が開始されることによって競争が促進される効果の1つとして，現在の製品配列に新たに追加するにしろ，あるいは現在の品種に取って代わるにしろ，新たな品種の開発・改良が考えられる。どちらの場合であっても，消費者余剰に対して与える効果は正であろう。現在の製品配列に新たに追加する場合には，製品配列の全体にわたる選好分布が一様であればあるほど，消費者余剰に与える効果は大きくなるであろう。現在の品種に取って代わる場合は，消費者余剰の利益は製品の品質開発によって生じる。しかし，品種開発の**純**効果が正であるか否かは新製品開発にかかるあらゆる固定費用の大きさによって決まる。もちろん，これらの純効果は正であり，実証結果によればこれらの純効果も極めて重要である。品種開発の社会的純利益を計測するためには，あらゆる開発費用が余剰から差し引かれなければならない。これは新チェンバリン派，および新ホテリング・モデルのどちらにおいても無視された要素であることに注意されたい。しかし，これは現実にはかなり重要な要素である。明らかに，集計結果は負になることがあるかもしれない。他の事情が等しければ，開発前における品種数が多ければ多いほど，および製品開発費用が大きければ大きいほど，社会的純利益が負になる可能性が高くなる。たとえば，シーラー[Scherer] (1980)が示唆するところによると，米国の即席スナック軽食市場における新製品開発の純利益は，開発費用が正であるとともに，開発前の品種数の結果，負であるという。

第10.4節　所得分配と貿易

　H-O-Sの設定のもとでは，貿易開始が国内の要素報酬に対して与える意味は，ストルパー[Stolper] ＝サムエルソン[Samuelson] (1941)により最初に体系的に分析された。ストルパー＝サムエルソンのこの論文はどちらの製品で測っても，希少な要素に対する実質的な報酬が貿易開始の結果，減少し，両製

品で表した購買力に関してみると，豊富な要素に対する実質的な報酬が増えることを示した。この結果，自由貿易は明らかに，厚生を増大させるものの，貿易利益の分配は異なる要素間では均等でない。豊富な要素が希少な要素に補償を十分におこなえるだけ利益を獲得し，さらに状態を改善するかもしれないという形で，自由貿易はパレート改善の可能性をもたらすかもしれない。しかし後にみるように，貿易が拡大する結果，現実には状態が悪化する要素もあるかもしれず，そのことが原因となり貿易開始後の均衡状態に十分適応するのを難しくすることになり得ると思われる。

次章では**固有要素モデル**に言及するので，この結果に対する1つの重要な要件が注目されなければならない。豊富な要素が絶対的に改善されるのに対して，希少な要素が絶対的にも悪化するというストルパー＝サムエルソン命題は，2つの要素が2部門間を完全に自由に移動するという前提に大きく依存している。この前提は交易条件の変化につれて，要素集約度が変化することを認めている。固有要素モデルでは，部門に固有な要素が存在する。このような状態のもとでは，相対的な要素報酬率に与える貿易の効果は異なってくる。たとえば，労働が豊富な要素で資本が希少な要素であると仮定しよう。しかし，さらに資本が部門固有な要素であり，労働のみが異なる部門間を移動できると仮定しよう。貿易の開始は輸出可能品（製品 x としよう）の価格を引き上げる。労働だけが移動可能であるから，y 部門の生産縮小はこの部門の労働の限界生産力を増加させ，したがって，資本の価格に比して賃金率を引き上げる。しかし，x 部門では労働集約度が上昇し，賃金率・資本価格比率は下落する。これらの変化の結果，希少要素である資本の報酬率は拡大部門では増大するが，縮小部門では減少する。一方，賃金率の変化はこれら両者の中間のどこかに決まる。その結果，実質賃金率が上昇するということは決して定かではない。それは消費財としてこれらの両製品の相対的な重要性によって決定される。

産業内貿易との関係では，要素間の利益分配はいままで考察されてこなかった。しかし，H–O–S の場合におけるように，利益分配は要素の相対的な報酬率に与える貿易の効果，および消費機会に与える貿易の効果によって決まることが明らかであろう。これらのうち前者，つまり要素の相対的な報酬率は初期の相対的な要素賦存量によって決定され，後者の消費機会は製品の多様性の性

質によって決まる。クルーグマン［Krugman］(1981) は1つの特殊なケースを扱うモデルを開発した。そのモデルは第2章で論じた新チェンバリン派の分野に属するものである。企業はある1つの製品ついて異なる品種を生産し，これらの異なる品種は消費者の効用関数に対称的に入る。分配問題を調べるために，クルーグマンは2カ国に産業がそれぞれ2つずつあり，どちらの産業も差別化された製品をそれぞれ生産すると仮定する。単純化するために，クルーグマンはさらに各産業が部門に固有な労働を雇用し，両国には2つの異なるタイプの労働が異なる賦存状態で存在すると仮定する。誰もが予想するように，各要素に対する貿易の純利益は貿易の結果生じる要素報酬率の変化によって決定され，貿易が製品の多様性に対して与える効果によって決まる。要素賦存が両国で等しいという可能性を除けば，前者つまり要素報酬率の変化に基づく貿易純利益は常に正であろう。どちらの国でも同一の品種を生産する企業は2社と存在せず，品種はすべて消費者の効用関数に対称的に入っているので，後者つまり製品の多様性に与える貿易の効果は常に正に相違ない。したがって，貿易の純効果はこれらの2つの効果の相対的な大きさによって決まる。クルーグマンは両国間で初期の要素賦存が似かよっていればいるほど，また貿易開始後に入手可能な品種がそれぞれ差別化されていればいるほど，両要素が獲得する利益は大きくなりそうなことを示した。明らかに，初期の要素賦存が似ていればいるほど，要素価格均等化のために必要な要素価格の調整が少なくなる。一方，製品差別化の程度が進むということは，消費利益の可能性が増大することを意味する。クルーグマンは，この点をハフバウアー［Hufbauer］＝チラス［Chilas］(1974) が明らかにしたつぎの見解を裏づけるために用いている。すなわち，ハフバウアー＝チラスは，戦後（少なくとも1970年代初頭まで）の貿易拡大の大部分が調整問題とは比較的無関係であったとの見解を示しているが，その理由として彼らは，この間，産業内貿易が著しく拡大した結果であるとみている。以下でこのような見方に立ち戻ってみよう。当面，クルーグマンが導いた結果が一般的であるかどうかは，モデルの前提によって制約されることに注意すべきであろう。とくに，効用関数に関する仮定は重要である。多少異なる結果は，消費者の効用が新ホテリング流にモデル化されれば，生じるかもしれない。というのは，品種の仕様は貿易が開始されると変わるかもしれな

いからである。そのような状況では，一部の個人またはグループは自分の理想とする品種が貿易開始の結果，消滅してしまったことに気づくかもしれない。もしこれが希少な要素の所有者で起きれば，たとえ要素の相対的な賦存比率が似ており当該製品が高度に差別化されていても，貿易は一部のグループの人々に対して（補償がなされずに）状態を悪化させるかもしれない。しかし，もし貿易が品種の仕様に何の変化ももたらさず，入手可能な品種の数を増やすだけであれば，クルーグマンが導いた結果は新ホテリング流の設定に拡張することができよう。

第10.5節　実証分析の結果

第10.2節では，特化の利益と貿易の利益を識別するために，定式化したモデルを概説した。このモデルは保護の費用分析で広く用いられてきたが，実証面でこのモデルに類似したモデルは，よく知られた「トライアングル・モデル（三角形モデル）」である。貿易拡大の利益／貿易制限の損失は，所与の関税変化のインパクトを計測してみることで確かめることができる。そこで，図10.4では D_H と S_H はある製品の国内における需要と供給をそれぞれ表す。一方，S_W は輸入による世界の供給を表す。輸入関税 t が賦課されると，AB が輸入される。もし関税が撤廃されれば，この製品の国内価格は $P_W(1+t)$ から P_W へ下落し，需要は拡大し，国内供給は減少し，輸入品は CD へと拡大する。その結果生じる消費者余剰の変化については，面積 a と面積 c はそれぞれの国内生産者および収入当局からの内部における移転である。3角形の b と d は貿易拡大による純利益であり，それぞれ特化の利益と貿易利益とみなすことができる。

この方法はいままで広く用いられてきた｛実証分析の概説についてはミルナー［Milner］(1985) を参照｝。応用にまつわる固有の問題がたくさんある｛グリーンナウェイ［Greenaway］(1983 a)，第6章を参照｝。このような制約問題とは別に，産業内貿易の設定のもとで用いられることに関わる問題が明らかに2つ存在する。第1に，完全に弾力的な供給曲線 S_W は輸入品と輸入代替

図10.4

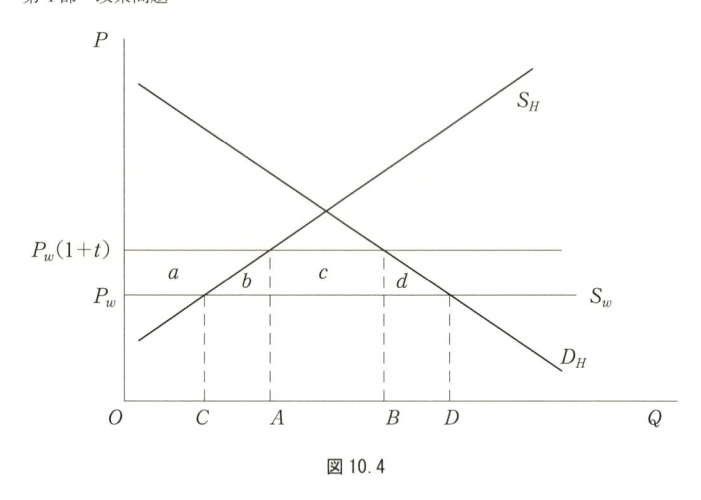

品が相互に完全に代替的であるということを意味する。第2に，このモデルは規模の経済が重要でないと前提している。同質的な製品の産業内貿易を結果として予想するモデル｛ブランダー［Brander］(1981) およびブランダー［Brander］＝クルーグマン［Krugman］(1983) のような｝はあるが，需要の不完全な代替性が産業内貿易の共通の特徴であることは，第7章と第8章の実証分析から明らかである。さらに本章の初めでみたように，需要の不完全な代替性は貿易利益の重要な源泉なのかもしれない。同様に，逓減費用を強調しないモデルもあるが，それらは少数派である。逓減費用は産業内貿易が重要な役割を果たす市場において重要な特徴であり，貿易利益の重要な源泉であるかもしれない。したがって，貿易拡大の利益／貿易制限によって被る損失を計測しようとすれば，これらの要素を考慮に入れる必要がある。

デ・メロ［De Melo］＝ロビンソン［Robinson］(1981) は製品差別化の設定のもとで，関税変化と輸出補助金の変化の価格効果と産出量効果についての計測をおこなった。彼らは資源配分効果について論評しているが，貿易利益の計測はそれほどしていない。しかし，彼らが得た価格効果に関する結論から幾つかの質的な推論を導出することが可能である。

デ・メロ＝ロビンソンは製品差別化を認めたが，その方法はアーミントン［Armington］(1969) に従っている。この方法では，製品カテゴリーごとの産

出量は輸入品 (M_i) と国産品 (D_i) の代替の弾力性が一定である1つの合成製品としてみなされる。これより,製品 Q_i はつぎの関数で定義されよう。

$$Q_i = \{\delta_i M_i^{-P_i} + (1-\delta_i) D_i^{-P_i}\}^{-1/P_i} \tag{10.2}$$

これより,外国品と国産品との間の「貿易の代替弾力性」(σ_i) がつぎのように明らかになる。つまり,

$$\sigma_i = (1+p_i)^{-1} \tag{10.3}$$

である。貿易の代替弾力性はトルコの19個の製造部門について推定される。つぎに,輸入関税と輸出補助金における所与の変化が国内の価格に対してどのような効果を及ぼすのかを,これらの貿易の代替弾力性を用いて推定する。推定は部分均衡分析によって,順番に部門ごとにそれぞれ50パーセントの輸入関税を課しておこなわれる。さらに,計算可能な一般均衡モデルを特定化して,(20パーセントの)一律関税および (50パーセントの) 輸出補助金の効果をそれぞれ推定する。このシミュレーションの目的は貿易の代替弾力性が高ければ高いほど,国内の価格変化の幅も大きくなるという予測に基づき,国内の価格変化の相対的な大きさとそれにともなう資源の流入の様子を確認することである。輸入品と輸入代替品が互いに完全な代替品であるといった極端な場合には,国内の価格上昇は輸入関税を十分に反映するはずである。

推定の結果は有益なものである。部分均衡分析では,50パーセントの関税は19個の製品カテゴリーのうち6個で1パーセントを超える国内価格の上昇をもたらし,2個で10パーセントを超え,さらに1個では20パーセントを超える国内価格の上昇をそれぞれもたらす。驚くまでもなく,多分これと関連する産出量の反応は僅かなものであると予想される。(50パーセントの) 輸出補助金のケースでは,価格効果は一層大きなものとみられる。しかし,ここでも19個の製品カテゴリーのうち7個だけが国内価格の上昇が5パーセントを超えている。需要の代替性がある程度不完全なものであれば,もちろん輸入関税と輸入補助金は国内の価格変化に十分には反映されないと考えられる。この特定な調査では,通商政策を変化させても国内価格にはほとんど何の反応も生ぜず,そのことが示唆していることは,国内で生産された貿易可能品と外国で生

産された貿易可能品とが高度に差別化されているということである。さらに，このことは貿易自由化の利益／貿易制限によって被る損失は僅かであるかもしれないということを意味している。しかし，この研究の結果には少なくとも2つの理由で熟慮すべき条件が必要である。第1に，製品カテゴリーは（SITCの1桁と2桁レベルの間のどこかという）高度に集計されたものである。このレベルの集計はこの製品／産業レベルではもっと重要な反応が覆い隠されてしまうということを必然的に意味しているのに違いない。第2に，この研究はSITCの3桁で記録された産業内貿易が実際にはとても少ない途上国に関係している点である。（たとえば，SITCの3桁での産業内貿易の非加重の平均レベルは，1976年においてトルコは4パーセントであった。）

これらの点を考えてみると，結果は多分それほど驚くにはあたらず，一般化するだけの基礎を提供していない。

コックス [Cox] ＝ハリス [Harris] (1985) の研究はもしかすると一層興味のあるものである。この論文はカナダの一方的な関税自由化政策の効果の推定，および「多国間」での自由化，つまりカナダの輸出品に影響を及ぼすすべての関税の完全撤廃の効果を推定しようとするものである。これらの2つの分析結果は1970年代央に関するデータを用いて，カナダ経済の一般均衡モデルによっておこなわれた。需要側に関しては，コックス＝ハリスはデ・メロ [de Melo] ＝ロビンソン [Robinson] (1981) のように，アーミントンの分析方法を用いている。しかし，供給側には大きな違いがある。コックス＝ハリスは生産の面で規模の経済を陽表的に認めるとともに，産出物価格に与える不完全競争のインパクトを認めている。モデルには29個の産業があり，そのうち20個が規模の経済と不完全競争によって特徴づけられる製造業である。一方，残る9個の産業は費用一定で，競争的な産業であるとしている。

製造業のそれぞれにつき最小効率規模 (m.e.s.) が推定される。これは平均費用が1単位あたりの固定費用の1パーセント以内である産出量レベルとして定義される。さらに，費用劣位比率 (CDR) が推定される。これは最小効率規模の半分の規模の平均費用が最小効率規模での生産にともなう平均費用を上回る大きさを計算したものである。このモデルは一般均衡モデルであり，貿易自由化に対応する産業内調整と産業間調整を考慮に入れている。

シミュレーションは一方的な貿易自由化と多国間での貿易自由化の両者に関してはおこなわれており，結果は主要なパラメーターのすべてについて感応度分析がおこなわれている。結果は興味深くもあり，意義深いものでもある。推定された利益の大きさはトランアングル法による先の研究での発見内容に比べ大きめに出ている。一方的な貿易自由化は GNP の 2 パーセントから 5 パーセントまでの間にのぼる厚生利益をもたらした。多国間での貿易自由化の利益は GNP の 8 パーセントから 10 パーセントまでの間の値と推定された。（これらの両ケースの値の範囲は，仮定されたパラメーター値の変化によって説明される。）これは意義深い発見である。というのは，ひとたび不完全競争と規模の経済を認めれば，貿易利益はそれまでの研究者によって推定された貿易利益を大きく超えることもあるということを示しているからである[注3]。

　一般化のための基礎としては，コックス＝ハリスの研究はデ・メロ［De Melo］＝ロビンソン［Robinson］(1981) より意義が大きい。なぜそのようにいうかといえば，コックス＝ハリスは産業内貿易がかなり重要であることで知られている工業国に焦点をあてているからである。つぎの章でみるように，この研究も貿易拡大の調整がもつ意味に関して幾つか興味深い結論を導出した。

　執筆時には，著者たちが知るかぎり，これらの 2 つの研究のみが計算可能な一般均衡モデルにより，不完全競争の設定のもとで的をとくに貿易利益の分析に絞ったものである。さらに，詳細な点で劣るが，おおざっぱな分析結果を示す研究が他にもある。たとえば，バラッサ［Balassa］(1975) は EEC の初期の 6 加盟国の間での貿易自由化によって生じる規模の経済の進展に基づく利益を推定しようとした。ブロック全体では，これらの利益は地域全体の GNP の 0.5 パーセントと推定された。興味あることに，同研究は自由化による静態的利益を同期間について，この値の 3 分の 1 以下 (0.15 パーセント) とみている。同様の分析は，多国間貿易交渉の東京ラウンドに基づく関税引き下げの厚生効果を推定したクラインほか［Cline et al.］(1978) によっておこなわれた。この研究では，EEC，米国，日本，およびカナダにつき自由化の動態的利益は静態的利益の約 5 倍の大きさとみている。これらの数字は動態的利益の全体，言い換えれば増大した規模の経済の利益と同時に成長率への刺激は認めているが，X 非効率を除いていることに注意する必要がある。明らかに，規模の経

済のみに帰すことができる利益は，この乗数のうちのある割合にしか過ぎないであろう。しかし，残念だがそのある割合とは，正確にはどの位の割合であるのかについては特定ができない。

第10.6節　結　語

本章では，産業内貿易にともなう貿易利益の性質と意義について考察し，H-O-S モデルによって代表されるように，産業間貿易の設定のもとでの発見内容との比較がおこなわれた。先験的には，産業内貿易の利益が産業間での貿易利益を体系的に上回るであろうという直感を支持する強力な根拠は存在しない。しかし，最終的には，これは実証的な問題である。残念ながら，いままでに実施された実証分析は範囲や内容がかぎられている。それにもかかわらず，最近の研究によると，産業内貿易の利益はかなりのものであるかもしれない。

第10章の注
（注1）　この分析では，境界解の問題はないので，とりわけヘルプマン [Helpman] (1981) によって用いられた**円状の**表現法ではなく，この水平的表記法が選好の議論に用いられる。解説的な視点からは，水平的表記法は一層直接的である。
（注2）　第3章でみたように，輸送費用を取り込む1つの方法は「アイスバーグ（氷山）」モデルによることである。
（注3）　保護の費用に関する実証分析の概観についてはミルナー [Milner] (1985) を参照のこと。

第11章　貿易拡大へ向けての調整

第11.1節　はじめに

　市場機構に基づく経済であればいかなるものであれ，需要と供給の変化が相対価格を変える。反対に，相対価格の変化が資源をある部門から他の部門へ移転させるシグナル機能を果たす。たとえば外国為替市場といった効率的な市場では，相対価格変化に対する調整は急速に生じる。しかし，他の市場では市場の調節過程は時間がかかるかもしれない。

　貿易の拡大は開放経済においては変化の重要な源泉であり，つまり調整が作用するためのシグナルを送り始める過程である。貿易の拡大が産業間貿易に対して産業内貿易の拡大という形で起きれば，調整は（ある意味で）一層容易であろうと考えることには，理由があることが多くの論者｛たとえばバラッサ［Balassa］(1966)，アキノ［Aquino］(1978)を参照｝によって議論されてきた。本章では第11.2節で調整問題の性質そのものについて考察し，第11.3節で産業内貿易の拡大に向けての調整がなぜ産業間貿易におけるよりも容易であると考えられるのかの理由を考察する。（訳注：第11.4節は調整政策を扱う。）第11.5節では，実証分析は僅かにしか存在しないが，それらの評価をおこなう。そして第11.6節で結語としての論評をおこなう。

第11.2節　調整問題の性質

　調整問題は市場の主体が価格の変化に対して「早急に」対応できないとき，およびその結果，当該市場では調整できないときに存在するのだということができる。調整問題を不完全市場の調整と関連させてみると，何らかの時間の長

さについてとともに，調整プロセスを挫折させる何らかの市場の不完全性についても考慮しなければならない。結局，主体が長期での価格変化に十分対応できないという主張は直感的に認められず，実証的には支持できないものである。したがって，調整問題は短期および中期，つまり生産要素の供給が相対的に非弾力的な期間と関連している。

調整問題の性質は図 11.1 を参照することで一層具体的に表わすことができる。この図はジョーンズ [Jones] (1971) およびニアリー [Neary] (1978, 1982) に関わる**固有要素モデル**に基づいている。調整問題は労働市場の不均衡と必ず関連しているので，まず労働市場に焦点をあてよう。労働は産業 A または産業 B で雇用され得ると仮定しよう。産業 A は輸出可能品を生産し，産業 B は輸入代替品を生産する。どちらの産業でも労働は産業部門に固有な資本と結合させて雇用される。

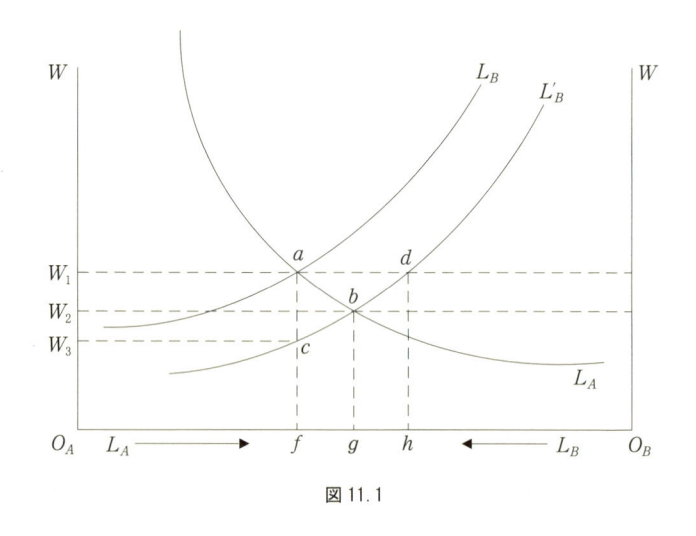

図 11.1

図 11.1 では，線分 $O_A - O_B$ は総労働力を表し，どちらかの産業で雇用される。L_A は産業 A の労働に対する需要を表す。固定した要素が存在すると，その傾きは限界生産力逓減を示す。L_B は原点 O_B をもとにして描いてあるが，これは産業 B の労働に対する需要である。実質賃金率 W_1 で産業 A では $O_A f$ の労働力が雇用され，産業 B で $O_B f$ の労働力が雇用されることで，市場は労

働需給を調整する。したがって、労働の総需要 ($O_A f + O_B f$) は総供給と等しい。説明を単純にするために、産業Aはニュメレールとして取り扱う。こうして、実質賃金率は産業Aをもとにして決定され、L_Aの位置はいかなる価格変化が生じても不変である。ここで、この経済は産業Aにとって一層高い相対価格のもとで貿易の機会があると仮定しよう。ただし、産業Aは相対的に資本集約的であると仮定する。産業Bの相対価格の下落はこの産業の労働者に対する需要を減少させ、L_B曲線はシフトしてL_B'となる。調整問題がなければ、労働市場では賃金率が下がりW_2で需給調整がおこなわれる。これは労働が希少な要素であるので、予期したとおりである。2つの産業の間で労働力の分布が変わり、新たに$O_A g$が輸出可能品産業で雇用され、$O_B g$が輸入代替品産業で雇用される。

　種々の理由のために調整が生じるまでに時間がかかるかもしれない。調整の可能性の1つは、賃金調整が産業部門内では弾力的であっても、短期には産業部門間では独立しているかもしれない。このことが生じるのは、もし職業の移動性が産業間で制限されていたり、あるいはもし産業が地域的に偏っており、ある地方から他の地方へ移るさいに制約があるような場合である。このような分断化が労働市場でみられれば、点 c が一時的な均衡となろう。短期には実質賃金率は産業Aでは変わらないが、産業Bでは雇用を維持するために急速に下落し、$W_1 - W_3$の賃金率の差が生み出される。時間の経過とともに産業Aでの高い実質賃金率は産業Bの労働力が産業Aで雇用先を確保するために再訓練や転職移転する誘因を与える。賃金率の差はfgの労働力が産業Bから産業Aへ移動し、産業Bの賃金率をW_3からW_2へ上昇させるとともに、産業Aの賃金率がW_1からW_2へ下落するときになくなる。

　調整のもう1つの可能性は同じタイプの労働力が産業Aと産業Bで雇用され、両産業は労働を同じ労働市場から調達するが、実質賃金率は下方に対しては非弾力的な場合である。この場合、産業Bの相対価格の下落はdで一時的な均衡を生じる。産業Aの雇用量は$O_A f$にとどまるが、産業Bでは雇用量は$O_B h$へ減少する。時間が経過すれば、労働の超過供給は実質賃金率をW_1からW_2へ下落させ、産業Aと産業Bの雇用量はそれぞれ$O_A g$と$O_B g$へ拡大し、市場が調整役を果たす。

これは調整問題の性質を明らかにするための比較的単純なフレームワークであり，議論は色々制限的な前提に基づいている。このフレームワークは，すべての要素が移動自由な設定へと容易に拡張することができる｛ニアリー［Neary］(1985)を参照｝。ここでの関連では，この議論は有益なものである。というのは，この議論によって労働市場にとくに焦点をあてることができるとともに，なぜ相対価格変化に対する調整が時間のかかるものなのかの理由をつぎの2つの可能性に分けて考えられるからである。その1つの理由は，賃金率が下方に対して非弾力的であること。そして／または2つに，労働市場が分断化されていることである。実際，もしこれらの一方または両方が影響力をもつなら，貿易自由化の提言が実質賃金率の下落に対する不安および／または（どのぐらい続くのかわからない）失業期間に対する不安の結果，なぜしかるべきグループの人々によって反対されることもあるのかを容易に理解することができる。

第11.3節　調整問題と産業内貿易

冒頭で注意を促したように，調整はある均衡状態から他の均衡状態へ移るプロセスに関わっており，「調整問題」はもしその移行が市場の不完全性によって引き伸ばされるようであれば存在するといえる。

貿易開始前の均衡状態から開始後の均衡状態へ移るさいの調整が産業間貿易と比較して産業内貿易のもとで一層円滑におこなわれるか否かという基本的な問題は，実際には，産業内貿易のもとで賃金率が一層弾力性を発揮すると期待できるか否かという問題であるとともに／または，要素が縮小する産業から拡大する産業へ一層容易に再分配され得るのか否かといった問題となる。図11.1の関連では，賃金率の弾力性は完全に非弾力的な場合の調整経路である $a-d-b$ より a から b への一層スムースな移行をもたらす。同様に，一方の産業から他の産業へ比較的自由に移動できる統合化された労働市場は，$a-c-d$ より一層円滑な移行と一致するはずである。

賃金率の弾力性

　先進市場経済の安定化政策に対する期待と適切な機能に関する議論は，なぜ貨幣賃金率の下方への非弾力性が存在するのかについての説明に繊細な注意を払うことになった。しかも，この非弾力性が「合理的」に形成されるといった予想と矛盾するとしてもである。非弾力性を支持する強力な理由づけの1つは，労働市場における組織の存在である。とくに労働組合の役割，暗黙裏のおよび陽表的な形での契約，および雇用と解雇の取引費用のすべてが強調されてきた。したがって，産業内貿易に関わる部門の方が調整は容易であるという見解が正しそうに思えるのは，産業内貿易が比較的に多い産業では賃金調整を無効にする労働市場での組織の普及が低く，その組織の影響力も弱いからであるとともに，産業内貿易が支配的な産業では重要性が低いということだからである。しかし，このことを支持するには多少無理がある。非貿易品を生産する部門と比較した場合，賃金は一般に貿易がおこなわれている部門では一層弾力的になる傾向にあると先験的に考えられる。大部分の経済では，公共部門の経済活動は後者の非貿易品生産部門において圧倒的にみられる。歴史的には，長期の契約はその部門において雇用の共通した性質を有している。さらに，公共サービス事業の産出物は市場価格で評価できないので，生産性の変化を捉えることが難しく，賃金交渉は比較が可能な基準を参考にしてしばしばおこなわれている。これらの理由から，一方で貿易部門では弾力性を高めるケースがあるのに対して，他方では産業内貿易部門と産業間貿易部門との間で，弾力性に差が生じないケースがある。

　もう1つの可能性もある。もし貿易開始以前の賃金拡大と開始後の賃金拡大の差が比較的僅かであれば，貿易開始以前の均衡から開始後の均衡への移行期間は比較的に短期であると考えられる。これは差が小さいほど，ある部門から他の部門へ移動する意欲も強まるとともに／または，その実現可能性も高まることから起きる。これは193-5ページ（第10.4節）で論じたモデルでまさにクルーグマン［Krugman］(1981)が考えていたケースである。彼のシナリオでは，2つの貿易当事国の間において初期の要素賦存が似ていることが要素価格

の差を小さいものにしている。さらに、これは貿易開始によって生じる分配の変化を僅かな程度にとどめ、調整をはるかに容易にすることを意味することと矛盾しない。このモデルは調整に対する「高い受容性」の考え方に大きく依存している。つまり、要素価格の必然的な変化が小さければ小さいほど、消費の利益が所得の損失を補償する可能性はますます高くなり、したがって輸入代替部門の主体にとって、その変化を一層受容しやすいものとしている。

　このことは調整問題を具体化する1つの方法である。しかし、クルーグマン・モデルは（輸入代替部門と輸出部門の両部門間で）部門固有の労働を前提にしているので、縮少する部門から拡大する部門への要素移動に関しては何もいえない。調整はすべて価格調整であり、この場合必要な調整の実現可能性が問題となるが、この可能性の高さはその必要な調整の大きさの関数である。概念的には、これは数量調整をともなう調整問題の考え方、つまりある部門から他の部門へ資源を現実に移動することとは異なる。これは疑うまでもなく、調整問題を論じるさいに多くの論者が考えていることである。

労働市場の分断化

　図11.1で論じた固有要素モデルは市場調整にあたって、労働市場の分断化に照準を合わせる助けとなった。労働市場が分断化される程度は、部門間における職業間および地域間における労働の移動可能性が大きいか、あるいは小さいかによって決定される。

　もし部門間で要素集約性が似ていれば（当面は地域間の移動可能性を無視する）、ある部門から他の部門への労働の移動性は比較的容易だと期待できよう。輸入代替部門で雇用されている間に習得した技術体系は、輸出部門で最低の再訓練によって再開発することができる。調整が企業内でおこなわれる極端な場合には、作業者はある生産ラインから他のラインへただ移動することが可能である。反対に、もし要素ミックス（組み合わせ）が部門間で大きく異なっていれば、十分な再訓練なしには移動は不可能であろう。｛これは成熟しきった先進経済でいわゆる新興産業と斜陽産業を取り巻く議論でしばしば明らかにされるシナリオ（筋書き）である。｝

調整を論じるさいに多くの論者が頭に描いていることは，この相違のことであり，直感的にはそれなりに説得力を有している。結局，産業内貿易は類似の製品の同時的な貿易に関しているといわれている。しかし，産業内貿易が成立するシナリオとして条件が幾つか必要である。第1に，たとえ同一「産業」において輸出品と輸入品の拡大が同時に生じても，製品ミックスおよび要素ミックスがともに変化するかもしれない。垂直的に差別化されている製品への特化は（第2章のファルヴィー＝キャージコウスキーの設定のように)，具体的な例を1つ提供している。この場合，資本・労働比率は特化の過程で変化する。しかし，さらに重要な点として，必要とされる技術が特化の過程で変化するかもしれない。その明らかな例は多くの先進市場経済における衣料品の例であり,「低品質の」輸入品と「高品質の」輸出品との間には投入技術の面で好対照がみられ，その相違を投入技術の違いによって表すことができる。第2の条件は，多くの産業内貿易が部品や組立品であり，水平的または垂直的に差別化された最終財の貿易ではない。しかし，貿易された組立品が同一の「産業」で生産され，類似の技術に基づいているかぎり，縮小する事業活動から拡大する事業活動へ労働が移動する可能性は他の場合よりも一層容易かもしれない。｛この点はヨーロッパの鉄鋼産業の特化パターンを研究したアドラー［Adler］(1970) によって注目された現象である。｝

異なる産業間および同一産業内での要素投入の類似性の問題は，もちろん実証的な問題である。この問題に関する証拠は第5章のカテゴリーによる産業集計上の問題との関連で論じた。その章から思い出されることは，ある分類基準（レイメントの1976年の研究では，SITC）の3桁によって示されるように，資本・労働比率が変化し得る範囲は産業グループ間よりも産業グループ内における方が大きいかもしれないことを示唆する実証結果が存在する。もっとも，これと反対の実証結果も示すことができる｛ルンドバーグ［Lundberg］＝ハンセン［Hanssen］(1986)｝。この実証結果についての問題は資本・労働比率が色々の方法で計算できるとともに，その尺度も色々と解釈できるからである。潜在的には，最も有益な形の実証結果は産業ごとの研究から生み出されるものである。しかし，残念なことにそのような実証結果が著しく不足している。(今までの実証結果については，以下の第11.5節で論じる。)

本節で論評する必要がある最後の問題は労働の地域的な移動可能性である。調整は産業内貿易の設定のもとでは一層円滑にいきそうだといえる。というのは，拡大する事業活動と縮小する事業活動は産業間貿易と比較して，はるかにある一定の地域に根づいている可能性が高いからである。産業間貿易の場合には，個々人には再訓練が求められるばかりでなく，地域的にも再移動も求められることもある。地域間での移動に対して抵抗があるかぎり，調整は一層長くかかるであろう。職業間の移動の問題については，議論はある程度納得できる。結局，しばしば産業は色々な理由から地理的に集中しており，もし拡大や縮小が同一産業内で，およびある地区内／地域内で同時に起きれば，地理的な移動可能性に対する抵抗は比較的に小さいかもしれない。職業間の移動可能性については，最終的には個別の実証的な問題である。

第11.4節　調整政策

　調整は，産業内貿易の設定のもとでの方が産業間貿易よりも常に円滑に進むであろうとの主張に対して，結論的なことを先験的にいうことは難しい。しかし，ある種の調整摩擦が存在するかもしれないという考えには理由があると思われる。そうであるならば，色々な調整政策に関して簡単に論評することは適切なことである。

　調整政策には，その性質によって色々な見方があるが，これは問題の原因を異なる視点でどのようにみるかにより生じる。異なる見方をそれぞれ正確に区別しようとすれば，どのような場合であっても，ある程度，恣意が入り込む。とはいえ，調整の「市場機能放任主義」，「市場機能拡大主義」，および「市場機能代替主義」の見方をそれぞれ区別することが可能である。

　「市場機能放任主義」の見方の提案者〔たとえば，ブラックハーストなど[Blackhurst et al.] (1978)〕は，すべての調整にかかる摩擦の原因が市場の効率的な調整機能を妨げる不適切な立法にあると主張する。この見方によると，調整問題はめったに貿易を創出させない。調整問題はむしろ市場がおこなう本質的なシグナル発信機能が妨げられることによって生じる。たとえば，こ

の見方は政府の介入が要素市場と生産物市場の双方に影響を与える一連の歪みを生み出したのだと主張する。最適賃金法といった特殊な政策および労働組合にある種の法的な免責条項を付与する立法が要素価格の弾力性を損なわせるとともに，失業を長引かせている。「気前のよい」福祉支援体制の確立が再訓練の誘因を弱めさせ，失業を増大させる。補助金支給住宅の提供を企てる住宅政策は労働の地理的な移動可能性を制限するとともに，自然失業率を高めることにのみ貢献しているに過ぎない。政府の規制にともなう費用は平均単位費用を引き上げ，産出量を減少させている。これらの介入はすべて失業の費用を引き下げ，調整に対する誘因を取り除くことに荷担している。

この診断にしたがう処方はまず，関税措置であろうが非関税措置であろうが輸入制限のために採られる防御的な処置に関しては，何の役割もしていない。政策の目的は市場が作用するのを常に放任することである。マクロレベルでは，これは特定の役割をルールに基づく安定化政策に帰するであろう。ミクロレベルでは，大部分の政策処方箋が市場を自由に作用させる方法，および歪みを取り除く方法，つまり一般的な意味では規制緩和，によるものであろう。唯一の「積極的な」政策は生産物市場と要素市場の双方において，競争を増進させるように計画した介入方法を採用することであろう。もしこのような政策措置が推進されれば，要素価格ははるかに敏感になり，需給を変化させるようになり，したがってその力強いシグナル発信機能が発揮できるようになるであろうという主張である。移動可能性にとっての障害がなければ，資源が価格シグナルにもっと速く対応できるようになることが保償されよう。

たとえ市場機能放任的な見方の基礎にある仮定を受け入れたとしても，つまり市場を通しての分権化した意思決定が中央集権化した意思決定よりも一層効率的な資源配分をもたらしそうだとしても，そのようなプログラムに対してまだ疑問を差し挟む少なくとも3つの基準が存在する。第1に，歪みはすべて政府がつくり出しており，したがって介入について経済的な議論は何もないという暗黙の前提である。第2に，調整圧力の動態的な意味として，無視されているものが幾つかある。第3に，調整政策の政策的側面が十分強調されていない点である。調整政策の政策的側面は分権化された意思決定の好ましさを受け入れる一方，「市場機能拡大主義」の見方に同意する人々によって強調される調整

問題の側面なのである。

　市場機能放任主義の見方と市場機能拡大主義の見方との第1の大きな相違は，後者の見方が必ずしも政府が生み出したものではない歪みがあることを認識していることである。

　たとえば調整費用を考えてみよう。もちろん，両者の見方とも変化した経済状況に要素が調整されなければならないとき，費用がかかることは認識している。たとえば貿易拡大の場合，輸入代替部門における生産要素はしかるべき費用を発生するであろう。物理的資本や人的資本の所有者はそれらのサービスの現在価値が下がるのに気づくであろう。このような損失の大きさは現在の雇用と将来の雇用との間の収入差，雇用を変化させたときの費用，および政策当局からの移転の大きさに依存する。これらのうち最初のものは拡大する産業部門の性質に依存するし，第2のものは当該要素の移動可能性によって決まる。この場合，市場機能放任主義的な見方によると，そのような費用は所得移転にすぎず，ひとたび調整がおこなわれれば厚生水準が上昇し，その高まった水準で全体の厚生は何の影響も受けない。

　対照的に，市場機能拡大主義的な見方は市場の不完全な役割に焦点をあてる。ここの例との関連では，私的な調整費用と社会的な調整費用には相違があり得る。極端な例を採ってみると，特殊な資本（または労働）の1種類を廃棄することは，過去のものは過去のものという原理にしたがい，社会的費用はゼロである。両者の場合とも私的な費用は多少高くなりそうである。同様に，炭坑夫をコンピュータ・プログラマーとして再訓練することの社会的な利益は，社会的な視点からは至極明らかなことかもしれない。しかし，個々人の観点からすると，この変化の利益はそれほど明らかではないかもしれない。彼は比較的高い割引率によって将来所得（徒弟としての）を割り引くかもしれず／または，レジャーが比較的に重い加重値で彼の効用関数のなかに入るかもしれない。これらの結合効果として，彼が再訓練をしないこともある。

　私的費用と社会的費用との間に食い違いがあるとみられる場合，積極的な介入がおこなわれる場合があるかもしれない。最適介入分析の原理に従えば，市場の調整を妨げている歪みの原因を取り除く政策を適用するであろう。上記の例では，この政策は当該要素に対して何らかの形の総額保償と一体となった再

訓練支援金の形を採ることもある。同様に，物理的な資本が問題となっている場合は，援助金は過剰な資産の廃棄を加速させるために支給されることもある。このような介入に特有な特徴は，それが「積極的」で変化を加速させて実行させることである。

積極的な介入が魅力的であるのは，調整問題が累積的であれば，一層魅力的になることもあるためである。調整過程が比較的緩慢で，労働が比較的長期間失業状態であれば，人的資本に腐敗が生じる。労働に対する需要が増大しても，供給に制約があることもある。というのは，失業している労働者は最近の「職場での」就労経験がないので，それを有する労働者と比べ，適応性が劣るからである。この結果，失業はそうでない場合と比較して，高止まりとなる。これはいわゆる「履歴現象」のプロセスというものである ｛フェルプス [Phelps] (1972)｝。

この点はもし失業に地域的な集中化がみられれば，とくに重要である。なぜならば，そのような状況では社会資本の減価も同様に観察される傾向があるからである。これはさらに投資を抑制するように作用することが経験的にみられる。

典型的には，市場機能拡大主義の見方は調整支援の政策的な次元をかなり強調している。たとえ現状の経済が水も漏らさぬほど完備していても，調整支援策は危険で防衛的な行動ではなくて，変化を促進するために望ましいのだと主張されるかもしれない。このような議論に対する市場機能放任主義側の対応は，これが部門の利益を買収すること以外の何ものでもないので，むしろ避けるべきだというものである。しかし，もう1つの解釈があり，この方がもっと受け入れられやすい。つまり，それはパレート流のものである。「損失者」は変化を受け入れる「受益者」によって補償（または，好むならば「買収」）される。貿易に関わる変化の場合には，これは常に多数派の利益となるような変化を受け入れるために，多数派が少数派を補償する金額の総額になる。異論もあろうが，これは輸入保護の形での防衛的な行動よりも好ましい。保護がおこなわれれば，潜在的な損失者は再び「補償」されるが，受益者には利益がわからない。実際，受益者は隠れた費用を被っているのである。

一般的には，市場機能代替主義の見方は自由な市場が調整過程をうまく処理

できないだろうという前提に立脚している。市場機能拡大主義の見方は同様な立場から始まっている。しかし，これらの両者には重要な質的差異がある。市場機能拡大主義の見方は，介入が調整過程を加速させると規定しているが，調整は遅々としているものの，介入がたとえなくても起きるだろうということを分析の過程で暗黙のうちに了解している。他方，市場機能代替主義の見方は，市場の失敗が部分的であるとみるのではなく，市場は全体としてそもそも失敗なのだといった信条を説くのに等しい。結果として，調整は起きず，または調整問題はどんどん悪化すると主張する傾向がある。このような一層過激な診断は調整の難しさに対して適切に対応していくうえで，ますます過激な処方箋を引き起こしていく。勧められる政策は市場機能拡大主義の見方のもとで処方されたものよりも，一層選別的であるとともに，一層幅広い介入となる。

UNCTADはこの考えに対して，かなり共感しているようにみえる (UNCTAD, 1978)。UNCTADの診断は先進市場経済の産業構造を発展途上国市場経済の「卒業」と調和させるよう転換させることを示したものである。この主眼点は貿易トレンドの詳細な調査と部門別産業研究に従った予想される調整に関したものである。金融支援政策と補償政策は産業部門ごとの固有な要求に従って計画されるべきである。要するに，

> このアプローチを望む人々は先進国が東ヨーロッパ諸国の中央計画タイプの特徴をもっと受け入れるか，または多くの途上国が直面する製品過剰や産業固有の政策を受け入れてほしいと願っているように思える {ウォルフ [Wolf] (1979), 215ページ}。

政策手段の選択やそれらが開発された方法は，導入する調整問題に対する見方に大いに依存することが今までの議論から明らかである。もしこれが現実であれば，調整は産業内貿易のもとでは一層円滑であり，そうであれば直接介入を求めることの圧力は他の状態と比べ弱いかもしれない。

第11.5節 実証分析の結果

第10章では，産業内貿易のもとで貿易拡大の利益を実証的に評価する研究

は極めて僅かしかないことがわかった。残念ながら，産業内貿易のもとで調整の実証的な評価もまた僅かにしか存在しない。

第10章で論じた研究の1つはコックス［Cox］＝ハリス［Harris］(1985)であり，これはカナダの一方的な貿易自由化と多国間での貿易自由化のインパクトについての一般均衡による評価であった。第10章では，貿易利益に関するこの研究の意味に関心を寄せた。ここでは，この研究が同時に，調整問題に対しても論評している点に注目しよう。

一方的な貿易自由化のシナリオと多国間での貿易自由化のシナリオの両ケースとも，輸出も輸入もすべての産業部門で拡大する。さらに，両ケースとも産業内での資源の再分配は産業間でのそれより勝っている。たとえば多国間での自由化の場合では，僅かに6パーセントの労働力しか産業間で再分配されていない。このことは「自由貿易政策を採用することでの調整費用が大きくないかもしれない」(140ページ) ことを示唆している。したがって，このシミュレーションの結果は，貿易拡大に対する調整が大規模な産業内特化が可能な経済では，一層円滑におこなえるかもしれないとの見方に強い支持を与えているようにみえる。

貿易自由化にともなう特定の産業部門内での調整に関する研究は極めて少ないが，そのなかの1つはアドラー［Adler］(1970) によるものである。この論文は1952年のヨーロッパ石炭・鉄鋼共同体 (ECSC) の設立にともなうヨーロッパ共同体の原加盟6カ国の鉄鋼生産とこれら6カ国間の鉄鋼貿易の変化を調べている。この協定はヨーロッパ共同体内の鉄鋼製品のために自由市場をつくった。アドラーが記しているように，関税同盟理論に関する伝統的なヴァイナー流のアプローチに立脚するこの協定がもたらす効果を予測すると，それは加盟国の比較優位に従う産業部門ごとの特化を示唆している。このような産業間特化に対する心配は共同体全体を牛耳っているドイツの鉄鋼産業に向けたものであり，可能な調整問題についての懸念をとくにフランスとイタリアで生じさせた。しかし，アドラーが明らかにしていることは，少なくとも1966年までに産業間特化が起きることではなく，産業内での特化と貿易の面で大幅な拡大が生じたということである。1952年から66年までの間に，産業内貿易はドイツで49パーセントから95パーセントへ拡大し，同様に，この間フランスで

は30パーセントから69パーセントへ，イタリアでは1パーセントから54パーセントへ，オランダでは3パーセントから65パーセントへ，およびベルギー＝ルクセンブルグでは7パーセントから41パーセントへ拡大した。広く予想されていたように，1国によって支配されるのではなく，異なる国々が異なる鉄鋼製品にそれぞれ特化する結果となった。つまり，調査した10個の製品グループのうち，6個で国別特化が発見された。

この分析から，アドラーはつぎのように結論している。

> これらの発見事象の意義は，同盟創設の6カ国の心配を大きく和らげる力をこれらの発見内容がもっていることにあり，資源再分配の壊滅的インパクトにつながる厚生問題への心配は即座に徒労となって消えている（190ページ）。

第11.6節　結　語

本章では，「調整問題」の側面を考察した。貿易拡大に向けての調整が時間のかかる状況にあり，およびなぜそうなのかといった理由が考察されるとともに，産業内貿易のもとでの調整過程が産業間貿易と比較された。貿易拡大に向けた調整が産業内貿易のもとで一層円滑におこなわれるとの主張は，ある程度，直感的に納得できるものではあるが，そのような命題を結論づけることは難しいことがわかった。これまでに，この命題を支持する実証分析も幾つか存在する。しかし，当面はそれらがカバーする範囲はかなりかぎられたものである。

第12章　産業内貿易と通商政策

第12.1節　はじめに

　新古典派の貿易モデルにおいて通商政策による介入分析の基礎は，ミード [Meade] (1955) の研究にみることができる。この分野の文献に対する古典的な貢献はバグワティ [Bhagwati] (1971) とジョンソン [Johnson] (1965) であると広く認められており，多分，最も包括的で直感的な文献の整理はコーデン [Corden] (1974) である。これらの文献は，もちろんその他の多くの文献とともに，通商政策に関わる多数の基本的な提案をおこなってきたし，そのことはエコノミストの間で広く認められてきた。第1に，小国開放経済で市場に歪みが1つもなければ，自由な貿易が最良の方法であり，貿易品に対する市場への介入は厚生を悪化させる以外の何ものでもないということが広く受け入れられている。しかし，もし生産物市場または要素市場に歪みが存在すれば，その歪みを矯正するためになんらかの形の介入が必要であるといった議論も出てくる。このような介入について最も広く受容されているケースは多分いわゆる最適関税であり，これは国際交易条件を自国にとって有利にするように賦課される。しかし，最適介入の理論がもたらしたものは2番目に広く受容された原理であった。つまり，たとえ歪みが存在し，先験的に介入があるとしても，介入の適正な政策手段は関税ではなさそうである。すなわち，明らかにある形の補助金支出の方が関税や輸入割り当てよりも一層有効な介入方法であろう。具体的にいえば，ケースごとに適切な介入方法は，生み出される「歪みの副産物」の大きさを参考にして決定することができる。最も効果的な介入手段は「歪みの副産物」の大きさを最小にするものである ｛コーデン [Corden] (1974)，グリーンナウェイ [Greenaway] (1983a) を参照｝。3番目に広く受け入れられている命題は，多分，陽表的ではなく暗黙裏にＨ－Ｏ－Ｓの設定のもとでの通商

政策に関する研究に関しており，この命題によると輸入代替と輸出促進は1つの政策手段によっては同時に達成することはできない．

産業内貿易および通商政策に関する最近の研究のなかで最も興味のある結果の1つは，これらの命題に挑む一連の研究である．たとえば，ランキャスター[Lancaster] (1984) は輸入関税を賦課する国がたとえ小国で開放経済であっても，輸入関税は厚生の増進となり得ると主張する．カーティス[Curtis] (1983) は，状況によっては，輸出補助金が介入手段として関税よりも優れている場合もあると論じた．クルーグマン[Krugman] (1984) は，輸入保護が輸出促進にもなり得ると論じた．これらの研究やその他の論文は通商政策の基本的な命題の幾つかに対して疑問を抱かせるとともに，最適介入の命題の一般性に対して疑問を投じた．

本章では不完全競争がどのように，またなぜ時々常識に反する結果を示すのかについて考察するとともに，それと現実とのつながりについて考察する．分析をまとまりのあるものとするために，第2章と第3章で用いたモデルの分類方法に従う．したがって，第2章と第3章におけるように，それぞれ分類される「大数」の仮定と「小数」の仮定の双方の関連で通商政策の介入について考察する．

第12.2節　通商政策と新ヘクシャー＝オリーン・モデル

第2.1節ではファルヴィー[Falvey] (1981) およびファルヴィー[Falvey]＝キャージコウスキー[Kierzkowski] (1984) のモデルの概要が紹介された．これらのモデルでは製品が垂直的に差別化されており，製品の品質は資本の相対的な投入量の関数であると仮定されている．一方で，資本が相対的に豊富な国は「高」級品の生産に特化するとともにそれらを輸出し，他方，労働が相対的に豊富な国は「普」及品の生産に特化しそれらを輸出することがわかる．第2.1節では，このことはつぎの条件によってまとめられた．

$$\Pi(\alpha_1) - \Pi^*(\alpha_1) = 0 \tag{12.1}$$

$$\alpha_1 \lessgtr \alpha \text{ であれば } [\Pi(\alpha) - \Pi^*(\alpha)] \lessgtr 0 \tag{12.2}$$

言い換えれば、「限界的な品質」が存在し（方程式 12.1）、自国は相対的に資本（労働）が豊富であれば、この限界的な品質よりも優れた（劣る）品質に比較優位（比較劣位）を有するであろう。このような設定のもとで、輸入関税を導入する効果は比較的に容易にわかる。このことをみるために、自国は輸入するすべての品質に対して t の従価税を課すると仮定しよう。輸入関税の賦課により、以前は輸入されていたが今度は国内で生産できる品質が幾つか出てくるであろう。その結果、貿易されない品種のグループが 1 つ生じる（そして 2 つの「限界的な」品質があり、それらは貿易されない品種グループの片側にそれぞれ存在することがわかる）。輸入された品種に対する需要が減り、自国で生産する品種に対する需要が拡大するので、外国の資本の相対価格が下落する傾向があるだろう。外国の資本に対する報酬を下落させる関税の効果は重要である。一方、関税は輸入価格をある程度下落させる。もっと正確にいえば、関税は輸入品の資本集約度に比例して費用を引き下げることを意味する。関税は輸入品の価格をすべて同じ割合で上昇させるので、全体としての効果は「関税の水割り」が生じる。つまり、輸入価格の上昇分は関税分を下回ってしまうのである。さらに、製品が資本集約的であればあるほど、水割りの水量が多くなり、国内の消費者にますます資本集約的（高級）な輸入品を買わせるようになる。このことから当然、自国は輸出市場をある程度失う結果になる。このことから、関税賦課後の貿易収支均衡が求められることが明らかであろう。その背後にある直感的な考えはごく単純に新ヘクシャー＝オリーンの考えである。つまり、関税賦課による要素価格の変化に従って生じているのである。海外での資本価格の下落は海外で輸入代替品の競争力を改善し、自国の輸出品に対する外国の需要を減少させる。

　輸入関税の「正」の効果は修正 H-O-S の設定のもとで期待されるものと一致している。こうして、輸入保護は輸出の減少をもたらすとともに、非貿易品の相対的な重要性を高めさせる。輸入関税の純厚生効果は考慮されていない。モデルの構造がこのようなものであるので、輸入関税の純厚生効果は不明である。一方、輸入品の国内価格が上昇し、国内で生産された代替品に対して代替の役割を促す。これらの純厚生効果は関税賦課にともなうおなじみの逸失利益を生じさせる。しかし他方では、外国で資本に対する報酬を下落させるので準

交易条件利益が生じ，これが逸失利益のすべてまたは一部を相殺するかもしれない。一層正確に言えば，受益者と損失者をもっと明確に識別するとともに，介入の目的を明確にしなければならないであろう。ファルヴィー［Falvey］(1981) が指摘するように，このモデルで考えている多品種生産産業を前提とすれば，介入の目的には幾つかが考えられる。資本に対する国内での報酬の引き上げを望む者もいれば，輸入代替品の品種数を増やそうと望んだり，または自国の輸出品の品種数を増やそうとする者もいるかもしれない。これらの各々の目的について色々な政策手段が与えるインパクトは表 12.1 にまとめてある。この表から輸入代替と輸出促進は生産への補助金支給の場合を除き，**常に競合**しあう目的であることに注目されたい。この生産補助金支給の政策手段に関しては，輸入保護と輸出促進が競合関係にあるのではなく補完関係の場合があるようである。補助金支給はすべての品質につき生産費用を引き下げ，（産業固有な）資本の報酬を引き上げる。このことは自国で生産し，輸出する品種数を増やし，一方輸入品の品種数を減らすことによって，限界的な品質を移動させる効果をもつ。それまでは輸入されていた品種のなかには，今度は輸出されるものが出てくることに注意されたい。貿易逆転現象は生産補助金が要素価格を変化させる結果生じたのである。

表 12.1 種々の目的変数に関する色々な通商政策の効果

国内政策	以下の政策に与える効果		
	国内における資本の報酬	輸入代替品の品種数	輸出品の品種数
輸入関税	±	+	−
輸出への補助金	+	−	+
生産への補助金	+	+	+
資本への補助金	+	0	0
賃金への補助金	+	+	−

この結果について関連する内容が幾つかある。注目しなければならない最も重要な点は，私たちが補助金のインパクト効果だけに言及していることである。明らかに不均衡の問題が存在する。為替レートが弾力的な場合は，為替レートの上昇がこのプロセスを逆作用させるであろう。もし為替レートが固定

されておりすべての製品が貿易されれば，ある他の部門からの輸出品は貿易均衡を維持するために減少しなければならない。もし差別化された製品しか貿易されていなければ，貿易品と並んで非貿易品に対しての価格調整が均衡回復のために生じなければならない。出超は貿易品の超過供給および非貿易品への超過需要の証である。したがって，相対価格は均衡を回復するために調整されなければならない。要するに，（産業固有な）輸出促進効果が他のある部門の縮小によって相殺されるか，あるいは為替レートの変動効果が貿易利益を無効にしてしまうかのどちらかということである。これらの一般均衡の側面は保護の「影響」を調べる過程で，グリーナウェイ［Greenaway］＝ミルナー［Milner］（1984c）によって類似のモデルでさらに考察されている。

第12.3節　通商政策と独占的競争

　第10章において産業内貿易の利益を論じるさい，交易国が規模の経済を相互に提供し合うことによる貿易利益とともに，品種数が増えることによって生じる利益について論じるために，新チェンバリン派のモデルを用いた。今までに発展してきた新チェンバリン派のモデルの意味は，貿易が明らかに厚生を増大させるということである。たとえば，輸入関税による輸入保護は国産品の品種に対して輸入品の品種の価格を引き上げ，輸入品を減らす結果をもたらす。さらに，国内の消費者は国産品の品種に対する消費を増やすので，輸出品はその等しい量だけ減少する。加えて，生産関数の性質次第で単位費用も上昇するかもしれない。こうして輸入保護は貿易開始の効果に対して素直に逆らうことになる。選好の多様化という形で歪みが存在するにもかかわらず，また多分，費用が逓減するにもかかわらず，輸入保護は新古典派モデルにおける効果と類似した効果を有しており，規範的な面からすれば，輸入保護は明らかに厚生を減少させている。興味あることが1つ生じる。輸入関税は品種数を制限するように作用するので，「最適」関税を「社会的に望ましい品種数」をもたらす関税とみなせるかもしれない。このような考え方が存在することは，疑いもなく多くのエコノミストの心のなかにある。というのは，新製品開発の固定費用が新

しい品種を導入することによる消費者余剰の増大を上回るかもしれないからか{たとえばシーラー[Scherer](1980)}，または「不適切な」品種が導入される{たとえばジェイムス[James]＝スチュワート[Stewart](1981)；ジェイムス[James](1983)}かの**どちらか**の理由が考えられるからである。もしこのような命題が受け入れられれば，現存の品種数を参考にして「最適」関税を定義することは大きな意味をもつ。この問題について手短にたち戻ることにしよう。

通商政策介入の側面は同様にランキャスター[Lancaster](1984)によって新ホテリング流の設定のもとでも考察され，興味のある結果をもたらした。このモデルの構造は第2.4節で概説したものと似ている。つまり製品は水平的に差別化されており，逓減費用のもとで生産されている。同じような自給自足的な性質の2社の企業が貿易するようになれば，製品に産業内貿易が生まれ，品種数が増えることによる利益が生まれ，価格が下がる。この設定のもとで，ランキャスターは輸入関税の経済的効果を考察している。幾つかの可能性が検討された。つまり，異なる品種の配列がそれぞれ「分割」できる場合と，「相互に入り組み合う」場合の状況のもとで「シンメトリック（対称的）」な保護と「アシンメトリック（非対称的)」な保護について検討した。対称的な保護とは，両国が輸入関税を同時に賦課する状況に関するものである。対照的に，非対称的な保護とは一方的に関税を賦課することに関している。異なる品種の配列が「分割」できる場合は，製品配列の一部が輸入された品種によって主に占められ，他方，製品配列の他の一部が国内で生産された品種によって主に占められる状況を表す。この様子は図12.1の上部の図で図示される。「相互に入り組み合う」場合は，図12.1の下部の図に描いてある。ここでは国産品の品種と輸入された品種が製品配列上で互い違いになっている。保護の効果は，関税の賦課が対称的であるのか，または非対称的であるのかによって，さらには製品の配列が分割されているのか，または相互に入り組み合っているのかによって異なる。関税賦課が対称的な場合は，製品配列が分割されていようが，あるいは相互に入り組み合っていようが関係なく，結果は多くの人々が予想することと同じである。(つまり，価格は上昇し，品種数は減る。)さらに興味のある結論は，非対称的な関税賦課に関する場合であり，とくに異なる品種が相互に入り

y a_1 a_2 a_3 a_4 a_5 a_6 a_7 a_8 a_9 a_{10} x

国産品の品種　　　　　輸入された品種

国産品の品種

a_1 a_2 a_3 a_4 a_5 a_6 a_7 a_8 a_9 a_{10}

輸入された品種

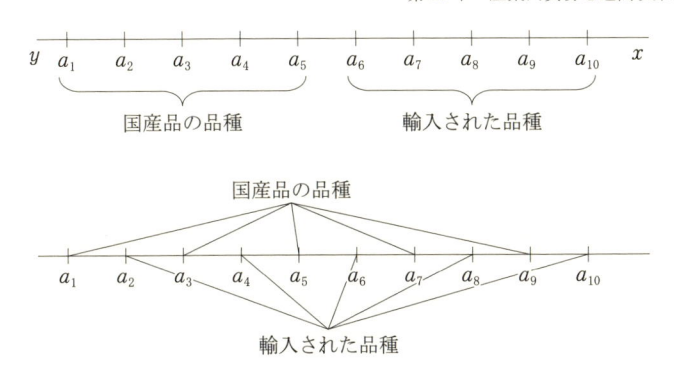

図 12.1

組み合う場合である。

非対称的な関税の賦課

　一方的に課する関税は，関税を賦課する国が大国で開放経済であるとともに最適関税を賦課することができないかぎり，または関税賦課によって矯正できるようななんらかの歪みが存在するのでないかぎり，新古典派のモデルでは厚生を改善することは決してできない。しかし，後者の歪みが存在する場合，通常は関税以外のなんらかの介入の方が関税による介入よりも一層有効な介入手段であるのが現状であろう。製品の配列が分割されているときは，同様の結果がこのモデルからもたらされる。一方的に賦課する関税は輸入代替品に比べ，輸入品の価格を引き上げる働きをする。国産品と輸入品の市場はそれぞれ分断可能であり，かつ限界的な品種では国産品と輸入品の代替性を問題にしなければ，関税は輸入された品種の価格を引き上げるとともに，それらの品種の数を減らすように作用する。（というのは，外国の輸出業者の利潤が減るからである。）一方的な賦課関税は厚生を減少させる。

　対照的に，品種が相互に入り組んでいる場合はこれと異なり，直感に反するような結果を幾つか生じる。当初，関税は輸入品の価格を引き上げる。しかし，「国産品」と「輸入品」の市場を分断することができないので（それぞれ相互に入り組んでいるから），輸入品から国産品への代替が生じる。当初，この

ことが国産品の品種の価格上昇を促進させ,利潤を膨らませ,参入を生ぜしめる。参入は品種を**増やす**。というのは,外国の品種が輸入され続ける**とともに**,それらの仕様が国産品の品種と依然として相互に入り組み合い続ける形で変わることが想定されているからである。このことから,品種数の増加は製品配列上の製品間の平均距離を短くし,結果として,

> 需要の弾力性は上昇し,その結果,価格は国産品市場では限界費用に近づき,輸入品の市場では限界費用に関税を加えた和に近づく。こうして,国産品と輸入品双方の価格は**関税賦課後・参入前の状態に比べ**下落するとともに,国産品の価格は自由貿易のもとにおけるよりも下がるであろう{ランキャスター[Lancaster](1984)}。

この結果は,関税賦課後に国内市場で各企業の市場の大きさが拡大する(したがって,平均費用が下がる)結果として起きる決定的に重要な点である。こうして国産の品種の価格は,当初,上昇するにもかかわらず,参入後の均衡では,価格は自由市場のもとでよりも**一層低くなる**のである。

最終的な結果は国内の消費者にとって利益となり(品種数が増えるために),国産品の品種を購入する国内消費者に利益となり(製品価格が下がるため),および外国産の品種を購入する国内の消費者にとって損失となる(製品価格が上昇することによって)。もし新しい品種の導入にともなう固定費用を無視すれば,厚生の純効果はこれらの利益と損失の両者の相対的な大きさにより決まる。ランキャスター・モデルにおいて仮定されたパラメーターは厚生利益をもたらす(および,これは関税収入が輸入された品種を消費する消費者にとって補償という方法によって再分配することができるという考えにより,一層強化される)。このことから,ランキャスターは「完全競争条件のもとで,関税によって利益が得られない力の弱い小国は,独占的競争のもとでは,関税によって利益を得ることができる」と結論づけた。厚生を改善する力のある要因は(対称的なケースとは対照的に),品種数の大幅な増加と国産品の品種の価格引き下げである。これは疑うまでもなく,多くの特別な仮定がある結果である。

1. 新製品開発の固定費用は単純に無視されている。だが産業経済学における最近の研究が示すように,固定費用の大きさは製品の品種数が社会的な最適数にいつ到達したのか,あるいはいつ超えるのかの評価に関連してい

る。
2．関税賦課前と賦課後における製品の品種数が相互に入り組み合う様子は決定的に重要であるとともに，実際，問題となる。多数のケースでは，関税賦課前に品種の数が相互に入り組み合う状態は普通ではないかもしれない。関税賦課後の品種の相互の入り組み合いは確かに疑問である。というのは，それは関税賦課に続いて突然に，しかも完全に仕様が再配列されることを求めているからである。(この前提は数量割り当てまたは輸出自主規制では一層納得がいくかもしれない。というのは，生産者はしばしばこのような手段によって製品の仕様を変える誘因をもっているからである。)
3．自由参入および単一品種の製品を生産する企業の条件はかなり重要である。明らかにもし，これらの仮定の1つまたはそれ以上が緩められれば，X非効率を刺激し，歪みをさらに増やす国内生産者の市場支配力を強化する保護の可能性がある。
4．海外では費用一定を仮定する必要がある。というのは，もし外国における生産者が逓増費用に直面すれば，彼らの輸出品のFOB価格(運賃保険料込み値段)が上昇するからである。
5．報復は仮定されていない。

　このモデルから導出される結果の性質が決まっているので，新たに多くのコメントを以下に挙げる。最初に，関税賦課前と賦課後の異なる製品の入り組み合いを取り上げてみよう。輸入業者側の戦略的行動モデルを参照にして，これを正当化することができるかもしれない。たとえば，輸入業者はある1つの品種を輸入された品種に近づけて配置させるよう常に努めていると仮定できるかもしれない。つまり関税賦課に従って輸入業者は国産の輸入代替品に近づけて配置させ続けるために，仕様を(たとえ宣伝だけにしか過ぎなくても)変えようと必至になるであろう。多品種を生産する企業の場合は，このことは納得できる仮定かもしれない。しかし，原子的な市場ではそれほどでもない。関税賦課後の製品の入り組み合いを生じさせる明確な「見えざる手」のプロセスは存在しない。
　第2に検討しなければならない点はつぎのことである。もし関税が厚生を自

由貿易の状態に比べて増大させるなら,最適介入の分析は関税が矯正しようとしているある種の歪みの存在そのものに疑問を抱かせる。厚生改善の性質が決まっているので,歪みは品種数が不足しているからだと考えられ,この場合,2つの重要な疑問が生じる。第1に,もし自由貿易では品種数の不十分であることが歪みであることを認めるとすると,関税はその歪みを取り除くための最も有効な手段であろうか? 第2に,品種の多様性の程度として「社会的に最適」なものが存在するのだろうか? 第1の疑問に対する解答は単純である。すなわち,生産補助金の方が関税より一層有効であろう。というのは,生産補助金は輸入された品種の価格を引き上げずに品種数を増やすからである。第2の疑問に答えるためには,新製品開発の固定費用についてもっと注意深く考えてみる必要があり,この問題をランキャスターは無視している。産業経済学の最近の研究が示したように{たとえば,シーラー[Scherer](1980)},消費者余剰になんらかの改善がみられ,それが新しい品種を導入するための固定費用を相殺する場合にのみ,品種の増加は厚生を増大させると期待できる。ランキャスターは新製品開発の固定費用を考慮していないが,多数の品種が存在するモデルでは,消費者余剰の増加の大きさが最小になるような状況を考えるのは難しいことではない。ここでの関連で,問題となっている点は重要である。というのは,小国で開放経済では品種が社会的に最適な数になるように,賦課できる「最適」関税または補助金が存在するかもしれないということをこの問題が示唆しているからである。

第12.4節　国内独占モデル

　国内に独占が存在する状態のもとで通商政策を評価することは,たぶん,最も広く研究された不完全競争のケース(確かに,生産物市場における不完全競争に関する)である。明らかに,国内独占はH-O-Sのフレームワークでは歪みとして取り扱われてきた。たとえば,コーデン[Corden](1967)は,類似した輸入品と競合せざるを得ない状態で,個々の企業にとり利益にならない製品が規模の経済の出現により社会的には望ましいとの状況のもとで,関税と補

助金の効果を検討した。補助金は明らかに関税より優れている。一層正確にいえば，限界費用に基づく価格づけとつながった補助金は規模の経済の歪みに対しては，最適な対応策となる。バセヴィ［Basevi］(1970) およびパーセル［Pursell］＝スネイプ［Snape］(1973) はこの分析の流れを発展させた。つまり，彼らは介入が参入を容易にさせるとともに，新たな参入者を輸出業者にさせることができるか否かを考察した。この分析は国内と外国の消費者の間で二重価格が起きそうな場合には，国内の参入者は国内市場と外国市場の両方に対して供給できるかもしれないと予測する。カーティス［Curtis］(1983) はこの研究に新たに加わったが，以前の研究結果に対して挑戦を挑んでいる。事実，カーティスは関税が国内生産者による参入を生じさせるとともに，二重価格の可能性が無くても参入者は輸出業者になれることを示そうとしている。さらに，カーティスは輸入関税がいかなる種類の補助金政策よりも優れた介入手段であると論じてもいる。これらの結果の内容が明らかとなったので，このモデルをさらに詳しく検討しよう。

問題の市場は水平的に差別化された製品に関するものであり，当初は外国で生産された品種が市場を支配している。政府による介入がおこなわれなければ，図 12.2 に示したように，需要はあらゆるところで平均費用曲線以下であるので，国産の輸入代替品は一切生産されない。仮定により，国内で生産される品種は「社会的に望ましい」。国内での参入を引き起こすために関税が賦課される。問題のこの国は小国で開放経済であると仮定しているので，輸入された品種の価格は上昇する。国産の品種と輸入された品種との間の交叉弾力性が正であれば，国産の品種に対する需要は増大する。さらに，国産の品種に対する潜在的な輸出需要が存在すると仮定すれば，変化しない平均費用曲線に正接する（水平的に加算した）需要曲線に従い，生産が可能となる。そのプロセスは図 12.2 に描いてある。需要は関税賦課の結果，D_{H+F} から D^t_{H+F} へシフトする。OQ_2 の生産が平均費用で可能となり，販売される（OQ_1 が国内市場で販売され，Q_1Q_2 が輸出される）。この場合，厚生に与える関税の純効果はつぎのように計算できる。

$$W_t = \int_{P_1}^{A} y(p, q_0) dp - 1/2 q_0 t(z_0 - z_1) \tag{12.3}$$

226 第4部 政策問題

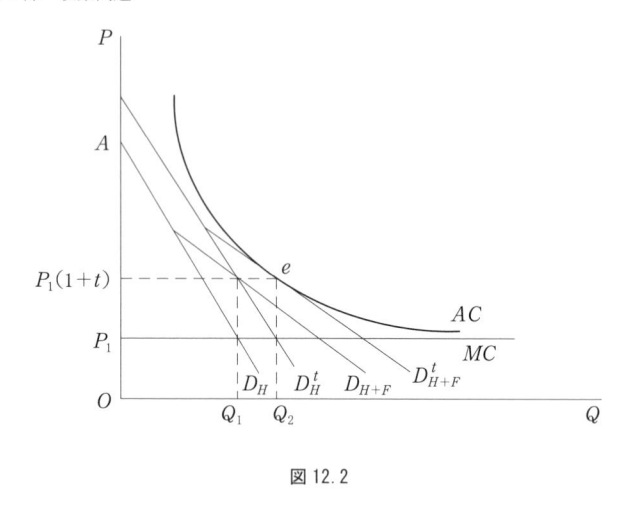

図 12.2

ただし，p および q はそれぞれ国内，または外国で生産された品種の価格を表し，

y および z はそれぞれ国内，または外国で生産された品種に対する国内需要を表し，

t は輸入関税を表す。

(12.3)式の右辺第1項は国内で生産された品種を導入することから生じる国内の消費者余剰の利益であり，右辺第2項は関税の逸失利益である。この場合に生じる厚生の変化はつぎのようである。

第1に，輸入された品種を購入し続ける国内の消費者は厚生の損失を被る。それが生じる理由は，輸入品に対して支払われる価格は上昇し，消費量が減るからである。第2に，輸入代替品を消費する国内の消費者は，輸入品よりは自分たちの「理想の」仕様に一層近い新たな品種が導入される結果，厚生利益が得られる。第3に，輸入代替品の国内生産者は生産者余剰の利益が生じる。しかし，この利益はカーティス・モデルの生産における固定費用をちょうど相殺してしまう。この場合，純利益が存在するかどうかは，外国の消費者の厚生をどのように加重するかによって決まる。カーティス・モデルでは，加重値がゼロと暗に考えられている。つまり，平均費用による価格づけに基づき，国内消

費者によって負担される固定費用はいかなる部分であれ，いずれも移転項目である。他方，外国の消費者により負担される部分はいかなるものであれ，利益となる。

したがって，全体として合計した経済厚生の純変化は新たな品種の導入にともなう消費者余剰の利益に生産の固定費用の一部を外国の消費者へ移転することで得られる利益を**加え**，その和からさらに関税にともなう逸失利益を**差し引**いた残りに等しい。

当然生じる疑問はどのような状況のもとで，この純変化は正となるのだろうかということである。それは以下の多くの要因に依存する。

1．保護以前に存在する品種の数。明らかに，品種数が多いほど消費者余剰の利益が生じる余地は小さくなる（他の事情が等しいかぎり）。
2．輸入された品種の数が多いほど保護による消費の逸失利益が大きくなる（他の事情が等しいかぎり）。
3．限界費用に対する平均費用の比率は必要な関税率の高さを決定する。この比率が大きいほど必要な関税率は高くなるとともに，ここでも（他の事情が等しいかぎり）逸失利益が大きくなる。
4．潜在的な輸出市場は明らかに重要な影響を及ぼす。というのは，それが外国の消費者に移転できる固定費用の割合を決めるからである。
5．外国の生産者が関連する範囲全体にわたり費用一定の状況に直面するという暗黙の前提は決定的に**重要**である。明らかに，もし輸入品の生産が逓減費用のもとにあれば，関税によって交易条件に準じた損失が発生するであろう。この暗黙の前提にはある種の矛盾が存在する。というのは，その矛盾は自国にある逓減費用の存在であり，それが厚生利益実現のための基礎を形成するからである。
6．ここでも報復関税は仮定されてはいない。
7．前節で論じたランキャスター・モデルにおけると同様に，新たな品種を導入するさいの開発費用はゼロであることが暗黙の前提となっている。

こうして，関税によって輸出可能性を高め**られる**ということから，輸出可能性を高めることが厚生を増大**させる**というように考え方を進めるうえで欠かせ

ない条件は，かなり厳しいものである。輸入された品種が1つしかなく，国産の品種も1つしかないという状態をここで取り扱っていることは，この結果に対して重要なインパクトを与えている。新製品開発の固定費用が無視されていることにも注意しなければならない。これは重要な除外事項である。というのは，このような費用は（この費用は正になると思われるが）実現した利益から差し引くべきである。

にもかかわらず，ランキャスター・モデルで考究したように，実際，この介入により矯正される歪みの性質そのものを考えることができる。カーティス・モデルには，3つの歪みが存在するようである。第1に，価格づけができず，しかも平均収入をどこでも下回る平均費用を生じさせるかなりの消費の外部性の存在。第2に，生産における逓減費用の存在。そして第3に，輸出品に対して右下がりの需要曲線の存在である。適正介入の分析によれば，内部的な歪みが存在するところでは内部的な手段を適用すべきであり，外部的な歪みが存在するところでは外部的な手段を適用すべきであると示唆している。このようにして，介入の副次的な歪みを最小にすることができる。ステグマン [Stegemann] (1984) が指摘するように，カーティス・モデルで示される歪みに対する最適な対応は，3つの手段のポリシーミックスを含んでいよう。国内市場で限界費用に基づく価格づけと結び付いた参入を刺激する補助金は，消費の外部性と規模の経済を矯正する働きをする。（これはコーデンの研究内容と調和した最適な対応策である。）しかし，これと合わさって国内の参入者は右下がりの需要曲線に直面するので，適正な対応策は輸出税である。実際，これは国内の生産者に自己の市場支配力を行使させるとともに，価格差別を起こさせる。パーセル＝スネイプと一致する解決策が生み出されるか，あるいはステグマン [Stegemann] (1984) がしたように，「通説に戻った」のである。カーティスが検討した2つの政策は次善策となる。限界費用に基づく価格づけをともなう補助金支出は，輸出品を外国であまりにも安価で販売する結果になる。平均費用に基づく価格づけと結びついた関税は国内企業に外国での市場支配力をある程度発揮させるとともに，そのことがカーティス・モデルにおいて関税を補助金より優れたものとして位置づけたものと一見思える性質なのである。しかし，同時に新製品の国内消費が社会的な最適水準を下回っており，そのこ

とでこの政策を次善の介入としたことを意味している。つまり最適介入分析はランキャスター・モデルと同様に，一見したところでは直感と反する結果としてみられるものを解明するよう有効に利用できる。

第12.5節　ゲーム理論のモデル

　第3章で「小数」モデルの幾つかを概説するとともに，類似した製品または差別化された（水平的のみならず垂直的に）製品の貿易がなぜ国際寡占市場において生じ得るのかを検討した。推測的変動に関する厳密な仮定が貿易される製品のタイプとともに，貿易開始メカニズムに対して重要な影響を及ぼすことがわかった。色々な考え方ができる。本節でみるように，多様な結果が生じることは，通商政策には種々な効果が存在することを特徴づけてもいる。

　クルーグマン［Krugman］(1984) は，関税による輸入保護がどのように輸出促進をもたらし得るのかを説明するモデルを考えている。このモデルは国内市場と外国市場が分断されていると仮定しているので，両市場で価格が異なっても裁定は生じない。同時に，生産においては費用逓減も仮定されている。どちらの企業の産出量も**期待される**限界費用の関数であり，一方，**実際の**限界費用は産出量の関数であるということで，陽表的な企業行動の仮定が設けられている。両企業は両市場に互いに供給し合えるので，両企業の費用表には相互依存性が存在する。つまり，各企業の限界費用は相互に負の関係にある。たとえば，外国企業にとって限界費用が上昇することはこの企業にとって産出量の減少を意味し，国内企業にとり産出量の増加を，したがって限界費用の減少を意味する。**外国企業は貿易へのどのような介入に対してもクールノー流に反応する（つまり受動的に反応する）という仮定については**，関税保護が興味深い結果をもたらす。もし関税賦課により外国企業が国内市場から全面的に，または部分的に排除されるなら，国内企業に産出量を拡大させることを可能にさせ，そのことがさらに限界費用を引き下げる。もちろん同時に，外国企業の限界費用は上昇する。この結果，国内企業が国内市場で外国企業より安い価格づけができるだけではなく，外国市場でもそうすることができる。保護は自国企業に

対して規模の経済が作用する範囲を拡大させるとともに，他方，外国企業にとって可能な規模の経済の範囲を縮減させる。結果として，輸入保護は輸出促進（もちろん当該産業についてのみであるが）でもある。

この結果は H-O-S モデルで予想される内容とは逆であり，幾つかの特殊な仮定に依存している結果である。費用条件の相互依存性は重要である。このような費用条件の一般性を疑ってみることはできるが，そういうことが生じるかもしれないとう状況を考えてみることは難しくはない。しかし，それが生じるケースでは，輸出促進のための政府介入の必要性はその妥当性において不明確なものである。結局，外国企業がクールノー精神であるのだと国内企業が本当に信じるなら，国内企業は限界費用曲線上を下がっていくために，なぜ新たな産出量を生産しないのであろうか？　もちろん，この結論に対するヒントはクールノーの企業行動の仮定にある。この仮定は確かに問題を自己解決するという理由のために設けられているものの，この仮定がこのモデルの利用可能性を明らかに制限している（とくに，外国政府の側でクールノーの企業行動を暗に仮定しているために）。

クルーグマンは，介入が厚生に与える純効果を評価していない。しかし，彼が暗に意味するところではこれらの純効果はプラスである。というのは，製品は同質的であり，国内で生産された製品の関税後の価格は関税前の価格より低いからである。もしそうであれば，やはり関税は国内の歪み，つまり生産規模がきっと小さ過ぎるという歪みを矯正しているのだということをこの場合も意味している。もしこのことが歪みならば，最適介入は限界費用に基づく価格づけをともなった生産補助金であろう。実際，この結果を達成できる政策は幾つか存在するし（事実，国内の産出量の拡大をもたらす方法なら何であれ，達成は可能である），不介入を含む選択可能な政策手段を順位づけることができるであろう。ホワン [Hwang] (1984) はまさにそのことを試みている。彼は推測的変動がゼロの仮定を緩め，色々な状況を考察している。もし予測が可能であれば，1つの興味深い発見事象は結託した状況になれば（つまり，第 3.2 節で α が 1 に近づけば近づくほど），貿易は厚生を損わせるかもしれないという恐れが高まる（独占的な価格づけと輸送費用が合わさることのため）とともに，介入に関して先験的なケースがますます強くなる。しかし，最適介入の分析が

予想するように，最適な手段は関税ではない．歪みが国内のもの（独占力）であるので，最適な手段は反トラスト政策か財政介入かのどちらかである．しかし，以下にみるように，また予期するように，関連した歪みが外国の市場支配力である場合には，貿易への介入が最適なものであるかもしれない．

　ブランダー [Brander] ＝スペンサー [Spencer] (1984a) は，市場が不完全競争状態のとき，保護の誘因を分析するために複占モデルを用いている．同時に，彼らは貿易自由化がなぜ一方的におこなわれずに多国間で進められる傾向にあるのかを説明しようとしている．このモデルでは，保護はレントを外国の生産者から国内の生産者へ移動するための車輪となっている．ブランダー＝スペンサーは，もし不完全競争（複占）市場であれば，国内企業と外国企業の双方が超過利潤を得られるだろうという命題から出発する．外国からの輸入品に対して賦課した関税の効果は外国企業を犠牲にすることによって，国内企業の超過利潤を引き上げる結果となる．もし外国企業の側でクールノーの企業行動を仮定すれば，確かに問題の製品が同質的な場合は，国内企業が介入から純利益を得ることがわかる．また，問題の製品が差別化されている場合には，そのようにはならないかもしれない．

　ブランダー＝スペンサーはクールノーの仮定を用いているが，彼らの分析はクルーグマン [Krugman] (1984) より一層一般的であるとともに，一層完全なものである．一方的に関税を賦課すれば，明白な「近隣窮乏化」行為となるので，当事国はみな同じようにそのような行為をとる誘因を持つことが知られている．こうして「非協力的な」結果は，自由貿易のもとでよりも世界の厚生が一層低い関税頼りの世界になるであろう．このような状態は古典的な競争的最適関税モデル｛ジョンソン [Johson] (1965)｝と似たものである．したがって，この分析は多国間貿易自由化にとっての説得的な説明を与えている．すなわち，1国はレント移動が生じてしまうから，一方的に好んで自由化を進めようとせず，国内企業は外国市場に一層有利にアクセスできる多国間自由化に飛びつきやすいのかもしれない．この考えが新しくはないにもかかわらず奇抜であるのは，利潤シフトに与えられた明示的な役割のためである．ディクシット [Dixit] (1984) が記しているように，「独占利潤が存在するときには，各国は自らを国民と何とか関係づけようと努力する．」この分析から出てくるもう1

つの奇抜な可能性は，協力的で交渉によって得られた解決策のなかには正の関税も含まれ，そのような状況が最適な状態であるのかもしれないということである。このようなことは貿易される製品が同質的であるとともに，輸送費用が高いときに生じる。この場合，介入の目的は輸送費用が非常に高いから，実際には自由な貿易が厚生を損わせる状態では，「報復的なダンピング」を最小に食い止めることである。

　ディクシット［Dixit］(1984) は同質的な製品が存在する寡占の設定のもとで，幾つかの介入手段が厚生にそれぞれ及ぼす意味の体系的な比較を試みている。その場合も市場の当事者はクールノーの企業行動が仮定されている。関税，輸出補助金および反トラスト政策の影響が色々な状況について考察される。たとえば，外国の生産者に対して与えられる輸出補助金に対する最適貿易政策は何なのか？　ディクシットは，もし外国の生産者が国内の生産者よりも低い価格を設定し続けるならば，最適政策は輸入禁止策であろうということを見い出している。さらに，ディクシットが記しているように，もし輸入禁止策が国内生産者の市場支配力の強化に役立つならば，輸入禁止策は生産性に対して逆効果となるかもしれない。輸出補助金が外国における費用を国内の費用水準にまで引き下げる場合には，最適な相殺関税が定義される。事実，それは輸出補助金の 50 パーセントにのぼる（この場合は最適な相殺関税がゼロとみられる H-O-S モデルのものよりも高めであるが，この問題に関して人気のある論点としばしばされている十分な補償要求案よりも低めである）。直感に反する他の帰結（H-O-S の意味で）は，国際市場における不完全競争が国内の反トラスト政策の緩和または国内市場への参入阻止を求めるかもしれないという可能性である。クルーグマン［Krugman］(1984) モデルと異なり，国内市場と外国市場はそれぞれ独立しており，これらの帰結は外国市場から国内市場へ利潤を移す目的から生じている。たとえば，関税保護によって消費者の厚生に損失が生じるが，その損失を外国企業から国内企業へ移すことによって相殺できるかぎり，および／またはそれらが外国の財務当局から国内の財務当局へ移すことで相殺できるかぎり，自国は貿易制限によって利益を得ることができる。

　前述した内容の大部分は，政策が国内の歪みを矯正するように適用される状況と関わっている。すなわち，ある種の「国内的な」介入の方が関税よりも優

れているということが一般的に認められる。最近，2つの論文は歪みが外生的であるときの最適介入の問題を取り扱った。ヴェナブルズ [Venables] (1986) およびブランダー [Brander] ＝スペンサー [Spencer] (1984b) は，ともに外国の市場支配力に対する最適な対応策，つまり不完全競争の状態にある輸入業者について考察した。

　ヴェナブルズ [Venables] (1986) が関心をもつのは，輸入品が少数の外国の生産者によって供給される小国で開放された経済に関するものである。国内生産者が存在しなければ，価格は限界費用を上回り，企業の数が減少していき1社に近づくにつれて，価格対費用の差に基づく独占解になっていく。小国開放経済は世界価格に影響を及ぼすことはできないにもかかわらず，この経済は輸入品の価格を変えるために色々な方法を用いることができる。歪みはこの小国開放経済にとって外生的なものであるので，ヴェナブルズは最適な対応策が特殊な関税と従価税を混合することで得られることを示している。とくに，社会的に最適な目標はその経済にとって輸入品の費用を最小にし，国内の価格を限界費用と等しくさせることである。これらの目標は輸入従価税を輸入補助金と合わせて賦課することによって実現される。輸入従価税はこの経済にとって輸入費用を最小化する働きをし，一方，輸入補助金は国内価格を限界費用に等しくさせる働きをする。この最良な対応策に加えて，ヴェナブルズは同時に国内生産者の参入を促進させるように意図した次善の対応策も幾つか考察している。この場合の次善の対応策は，本節で論じたモデルにおけるように，国内生産者に規模の経済のいかなる可能性をも利用させないということではなく，不完全競争の状態にある輸入業者に競争を促すものであり，そのことで結果的には輸入業者の価格と費用との差を縮小させる。厚生はたとえ国内の生産費用が輸入価格を上回る場合であっても，この目標に合致した結果として引き上げることができる。この目標に合致するための適切なポリシーミックスは，国内生産の補助金と輸入関税との結合である。(この場合，これは需要の弾力性，輸入業者の数，国内の費用水準等について仮定するパラメーター値の大きさに応じて，正にも負にもなる。)

　ブランダー [Brander] ＝スペンサー [Spencer] (1984b) は，ブランダー [Brander] ＝スペンサー [Spencer] (1984a) で発展させたレントシーキング

関税の分析を拡張させ、外国の市場支配力に対する最適な対応策を検討している。彼らはとくに（それだけというわけではないが）、外国の輸出カルテルに対する最適政策に関心を寄せている。このモデルでは、小国開放経済が問題の製品の世界価格に対して影響を及ぼすことはできない。しかし、輸出カルテルが価格の差別化に関わっているので、関税政策は自国経済に対して製品の価格に影響を与えるように利用することができる。ヴェナブルズ・モデルにおけるように、関連する歪みは外的なものであり、したがって介入の適切な手段は関税ということになる。固有な関税と従価税の双方の効果が検討されている。これら2つの介入のどちらも、適切性はそれぞれ需要条件と費用条件によって決まり、ヴュナブルズのケースのように、最適関税は正のことも負のこともある。ある種の費用逓減のケースでは、輸入補助金が最適である。この一見逆説的な結果の背後にある合理的根拠は、補助金が外国企業の価格対費用の差をその補助金の単位価値以上に縮少させるとともに、需要の拡大により、この補助金の費用は外国の生産者から吸収されるレントによって十分に補償されて余りがあるからである。

第12.6節 結 語

本章では、産業内貿易を発生させることができる色々な通商政策の意味を考察した。この検討からH-O-Sモデルの関連で発展したものとして、通商政策の幾つかの基本的な考え方に対して異論が幾つか出てきた。考察した幾つかのモデルは包括的であり、異なる市場構造に関わるものではあるが、この概観から幾つかの点を引きだすことができる。第1にそしてきっと非常に明らかなこととして、次善の状態を概説したことであり、もし何らかの一般的な原則がこの分析から明らかとなるならば、きっと驚くべきことであろう。第2に、通商政策による介入の有効性を評価するための伝統的なフレームワークは、依然として価値があるということが極めて明らかである。関税が厚生を増進させるかもしれないという状況を多く述べてきたが、そのことで関税が結果として介入の最適な形であるということにはならない。それは介入が矯正をおこなおうと

している歪みに依存する。関連する歪みが国内におけるものの場合には（生産の規模が小さすぎたり，または消費の外部性といった場合には），すでに検討したように，ある種の関税以外の介入の方が明らかに関税より優れている。しかし，歪みが外部に関するものである場合には（ヴェナブルズやブランダー＝スペンサー，およびカーティスの各モデルのように），レントを吸収する形の関税介入については議論があるかもしれない。これとの関連で重要な発見事項は考察している国が小国開放経済であるとしても，このような「最適」関税が導入可能であるということである。第3に，一方的に関税自由化をおこなうことに関連するもう1つの見方が明らかになった。市場が不完全競争的であれば，政府は非常に明瞭な「近隣窮乏化」政策であるレント吸収型の関税を賦課することができる。このような設定のもとでの非協力的な解決法は，準最適な関税依存型の世界である。どこの国でもH-O-Sモデルのように，一方的な関税自由化をおこなおうとする誘因は薄れるが，多国間の自由化によれば利益が獲得できる。関税交渉において相互に交渉を進める誘因は強い（それによって国際的に自由化された協力的な解に達する）。最後に，ここでの分析は通商政策と産業政策の違いがますます不明瞭になっていることを確認する働きをしている。

第13章　今後の研究分野

　本書の冒頭で産業内の貿易と特化の経済学については，最近，多くの文献が毎年存在し，整理する必要があることを明らかにした。本書はこれらの文献を十分わかりやすく概観するとともに，少なくとも最近の理論，実証，および政策の各観点から一部取りまとめをおこなっている（と著者は願っている）。新たな一般的で理論的な学問体系をつくるという意味で全体をまとめることは，多分に実行不可能な目標である。封鎖経済の設定のもとで企業の理論を扱う文献の場合のように，現実は完全競争（規模に関して収穫一定，および製品の品種数が1つである）の条件から多分逸脱していそうだという認識は，モデルに多様性をもたらした（とくに寡占的な条件のモデル構築に関して）。同様の認識が国際経済学と産業経済学の研究者の関心事の間に従来から存在する境界線の崩壊をもたらしそうである。開放ミクロ経済学は最終的には多くのことで（理論的かつ政策的な問題として），開放マクロ経済学に関連しているとみなせるかもしれない。貿易政策または通商政策は，いまや他のすべての産業政策の分野から孤立した形で評価されたり，定式化することはもはやできない。

　したがって，この分野における研究をある程度統合化するためにおこなおうとする研究は，理論的な関連性を十分有するとみられる一連の条件（技術，需要，および市場の条件）の研究と同様なものと考えてはいけない。つまり，そのような一義的な関連性は実際には存在しない。文献の統合化をさらに広げていくための研究は，分析の車輪の役割をすると思われる理論面での方法論の構築に向けられるべきである。この理論的な方法は要素賦存の影響，色々な費用の条件，および選好の多様性に関わるものでなければならない。そのことによって，市場構造，製品の種類，生産の立地，および販売活動を内生変数とすることができる。これまでのところ，産業内貿易（IIT）のモデルはたとえば選好の多様性（第2章における独占的競争の新チェンバリン派モデルを新ホテリ

ング・モデルと比較してみられたい)を取り組む際に，または寡占の条件のもとで推測的変動を正しく表すうえで，技術的な困難に取り組んできた。説明の都合上，結果的には明らかに内生変数になり得るものが外生変数として扱われてきた。しかし，参考文献の方法論に関して今おこなっているような長期的な研究が必要であるとともに，固有な条件をモデル化するための技術的な手法を常に磨く必要がある。将来の研究方向は広範な視点に関わるとともに，詳細な視点にも関わる必要がある。以下の点が将来可能となる研究分野であろう。

理論について

1. たとえばランキャスター[Lancaster] (1980) およびクルーグマン[Krugman] (1979) という IIT の現在のモデルの多くは製品が1種類の企業に関している。この分野では多数の製品種類(品種)の企業に関する研究は相対的に研究途上の状態にある。そのなかで例外に属するものが幾つか第4章で論じられた。現在の理論構造においてのみだけでなく，産業経済学の文献で論じられる条件にも基づく国際寡占の相互依存性との関連で，品種の数と仕様の役割を競争手段や参入阻止として一層注目する余地が明らかにある{たとえばロスチャイルド[Rothschild] (1982) によって論じられた「鎖でつながった」市場のように}。

2. 多くの論者は独占的競争条件のもとで，寡占-複占モデルをクルーグマン=ランキャスター型モデルよりも潜在的には一層 IIT と関連深いものとしてみている。(たとえば技術の集約度が高まったり，製品の開発費用がかかるようになることで生じる) 規模の経済や範囲の経済の増大を追求することと深く関わる国内での集中度がさらに高まることで，国際寡占の相互依存性が実社会ではますます深まるようである。同様に，第1部で概説したブランダー[Brander] (1981) やブランダー[Brander]=スペンサー[Spencer] (1984 a) の単一品種のクールノー・モデルをはるかに超えて拡張した寡占理論の発展を応用していく余地がかなりある。第3章でみたように，一層説得的な企業行動の仮定が研究できるとともに，鎖でつながった市場の可能性または空間的価格づけの可能性を認める一層涸琢され

3. 差別化された製品の双方向貿易に関する理論の大部分で暗に仮定していることは，最終財である製品の市場を取り扱っているということである。しかし，実証結果に従えば，かなりの量の貿易が実は部品または組み立て品の貿易である。要素賦存，規模の経済，または多国籍企業の役割に関する生産特化についての明瞭な説明に加え，中間財の製品市場は最終財の製品市場とは異なるかもしれず，その様子を注意深く検討する必要がある。レイメント [Rayment] (1983) は記録された産業内貿易の大部分が，実は垂直的な特化過程の表われであると論じている。ラリー [Lary] (1968) によって論じられた考えに従い，レイメントはこのことを生産の流れの一層長期化が志向されることとのつながりで，産業活動の分散化（フラグメンテーション）との関連によって説明している。明らかに，これはさらに調べれば成果が出ると期待される問題である。

4. もう1つの（関連した）問題は製品の特性または仕様の違いとは異なり，供給の不確実性への対処として中間財の代替的な供給源に関する生産者の選択の幅に関連する。実際，現代の貿易モデルのなかに正式にリスクを取り込むこと，およびリスクへ対応するうえでかなりの幅がある。これらのモデルの多くは企業または代表的企業のレベルでのモデル構築に関しており，これは新古典派の貿易理論における場合のように，産業レベルのものとは対立するものである。企業規模の拡大は企業にとって規模の利益を獲得させるだけでなく，「生産の土俵」を拡大させて，遠距離にある市場の需要条件を取り巻く不確実性を減らすかもしれない。

計測について

1. 産業集計の問題は IIT の研究において，いまだに広く存在しているようである。しかし，IIT 計測のための技法の一層の改善および集計によって生じる効果の不正確さを改良する点でかなりの余地がある。たとえばカテゴリーに基づく集計の場合，産業間の境界を確立するために，「客観的な」基準について意見の一致をさらに図るうえで，一層の注意が向けられる必要

がある。いままでカテゴリーに基づく集計に取り組むために、(公的な) 産業再分類は多くの結果が標本固有のものであることから、色々な主観的な基準に基づき選択的に適用されてきた。首尾一貫性と客観性を高めることは計測エラーの内容と大きさについての不確実性を減らす働きをするであろう。同時に、この要求は地理的な集計を考える場合にも適用される。2国間貿易、多国間貿易または異なるグループの国々の間の貿易のなかでIIT を計測しようとする場合、その基準または条件を確立するうえで客観性を高める必要がある。

2. このような客観性の確保には、一部は IIT のさらに一般的なモデルの構築に依存するとともに、一層モデル固有な方法で実証的に検定する能力にも依存するであろう。同時に、その客観性は IIT の異なるタイプ間の違いを実証的に識別する研究者の能力、つまり同質的な製品の IIT と水平的にまたは垂直的に差別化された製品に関する IIT との区分をする研究者の能力にも依存するであろう。集計によって生じる種々の影響および計測エラーを最小にするために用いられる分類基準および計測基準は、考察しているIIT のタイプによって異なるとともに、各々のタイプの IIT に適したモデルによっても異なる。

実証検定について

1. 産業または製品のグループ化または IIT のタイプを描写するうえで、精度を高めることから得られる実証検定にとってのメリットに加え、計測された IIT の色々な側面を調べることで、回帰モデルの統計の当てはまりの良さを改良したり、信頼度を高める余地もある。将来、計量経済学の分析では、貿易または生産に占める IIT の構成比を「説明」しようとするのか、あるいは IIT の絶対的な水準を「説明」しようとするのか、異なる状況を区別するために一層注意を払う必要がある。IIT の単一で集約的な指数または尺度は適正な注意を払って用いるべきであるし、統計上の性質を知ったうえで用いるべきである。

2. 数学的な回帰モデルの助けにより、IIT を計測しようとしたり、説明しよ

うとすることの限界を知れば，個別の産業についての詳細な事例研究が必要であるとの明確な結論に達する。現在のところ出版されたそのような研究はほとんどまったくない。その様な研究としてとくに品質面を強調し，産業構造の変化および生産と製品特性の変化を追求する研究がほとんどなく，さらにはこれらの変化を当該産業の双方向貿易の変化と関連づける目的で，これらの変化を調べる研究がほとんどまったく存在しない。

3. このような事例研究または品質についての情報は計量経済学的な研究に替わるものとしてではなく，それを補完するものとしてみるべきである。つまり，事例研究は産業経済学においては等しく尊ばれる地位にある。しかし，計量経済学的な研究を深める余地は依然としてさらに存在する。クロスセクション分析による研究は依然として比較的に僅かしか存在しない。したがって，これらのタイプの研究がカバーする範囲を拡張させ改良する余地はかなりある。このことはとくに，市場構造変数の影響を計測し，捉えるという意味でなおさらである。この影響は，もし IIT と市場構造の双方が同時決定式のフレームワークのなかでモデルに組み込まれた内生変数としてみられれば，多分，極めて適切に捉えることができよう。(この点でも，国際貿易「分野」の研究者が産業経済学における最近の研究で主導権を握れる分野である。)

4. IIT の時系列による計量経済学の研究が基本的にはまったくない{1つの例外はメザリン [Messerlin]＝ベキュー [Becuwe] (1986) である}。このような研究は明らかに必要である。というのは，IIT の出現についての静学的な理解が進んだので，IIT の出現およびその調節過程の性質についての動学的な研究が重要となろう。

政策問題について

1. IIT の出現に関わる調整過程についての実証研究がとくに僅かしか存在しない。そうであるから，第11章でみたように，IIT の出現は産業間貿易におけるよりも調整費用が少ないかもしれないといった議論が疑わしい前提に基づくことになってくる。そこで議論を経験的に証明できるか，ある

いは疑わしいかという議論の場に晒してみることが重要である。
2．保護の費用や貿易利益に関する大部分の研究が同質的な製品を想定したフレームワークでおこなわれてきたが，このような研究を差別化された製品の多様性と貿易の利益に与える影響を捉えようとするフレームワークに拡張する必要がある。部分均衡分析ではなく，一般均衡分析のモデルが一般的には保護の費用や貿易利益の研究においてはとくに少ない。したがって，コックス［Cox］＝ハリス［Harris］(1985) によっておこなわれた方向に沿って，IIT の利益の一般均衡分析による評価をおこなう機会は明らかに存在する。
3．通商政策の効果は部分均衡分析によるよりも一般均衡分析によっておこなった場合の方が，異なった結果が出るかもしれない。この点については，たとえば効果的な保護分析の場合では，その様な結果となることが観察されてきた。これまでのところ，IIT に関する通商政策の議論は名目的な保護の観点からおこなわれてきた。部品や組み立て品の貿易が重要であるので，IIT が存在する場合の貿易への介入を有効保護の観点から研究する必要性が明らかに存在する。

結　語

　研究可能な分野に関するこの手短 (主観的) な概観は IIT に関するこれからの研究にとってかなりの余地がまだあることを示唆している。この概観が徹底したものであるということではないが，「当面の研究段階」のための確かな方向性だけは提供している。にもかかわらず，研究文献リストが比較的に長いものになってしまったので，発展の流れのなかで多くのものがここ 10 年またはその前後の間に現れた研究に関したものになっているのではないかとの疑念をもつ人もいよう。第 1 章から第 12 章までが理論，計測，実証分析および政策評価の各面でなされてきた発展に関して，なんらかの案内役を果たすことを希望している。1 つの研究計画としてこの研究が予想や検定可能な仮説の範囲を広げるために，すでに展開し，およびさらにこれからも展開し続けるという意味で，産業内貿易を「退化」ではなく「発展的」に述べることは，多分，不合理な

ことではあるまい。

補論：産業内貿易論の展望

第C.1節　産業内貿易：産業内貿易の概念と歴史的展開

　産業内貿易 (IIT) とは，ある国が貿易相手国と同一産業として分類されるある産業（第 i 産業）のなかで一定の期間内（通常は1年間）におこなう双方向の貿易（輸出と輸入）である。具体的には，IIT はある産業の輸出 (X) と輸入 (M) の合計（総貿易，TT: Total Trade）から輸出と輸入の差分の絶対額（純貿易，NT: Net Trade）を差し引いたものと定義される。この定義から1年間に当該産業の輸出と輸入が均衡するほど（不均衡になるほど），純貿易（$|X-M|$）はゼロに近づく（ゼロから離れる）から，総貿易 (TT) との差分である産業内貿易 (IIT) は大きくなる（小さくなる）。つまり，産業内貿易が拡大（縮小）する。当該産業の産業内貿易 (IIT)，総貿易 (TT) および純貿易 (NT) の3者の関係はつぎの通りである。

$$IIT = TT - NT$$
$$i.e.\ TT = IIT + NT \quad \text{あるいは} \tag{C.1}$$
$$IIT = (X+M) - |X-M| = 2\min(X, M).$$

$X>M$ の場合は，$IIT=(X+M)-|X-M|=2M$ である。対照的に $M>X$ の場合は，$IIT=(X+M)-|X-M|=2X$ である。

　この翻訳書の第1章に記してあるように，IIT に関してはもともと「双方向貿易 (two-way trade)」としてオリーン [Ohlin] (1933) がかなり以前からすでに言及しているが，現象として IIT が観察され，注目され文献として出てくるようになったのは1960年代からである。とりわけ，1975年にグルーベル [Grubel] ＝ロイド [Lloyd] が著した『産業内貿易：差別化された製品の国際貿易の理論と計測』は IIT の理論的・実証的な解明に向けて多くの人々の関心を喚起した。グルーベル [Grubel] ＝ロイド [Lloyd] (1975) はある産業 (i)

のIITをつぎの指標（グルーベル＝ロイドのIIT指数）で捉えた。

$$IIT_{GL,i} = \frac{TT_i - NT_i}{TT_i} = 1 - \frac{NT_i}{TT_i}$$

$$i.e. \quad \frac{(X_i + M_i) - |X_i - M_i|}{(X_i + M_i)} = 1 - \frac{|X_i - M_i|}{(X_i + M_i)}$$

(C.2)

1957年に形成されたヨーロッパ経済共同体（EEC）は同盟国のなかで自由な貿易が促進され，産業間での特化がもたらされ，産業間貿易が域内で刺激されるとみられた。つまり，一方でフランスやイタリアは農業に特化し，他方，旧西ドイツは工業に特化すると思われ，工業化の集中が予想される旧西ドイツに対する懸念が生じた。しかし，そのような懸念は杞憂であったばかりか，域内では産業内特化に基づくIITが進行したことがヴァドゥーン［Verdoorn］(1960)，ドレッツ［Drèze］(1961)，バラッサ［Balassa］(1966) などにより明らかとなった。

マクチャールス［MacCharles］(1987*) はIITが伝統的な貿易理論であるヘクシャー＝オリーン＝サムエルソン［Heckscher-Ohlin-Samuelson：H-O-S］貿易モデルに関して，3つのパラドクスをもたらしたという。彼は具体的なデータを示して，以下の3点を指摘した｛マクチャールス［MacCharles］(1987*，1-2ページ)｝。第1，製造業品貿易の実質的な伸びが著しいが，先進工業国の製造業で雇用される者は絶対的にも相対的にも増えていない。一部の国では減少すらしている。同時に，製造業品の国内生産の伸びは貿易の伸びに比べて低い。第2，H-O-S貿易モデルは比較優位を有する産業／製品を輸出し，比較優位をもたないものを輸入するが，この貿易パターンは輸出と輸入が異なる産業／製品同士の間でおこなわれることを想定している。第3，H-O-S貿易モデルでは要素賦存比率が異なる国々において，賦存量が多い要素の価格は相対的に安いから，当該要素を集約的に利用して生産した製品を輸出し，対称的な製品を輸入する。しかし，第二次世界大戦後の世界の貿易を観察すると，要素賦存比率が類似した国々同士，類似した産業／製品同士での貿易が大きく伸びている。つまり，現実の貿易の様子が要素賦存比率理論では，説明が不十分である。

こうしてIITは人々の注目を集めるようになり，先進国の経済における貿易

の特徴と考えられてきた。事実，当時のEECのみならず，他の先進国においてもIITの研究がみられるようになった。たとえば，パゴウラトス［Pagoulatos］＝ソレンセン［Sorensen］(1975)，ケイヴス［Caves］(1981)，トー［Toh］(1982) およびバラッサ［Balassa］(1986*) は米国に関して分析し，英国についてはグリーンナウェイ［Greenaway］(1983*) をはじめグリーンナウェイほか［Greenaway et al.］(1994a*, 1995*) およびグリーンナウェイほか［Greenaway et al.］(1999*) が英国と主にEC (EU) 諸国との貿易をそれぞれ分析した。マクチャールス［MacCharles］(1986, 1987*) はカナダについて，多国籍企業による企業内貿易とのつながりから企業ベースのデータに基づき，また，スウェーデンについてはルンドバーグ［Lundberg］(1982*) およびギャヴェリン［Gavelin］＝ルンドバーグ［Lundberg］(1983) が，コル［Kol］＝メネス［Mennes］(1983*) はオランダについてそれぞれ観察した。これらの研究とは異なり，幾つかの国々または地域のIIT研究もみられるようになった。サラカン［Tharakan］(1986*) はベネルックスについて，メノン［Menon］(1994*) はオーストラリアとニュージーランドについて，バノ［Bano］(1991*) はカナダの対OECD加盟国，対EEC諸国，および対途上国（の一部）についてそれぞれ観察した。また，グレジャー［Glejser］(1983) はEECについて，ラーチャー［Loertscher］＝ウォルター［Wolter］(1980)，ライスほか［Rice et al.］(2002*) はOECDについて分析した。マクチャールス［MacCharles］

表C.1 国別・地域別にみた製造業品の産業内貿易指数の平均値

国・地域	産業内貿易指数の平均値		産業内貿易指数の平均値の変化分
	1970年	2000年	1970年-2000年
22発展経済地域	35.1	62	26.9
主要な6輸出国	41.1	61.7	20.6
フランス	51.9	76.7	24.8
ドイツ	51	69.2	18.2
イタリア	44.3	58.1	13.8
日本	17.7	41	23.3
英国	45.3	73.6	28.3
米国	36	59.6	23.6

出典：OECD, *International Trade Statistics*.

(1987*) などがすでに記しているが，その後 OECD (1994*) は OECD 加盟国間の貿易の 60 パーセント以上がすでに 1990 年代初めには差別化された製品のなかの異なる品種間での輸出と輸入（双方向貿易）であることを観察している。これらの実証結果をうけて，IIT は「定型化された事実 (stylized fact)」(注1) と考えられるようになった。

表 C.1 は OECD 加盟国の製造業品に関して，総貿易額に占める IIT の割合を 1970 年および 2000 年の 2 時点について比較したものである。製造業品における IIT 指数は観察期間であるこの 30 年の間に先進諸国 22 カ国全体では，1970 年の 35.1 パーセントから 2000 年の 62 パーセントへ 26.9 パーセントポイント上昇した。OECD 加盟の主要 6 カ国について具体的にみると，1970 年には指数が 30-50 パーセントであったが，2000 年には 60-70 パーセントへと上昇した。ただし，日本は最もレベルが低く，1970 年の 17.7 パーセントから 2000 年の 41 パーセントへと変化した。なお，この間における日本の指数の上昇は 23.3 パーセントポイントとなり，他の国々とほぼ同程度の上昇となった。

IIT は戦後，世界経済が復興し，貿易自由化の流れが加速するのにつれて先進国のみならず途上国の経済でも観察されるようになった。対外直接投資 (FDI) の拡大は，一方で主に多国籍企業による被投資国における子会社 (100％所有子会社，マジョリティ所有子会社，マイノリティ所有子会社) を通して企業内分業（貿易）を活発化させ，他方では合弁企業の設立などに基づき国際分業，とりわけ産業内分業を著しく拡大させ，先進国はもとより新興工業国や途上国においても事業活動を活発化させ，貿易額に占める製造業品の構成比を高めてきた。こうした傾向をうけハヴリリシン [Havrylyshyn]＝シヴァン [Civan] (1983) やリー [Lee] (1987*, 1989*) などは途上国を含む IIT の分析をおこなうようになった。シューマッハー [Schumacher] (1983*) は途上国と旧西ドイツの IIT を分析した。日本と中国の貿易についても，Kiminami [木南]＝Kiminami [木南] (1999*) が繊維製品の産業内貿易を対外直接投資 (FDI) との関わりで分析した。リー [Lee]＝リー [Lee] (1993*) は新興工業経済である韓国のケースを調査した。フー [Hu]＝マ [Ma] (1999*) は中国の貿易相手国 45 カ国との貿易データを分析し，FDI が垂直的産業内貿易と正の相関関係にあることをみい出した。また，ザンほか [Zhang et al.] (2005*)

は中国の貿易相手国 50 カ国との貿易パターンを 1992-2001 年の 10 年間について観察し，中国の貿易が従前からの産業間貿易とともに産業内貿易（とくに垂直的産業内貿易）によって説明できることを発見した。こうして世界の貿易は多国籍企業のグローバルな事業展開や対外直接投資の拡大に基づく国際経済のグローバル化の進展のもとで，構造変化していることが明らかになってきた。

もっとも，国際復興開発銀行（IBRD）[通称「世界銀行」: World Bank]（2002*）によると，国際経済のグローバル化の進展はいままでに少なくとも 2 度観察された。最初は 1880 年初めから 1910 年代央までである。2 回目が今回の 1950 年代から 2000 年代にかけてである。

1950 年代以降，IMF/GATT 体制とその後の WTO などの国際経済機構のもとで，先進工業国をはじめ新興工業国さらには発展途上国で貿易拡大傾向がみられるが，その重要な背景の 1 つは国際経済のグローバリゼーションの進展である。ただし，国際復興開発銀行 [World Bank]（2002*）によると，これが世界の国々の 2 極分化を生んでいるという。著しい経済成長がみられる国々と停滞する国々である。先進国では経済格差が長期的には縮まる傾向を示してきたが，対照的に，発展途上国における所得や富の不平等や 2 極分化傾向は国際比較の面でも国内においても著しい。多国籍企業の国際経営戦略にうまく適応し，あるいは FDI を受け入れ先進的な経営資源の導入や学習によって国際分業構造や地域経済統合化（REI）にうまく組み込まれる国々とそれ以外の国々である。前者のグループに属する国々はグローバリゼーションにより，国内経済をオープンなものに変えることで，以下の 4 つのメリットを享受した。第 1，競争力を高めそれが国内部門に伝播し，企業の参入・退出が促進される。第 2，輸入圧力が国内の競争力を刺激する。第 3，貿易や FDI により技術移転が促進され，国内企業の生産性を高める。第 4，国内企業の生産性を上昇させる競争環境が輸出促進の誘因となる｛国際復興開発銀行 [World Bank]（2002*，85 ページ）｝。

IIT に関する理論的かつ実証的な研究についての沿革はこの翻訳書（原書）に記述してある通りであるが，本補論はこの原書には記述されていないが，見逃すことのできない研究，この翻訳書以降の展開，さらには日本における研究の沿革をグリーンナウェイ [Greenaway] ＝ミルナー [Milner]（1987*），サラ

表 C.2 各種の貿易パターン/貿易モデルの分類

動学・静学	名称	分類	理論的な基礎	製品・サービスの属性	市場構造	貿易の決定要素	主な具体例	主な研究代表例
静態（学）的	産業内貿易 (Intra-Industry Trade: IIT)	水平的産業内貿易 (Horizontal Intra-Industry Trade: HIIT)	独占的競争理論	属性が異なるもの	独占的競争	規模の経済／属性に基づく消費者選好 (A)Love of Variety アプローチ (B)Ideal Variety アプローチ	規模の経済は一般に製造業に該当する。(A)好きな色違いのセーター、(B)同じセグメントの国産車と外国車	[規模の経済] Krugman (1979) [属性に基づく消費者選好] (A)love of variety: Krugman (1979) (B)ideal variety: Lancaster (1980) [質多品種] Flam and Helpman (1987*) Falvey (1981) Falvey and Kierzkowski (1987*) Durkin and Krygier (2000*)
		垂直的産業内貿易 (Vertical Intra-Industry Trade: VIIT)	比較優位	だいたい品目や用途が異なる	競争的	品の差違に基づくものまたは技術的要因に基づくもの／完成品と部分品の投入産出	カラーテレビと白黒テレビ、コンピュータとマイクロチップ	リカード・モデル、ヘクシャー=オリーン=サムエルソン・モデル
	産業間貿易 (Inter-Industry Trade)		比較優位	製品や産業は異なる		比較優位	小麦とトラクター	
	企業内貿易 (Intra-Firm Trade)	垂直的プロダクション・チェーン (Vertical Production Chain)	直接投資／企業内貿易	製品は同一の産業	多国籍企業／通商障壁	プロダクション・チェーン／フラグメンテーション／アグロメレーション 物理的・人為的通商障壁	IT 製品の前工程と後工程 多国籍企業のマーケット指向／原料調達指向の FDI	Helleiner (1981*, 1990*) MacCharles (1987*) Jones and Kierzkowski (1990*) Deardorff (2001*), Kol (1988*)
動態（学）的	技術ギャップ論・研究開発 (R&D) 論など		動態（学）的比較優位	に分類される意味で同質的。しかし、伝播の時期的な差がある。		技術力、研究開発力	IT 技術の国際伝搬	Hufbauer (1966*) Gruber et al. (1967)
	プロダクト・ライフサイクル論 (Product Life Cycle: PLC)		動態（学）的比較優位／多国籍企業論	な差があるので、高級品と普及品などの差違が生じることがある。	競争的	新製品開発力／高い購買力	カラーテレビの開発・普及	Vernon (1966*, 1970, 1971*)
	雁行形態論 (Flying Geese Model: FGM)		動態（学）的比較優位			比較優位	アジアでは当初日本で繊維産業が発達し、後に NICs が追いつくにつれて、日本では生産・輸出から輸入へ変わった。	赤松 (1956*) 小島 (1958*, 1982*, 2004*) 山澤 (1984*), Kwan (1994*)

カン［Tharakan］(1989*)，グリーンナウェイ［Greenaway］＝トーステンソン［Torstensson］(1997*)，ブリュールハルト［Brülhalt］＝ハイン［Hine］(eds, 1999*)，グリーンナウェイ［Greenaway］＝ミルナー［Milner］(2005*)，グリーンナウェイ［Greenaway］＝ミルナー［Milner］(2006*) などを参考にして記述する。

まず，IIT が発生する状況は表 C.2 の通り，動態（学）的な設定と静態（学）的な設定に分けることができる。

歴史的な観点から IIT の発生は動態（学）的な設定のもとで説明が可能である。議論の草分けとなったのは，日本における IIT 研究の嚆矢となった赤松 (1956*) の「雁行形態的発展」モデル（一般に「雁行形態モデル」または「雁行形態論」ともいわれる）を挙げることができる。赤松は欧米先進国から遅れて工業化を展開した日本の 1930 年代における生産と貿易の構造変化を観察した。日本では工業化を進める過程で，まず繊維産業をはじめとする軽工業が輸入→輸入代替生産→輸出という流れで一連の産業発展を遂げた。続いて産業発展の流れは軽工業から鉄鋼をはじめとする重化学工業へと徐々に移っていった。このような産業発展の流れは後発国のなかでもキャチングアップが早い時期に開始された国でまず生じ，それが当該後発国をさらにキャチングアップしようとする 2 番手の後発国で生じ，同様の流れがその後も続き，あたかも空を飛ぶ雁がボス（先進工業国）を先頭に連帯を組んで飛来する（工業化を進める）様子にたとえられた。産業発展の流れのなかで輸入→輸入代替生産の開始→輸出の開始→いずれは再輸入が生じるといった形で，世界のなかで同一産業のなかに貿易の流れが起きる。こうしたことから，後発国の工業化にはこのような 1 つの典型的な産業発展パターンがあることが観察された。

動態（学）的な IIT モデルは雁行形態論のほかにも製品ライフサイクル (PLC) 論，技術ギャップ論，研究開発 (R&D) 論などがあるが，これらは時間要素を導入することによって産業発展のパターンが国内のみならず国際間で変化する過程のなかで，輸入と輸出が同一産業内で生じる様子を明らかにしようとしている点で共通している。

第C.2節　産業内貿易理論の発展

動態（学）的な産業内貿易モデル

　雁行形態論に基づき発展プロセスをパターン化したのが図C.1である。キャチングアップ国においてまずこの産業（製品）に対して国内で需要が生じ，それが国内生産を誘発する段階までが「導入期」といわれる。国内需要が国内の生産によって賄われ，生産がさらに増加し十分に満たされる状態になるまでが「輸入代替期」である。国内生産がその後も増加し国内需要を上回るようになると，その超過分は超過供給となり，輸出となる。国内生産がピークを形成する段階までを「輸出成長期」といい，その後生産の伸びは止まり，国内需要も徐々に減少する。再び国内生産が需要を下回る状態に突入するが，この時期は「逆輸入期」と呼ばれる。このように，雁行形態発展論は産業発展段階を輸入→輸入代替生産→輸出→再輸入といった一連の産業発展段階を貿易の流れとの関連でみることができる。日本が産業発展に成功するとさらに日本にキャチングアップしようとする新興工業経済（NIEs）が同様の産業発展パターンを繰り返し，さらにそれらをASEAN諸国・中国がキャチングアップしようとしてきたとみるのが，戦後におけるアジア経済の産業発展パターンの基本的な捉え方である。

　IITとの関わりで雁行形態論を考えると，ある産業（製品）において輸入→輸入代替生産→輸出→再輸入の産業発展の流れのなかで，同一産業に属する製品や異なる品種がそれぞれ異なる発展の流れを形成し，ある国（たとえば日本）が輸出成長期・成熟期に達した産業（製品）を外国へ輸出すると同時に，同一産業に属する付加価値が一層高いものを外国（たとえば欧米）から輸入することが生じ得る。あるいはある国（先発国）が逆輸入期となった製品を外国（後発国）から輸入（逆輸入）すると同時に，同じ産業に分類される付加価値のより高い製品を輸出（輸出成長期）する状況が発生し得る。1例を挙げれば図C.1に描いたように，ある国でA産業（製品，たとえば木綿製のジャケットや

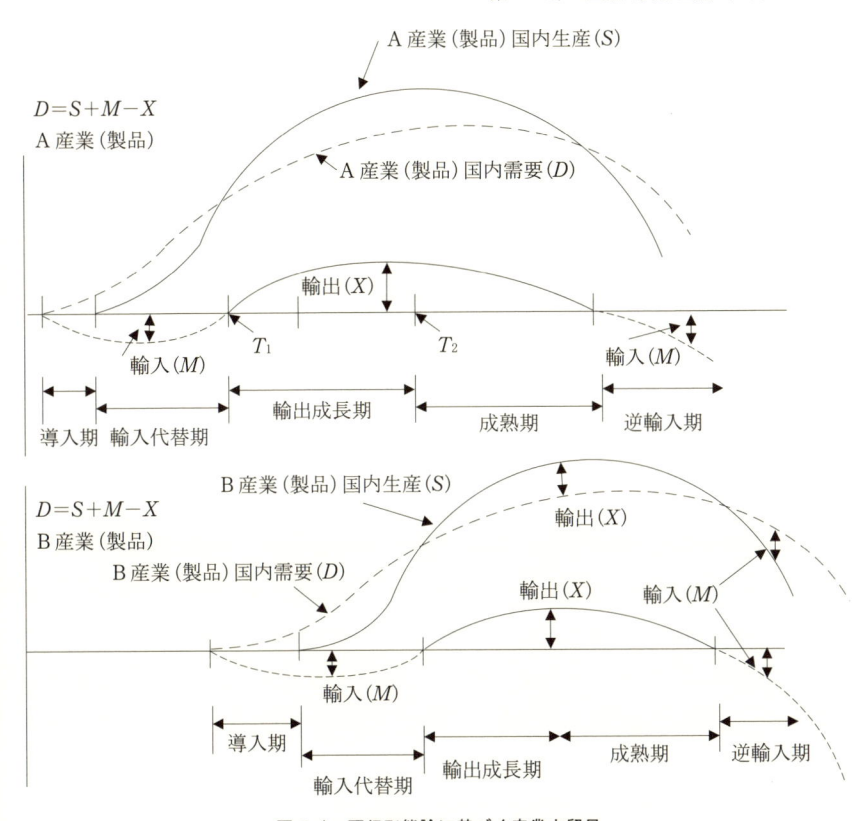

図 C.1　雁行形態論に基づく産業内貿易

出所：山澤（1984*，74 ページ）。ただし，小柴が一部修正した。

スーツ）の生産と輸出がおこなわれるとともに，他方で類似の B 産業（製品，たとえばウールとポリエステル混紡のジャケットやスーツ）が輸入されるような場合である。産業（製品）の発展過程からみると木綿製の製品がまず発展し，続いて羊毛製や合成繊維の製品が発展する。これらの製品は同一の産業に属する（現行の HS 産業分類では 4 桁まで 6203 で同じである）。これらの製品は垂直的に差別化されている。同様なことはほかにも多々存在する。もう 1 つ例を挙げよう。ミシンは足踏み式であっても自動式であっても HS8452 で同一産業に属するが，双方は異なる機能・性能や用途を有する異種製品（異なる品種）とみなされる。産業（製品）の発展段階からみると前者が早く，後者はその後

で導入された。図 C.1 でこの様子をみると，上方のパネルは A 産業（製品，足踏み式ミシン）についての国内生産 (S)，国内需要（消費：D)，輸入 (M) および輸出 (X) の様子を描いたものである。足踏み式ミシンに対する需要が生じ，時差をともない生産が開始される。需要が供給を凌ぐ部分はこの国の輸入である。しばらくすると，この製品の国内生産が増加し，供給が需要を上回るようになる。輸出が開始されるようになる。図の下方のパネルは B 産業（製品，自動式ミシン）の様子を描いたものである。この国では自動式ミシンは足踏み式ミシンよりも導入が遅れた。しかし，ある程度の時差をともない，自動式ミシンの国内需要および国内生産も足踏み式ミシンでみたような発展パターンをとった歴史を考えれば，その様子は図に描いた通りとなる。上方のパネルの T_1 点と T_2 点の期間はこの国が足踏み式ミシンを輸出するとともに，自動式ミシンを輸入するといった IIT がみられるはずである。

　雁行形態論はその後，主に小島（1958*, 1982*, 2004*），山澤（1984*），クワン [Kwan]（1994*) などによって引き継がれ，精緻化され，新たな展開がなされたが，産業発展の基本的な動態（学）的プロセスのフォーミュレーションは後述する製品ライフサイクル論と類似している。ただし，両者が大きく異なるのは，前者が欧米先進国から遅れて工業化を展開した国（日本）の工業化過程での生産と貿易の産業構造変化を観察したのに対して，後者は新たに市場に導入される製品が生産および消費の両面で最もそれらのレベルが高い国（米国）において発生し，その製品の消費と生産が後続する国々に伝播してゆく流れを明らかにした点である。

　雁行形態論とは異なり，製品の開発・生産・輸出にみられる発展プロセスと消費・輸入の展開プロセスを交差させて捉える見方がヴァーノン [Vernon]（1966，1971*）のプロダクト（製品）ライフサイクル（PLC）論である。PLC 論は戦後の世界経済でグローバル化の急速な進展により，多国籍企業の活躍や対外直接投資が大きな役割を演じることとなったことが貿易パターンを変化させた点に注目する。

　すでに概観した雁行形態論が欧米の先進国から遅れて工業化を開始した日本の工業化過程でみられた産業発展の典型的なキャッチングアップ・パターンを輸入→輸入代替生産→輸出→再輸入といった一連の産業発展の流れとして捉える

のに対して，PLC論はつぎの2点をモデル化することで明らかにした。(1)製品のライフサイクルに基づく生産と消費，および両者の差としての輸出と輸入がなぜまず先進国のなかでも米国で最初に起きるのか？　(2)米国でみられる製品のライフサイクルがつぎに他の先進国でも起き，さらに途上国でも起きる流れはどうして生じるのか？　またその流れはどのようなものか？

　貿易パターンは時間の経過を経ることによって，各国間の生産構造の相対的な変化を生じさせ，なかでも国際間で生じる生産要素，とりわけ技術レベル，労働の生産性，あるいは賃金水準などの相対的な変化をもたらし，それらが逆に各国の供給・需要構造に対して相対的な作用を及ぼすと考えられる。その結果，新たな貿易フローが生じることになる。キーシング [Keesing] (1967) やグルーバーほか [Gruber et al.] (1967) は米国の輸出パフォーマンスと研究開発 (R&D) との間に有意な正の相関があることをつかんだ。ハフバウアー [Hufbauer] (1966*) は国際間にみられる技術格差や賃金格差によって貿易が生じることを論じた。これらの動態 (学) 的な要因を輸出と輸入のフローとして1つのモデルにまとめたのがヴァーノン [Vernon] (1966) のPLC論である。

　PLC論は製品の新開発から生産の開始，拡大，製品の成熟，その後の衰退の流れという製品生命の一連の流れ (循環) を国際間における供給と需要の両面から異なるステージ (段階) またはフェイズ (局面) に分けて分析する。逆の視点からこれをみると，企業は製品ライフサイクルのステージごとに生産活動を最適な条件を備えた国でおこなうことから，国内生産・消費はもとより直接投資や輸出・輸入が生じる。

　ヴァーノン [Vernon] (1966) に基づきPLC論の要点を図示したのが図C.2である。まず，先進工業国における企業は新たな製品を開発するうえで技術的な面においてはほぼ同じような条件にあるとの仮定から始めよう。ただし，この前提は先進工業国にあるすべての企業が新たな事業機会・環境に遭遇するうえで等しい状況にあると安易に仮定すべきではない。企業はそれぞれ地理的・空間的な環境のみならず，国民所得，1人あたりの所得レベル，産業構造や産業組織など企業を取り巻く環境，および政治・経済，技術レベルなどの面で同じような状況にあるとはいえないからである。つまり，供給や需要に関する情

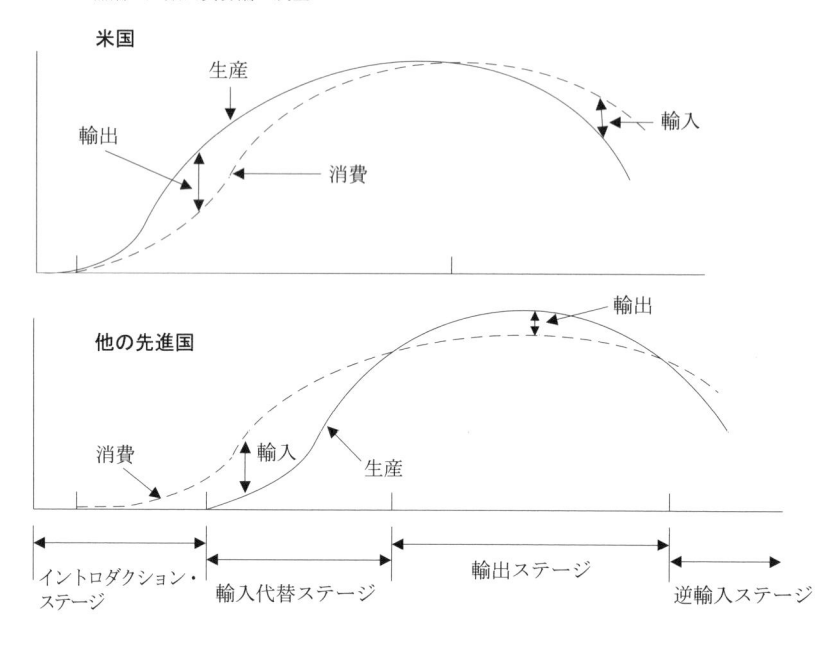

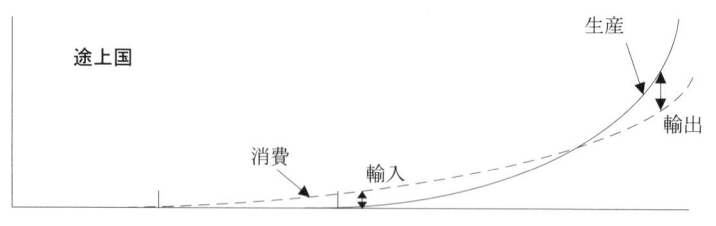

図 C.2 製品のライフサイクル・パターン

出所：ヴァーノン［Vernon］（1966, 199 ページ）。ただし，小柴が一部修正した。

報とその伝達に関して企業がそれぞれ置かれる状況が異なる。この意味で情報およびその入手・利用は企業にとって等しく公共財（与件）であるとはいえず，独立変数と考えられる。また，企業は先進工業国のマーケットであればどこでも新製品の開発・生産を手がける誘因をもつかといえばそうではない。彼らが関心をまずもつのは米国のマーケットである。では，なぜ企業は米国のマーケットに強い関心をもつのか。ヴァーノンは 2 つの理由を挙げる。第 1 は 1 人あたりの所得水準が高いことである。第 2 に米国は他国に比較して資本が豊富

であることから,賃金水準が高いことである。つまり,家電製品が開発される状況を考えると,洗濯機や食器洗い機は米国における主婦の家事にかかる手間を省き,外で働く時間を確保させた。もちろん,これらの家電製品に対する需要は所得水準の上昇によってさらに高められた。

図C.2の「米国」(上のパネル)は米国でまず新製品が導入され生産と消費が起きる様子を描いている。生産は需要が見込める段階で拡大し,消費を上回る生産は「輸出」に向けられる。この段階では当該製品の情報が「他の先進国」(中間のパネル)へ伝わり,需要が徐々に喚起され,輸入が始まる。いずれ他の先進国においてこの製品の生産が始まるが,ここまでが「イントロダクション・ステージ」である。他の先進国では消費の拡大をうけて生産が拡大するが,この状態が「輸入代替ステージ」である。他の先進国において生産が消費を十分賄うようになる点までが輸入代替ステージであり,その点を過ぎると生産超過分が輸出に向けられる。「輸出ステージ」の到来である。この時期は米国では生産と消費がピークに達する「成熟製品ステージ」であり,時差をともなってその他の先進工業国もいずれ同様の状況となる。米国では成熟期を過ぎた当該製品の生産は漸減し始めるが,消費が生産を上回る分が当初は他の先進国から,ついで「途上国」(下のパネル)から輸入される。他の先進国でもいずれ当該製品が成熟期を過ぎると生産が減少し始め,消費を賄えなくなる点からは輸入が始まる「逆輸入ステージ」となる。途上国では他の先進国からさらに時差をともない同様のパターンがみられるようになる。ヴァーノン [Vernon] (1966, 1971*) には言葉としてみつからないものの,ここには産業内貿易が生じており,その発生のメカニズムが明らかにされている。とはいえ,PLC論や雁行形態発展論は,同一のカテゴリーに属する製品同士がある時点で輸出と輸入が同時に起きることは予め想定はしていない。

静態(学)的な産業内貿易モデル

伝統的な貿易理論の核となっているヘクシャー=オリーン=サムエルソン・モデルは,比較優位に基づく産業間貿易に対して明快な説明を施してきたが,先進国で観察され始めた類似した製造業品同士の貿易は,新たな貿易パターン

として広く世界的に注目されるようになった。ヘクシャー＝オリーン＝サムエルソンは従来から観察された貿易パターンを説明するための精緻なモデルを構築したが，新たな貿易フローは当初，想定したものではなかった。しかし，このような精緻な貿易モデルに基づき導出される命題を覆す貿易のパターンやフローが米国で発見された。この発見に関して，一方でレオンチェフ [Leontief] (1954*) は生産要素（労働力）の質の違いに着目するとともに，生産規模の変化にともなう要素集約度の変化など幾つかの要因に基づき理論的な解釈を加えるとともに，「レオンチェフの逆説」として理論的かつ実証的に説明した。他方，リーマー [Leamer] (1994*) は新たな貿易のパターンを IIT に求め，新たな貿易パターンとしてその発生がすでにバラッサ [Balassa] (1966) やグルーベル [Grubel] ＝ロイド [Lloyd] (1975) などによって観察されているとして，このテーマに関して人びとの関心を喚起させ，研究を刺激するうえで大きなインパクトを与えた。その後，多くの研究者が IIT のモデル分析および実証に関心を払うようになった。なかでも，その嚆矢となったのはディクシット [Dixit] ＝スティグリッツ [Stigliz] (1977) およびランキャスター [Lancaster] (1979) である。前者は一般均衡モデルのもとで規模の経済に基づき，後者は製品差別化あるいは消費者選択の多様性を財の属性分析に基づいて説くものである。クルーグマン [Krugman] (1979) は一般均衡モデルをさらに発展させた。ランキャスター [Lancaster] (1980) は消費者選択の多様性を開放経済デルへ拡張した。爾来，IIT の新たな理論と計測法が次々と現れた。なかでも，ブランダー [Brander] (1981) はゲームの理論によって，ファルヴィー [Falvey] (1981) は新ヘクシャー＝オリーン＝サムエルソン（新 H-O-S）モデルの仮定のもとで IIT の発生が可能であることを明らかにした。日本でも IIT が注目されてきた。

　日本における IIT の研究で特筆すべきは，加藤 (1961a*, 1961b*, 1961c*, 1961d*, 1961e*) が日本を含む先進国の新たな貿易パターンとしてすでに IIT に注目していたことである。同時期に，小島 (1961*) は第二次大戦前とその後の世界貿易を比較して，先進国間貿易が漸増したという「定型化された事実」を観察し，その背景を規模の経済を享受し得る資本と労働の生産要素結合が他の要素の結合と比較して重要性を増したためであると述べている。事実，製造

業品の貿易の拡大はその後における先進国をはじめとする世界経済の特徴の1つになっている。Kojima［小島］(1964*) は先進国間の貿易が製造業品の拡大をともなっていることを観察し，その理由を貿易国の間での合意的国際分業に求めた。小島 (1976*, 1982*, 2004*) は，それを国際分業の1つのパターンとして体系化した。

同時に，日本を中心とした IIT の「定型化された事実」の分析は，佐々波 (1973*, 1978*, 1981*)，Sazanami［佐々波］(1986*)，佐々波＝浜口 (1976*)，山本 (1978*, 1983*, 1984*)，小柴 (1988*, 2006*)，Koshiba［小柴］(2005*)，小田 (1993*)，大山 (1992*)，山崎 (1992a*, 1992b*)，法専＝伊藤＝貝沼 (1991*)，本多 (1999*)，新堀 (2002*)，石田 (2003*) などによって発展した。

つぎに表 C.2 に基づき，IIT の「定型化された事実」を解明するための静態(学)的モデルの枠組みを概観しよう[注2]。

まず供給面については，クルーグマン［Krugman］(1979, 1980, 1991a*, 1991b*) に典型的にみられるように，多くの論者は規模の経済が作用することにより同一産業内においても双方向貿易が発生することを明らかにした。対照的に，フラム［Flam］＝ヘルプマン［Helpman］(1987*) などは規模の経済が作用しなくても，企業が多数存在すれば品質の異なる幾つかの品種を生じさせることを明らかにした。

需要面から産業内貿易の発生理由を分析する嚆矢となったのはリンダー［Linder］(1961) である。つまり，1次産品貿易の説明要因はヘクシャー＝オリーンの要素賦存比率理論が妥当であるが，製造業品の貿易では各国の需要構造の類似性または需要重複の程度が重要な説明要因であるとリンダーは指摘する。1人あたりの所得水準は需要の内容とその大きさを決定する最も大きな要因であることから，各国間における所得水準の類似性が製造業品の貿易の必要条件となる。ここで輸出品はどのように決まるのであろうか。各国の企業は，それぞれ国内において大きな需要が存在する（リンダーは「代表的需要」という）ことで，相対的に最も有利な要素結合と産出物をもたらす生産方法（生産関数）に特化することでそれが決まる。対照的に，輸入は貿易当事国においてそれぞれ需要の重複がみられるものになる。リンダーの代表的需要理論には製品の質の違いあるいは加工度（または加工内容）の違いが考えられている。

製品の質の違いと生産要素との理論的な関係については,いままでに幾つかの見方がある。まず,IIT の発生について規模の経済および製品差別化を指摘した初期の文献にはこの原書を含め,リンダー[Linder](1961),クルーグマン[Krugman](1979),グルーベル[Grubel]=ロイド[Lloyd](1975),ランキャスター[Lancaster](1979, 1980)が挙げられるが,とりわけ,製品の質の違いを説明する要因として要素集約度の違いに注目し,しかも同一産業内に属する製品同士に関しても集約度にかなりの差異があることをフィンガー[Finger](1975),リプシー[Lipsey](1976),レイメント[Rayment](1976)がすでに指摘している。この点は本補論の本節の後半で触れる。この問題とは別に,要素集約度の違いはどのような理由で生じるのかをみると,第1は資本投入量の多寡によるとするもので,それにはファルヴィー[Falvey](1981),ファルヴィー[Falvey]=キャージコウスキー[Kierzkowski](1987*)が,第2は質の高い労働力とするもので,それにはガシュヴィッツ[Gabszewicz]=トゥリーニ[Turrini](2000*)が,第3は R&D とするもので,それにはガシュヴィッツほか[Gabszewicz et al.](1981*)などがそれぞれ挙げられる。

バーグストランド[Bergstrand](1989*, 1990*)は2国間での産業内貿易についてヘクシャー=オリーン=サムエルソンの要素賦存比率モデルとリンダーの代表的需要の仮説について計量的に検証を試みた。分析対象は先進14カ国の製造業品(具体的には,非電気機械,電気機械,および輸送機械)について,SITC(標準国際貿易商品分類)7桁に基づき1976年のデータを用いて分析した。被説明変数はペア(1対)でとった2カ国の IIT である。説明変数は資本・労働比率,国内総生産(GDP),1人あたりの国内総生産(GDP),および関税の高さである。国境貿易(グラビティー指標)と産業の特性(資本集約的か労働集約的か)はそれぞれダミー変数とした。製品は2種類で,一方(X)は生産国および生産企業によって製品差別化された製品であり貿易可能財である。他方(Z)は同質的な非製造業品である。供給関数は所得弾力性が高い製品(X)が資本集約的であることと,グラビティー・モデルが考慮される以外は一般の需要関数を想定する。需要関数は所得一定のもとでコブ・ダグラス・CES 関数を想定する。以下の8仮説の検定を試みる。

① 要素賦存比率が両国で異なるほど,両国において IIT 比率は低い。

② 好みが異なるため1人あたりの所得（GDP）が両国で不均一であるほど，両国において IIT 比率は低い。
③ 要素集約度の相対的な相違にしたがい両国の要素賦存比率が高いほど，両国において IIT 比率は高い。
④ 両国の経済の発展度が高い（低い）ほど，両国において奢侈品（必需品）の IIT 比率は高い。
⑤ 両国の経済規模が違うほど，両国において IIT 比率は低い。
⑥ 両国の経済規模が大きいほど，両国において IIT 比率は高い。
⑦ 両国において関税率が異なるほど，両国において IIT 比率は低い。
⑧ 両国において関税率が高い（人為的な通商障壁となる）ほど，両国において IIT 比率は低い。

検定の結果をまとめるとつぎのようになる。
(1) 要素賦存量比率が両国で異なるほど，両国において IIT 比率は低いとの仮説 ① は明確なものではない。
(2) 仮説の ② および ⑤ に関する両国の大きさについては，1人あたりの所得（GDP）および経済規模が両国で異なれば異なるほど IIT の比率が低く，統計有意性は少なくともそれぞれ 10 パーセント以下で有意である。また仮説 ⑦ の関税率も両国で異なるほど IIT 比率は低く，しかも統計有意性は 10 パーセント以下で有意である。なお，仮説 ② の検定は有意で認められるものの，これらの産業の製品の資本・労働比率に関しては負で有意であることから，これらの産業は全体として労働集約的であると判断できる。さらに仮説 ⑤ に関して，両国の経済規模が大きく異なる場合の IIT について研究したニールソン [Nilsson] (1997*) は，単にグルーベル＝ロイドの IIT 指標は適正なものとはいえず，グルーベル＝ロイド IIT 指数を貿易された商品数によって除して修正する必要があることを明らかにした。
(3) 国境貿易に関するダミー変数が有意である。この結果，グラビティーが働いていることがわかる。
(4) 産業の特性（資本集約的か労働集約的か）に関するダミー変数により，電気機械産業は非電気機械産業や輸送機械産業とそれぞれ異なる。ただ

し，電気機械産業と非電気機械産業との差異は有意とはいえないが，電気機械産業は輸送機械産業とは有意に異なる。

(5) 全体として，仮説③は仮説②とも関連し，これらの産業はすべて労働集約的である。

(6) 仮説④に関して，これらの産業は全体としてすべて奢侈品産業である。

(7) この計量分析ではデータ数が273個であり，決して十分とはいえないが（決定係数：0.44），6万2千個にも及ぶバラッサ [Balassa] =バウェンツ [Bauwens] (1987*) と同様の結果を導いた。

バーグストランド [Bergstrand] (1989*, 1990*) およびバラッサ [Balassa] =バウェンツ [Bauwens] (1987*) の計量分析は伝統的な貿易理論であるヘクシャー=オリーン=サムエルソンの要素賦存比率モデルとリンダーの代表的需要の仮説の統合化を試みた点で統合的な研究といえる。また，グラビティー・モデルの陽表的な導入，さらには奢侈品が資本・労働比率や要素賦存量と関わる点に言及したことは評価できる。しかし，計量分析は産業分類が SITC の第7部の第71類，第72類，および第73類といった2桁に基づいていることから，製品生産の要素集約性を資本集約的なのか労働集約的なのかという全体としてみている。さらに，これらの産業の製品が奢侈品なのか必需品なのかも正確とはいえない。これらの産業は加工組み立て型であることから労働集約的であると考えれば，分析全体の内容はおおむね正しいと思われるものの，このような不正確性が分析結果を曖昧なものとしている。このようなことから，産業内貿易は消費者選択を異なる分析方法（アプローチ）に基づいて検討する必要があるとともに，産業分類を改めて見直すことも必要となる。

水平的な産業内貿易（HIIT）ならびに垂直的な産業内貿易（VIIT）

IIT の可能性とその大きさはこれらの供給要因と需要要因が相互に作用することによって決まる。つまり，貿易がおこなわれる場合，貿易総量の大きさならびに，そのなかでどれだけが IIT となり，どれだけが産業間貿易となるのかが決まる。

リンダー [Linder] (1961) は貿易発生の需要要因に人びとの関心を喚起させ

たが，ここで消費選択に関する2つの異なる分析方法（アプローチ）を検討しよう．第1は選択行動基準に関することである．この原書にも記述しているが，選択をおこなうとき消費者は「異なる品種を幾つか求める（love of variety）」選択行動を採るのか，あるいは「理想とする品種（ideal variety）」または「気に入った品種（favorite variety）」を求めようとするのかの違いである．前者はディクシット＝スティグリッツ型のアプローチであり，クルーグマン [Krugman]（1979, 1980）およびディクシット [Dixit]＝ノーマン [Norman]（1980）がその典型的なものといえる．後者はランキャスター型のアプローチである．ランキャスター [Lancaster]（1979, 1980）およびヘルプマン [Helpman]（1981）がよい例である．イートン [Eaton]＝キャージコウスキー [Kierzkowski]（1984）は水平的な製品差別化を寡占モデルに導入したが，2つの同様な国々を想定し，両国の人々が異なる「理想とする品種（ideal variety）」または「気に入った品種（favorite variety）」をそれぞれ求め合うことにより，生産者は両国にそれぞれ1社ずつとなり，その結果，水平的に差別化された製品の貿易が両国で起きることを明らかにした．

第2の分析方法（アプローチ）は，消費者の選択行動が水平的に差別化された製品に関するものなのか，あるいは垂直的に差別化された製品に関するものなのかという違いである．曖昧さがあるものの，わかりやすい例でいえば，水平的な差別化は質的に，あるいは機能面ではほとんど同じものでありながら，デザイン，色，形，仕様，用途およびサイズなどで異なる製品同士の間で選択がみられる場合であり，具体的な例は色違いのセーターなどである．たとえば，ある人が淡い色のセーターを春先に着てダークなセーターは秋口に着るような場合である．垂直的な差別化は，製品の分類カテゴリーからみると同じ産業に属している製品同士だが，質的または機能面では明らかに異なると消費者が判断するために選択が起きる場合であり，自動車，時計，家電製品などで広く観察されている．たとえば，高級車に対する大衆車，または乗用車（セダン）に対する商用車（バン）や多目的用途車（MUV）などである．現実には，水平的な差別化と垂直的な差別化の間にはグレーゾーンに属する場合がたくさん存在するが，とくに技術的に差別化された製品の具体例には，完成車に対する部分品，パーツやアクセサリーなどが挙げられる．個々の製品を機能面から

みると明らかに両者は異なるが，組み立てられたアセンブルの用途／使用目的の観点から判断すると，両者は等しく同一製品のカテゴリーに属するものである。同時に，消費者の選択行動からみると，水平的に差別化された製品はそれらに対する需要の交叉弾力性がプラス値である製品同士（代替財）であり，それらがマイナス値であれば垂直的に差別化された製品（補完財）ということになる。一般には完成車とパーツやアクセサリーなどの関係は補完的と考えられるから，両者は技術的かつ垂直的な差別化製品とみるのが自然である。しかし，代替財か補完財か明確に線引きできない場合もある。高級車（中・大型車）と大衆車（小型車：日本では軽自動車がよい例）である。ごく一般的にはこれらは垂直的に差別化された製品である。しかし，各家庭で主人が利用するのは中・大型車で，妻が日常の買い物に使う自動車は軽自動車または小型車が主流である。大学生の子供が利用する車も小型車または軽自動車が多い。つまり，通勤・レジャーに利用する車（中・大型車）と買い物で使う車（小型車／軽自動車）は明らかに垂直的な差別化製品と考えられる。しかし，高級車（中・大型車）の価格が上がると値上がりした高級車（中・大型車）と同じグレードの他メーカーの車（車種）へ需要が向かうよりも，同一メーカーでランクを多少落とした車種を求める人々が多い。つまり，製品が差別化されていればいるほど（車が典型的な例であり，電気・電子機器などにも当てはまる），高級車（中・大型車）と大衆車（小型車／軽自動車）の間には垂直的な差別化と水平的な差別化が入り混じる傾向がある。

とはいえ理論上，製品に対する消費者の選好が水平的に差別化された製品の貿易か垂直的に差別化されたものの貿易かに応じて IIT も 2 つに分類できる。つまり，水平的に差別化された製品同士の貿易が水平的な IIT（HIIT）であり，垂直的な製品同士の貿易が垂直的な IIT（VIIT）である。

水平的な産業内貿易（HIIT）

ヘルプマン［Helpman］＝クルーグマン［Krugman］（1985）はヘクシャー＝オリーン型の貿易モデルにチェンバリン流の不完全競争（製品差別化）モデルを結合させることによって，HIIT の発生原因の解明を試みた。彼らは貿易当事国において要素賦存量の差違，逓減費用，および水平的に差別化された製品に基づくモデルを構築することによって，貿易総量ならびに産業内貿易と産業

間貿易の大きさを分析した。つまり，貿易をおこなう2カ国にとって初期の要素賦存量の差違が大きければ大きいほど産業間貿易が大きくなる。対照的に，産業内貿易においては2カ国における逓減費用（規模の経済）が重要な要因である。同時に，1人あたりの所得が両国で似かよっていればいるほど IIT の構成比が大きくなる。両国における市場規模が似かよっていればいるほど IIT の構成比が大きくなる。ヘルプマン [Helpman] (1981) は，とりわけ水平的な IIT (HIIT) が規模の経済によって影響されると論じた。

水平的な差別化製品の品種数は企業の最小最適規模が大きく作用する。いま，ある産業で操業する企業がそれぞれある少数の限られた数の品種を生産していると単に仮定すれば，最小最適規模が小さく，したがって企業の数が多いほど当該産業にとどまる企業によって生産される品種数は多くなるから，消費者の選択肢が広がり，水平的な IIT (HIIT) の範囲は広がる。こうして，産業内の企業数による分析も可能となることから，グリーンナウェイほか [Greenaway et al.] (1995*) は産業内貿易を製品差別化の観点からのつぎの4つのケースに分けた。

(1) 多数企業による垂直的差別化のケース｛代表例：ファルヴィー [Falvey] (1981)｝
(2) 少数企業による垂直的差別化のケース｛同：シェイクド [Shaked] ＝ サットン [Sutton] (1984)｝
(3) 多数企業による水平的差別化のケース｛同：ヘルプマン [Helpman] (1981)｝
(4) 少数企業による水平的差別化のケース｛同：イートン [Eaton] ＝キャージコウスキー [Kierzkowski] (1984)｝

IIT を4つに分ける主な要因は，供給側が要素賦存量の多寡，つまり複数国間での要素賦存量の相対的な違い，規模の経済，つまり逓減費用の大小であり，需要側が製品差別化の内容である。製品差別化の内容は LOV (love of variety)，IV (ideal variety) または FV (favorite variety) の違いに由来する。これらの両者に関してヘルプマン [Helpman] ＝クルーグマン [Krugman] (1985) は理論的な整理をおこなっている（第6章）。ディクシット [Dixit] ＝スティグリッツ [Stigliz] (1977) およびランキャスター [Lancaster] (1980) はとも

に水平的差別化のケースを取り扱ったが，前者がLOVに基づくモデルであるのに対して，後者はIV (FV) に基づくモデル分析である。

ブランダー [Brander] (1981) は同質財を生産する同様な企業を想定したIIT複占モデルを構築したが，これはうえの分類の「(4) 少数企業による水平的差別化のケース」である。

市場構造－市場行動－市場成果の関連性を重視する産業組織論の見地からは，市場構造が企業の数によって大きく影響を受ける。そのことから市場における企業数の多寡に基づいてモデルを分類すれば，企業数が多数のケースにはクルーグマン [Krugman] (1979, 1980, 1991a*, 1991b*)，クルーグマン [Krugman] ＝ヴェナブルズ [Venables] (1990*, 1995*)，ヴェナブルズ [Venables] (1984)，ランキャスター [Lancaster] (1980)，プーガ [Puga] ＝ヴェナブルズ [Venables] (1997*)，藤田ほか [Fujita et al.] (1999*)，ディクシット [Dixit] ＝ノーマン [Norman] (1980)，ヘルプマン [Helpman] (1981) などが挙げられる。対照的に企業数が少数のケースにはシェイクド [Shaked] ＝サットン [Sutton] (1984)，ブランダー [Brander] (1981)，ブランダー [Brander] ＝クルーグマン [Krugman] (1983)，イートン [Eaton] ＝キャージコウスキー [Kierzkowski] (1984) などが挙げられる。

垂直的な産業内貿易 (VIIT)

垂直的なIIT (VIIT) モデルの構築はまずファルヴィー [Falvey] (1981)，ファルヴィー [Falvey] ＝キャージコウスキー [Kierzkowski] (1987*)，シェイクド [Shaked] ＝サットン [Sutton] (1984)，フラム [Flam] ＝ヘルプマン [Helpman] (1987*) などに求められる。これらのうち前述の2つの文献は上記の(1)のケースに該当するが，モデルのなかで垂直的な製品差別化を製品の質の違いとして陽表的に取り入れている。とくにファルヴィーは2国2財2要素モデルによって，要素賦存量の差違として資本や技術が相対的に豊富な国は品質の高い製品の生産に比較優位を有し，それらの輸出をおこなう。他方，労働が相対的に豊富な国は品質の低い製品の生産に比較優位を有し，それらの輸出をおこなう。ただし，ここでは各産業に特異な要素は明確には導入されていないが，その存在を暗に想定している。同様に，規模の経済も陽表的には取り入れられていない。クルーグマン [Krugman (1979, 1980) やヴェナブルズ

[Venables] (1984) は上記 4 ケースのうちの (1) に分類できる。これらは前述のファルヴィー [Falvey] (1981) が消費者の選好が 1 つの垂直的に差別化された製品に向かうと仮定しているのとは対照的に，垂直的に差別化された製品すべてを需要するとして LOV を仮定する。また，(2) に分類されるシェイクド＝サットンは IIT が規模の経済によって生じるとして市場構造の役割に注目しており，それが自然寡占をもたらすとみている。こうして彼らは，少数企業が規模の経済に基づき垂直的な差別化モデルを構築した。市場構造に注目することは差別化された製品の数ならびに企業の数と関連しており，上述した「多数企業」または「少数企業」の議論と密接につながる。

その後，IIT が市場構造の役割とどのように具体的に関わるのかという点に注目する分析が現れた。なかでも，ラーチャー [Loertscher] ＝ウォルター [Wolter] (1980)，グリーンナウェイ [Greenaway] ＝ミルナー [Milner] (1984a)，バラッサ [Balassa] (1986*) を挙げることができる。理論モデルまたは計量経済学のモデルとしては，HIIT と VIIT を明確に分けることはできても，それを実証的に検証することは困難がともなう。つまり，IIT の総量が生産や市場構造の性質に関わっていることはわかってきてはいるものの，代理変数の選定を含め，その内容を HIIT と VIIT とに紐解くには熟考とその他のかなりの工夫が求められる。その理由はつぎに述べる課題が依然として解明されていないからである。

産業内貿易の計測に関わるカテゴリー別産業集計問題

「IIT がなぜ生じるのか。」この問題を考えるうえで避けることができないのが，「産業」の定義（分類）であり，具体的にはこの原書の第 5 章に記述してある「カテゴリー別（産業）集計」に関することがここでも重要なネックとして現れる。詳しい説明はこの原書に譲り，ここではこの問題を考えるうえで当初から解決が求められてきた大きな課題を引き継ぎ，基本となる以下の 2 点をしっかりと押さえておこう。

第 1，近年，国際貿易は拡大したが，貿易の過半は IIT であるという「定型化された事実」に関して，IIT をどのように計測するかは重要なテーマである。

バラッサ [Balassa] (1966) は初めてこの課題に対してつぎの IIT 指数を提起した。

$$IIT_i = \frac{1}{n}\sum_{i=1}^{n}\left[\frac{X_i - M_i}{(X_i + M_i)}\right] \qquad (C.3)$$

ただし，X_i はある産業における第 i 番目の製品の輸出を，M_i はその輸入をそれぞれ意味する。(C.3)式の IIT 指数は「$0 \leqq IIT_i \leqq 1$」の範囲の値をとるが，IIT が多くなるほどこの指数は 0 に近づき，それが少なくなるほど 1 に近づく。これとは別に，すでにみたようにグルーベル [Grubel] ＝ ロイド [Lloyd] (1975) は前掲の (C.2)式の IIT 指数を提起した。これら両者の IIT 指数をまず比較してみよう。(C.2)式の IIT 指数も $0 \leqq IIT_i \leqq 1$ の範囲の値をとるが，(C.3)式とは対照的に，IIT が多くなるほどこの指数は 1 に近づき，それが少なくなるほど 0 に近づく。これらの IIT 指数はどちらも貿易総額に占める IIT の割合を捉えており，IIT のレベルを示しているわけではない。さらに，時系列比較をおこなった場合には，貿易収支の不均衡が大きい時にはそれが小さい時と比較して指数の値が小さくなるという特徴を有している。

　第 2，これとは別に IIT 指数には以下の課題が存在する。第 1 はこの原書で述べているように，製品をカテゴリー別に集計分類するときに生じる集計上の問題である。ある産業を構成する製品群を 1 つにまとめる場合，異なるカテゴリーの製品同士が 1 つにまとめられれば，「産業」としては不適切である。では，1 つにまとめることが可能な製品群とは何か。この問題には 2 つの見方がある。第 1 は供給要因に基づくものであり，第 2 は需要要因に基づく。供給（生産）面はさらに 2 つに分けられ，一方はフィンガー [Finger] (1975) に基づき，生産が等しい要素集約度あるいは要素結合方法によってなされた（異なる）製品をひとまとめにしたものである。他方はファルヴィー [Falvey] (1981) に基づき，ある生産要素を特定化し，その要素で生産した財をひとまとめにして「産業」として捉える。需要要因（消費面）は需要の代替性が高い（需要の交叉弾力性が高い）製品同士を 1 つの産業にまとめることである。この場合，需要要因（消費面）にも大きくみて 2 つある。一方はランキャスター [Lancaster] (1980, 153 ページ) に基づき，等しい属性（特性）を有する製品を集計したものを「産業」(ランキャスターは「グループ：class」という) とみ

る方法である。ランキャスターによると，同一製品グループ内の異なる製品とは異なる複数の属性が異なる割合で組み合わされている状態をいう。他方は製品の（使用）用途に基づく分類であり，一般には原料または加工品，資本財または消費財に分類する方法である。この方法では消費財はさらに耐久消費財，半耐久消費財，および非耐久消費財などに分類される。この分類方法は実際に商品貿易統計で用いられている。問題が生じるのは，これら供給要因に基づく産業分類と需要要因に基づくそれとが齟齬をきたすことが多いことである。前者の具体例としてよく引き合いに出されるのは，生産過程がほぼ同じ鉄鋼棒と鉄板のケースであり，これらは生産方法が比較的類似しているものの用途は大きく異なる。後者の例には材質の違うキャビネットが考えられ，材質が鋼鉄製かあるいは木製かなどである。双方は収納家具（箱）としての用途がかなり類似しているが，生産方法は大きく異なる。このようなことから，「産業」をどのように把握するかが改めて問われる。

　こうしたことから，フィンガー［Finger］(1975)，リプシー［Lipsey］(1976)およびレイメント［Rayment］(1976) は IIT が統計的な現象にすぎないといい，IIT には批判的である。たしかに上記の金属性か木製のキャビネットの例がよく引用されるが，さらに「ボート」の例が挙げられる。「ボート」にはエンジンつきの大型タンカーも手漕ぎのボートも産業大分類では同一の「産業」に属する。しかし，どちらのケースでも双方の生産プロセスも機能や用途も大きく異なる。したがって，産業分類は粗くすればするほど IIT は多く観察され，細かくなればなるほど IIT は減少する傾向がある。

　にもかかわらず最近の国際経済活動の発展のなかで産業内貿易は増大しているので，この「定型化された事実」をどのように解釈すればよいのか？　つまり，産業をどのように考えて集計すればよいのか？　どの産業集計レベルで捉えたらよいのであろうか？　グリーンナウェイ［reenaway］＝ミルナー［Milner］(1983) は，ここで記したように「産業」の正確な定義およびそのカテゴリーに基づく製品分類の誤りについて述べたうえで，1977 年の英国における SITC の第 0 部から第 8 部までにつき，それぞれ 3 桁，4 桁および 5 桁でみた産業内貿易指数の平均値を計測した。第 0 部から第 8 部までの全産業の IIT 指数の平均値は，3 桁で 56.1，4 桁 47.3，5 桁 46.5 と産業集計レベルが細

かくなるにつれて値は下がるが、3桁と4桁との間でみられる指数の違いは15.7パーセント、3桁と5桁との間の違いは17.1パーセントであり、4桁と5桁との間の違いはわずかに1.7パーセントに過ぎないことがわかった。もちろん、状況は国により、観察する時期により異なると思われるが、産業カテゴリー集計をある程度細かくしても、「定型化された事実」は存続する。フィンガー [Finger] (1975) らも産業分類の非整合性を指摘するのであって、IIT についてすべて否定しているわけではない。

　重要な点は、研究目的に即応したどの産業カテゴリー（集計レベル）を選択できるのかということである。グリーンナウェイ＝ミルナーが本原書のなかで指摘するように、研究目的に応じて産業カテゴリーを集計し直すこと（下位の産業分類レベルでの産業の組み替え）や下位レベルの産業カテゴリー集計に加重値をつけたうえで IIT を算出することも必要になろう。この原書にあるように、いままで産業内貿易指数に関して各種の調整がみられるが、これらのどの分類基準に従おうとも産業集計は厳密性がなく、どれもがカテゴリー集計上の問題がどこにあるかについての情報は前もっては存在しないといえる。このようなことから、この問題に対してはいままで有効な解決策が見あたっていない。研究の目的によって製品分類を組み替えるなどの試みがなされてはいるが、基本的なカテゴリー別集計問題とともにデータ上の制約もあり、有効な解決策は見あたらないのが実情である。

垂直的産業内貿易（HIIT）と水平的産業内貿易（VIIT）の実証分析

　産業集計のうえで大きな問題を残しつつも、1990年代以降、IIT を水平的なタイプ（HIIT）と垂直的なタイプ（VIIT）に分け、それぞれの IIT を計量的に分析する研究が増えてきた。まず、HIIT と VIIT を分類するうえで有意義な基準または方法はどのようなものであろうか？　今日に至るまで多くの試みがなされている。ここでは、それらのなかから以下3つの視点から検討する。

　第1はランキャスター [Lancaster] (1979, 1980, 1984) のヘドニック・アプローチに起因する製品の価格づけに関するもので、クーパーほか [Cooper et al.] (1993*) などによる分析である。製品（財）に含まれる属性（または特性）

に注目し，消費者の選好基準がその属性または幾つかの属性の組み合わせによって決定されるとするこの方法はいままでに広く試みられてきた。しかし，個々の製品については消費者選択の説明力が高いものの，ある種の製品グループ（財束）でみた輸出（品）と輸入（品）を分析するためには正確なデータが備わっているとはいえず，実証研究に適しているとはいえない。

第2は価格弾力性に基づくもので，ブレントン[Brenton]＝ウィンターズ[Winters] (1992*) の研究である。このアプローチも製品ごとの分析は厳密な定義があてはまるものの，第1のアプローチでも述べたように，これらのアプローチは製品が複数になったり（多数になればなるほど），貿易相手国が複数の場合には，データの収集および分類が非常に煩雑になるばかりか，分類結果が正確とはいいがたい。同様に，製品に含まれる属性が異なるカテゴリー分野にまたがる場合には，解釈が非常に複雑になるばかりか計測不能ともなり得る。

第3は輸出入される製品の単位価値 (unit value) に基づくものである。このアプローチもさらに2つがある。グリーンナウェイほか[Greenaway et al.] (1995*) のGHM指標とフォンターニエ[Fontagné]＝フロイデンベルク[Freudenberg] (1997*) のFF指標の2つである。なお，単位価値の測定方法についてはトーステンソン[Torstensson] (1992a*) が提案する製品1トンあたりの製品価値を基準とする方法と，グリーンナウェイほか[Greenaway et al.] (1995*) の取り扱い数量単位（たとえば，自動車1台）によるものの2つがある。両者の概念は基本的には同じであるが，実証面には後者がよく利用される。グリーンナウェイほか[Greenaway et al.] (1995*) は，輸出品と輸入品の単位価値の比率に基づく分析法を提示した。つまり，ある国にとって輸出品と輸入品の単位価値 (unit value，実証分析では単価 (unit price) がよく用いられる) を以下の式のように比較することにより水平的な差別化製品であるのか，あるいは垂直的な差別化製品であるのかを判断することが可能である。つまり，GHM指標は

$$1-\alpha \leq \frac{UV_{ij}^X}{UV_{ij}^M} \leq 1+\alpha$$

である。ただし，iは産業を，jは貿易相手国を，αは較差 (price wedge) を

それぞれ意味する。

たとえば,製品グループごとに計測した製品1台あたりあるいは製品1トンあたりの輸出品の価値と輸入品の価値を比較する。比較の結果,比率がある一定の値(=較差[price wedge];一般には±15パーセントか±25パーセントを用いる。しかし,これらはさしたる理論的合理性があるわけではない)を超えるか否かによって,超える場合は垂直的な差別化製品,超えていない場合は水平的な差別化製品とするのである。

フォンターニエ(Fontagné)=フロイデンベルク[Freudenberg](1997*)はGHM指標を若干修正したつぎのFF指標を提案した。簡単化のためにサブスクリプトを省略して表記すると,

$$\frac{1}{1+\alpha} \leq \frac{UV^X}{UV^M} \leq 1+\alpha$$

である。FF指標がGHM指標と異なるところは左辺である。つまり,GHM指標では較差を「1」から直接差し引くのに対して,FF指標は「$1+\alpha$」の逆数とした点である。当然,両者は違いを生じる。両者の比較はクレスポ[Crespo]=フォントーラ[Fontoura](2004*)やブリュールハルト[Brülhart]=エリオット[Elliott](2002*)がポルトガルや英国のデータに基づいておこなっている。とくに,後者は調整費用との関連で,水平的な分業パターンを垂直的な分業パターンと比較して要素,とりわけ移動性の低い労働力の雇用調整費用に違いがあるか否かを分析した。

産業内貿易のHIITまたはVIITをそれぞれ判別する基準としてFF指標とGHM指標とでどのぐらいの差が生じるのか。それを図示したのが図C.3である。この図はアザー[Azhar]=エリオット[Elliott](2006*)から引用したものである(だだし,筆者が一部修正した)。図C.3は縦軸にこの国の輸出品の単位価値(価格)を,横軸に輸入品の単位価値(価格)をとる。両者が等しければ45°線上に示される。いま自国の貿易相手国との輸出で最高の価値(価格)を縦軸の上限とし,輸入最高価値(価格)を横軸上の最大値とするボックス・ダイアグラムを考えれば,すべての輸出の単位価値(価格)と輸入の単位価値(価格)を図に描くことができる。製品の単位価値(価格)が貿易される製品の質を表すと考えれば,このボックス・ダイアグラムは輸出入品の質の違いを表

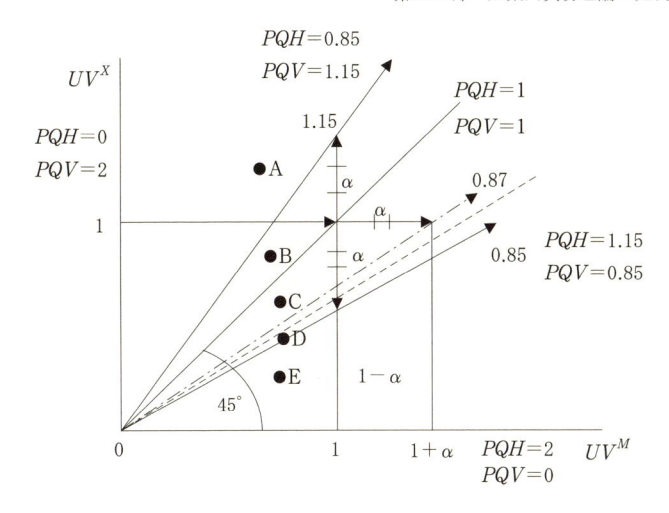

図 C.3　垂直的 IIT と水平的 IIT の GHM 指標と FF 指標の関連性

出所：アザー [Azhar] ＝エリオット [Elliott]（2006*）。ただし，小柴が一部修正した。

したものでもある。このボックス・ダイアグラムをアザー＝エリオットは「製品の品質空間（product quality space ＝ PQS）」と定義する。輸出および輸入の最大単位価値をそれぞれ正規化して「1」とすれば，図 C.3 における縦「1」，横「1」の正方形が PQS である。正方形が 45°線の対角線で区切られた北西の三角形の領域は自国にとっての輸出品（輸入品）が高品質（低品質）であることを意味し，対照的に南東の三角形の領域はそれとは逆となる。

いま較差を 15 パーセントと仮定しよう。GHM 指標によると式の左辺は「$1-0.15=0.85$」である。原点から描く放射線で横軸からの勾配が 0.85 の直線上のすべての点がその条件を満たす。また，式の右辺は「$1+0.15=1.15$」であるから，原点からの放射線で横軸からの勾配が 1.15 の直線上のすべての点がその条件を満たす。したがって，GHM 指標はこれらの 2 つの直線で挟まれた範囲をあらわす。他方，FF 指標の左辺は「$1/(1+0.15)=0.87$」である。右辺は GHM 指標と等しいので，FF 指標でみた HIIT の領域の方が GHM 指標よりも若干狭い。PQS から HIIT を除いた部分は VIIT である。VIIT の領域は 2 つある。縦軸と HIIT の上限である 1.15 の空間，および HIIT の下限である 0.87 と横軸との間の空間である。前者の空間に自国の貿易データが位置すれ

ば，自国にとって品質の高い VIIT と考えられる。他方，後者の空間にそれがあれば，自国にとって品質の低い VIIT と考えられる。ただし，貿易の観察データが縦軸上または横軸上にあれば，それは「双方向貿易」ではなく「片貿易」であるから，ここで議論する IIT ではない。なお，「双方向貿易」の領域の範囲について GHM 指標は制限を特段定めていないが，FF 指標では 10 パーセント（$\lambda=0.1$）としている。その理由は輸出と輸入に大きな非対称性があれば，貿易の流れや製品の品質に歪みや特異性が内在する懸念があるからである。

品質が高い（PQH）か低い（PQV）か，あるいは等しいかはつぎの指数によってあらわすことができる。

$$PQH = 1 - \frac{UV^X - UV^M}{(UV^X + UV^M)}, \qquad 0 < PQH < 2$$
$$PQV = 1 + \frac{UV^X - UV^M}{(UV^X + UV^M)}, \quad \text{ただし，} \quad 0 < PQV < 2$$

つまり，いま自国にとって輸出のすべての単位価値および輸入のそれがプラスであり，かつ輸出のすべて単位価値が輸入のそれを上回っていれば，PQS がとり得る範囲は $1 < PQV < 2$ であり，これは PQS の上限を指す。また，輸出のすべて単位価値が輸入のそれを下回っていれば，PQS のとり得る範囲は $0 < PQV < 1$ であり，これは PQS の下限を指す。直感的には PQV が理解しやすいが，図 C.3 でみるように，それと対照的なのが PQH である。また，PQH および PQV がそれぞれ「1」であれば，輸出と輸入の単位価値は等しく，図 C.3 の 45°線上にあることを意味する。図中の点 B，C および D はそれぞれ HIIT である。これらの 3 点の単位価値は B＞C＞D である。ただし，点 D は GHM 指標に基づく場合に HIIT であり，FF 指標によると VIIT である。点 A と E は VIIT である。これらのうち点 A は高品質の VIIT であり，点 E は低品質の VIIT である。

このようにして，アザー［Azhar］＝エリオット［Elliott］（2006*）はこの PQS 領域についてグルーベル＝ロイドの IIT 指数を援用し，若干修正することで VIIT 製品の品質の問題を分析した。アザー＝エリオットの分析結果は GHM 指標と一致しており，FF 指標とは若干のずれがあることがわかった。

なお，GHM 指標を用いたいままでの研究は比較的多く，たとえばグリーンナウェイほか [Greenaway el al.] (1995*)，ブリュールハルト [Brülhart] ＝ハイン [Hine] (1999*)，グリーンナウェイほか [Greenaway et al.] (1999*)，アトゥルパンほか [Aturupane et al.] (1999*)，フー [Hu] ＝マ [Ma] (1999*)，ブレインズ [Blanes] ＝マティーン-モンタナー [Martín-Montaner] (2000*)，ガルストランド [Gullstrand] (2002*) などが挙げられる。他方，FF 指標を用いた研究はヨーロッパ委員会 [The European Commission] (1996*) やフォンターニエほか [Fontagné et al.] (1998*) が挙げられる。

　グリーンナウェイほか [Greenaway et al.] (1995*) は，英国標準産業分類 (Standard Industrial Classification : SIC) の 3 桁分類基準と 5 桁分類基準に基づき 1988 年における英国の製造業（第 2 部から第 4 部）を水平的 IIT (HIIT) または垂直的 IIT (VIIT) に分類した。結果は，較差を±15 パーセントでみると，VIIT の構成比の方が明らかに優勢であることをみい出した。具体的には，SIC 第 2 部（鉱物・金属素材・化学など）では，VIIT 35.0 パーセント，HIIT 21.2 パーセント，第 3 部（金属製品・輸送機械など）では，VIIT 42.7 パーセント，HIIT 25.9 パーセント，第 4 部（その他の製造業品）では，VIIT 41.2 パーセント，HIIT 11.2 パーセントであった。SIC 第 2 部から第 4 部の合計では，VIIT が 40.6 パーセント，HIIT が 19.6 パーセントである。対照的に，較差を±25 パーセント水準でみると，どの部においても HIIT が VIIT を凌いでいる。（具体的には，SIC 第 2 部から第 4 部の合計では，VIIT が 29.6%，HIIT が 30.6% であり，僅かではあるが後者が前者を上回っている。）較差を±25 パーセント水準でみた場合，HIIT が VIIT を凌いでいることの理由は，HIIT でとらえるものが広（多）くなる結果と考えられる。

　また，グリーンナウェイほか [Greenaway et al.] (1995*) は IIT を VIIT と HIIT に分解して，それぞれの要因に関する回帰分析をおこなった。結果は，VIIT が「垂直的に差別化された製品」や「市場構造」によって優位な影響を受けることが発見された。ただし「垂直的に差別化された製品」とは，技術職の被雇用者が総被雇用者に占める割合が高いことを代理変数としている。つまり，製品の品質は技術系被雇用者の構成比率の多寡に体系的に関係するとみるのである。同時に，VIIT が「市場構造」によって大きく作用され，「規模の

経済」によってはあまり影響されないという。このことはVIITがうえで分類した「(1) 多数企業による垂直的な差別化」のケースにうまく適合しているとみられる。HIITに関しては，「規模の経済」，「市場構造」および「多国籍企業」の独立代理変数によって影響を受けるが，有意性が高いとはいえない。これはHIITの理論を検証するうえでさらに改良を加える必要があるとともに，このときの英国製造業のIITデータがHIITの実証にうまく耐えるものではないのかも知れず，以前からこの種の先行研究の結果が明瞭でないこととも関係しているのかもしれない。

　輸出品と輸入品の単位価値較差に基づく実証分析は，スウェーデンに関してトーステンソン[Torstensson] (1991*)，英国に関してはグリーンナウェイほか[Greenaway et al.] (1995*)，フランスについてはアブデル・ラーマン[Abd-el-Rahman] (1991*) などがそれぞれ分析し，それなりに良好な分析結果を得ている。しかし，単位価値分析にはトーステンソン[Torstensson] (1991*, 1992*) が指摘するように，課題もある。ここでは本補論の筆者が調べた乗用車のケースを最近の具体例として挙げよう。米国の乗用車市場では，利用者および専門誌の評価に基づきBuick CenturyとHonda Accord (imported) はともにUpper Middle market segmentationのクラスにある。自動車専門誌であるWardによると，2003年の価格はBuick Centuryが21,355ドルであるのに対してHonda Accordは16,260ドルであり，15%も価格差がある。同様に，Buick Regalの価格は24,375ドルであるが，同じセグメントにあるToyota Camry (imported) は19,455ドルであり，25%もの価格差である。さらに2004年価格をみると，Buick Regalの価格範囲は25,020-29,470ドルであるが，Toyota Camry (imported) のそれは19,560-25,920ドルである。これらを標準仕様の低価格レンジで比較すると27.9%もの価格差がある[注3]。双方ともお客は同じ品質の乗用車と認識しており，販売台数は後者が前者を常に上回っている。

　フォンターニエほか[Fontagné et al.] (2006*) は製品カテゴリーに基づき5千以上もの製品を産業間貿易製品，水平的産業内貿易製品，および垂直的産業内貿易製品に3分類し，途上国を含め国際貿易を歴史的に観察した。結果はペア (1対) にした国々につき垂直的産業内貿易製品が大きく伸びたことを観

察した。1995-2002 年までの間の HS (Harmonized System) 6 桁の観察によると，2000 年時点ではフランスとドイツとの間の IIT の比率が最も高く 86.2 パーセントである。これにオランダ＝ベネルクスが 85.01 パーセント，フランス＝ベネルクスが 80.42 パーセントで続く。しかも，これらのどれも VIIT が活発である。同時に，貿易総額でみると米国＝カナダが 1,300 億ドルと最も多く，ついで米国＝メキシコ 681 億ドル，ドイツ＝フランス 491 億ドルの順である。バーグストランド [Bergstrand] (1990*) のグラビティー・モデルが指摘するように，IIT の比率に関しても貿易総額に関しても両国が隣り合った場合に活発な IIT が観察されている。

モラ [Mora] (2002*) の分析は EU12 カ国のパネルを使った先進国同士の IIT 分析であるが，先進国同士の IIT であっても VIIT 比率が高まっていることが発見された。同時に，製品をその品質に基づき質の高い製品とそれ以外にと分けてみると，EU12 カ国は高品質製品特化国型とそれ以外の製品特化国型に分化していることが明らかとなった。この研究は 1985-1996 年に関して EU 域内の IIT を分析したものである。この間における EU 域内の IIT の平均値は 1985 年の 45.5 パーセントから 1996 年の 56.7 パーセントへ 11.2 ポイントの上昇であった。IIT 比率を最も伸ばしたのはポルトガルで，11.7 パーセントから 26.7 パーセントへ 15 ポイント増 (128%増) と激増した。ついでギリシャが 6.2 パーセントから 11.2 パーセントへ 5 ポイント増 (80.6%増)，スペインが 29.4 パーセントから 52.5 パーセントへ 23.1 ポイント増 (78.6%増) であった。

ところが興味深いことにこれらの国々は，他の EU 構成国が VIIT を上昇させているにもかかわらず，VIIT がほとんど変化しないかまたは減少している。具体的には，EU 域内の VIIT 平均値は，1985 年の 55.2 パーセントから 1996 年の 57.2 パーセントへ 2 ポイントの上昇であったが，ギリシャが 80.3 パーセントから 80.6 パーセントへと 0.3 ポイント微増したのを除けば，ポルトガルが 83.6 パーセントから 61.7 パーセントへ 21.9 ポイント減 (26.2%減)，スペインが 70.6 パーセントから 55.4 パーセントへ 15.2 ポイント減 (21.5%減) であった (イタリアも 72.2 パーセントから 63.4 パーセントへ，8.8%減)。さらに，VIIT を品質の高い製品が占める割合によってみると，他の EU 構成国がその比率を高めたのに対して，ポルトガルとスペインはその比率を下げた。具体的には，

EU 域内の高品質製品 VIIT の平均値は，1985 年の 56.0 パーセントから 1996 年の 59.0 パーセントへ 3 ポイントの上昇であったが，ポルトガルが 45.8 パーセントから 29.7 パーセントと 16.1 ポイント減（35.2%減），およびスペインが 43.4 パーセントから 37.7 パーセントへ 5.7 ポイント減（13.1%減）となった。以上のことから，EU 域内においても生産の特化と貿易の内容が分化しており，ポルトガルとスペインは品質の高い VIIT 製品を輸入する一方で他の EU 構成国が品質の高い VIIT 製品を輸出する構造変化がみられる。

途上国でも観察される産業内貿易

IIT は 1990 年代から世界各国・各地域においてますます拡大しているが，2000 年以降，先進国のみならず途上国においてもよく観察されるようになった。ザンほか [Zhang et al.]（2005*）は，途上国である中国の IIT を HIIT と VIIT に分け，中国の貿易相手国 50 カ国について 1992-2001 年のパネルを利用して SITC 4 桁に基づき分析をおこなった。具体的には，以下の問題設定のもとで研究した。第 1 に，中国の貿易相手国との IIT は HIIT が主なものなのか，あるいは VIIT が中心か？ 第 2 に，中国の IIT の独立変数は何なのか？ これらの問題を検討するために，ザンほかは以下の仮説を設定し，その検定をおこなった。

① 消費者選択および要素賦存量でみて類似した国同士で HIIT は盛んである。
② 経済規模が大きい国同士で HIIT が盛んである。
③ 消費者選択および要素賦存量がそれぞれ異なる国同士で VIIT は盛んである。
④ 経済効率を志向する対外直接投資（FDI）の中国への流入が多ければ，VIIT は盛んになり，HIIT はそうではない。
⑤ 総貿易に占める製造業品の割合が高いか，または通商障壁が低ければ，HIIT と VIIT はともに盛んになる。
⑥ 地理的空間が小さければ（近ければ），産業間貿易に比べ IIT が盛んであり，とくに HIIT がそうである。

ザンほかのこれらの仮説は，多くの IIT 研究者も設定する内容である。説明変数は内容にしたがってグループ分けしており，以下のとおりである。説明変数はグループ 1 が消費者選択に関するもので，仮説 ① および仮説 ③ の消費者選択に関して 3 つあり，文化的距離，1 人あたりの GDP，およびジニ係数である。説明変数グループ 2 は要素賦存に関するもので，仮説 ① および仮説 ③ の要素賦存量に関して 4 つある。それらは 1 人あたりの電力消費量，公的教育への支出額，中等教育の就学率，および高等教育の就学率である。なお，計量分析ではこの説明変数グループ 2 はグループ 1 と統合している。説明変数グループ 3 は経済規模に関するもので，仮説 ② に関して 2 つある。購買力平価で測った GDP と人口規模である。説明変数グループ 4 は仮説 ④ に関しており，中国における多国籍企業に関するもので，FDI の中国への流入額である。説明変数グループ 5 は貿易に関するもので，仮説の ⑤ に関しており，輸入総額に占める輸入関税率，総貿易に占めるハイテク製品の割合，および総貿易に占める製造業品の割合の 3 つである。説明変数グループ 6 は地理的空間に関するもので，仮説 ⑥ に関して 2 つある。首都間の地理的距離および国境である。国境についてはダミー変数とし，国境を接する場合とそうでない場合に分ける。なお，首都間の地理的距離は負を期待しており，国境はダミーが働いた場合は正を期待するので，両者は離反する関係である。

分析結果は以下の通りである。

(1) 説明変数グループ 1（説明変数グループ 2 を含む）について，消費者選択に関して両国の類似性が高いほど（低いほど）HIIT は盛んになり（落ち込み），VIIT は落ちる（盛んになる）ことが確認され，HIIT および VIIT ともに有意である。これは仮説 ① および仮説 ③ を支持した。

(2) 説明変数グループ 3 は経済規模に関するもので，HIIT が盛んになること，つまり正符号を期待したが，分析結果は符合が正ではあるものの，有意でなく，仮説 ② は棄却された。なお，香港を中国から除外した分析の場合には，有意な結果となる。

(3) 説明変数グループ 4 は FDI の中国への流入額に関するもので，VIIT については正で有意である。しかし，HIIT については正であるものの有意ではない。

(4) 説明変数グループ5は貿易に関するもので，経済発展度の代理変数とみなされる。この変数はHIITおよびVIITともに符号は負であり，しかも有意である。仮説⑤は支持された。

(5) 説明変数グループ6は地理的空間に関するもので，この変数はHIITおよびVIITともに符号は正であり，しかも有意である。仮説⑥は支持された。

以上から，ザンほかは仮説②を除く他の仮説を支持している。

この分析は途上国である中国がすでに国際分業の中に組み込まれており，しかも産業間貿易のみならずIITも大きく増やしてきたことを明らかにした点で評価される。なお，計量分析の中身を多少詳しくみると説明変数が少なからずあることから，変数相互の相関が落ち着きの悪いものがある。説明変数グループとしてまとめた場合にはかなり無理が生じると危惧される。たとえば，総貿易に占める製造業品の割合やFDIは他の変数との落ち着きがよくない。

産業内貿易に影響を及ぼす付随的要因

供給要因について研究者が等しく注目するのは，独占的競争モデルあるいは国際的な寡占モデルの設定である。独占的競争のもとでは，供給者が多数の場合と少数の場合によってモデルの設定が異なる。IIT発生の原因を独占的競争，複占，ゲームの理論など不完全競争の設定でモデル構築する方法は供給者（企業）の数，生産関数，製品差別化の状況などがモデルを大きく特徴づけることになる。具体的には供給面での規模の経済，逓減費用などは，今日，企業の寡占化が進行し企業規模がますます大きくなり，多国籍化し，または対外直接投資を利用した国際的な事業展開が進むにつれて，グローバルなビジネスの世界的な枠組みで捉える必要がある。つまり，企業の投入・産出のプロセスやそのメカニズムを1国内で捉えるのでは不十分であり，グローバルな視点が求められる。今日では，企業はグローバルな経営戦略として生産の集積化（アグロメレーション）と分散化（フラグメンテーション）のメカニズムをますます重視するようになってきた。グローバル化が進んだ今日では，むしろプロダクション・チェーンやサプライ・チェーンなどにみられるロジスティック面での国際

的な事業展開や国際事業連携に立脚した比較優位が企業の存続に極めて大きな影響を及ぼしている。これを比較静態（学）的にみれば，これらの国際的な事業展開や国際事業連携に立脚した比較優位を企業がどのように確立・維持・発展させるかにかかっている。IIT は単に産業内での「貿易」に限定されるわけではなくなっている。このように生産態勢のグローバル化をうけて，グリーンナウェイほか [Greenaway et al.] (2001*) やハメルズほか [Hummels et al.] (2001*) は，企業の新たな国際事業活動の概念に注目した。具体的には，グリーンナウェイほか [Greenaway et al.] (2001*) は，新たな国際事業活動の概念をつぎの 3 つに分類した。(1) 双方向での財の国際的な取引，(2) 国際的な生産活動の双方向取引，(3) 国際的な生産活動のためにおこなわれる双方向の国際貿易。これらのうち (1) は IIT であり，(2) は国際間で連携（系列）企業によっておこなわれる双方向取引である。また (3) は，国際間でおこなわれる双方向の貿易と国際的な生産活動のためにおこなわれる双方向取引の結びつきである。

需要面ではほぼ同質的な製品を除けば，製品差別化が企業の経営戦略にとって最も重要な要因の 1 つである。製品差別化についてはすでに大分触れているので，ここでは同質的な製品やサービスのケースを検討する。

同質的なケースでは，製品自体の価格はほぼ等しいと想定されるので，輸送費用などの自然的な通商障壁や関税の賦課など人為的な通商障壁が考えられる。第 1 は，製品・サービスの貿易にともなう付帯サービスであり，具体的には保険や出荷，金融などのサービスが最も重要な付帯サービスとなる。第 2 は，季節商品の提供であり，トマトや野菜などを地球の反対側に位置する国々（地域）がシーズンオフの時期にそれぞれ相互に取引する場合にみられる。対照的に，輸送に関する技術が急速に発達するとともに，WTO をはじめとする国際的な経済機構などへの各国の協力や地域経済統合・自由貿易協定の締結などが普及してきた今日では，以前と比べ大分通商障壁や差別が少なくなってきたといえる。裁定取引やリスク回避のための投機的取引は，本来，経済学では不確実性を回避する役割があると考えられるが，原油をはじめとするエネルギー，小麦やとうもろこしなどの穀物，レアメタルなどの天然資源が各国のナショナリズムによって占有され，その結果異常に投機化している現状をみる

と，国際的な通商活動を円滑にするように作用する付随物というよりも，露骨な利害競争以外の何ものでもない。

第C.3節　産業内貿易の基礎：基本的な産業内貿易モデル

複雑化してきたIITの理論モデルのエッセンスをディクシット［Dixit］＝スティグリッツ［Stiglitz］(1977)，クルーグマン［Krugman］(1981)およびラフィン［Ruffin］(1999*)に基づき，単純化した基本モデルによって理解しよう。まず以下の基本的な仮定を設ける。

① 2国：自国と外国（アスタリックスで表記する。）
② 2産業（XとY）：産業X(Y)に属する企業の製品は差別化されており，それぞれ異なる品種としてみなされる。つまり，差別化製品は不完全競争状態のもとにあり，製品価格には一定のマークアップ率（k；$k>1$）が付加されると仮定する。
③ 生産要素としての経営資源（R）は両産業ですべて利用される。産業Xで利用する経営資源はαRであり，産業Yで利用する経営資源は$(1-\alpha)R$である。また，経営資源は両国間を移動しない。したがって，各産業の製品の生産量（x）は各国にある経営資源を用いて生産する品種の数量として決まる。
④ 2国は所得（つまり，消費の規模）で測ってみて同規模であり，同質的であるとする。

まず，供給側から検討する。費用関数は固定費用（F）プラス可変費用（c）から構成され，可変費用は生産数量の多寡に応じて変化するが，単位あたりの可変費用は生産数量に関して一定（c）と仮定する。つまり，c は限界費用である。したがって，産業X(Y)が使用する経営資源αR [$(1-\alpha)R$]は，それぞれ$F+cx$である。

産業X(Y)に属する各企業の生産数量は，それぞれ

$$n_X = \frac{\alpha R}{(F+cx)}$$

$$n_Y = \frac{(1-\alpha)R}{(F+cx)} \tag{C.4}$$

である。また，仮定②により，製品価格 (p) は

$$p = kc \quad \text{ただし} \quad k > 1 \tag{C.5}$$

である。

企業は利潤が得られると期待できれば新規に産業へ参入し生産を開始しようとするであろうし，操業している企業であれば，製品価格が平均費用を上回るかぎり生産を続けようと意図するであろう。つまり，

$$p = \frac{F}{x} + c \tag{C.6}$$

となる点まで生産はおこなわれる。そのときの各産業の生産量 (x) は(C.5)式に(C.6)式を代入することで求まる。つまり，

$$x = \frac{F}{c(k-1)} \tag{C.7}$$

である。産業 X (Y) に属する各企業の生産数量は(C.7)式を(C.4)式に代入することで解くことができる。

$$n_X = \frac{\alpha R(k-1)}{Fk}$$

$$n_Y = \frac{(1-\alpha)R(k-1)}{Fk} \tag{C.8}$$

産業 X (Y) に属する各企業が生産する製品の数は当該産業が利用できる経営資源が多ければ多いほど多く，マークアップ率が低いほど，あるいは固定費用がかからないほどそれぞれ多くなる。

モデルを非常に単純化したので，各製品の価格は同じである。したがって，産業 X (Y) に属する企業が生産する製品の生産量 Q_X (Q_Y) はそれぞれ，

$$Q_X = xn_X = \frac{\alpha R}{ck}$$

$$Q_Y = xn_Y = \frac{(1-\alpha)R}{ck} \qquad \text{(C.9)}$$

である。(C.9)式は各産業の生産量が固定費用によっては影響されず,企業が固定費用を低く抑えれば抑えるほど製品の品種が多くなることを意味している。換言すれば,消費者の品種の選択自由度が広がる。

つぎに,以上の議論に基づきこれらの両国が貿易をおこなうことを考察しよう。うえの議論では,自国において産業Xと産業Yで利用できる経営資源はそれぞれαRおよび$(1-\alpha)R$であるが,仮定④より自国とほぼ同じであると仮定する外国において産業Xと産業Yで利用できる経営資源は自国と対称的であると考えるので,$(1-\alpha)R^*$およびαR^*となり,自国とまったく対称的となる。したがって,(C.9)式に関して自国と外国との比率をみると,

$$\frac{Q_X}{Q_X^*} = \frac{\alpha R}{(1-\alpha)R^*} = \frac{\alpha}{(1-\alpha)}$$

$$\frac{Q_Y}{Q_Y^*} = \frac{(1-\alpha)R}{\alpha R^*} = \frac{(1-\alpha)}{\alpha} \qquad \text{(C.10)}$$

となる。つまり,両国間における各産業の相対的な大きさは当該産業において利用する経営資源の相対的な大きさである。

つぎに,需要面を検討しよう。いま単純に両国では産業X(Y)の製品について,ともに消費者の選好が各品種に均一に分布しているとし,所得の2分の1ずつを各製品の消費にあてると仮定すれば,自国は産業Xの製品に関して$\frac{1}{2}\alpha$品種を輸出し,外国から$\frac{1}{2}(1-\alpha)$品種を輸入する。同様に産業Yで生産された製品に関しては$\frac{1}{2}(1-\alpha)$品種を輸出し,$\frac{1}{2}\alpha$品種を輸入する。ここで,両産業の製品ともに産業内貿易が発生する。

産業Xと産業Yの製品についてそれぞれ産業内貿易IIT_X(IIT_Y)の大きさは

$$IIT_X = \frac{1}{2}\alpha R - \frac{1}{2}(1-\alpha)R^* = \frac{1}{2}R(2\alpha-1)$$
$$IIT_Y = \frac{1}{2}(1-\alpha)R - \frac{1}{2}\alpha R^* = \frac{1}{2}R(1-2\alpha)$$
(C.11)

である。仮定に基づき，産業 X では α が 2 分の 1 よりも大きければ，自国は産業 X 製品について輸出する品種数の方が輸入する品種数を上回る。対照的に，産業 Y の製品については自国の輸出する品種数は輸入する品種数を下回る。したがって，産業ごとにみて，貿易総額に占める IIT の割合（産業内貿易比率）は α が 2 分の 1 に近づけば近づくほど大きくなり，2 分の 1 から離れれば離れるほど小さくなる（産業間貿易比率が大きくなる）。

第 C.4 節　限界産業内貿易

グルーベル［Grubel］＝ロイド［Lloyd］(1975) は，1960 年代末以降，世界の貿易に占める製造業品の割合が過半数にも及び，しかもその割合がさらに高まっていることを発見し，人々の注目を集めたが，同時に人々の関心を引くのは，単にその割合の大きさとその拡大にあるばかりではない。IIT は産業間貿易に比べ産業構造の転換にともなう調整費用（犠牲）が低いと考えられてきた。これは「スムースな調整の仮説［Smooth Adjustment Hypothesis：SAH］」といわれる。また，ディクソン［Dixon］＝メノン［Menon］(1997*，234 ページ）は「混乱のない貿易の成長」あるいは「スムースな貿易成長（non-distruptive trade growth：NDTG）」といった。つまり，産業構造の転換（変化）にともなって生じる産業調整の問題は，生産要素の移動にともなう困難や犠牲がどこにどの程度どういう形で生じるかということであるから，構造変化によって生じる要素の追加的（限界的）な移動によって引き起こされる犠牲（費用）と考えられる。したがって，このような IIT の費用を捉えるには IIT の追加（限界）的な変化，つまり限界産業内貿易（MIIT）を検討する必要がある。縮小する産業部門から拡大する産業部門へ要素が移動するさいにかかる費用や犠牲は，一般に要素集約度が類似している産業のなかで生じるほうがそれ

が大分異なる産業同士の間で生じるよりも小さいと考えられる。

産業調整費用と MIIT の関係については後に項を改めて検討するので，ここでは MIIT の概念と計測について先行研究を整理する。

限界産業内貿易（MIIT）を計測する方法には幾つかの代替的な指標が提案されてきた。まず考えられたのがグルーベル＝ロイドの IIT 指数（IIT_{GL}）を異時点間で計測・比較することである。本来，グルーベル＝ロイドの IIT 指数は総貿易を「1」とすると，それから産業間貿易の構成比を差し引いた残余とみるので，IIT の大きさやその変化レベルを捉えるものではない。したがって，それは IIT レベルの変化によってもたらされる産業調整の問題を直接，分析する目的があったのではなく，またそれには適さない。同時に，考察している産業の貿易不均衡幅が減少すれば IIT 指数が上昇することにはなるが，そのことと産業調整費用の大小との直接的な関連性は強くはない。研究の内容が異なる時点における IIT の比較や産業間貿易についての貿易構造の比較であるならば，この比較静学に基づく分析が適している。しかし，研究の内容が貿易の規模の変化，または貿易規模の変化によって生じる産業調整の犠牲の大小の研究であるならば，これでは不十分である。

第2の方法は，ハミルトン［Hamilton］＝ニースト［Kniest］（1991*）が提案した限界産業内貿易（MIIT）の指標である。それはオーストラリアとニュージーランドとの経済関係強化協定（Closer Economic Relations Agreement）の分析に用いたつぎの指標である。

$$MIIT_{HK} = \begin{cases} \dfrac{X_t - X_{t-n}}{M_t - M_{t-n}} & \text{ただし，} M_t - M_{t-n} > X_t - X_{t-n} > 0 \text{ の場合} \\[2mm] \dfrac{M_t - M_{t-n}}{X_t - X_{t-n}} & \text{ただし，} X_t - X_{t-n} > M_t - M_{t-n} > 0 \text{ の場合} \\[2mm] \text{未決定} & \text{ただし，} X_t < X_{t-n} \text{ または } M_t < M_{t-n} \text{ の場合} \end{cases}$$

なお，X は輸出，M は輸入，t は t 期，$t-n$ は $t-n$ 期，n は観察期間を指す。

この指標はグルーベル＝ロイドの IIT 指数と同様に，新たな貿易がすべて IIT であれば，その値は「1」になる。対照的に，新たな貿易のすべてが産業間貿易であれば「0」または「未決定」となる。

グルーベル=ロイドの IIT 指数が異時点間での計測・比較であるのに比べ，$MIIT_{HK}$ は産業調整計測上の不十分な点を補う。しかし，グリーンナウェイほか [Greenaway et al.] (1994b*) が指摘するように，$MIIT_{HK}$ は輸出か輸入のどちらか一方が対前期比で減少した場合には，指数値は未決定となり，したがって少なからずのデータが利用できず，分析を不明瞭にする欠点がある。さらに重要な点は，輸出と輸入が同時に減少する場合，限界産業内貿易の増加と判断されることもあるが，それが調整費用の減少をどれほど示唆するか，不明である。

グリーンナウェイほか [Greenaway et al.] (1994b*) は以下の第3の方法を挙げた。

$$MIIT_{GHME} = \begin{cases} [(X+M)-|X-M|]_t - [(X+M)-|X-M|]_{t-n} \\ \Delta[(X+M)-|X-M|] \end{cases} \text{または}$$

この IIT 指標は値が未定となる $MIIT_{HK}$ の欠点を回避し，数値が常に計測できる。$MIIT_{GHME}$ の値は総貿易に占める IIT の割合ではなく，その大きさをレベルで表す。ただし，この指標は表示するレベルにおける差異が調整費用とどのような関連性を有するかは定かではない。

これに対して，ブリュールハルト [Brülhart] (1994*, 1999*) は第4の方法を提示した。ブリュールハルトは MIIT 指標として異なる3つを提示したが，以下はそれらの基本となるもの（A 指標）である。

$$MIIT_B = \begin{cases} 1 - \dfrac{|(X_t - X_{t-n}) - (M_t - M_{t-n})|}{|X_t - X_{t-n}| + |M_t - M_{t-n}|} \\ 1 - \dfrac{|\Delta X - \Delta M|}{|\Delta X| + |\Delta M|} \end{cases} \text{または}$$

この IIT 指標は値が常に「0」と「1」を含む両者の間の値をとる。比較時点で産業の貿易収支が不均衡状態から均衡へ向かえば値は「1」へ近づき，反対に均衡状態から遊離すれば「1」から遠ざかる。ブリュールハルトは値が「1」であれば，すべて IIT であり，「0」は産業間貿易であるという。ただし，$MIIT_B$ の値は総貿易が一定のもとで輸出と輸入に変化が生じれば（つまり，輸出が増えればその増加分に等しいだけ輸入が減少する。逆も同様），変化の多寡にかかわ

らず輸出入比率は「1」となり一定である。つまり，総貿易が一定のもとでは$MIIT_B$の値は「0」で不変である。しかし，その場合であっても純貿易やIITの値はそれぞれ異なってくる。また，もし輸出入の変化がIIT一定の状態のもとで生じれば，輸入一定のもとで輸出だけが変化するか，もしくはその逆の輸出一定のもとで輸入が変化するわけだから，$MIIT_B$の値は「0」で一定である。さらに，もし輸出入の変化が純貿易一定の状態のもとで生じれば，輸出入の変化はどの場合であれ常に等しく，したがってまたIITとも等しく，$MIIT_B$の値と整合的である。同様に，もし輸出入の変化が等しい状態のもとで生じれば，輸出入の変化は一定であるので，この場合も，$MIIT_B$の値と整合的となる。

以上のことからわかることは，MIITの値はMIITをどのような状態および分析視点で観察するかに依存するということである。表C.3はMIITのいままでの実証研究を一覧表にまとめたものである。これらの先行研究は調査期間が1961年から1990年代央ごろまであり，ブリュールハルト[Brülhart] (1998*)とブリュールハルト[Brülhart]＝マッカリース[McAleese]＝オドンネル[O'Donnell] (1999*)の調査は1961年から1990年前後に関しており，調査期間が長い。調査対象の国・地域に関してみると，ヨーロッパ諸国が多く，オーストラリア／ニュージーランドがそれに続く。MIIT指数に関しては，グルーベル＝ロイドIIT指数（IIT_{GL}）の変化を調べるもの，$MIIT_{GHME}$およびブリュールハルトのA指標$MIIT_B$が主である。調整要因については，労働力や所得の変化分や変化率が多い。また調査方法としては，最小二乗法や相関分析が多い。最後に結果をみると，MIITと（雇用）調整との間には，一部に有意性，あるいは適切な関係がみられるとするものと｛たとえば，ハルフィ[Harfi]＝モンテ[Montet] (1999*)，サリスほか[Sarris et al.] (1999*)，ブリュールハルト[Brülhart]＝マッカリース[McAleese]＝オドンネル[O'Donnell] (1999*)，コル[Kol]＝クイッパーズ[Kuijpers] (1999*)，およびポルト[Porto]＝コスタ[Costa] (1999*)｝がある。他方，両者の間には有意性，あるいは適切な関係が基本的に弱い，あるいは認められないとするものも少なからずある。これらの調査結果からは結論を出すのはむづかしく，MIITと個々の産業の性質，さらにはMIITと輸出や輸入との関連性を詳しく分析することの重要性が導ける。

第 C.4 節　限界産業内貿易　287

表 C.3　限界産業貿易 (MIIT) の実証研究一覧表

著者・発表年	調査期間	調査国	MIIT 指数	調整要因	調査方法	結　果
Hamilton and Kniest (1991*)	1981/82, 1986/87	ANZCERTA	ΔGL, HK	N 変化率 L 変化率 Y 変化率 (Y/N) 変化率	高 IIT か低 IIT かによる比較優位	MIIT と産業調整との低いが正の相関関係がある。
Shelburne (1993*)	1980–1987	NAFTA	ΔGL, A	N.A.	N.A.	貿易パターンの決定は MIIT 指数に依存する。
Greenaway, Hine, Milner, and Elliott (1994b*)	1979–1985	英国 化学工業	ΔGL, HK, GHME, MD1	N.A.	N.A.	貿易パターンの決定は MIIT 指数に依存する。
Brülhart (1994*)	1985–1990	アイルランド 化学工業	ΔGL, HK, GHME, MD1, A, B, C	N.A.	N.A.	貿易パターンの決定は MIIT 指数に依存する。
Brülhart and McAleese (1995*)	1985–1990	アイルランド	ΔGL, A, B	L 変化率 Y 変化率	MIIT 分類による比較優位, および相関分析	ΔGL は誤解を与える。MIIT は産業の動向と関連している。
Menon and Dixon (1996a*)	1981/86, 1986/91	ANZCERTA	ΔGL, MD1, MD1iu, MD1eu	N.A.	N.A.	ΔGL は誤解を与える。域内 MIIT または域外 MIIT の役割をそれぞれ検討することが有意義である。
Menon and Dixon (1996b*)	1981/86, 1986/91	オーストラリア	ΔGL, MD1, MD1x, MD1m	N.A.	N.A.	ΔGL は誤解を与える。輸出と輸入の MIIT に与える役割を考察することが有意義である。
Menon (1996*)	1981/86, 1986/91	ASEAN	ΔGL, MD1	N.A.	N.A.	ΔGL は誤解を与える。
Menon (1997*)	1981/86, 1986/91	日本・米国	ΔGL, MD1 MD1x, MD1m	N.A.	N.A.	ΔGL は誤解を与える。輸出と輸入の MIIT に与える役割を考察することが有意義である。
Dixon and Menon (1997*)	1981/86, 1986/91	オーストラリア	ΔGL, MD1 MD2	N.A.	N.A.	貿易パターンは MIIT の計測の仕方に依存して決まる。
Menon and Dixon (1997*)	1985–1990	アイルランド 化学工業	UMCIT	N.A.	N.A.	貿易パターンは MIIT の計測の仕方に依存して決まる。
Oliveras and Terra (1997*)	1988/92, 1992/94	ウルグアイ	A	N.A.	N.A.	A は一時的および部門別集計に対して敏感である。
Brülhart and Elliott (1998*)	1980–1990	アイルランド	A	ΔL	最小二乗法	MIIT と調整との関係には弱い関連が認められる。
Brülhart (1998*)	1961–1990	EU	ΔGL	立地の集積	相関分析	IIT と特化との間には相関関係の証拠がない。
Thom and McDowell (1999*)	1989–1995	EU-CSFR	A	N.A.	N.A.	A 指数は垂直的 IIT には良くない指数である。

著者・発表年	調査期間	調査国	MIIT 指数	調整要因	調査方法	結　果
Tharakan and Calfat (1999*)	1980–1990	ベルギー	GHME, A, B	ΔL	最小二乗法	MIIT と部門変化または EU の部門間での調整には関連性なし。
Harfi and Montet (1999*)	1979–1990	フランス	ΔGL, A	ΔL	相関分析	MIIT と部門間での調整との間には適切な関連性あり。
Smeets (1999*)	1980–1987	ドイツ	ΔGL, A, B, GHME	ΔN, ΔL, ΔY, ΔVA	相関分析	MIIT と部門間での変化または EU の部門間での調整は関連性がない。
Sarris, Papadimitriu, and Mavrogiannis (1999*)	1978–1978/7	ギリシャ	ΔGL, A, B, GHME	ΔL	最小二乗法	MIIT と部門間での雇用の変化とは関連性がある。
Brülhart, McAleese, and O'Donnell (1999*)	1961/67, 1978/87	アイルランド	ΔGL, A, B, C, GHME	ΔL, ΔY 特化	MIIT 分類による比較優位，相関分析	MIIT と部門間での雇用変化，および産出量変化との間には有意な相関関係がある。
Rossini and Burattoni (1999*)	1978–1987	イタリア	ΔGL, A, B	ΔL, ΔY	相関分析	MIIT と部門間での変化または EU の部門間での調整との間には相関関係はない。
Kol and Kuijpers (1999*)	1972–1990	オランダ	ΔGL, A, B	ΔL, 特化	MIIT 分類による比較優位，相関分析	MIIT と部門間での雇用との間に有意な相関関係がある。
Porto and Costa (1999*)	1986–1989	ポルトガル	ΔGL, A, B 特化	ΔL, ΔY	MIIT 分類による比較優位，相関分析	MIIT と部門間での雇用変化および産出量変化との間に有意な相関関係がある。
Brülhart, Murphy, and Strobl (1998)	1980–1990	アイルランド	ΔGL, A, C	産業内での労働の再配分	パネルデータ	MIIT と部門調整との間に弱い相関関係がある。

注：1．MD1 および MD2 は Dixon and Menon (1997*) のつぎの MIIT 指数である。

$$MD1_j \equiv \frac{\Delta IIT_j}{TT_j} = I\hat{I}T_j GL \quad MD2_j \equiv \frac{2\min[\Delta X_j, \Delta M_j]}{TT}$$

ただし，MD1 の右辺にあるハットは変化率を，GL は Grubel and Lloyd の IIT 指数である。

2．MD1iu および MD1eu は，Dixon and Menon (1997*) の域内 MIIT 指数，および域外 MIIT 指数である。

3．MD1x および MD1m は，Dixon and Menon (1997*) の輸出および輸入に関する MIIT 指数である。

4．A, B, および C は Brülhart (1994*, 1999*) のそれぞれの MIIT 指数である。

5．構造調整に関しては，以下の変化率をいう。N 変化率：事業所数，L 変化率：部門ごとの雇用，Y 変化率：部門ごとの産出量，[Y/N] 事業所あたりの産出量である。

6．N.A. は「該当せず」である。

7．本表の最後の文献 (Brülhart, Murphy and Strobl (1998)) は manuscript であり，本稿筆者が入手困難なため，本稿の参考文献リストから外した。当該論文については本表の出所を参照のこと。

出所：ラブリー [Lovely] = ネルソン [Nelson] (2002*, 189–91 ページ)。

アザーほか [Azhar et al.] (1998*) は IIT を他の貿易指標（つまり，TT, NT, IIT_{GL}) との関係でとらえた．以下，その内容を彼らの分析にしたがって検討する．いま，ある観察期間におけるある産業の輸出と輸入が X と M であるとし，$X>M$ であるとすれば，輸出入比率 r_x は

$$r_x = X/M \tag{C.12}$$

である．IIT の定義ならびにグルーベル＝ロイドの IIT 指数 (IIT_{GL}) の定義より，

$$IIT_{GL} = IIT/TT \quad \text{あるいは，} \quad IIT = IIT_{GL}(TT) \tag{C.13}$$

$$\text{つまり，} (X+M) - |X-M| = IIT_{GL}(X+M) \tag{C.14}$$

である．$X>M$ であれば，$|X-M|=(X-M)$ であり，(C.12)式を $X=r_xM$ と若干変形させて (C.14)式に代入すれば，

$$2M = IIT_{GL}(r_xM+M),$$
$$\text{i.e. } IIT_{GL} = \frac{2M}{r_xM+M} = \frac{2}{r_x+1} \tag{C.15a}$$

となる．対照的に，もし $X<M$ であれば，$r_m = M/X$ となり，(C.15a)式は次式となる．

$$IIT_{GL} = \frac{2}{r_m+1} \tag{C.15b}$$

r_x および r_m は輸出入比率が逆転（スイッチング）しているので，産業調整を検討する場合に重要な意味を有する．つまり，r_x と r_m がともにたとえば「2」であれば，IIT やグルーベル＝ロイドの IIT 指数の値には変化がない．しかし，産業調整費用は両者で大分異なる．

議論の単純化のために以下 $r=X>M$ を中心に考えれば，IIT_{GL} は以下のように略記できる．

$$IIT_{GL} = \frac{2}{r+1} = \frac{IIT}{TT} \tag{C.16}$$

(C.16)式は r の関数として表現できるから，グルーベル＝ロイドの IIT 指数

(IIT$_{GL}$) は観察時点での総貿易に占める IIT の比率であることがわかる。同時に，(C.16)式を若干変化させれば次式となることから，IIT は TT と輸出入比率 (r) の関数として表すことができる。

$$IIT = \frac{2}{r+1}(TT) \qquad \text{(C.17)}$$

輸出入比率が 1 に近づくほど，つまり貿易収支が均衡へ向かうほど，IIT$_{GL}$ も 1 に近づき，IIT は TT に等しくなっていく。つまり，

$$\frac{X}{M} \to 1, \; IIT_{GL} = \frac{2}{r+1} \to 1 \; \text{および} \; IIT \to TT$$

となる。

では，IIT，総貿易 (TT)，および IIT$_{GL}$ つまり r と純貿易 (NT) との関連性はそれぞれどのようなものであろうか？ まず，NT と TT との関係を r の関係を通して検討してみよう。IIT の定義から，NT は TT から IIT を差し引いたものである。言い換えれば，NT と IIT の和が TT である。つまり，

$$TT = NT + IIT \qquad \text{(C.18)}$$

である。(C.18)式の両辺を TT で割ると，次式を得る。

$$1 = \frac{NT}{TT} + \frac{IIT}{TT} \; \text{あるいは} \; \frac{NT}{TT} = 1 - IIT_{GL} = 1 - \frac{2}{r+1} = \frac{r-1}{r+1} \qquad \text{(C.19)}$$

$$i.e. \; NT = \frac{r-1}{r+1}(TT) \qquad \text{(C.20)}$$

また，

$$IIT = \left[1 - \frac{r-1}{r+1}\right](TT) \qquad \text{(C.21)}$$

である。(C.21)式について，NT が TT に近づくことは $(r-1)/(r+1) \to 1$ を意味することであり，r の値が特異な場合である。それは輸入がゼロであるか ($r = r_x$ のとき)，あるいはその逆に輸出がゼロである場合 ($r = r_m$ のとき) である。この場合，TT は NT と等しい。

つぎに，IIT と NT との関係を r の関係を通してみる。(C.17)式を(C.20)式で除すと，

$$\frac{IIT}{NT} = \frac{2}{r+1} \cdot \frac{r+1}{r-1} = \frac{2}{r-1} \tag{C.22}$$

$$i.e.\ IIT = \frac{2}{r-1}(NT) \tag{C.23}$$

となる。(C.22)式または(C.23)式からIITがNTと等しくなるのは$r=3$の場合（つまり、$IIT_{GL}=0.5$）である。$r>3$の場合は、$NT/TT>IIT/TT$となる。

以上の議論を要約するとつぎの式が求まる。

$$IIT = \frac{2}{r+1}(TT) = \frac{2}{r-1}(NT) \tag{C.24}$$

$$TT = \frac{r+1}{2}(IIT) = \frac{r+1}{r-1}(NT) \tag{C.25}$$

$$NT = \frac{r-1}{2}(IIT) = \frac{r-1}{r+1}(TT) \tag{C.26}$$

(C.24)式を(C.25)で除したものがIIT_{GL}であるから、その持続的な変化（動学的な様子）は次式で捉えることができる。

$$\begin{aligned}\Delta\left[\frac{IIT}{TT}\right] &= \Delta\left[\frac{2}{r+1}\right] = 2\left[\frac{(r+1)_{t-1}-(r+1)_t}{(r+1)_{t-1}(r+1)_t}\right] \\ &= 2\left[\left[\frac{1}{r+1}\right]_t - \left[\frac{1}{r+1}\right]_{t-1}\right]\end{aligned} \tag{C.27}$$

(C.27)式はIITの変化を総貿易に占める構成比の変化によってみたものであるが、同時に、IITの変化を純然とみるには(C.27)式の両辺にTTを乗じるか、または(C.24)式の変化を求めるとよい。つまり、

$$\begin{aligned}\Delta IIT &= \Delta\left[\frac{2}{r+1}(TT)\right] \\ &= 2\left[\frac{1}{(r+1)_t}[TT_t-TT_{t-1}] - TT_{t-1}\left[\frac{1}{(r+1)_{t-1}} - \frac{1}{(r+1)_t}\right]\right] \\ &= 2\left[\left[\frac{TT}{r+1}\right]_t - \left[\frac{TT}{r+1}\right]_{t-1}\right]\end{aligned} \tag{C.28}$$

となる。(C.28)式はIITの変化をそれぞれ総貿易とrの変化を通してみたものである。

第C.5節　産業内貿易の図による表現：産業トレードボックス

産業内貿易は図を用いて表現すると可視的となり，他の貿易指標との関係を理解するうえで大いに役立つ。この幾何学的な表現方法はシェルブーン [Shelburne] (1993*) によって導入され，アザーほか [Azhar el al.] (1998*) によって彫琢された。本補論ではその概要を MIIT との関連で以下図 C.4 を用いてまとめる。

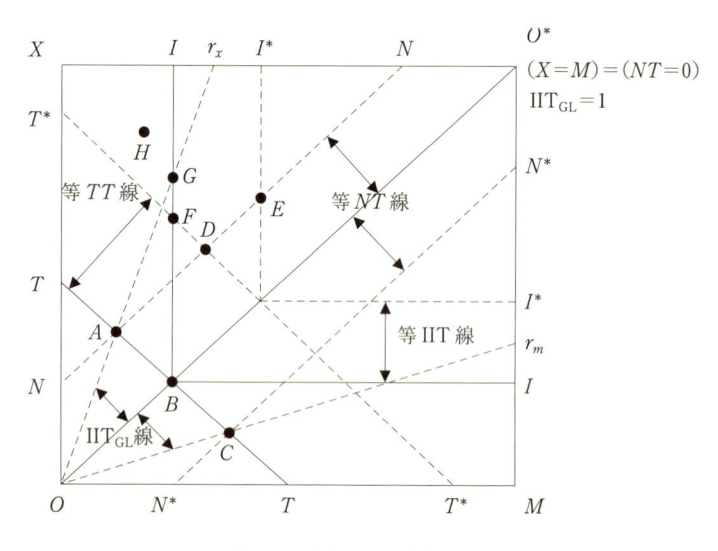

図 C.4　産業トレードボックス

輸出 (X)，輸入 (M)，総貿易 ($TT=X+M$)，純貿易 ($NT=|X-M|$)，産業内貿易 ($IIT=TT-NT$)，GL 産業内貿易指数 $(1-\{[TT-NT]/TT\})$

まず，ある産業を想定し，その産業の貿易量（額）を表示するため $\max(X, M)$ によって決定される正方形のボックス・ダイヤグラム（トレードボックス）を考える。ある観察時点の輸出量（額）をボックスの縦軸上に，輸入量（額）を横軸上にとる。異なる観察時点での貿易の変化（限界貿易）は各観察点での輸出入量をそれぞれ置点（プロット）し，その変化によって観察できる。

ボックスの原点Oから描く対角線（45°線）の線上の任意の点はどこも輸出入が等しい（$X=M$, つまり純貿易（NT）はゼロであるとともに, グルーベル＝ロイドのIIT指数であるIIT$_{GL}$は「1」である）。正方形のボックスがこの対角線で区切られたことでできる左上（北西）にある二等辺三角形の領域に観察点があれば, $X>M$を表し, 右下（南東）の二等辺三角形の領域にそれがあれば$M>X$を表す。

図C.4では総貿易はTT線である。TT線の横軸からの傾きは「-1」であり, 縦軸上の切片は$+TT$である（$X=-M+TT$）。純貿易（NT）線は対角線と平行な線である。つまり, $X>M$であれば, $X=M+[X-M]$であり, $M>X$であれば, $X=M+[M-X]$である。貿易が不均衡になり輸出超（輸入超）となればなるほどNT線は対角線から左上（右下）へ離れる。IIT線は対角線上の任意の点を1直角とするL字線である（$2\min[X, M]$）。IITの増加は原点から右上（北東）へ離れていく。最後に, グルーベル＝ロイドのIIT指数であるIIT$_{GL}$は原点から一定の勾配をもつ放射線によって表せる。対角線はその1つであり, そのIIT$_{GL}$値は常に「1」であり, 最も大きな値をとる。以下, 総貿易（TT）, 純貿易（NT）, 産業内貿易（IIT）の関連性と変化の様子を順番にみていこう。

総貿易（TT）の増加は図C.4で$T^*T^*>TT$として描いてある。TT線上にあるA, B, Cの3点の総貿易はどれも等しい。したがって, TT線は等貿易（iso-total trade または, equi-total trade）線とよばれる。異なる3時点で総貿易がたとえば点$A\to B\to C$のように, 同一TT線上で変化したとすれば, 輸出と輸入の絶対額の変化の比率は常に「1」で等しい。したがって, 同一TT線上ではブリュールハルトのA指標MIIT$_B$はゼロであり不変である。しかし, 点$A\to B$にみるようにNTは各点でそれぞれ異なり, 対角線から離れる点ほどNTの値は大である。つまり, 貿易収支が不均衡となり, そのことはIITが異なることを意味し, 点$A\to B$の変化はIITの値を増大させる。

貿易変化が同一の純貿易（NT）線上で生じる場合（図C.4では点$A\to D\to E$）は, 輸出と輸入の両者ともその変化は等しいわけだから, ブリュールハルトのA指標MIIT$_B$は「1」となり変化はみられない。また, 貿易変化が同一のIIT線上で生じる場合（図C.4では点$B\to F\to G$, つまりグリーンナウェイほかの

MIIT$_{GHME}$ 指標上での変化) では，その変化が対角線より左上の領域 ($X>M$) で生じれば，M は変化しないから，ブリュールハルトの A 指標 MIIT$_B$ は常にゼロとなり変化はみられない。しかし，それは TT，NT，さらにグルーベル＝ロイドの IIT 指数 (IIT$_{GL}$) 変化をそれぞれもたらす。対照的に，その変化が対角線より右下の領域 ($X<M$) で生じれば，X は変化しないから，左上の領域 ($X>M$) における変化と同様に，A 指標の MIIT$_B$ は常にゼロとなり変化はみられない。しかし，TT，NT，さらにグルーベル＝ロイドの IIT$_{GL}$ はそれぞれ変化する。

最後に，貿易変化が同一のグルーベル＝ロイドの IIT (IIT$_{GL}$) 線上で生じる場合 (図 C.4 では点 $A \to G$) は，輸出入の変化の比率はどの時点でも等しく，その総貿易変化に占める割合も常に等しい。また，TT に占める IIT の比率は総貿易に占める NT の比率に等しい。たとえば，輸出 (X) と輸入 (M) の割合が「3」であるとしよう：$(X/M)=r_x=3$。(C.23)式から(C.26)式までによって明らかなように，IIT が TT に占める比率は「0.5」で常に等しい。また，NT が TT に占める比率も「0.5」で常に等しい。X と M の割合 (r_x) が 3 を下回るほど，IIT が TT に占める比率は大となり，NT が TT に占める比率は小となる。対照的に，それが 3 を上回るほど (図 C.4 の H 点)，IIT が TT に占める比率は小となり，NT が TT に占める比率は大となる。

以上の考察からわかることは，ブリュールハルトの A 指標 MIIT$_B$ が輸出入の変化を反映する IIT 指標となり得る。ただし，この指標は MIIT を IIT および NT の変化が TT の変化に対する割合としてみている。したがって，輸出入の変化によってもたらされる産業調整費用は総貿易に対する相対的な費用 (ベネフィット) として捉えられる。産業調整問題が大きな意味を有するのは，輸出が大きく落ち込んだり，輸入が急増するような大幅な産業構造の変化が生じるような場合，当該産業で利用している経営資源が有休，失業，あるいは破壊されるような状況の発生である。このような状況は，単に当該産業の輸出入の変化がその貿易総額に占める割合でみるだけでは正確に捉えることはできず，当該産業の総需要と総供給の需給バランスにどのような歪みが生じたのかを調べる必要がある。Koshiba［小柴］(2005*) はこのような視点から，産業の総需給均衡モデルを提示した。

第C.6節　限界産業内貿易と産業調整問題

伝統的な貿易理論と産業調整問題

　貿易が国民経済に与える影響については古く，重商主義時代からの大きなテーマの1つである。貿易は国を富ませるとともにその犠牲もともなう。19世紀になり英国のリカード［Ricardo］(1817*)の比較生産費説は貿易利益を近代的な理論モデルによって説明した。英国はポルトガルと比較してラシャの生産においてもぶどう酒の生産においても絶対的に生産性が劣るにもかかわらず，比較生産費においてラシャ生産に比較優位をもつことを明らかにした。リカードの比較生産費モデルは異なる産業間で両国が互いに比較優位を有する産業の製品に特化し合い貿易をおこなうことにより，利益が生じるメリットを説いた。貿易利益を両国がどのように分配するかは重要な課題であるが，ラシャとぶどう酒が両国の国内でそれぞれ交換される比率の中間に交易条件が決まれば，両国は貿易利益を得ることができる。その課題とは別に大きな課題がもう1つある。両国は貿易利益に基づきそれぞれ生産を拡大しようとすれば，産業構造の変化が生じる。つまり，貿易国は拡大する産業で追加的な生産要素を必要とし，逆に縮小する産業では要素が過剰となる。要素がすべて利用されている（完全雇用／利用）状態のもとでは，縮小する産業で過剰となった要素を不足する拡大産業へうまく（スムースに）移動させることが望まれる。拡大する産業と縮小する産業との間で要素の移動が生じれば，調整費用（犠牲）が生じよう。また，産業間で要素が過不足なく移動できないような場合には，さらに大きな犠牲が生じるであろう。リカード・モデルでは，生産要素は労働力だけで労働力の移動は想定されていないので，この問題は考察の対象となっていない。最終的には，両国の交易条件の変更によって問題を解消することになる。生産要素が複数になると要素集約度が関わってくるから，ストルパー［Stolper］＝サムエルソン［Samuelson］(1941*)の命題により，拡大する産業で集約的に使用する要素の価格が上昇し，要素市場で生じた相対価格の変化

が生産物市場で製品の相対価格，したがって交易条件を変化させることになる。このようにみると貿易に基づく産業調整の問題は大きなテーマであるが，貿易理論では産業調整の問題はモデルの設定が複雑になるので，考察の対象とはなりづらい。さらに，貿易理論では比較静学に比べ調整プロセスの動学的なモデル分析が扱いづらいこともあり，研究分野としていままで大きく注目されてきたとはいえない。

　産業調整の問題は大きくは2つある。第1は，国内で利用できる要素が完全利用の状態にあると仮定しても，拡大する産業と縮小する産業の要素集約性がそれぞれ異なるので，拡大産業で集約的に利用する要素（経営資源）が縮小産業から十分に調達できる可能性が極めて低い。第2に，拡大産業が必要とする追加的な要素が縮小産業から賄えるとしても，縮小産業でいったん投下された要素を拡大産業へ移動させるには莫大な埋没費用（サンク・コスト）が発生するうえ，転換する産業で求められる技術の学習（習得）に時間と費用がかかる。以上のことから，産業調整の犠牲は大きいと考えざるを得ない。要素は資本ストックにしても労働力にしても，あるいは技術にしても調整にともなう摩擦が一時的にあるいは一定の期間生じざるを得ない。しかも産業調整にともなう犠牲の大小は，資本ストックであれ労働力であれ，あるいは技術であれ，産業調整の難易度に依存するとともに，要素を再利用するためにかかる移動や再利用（再訓練）に必要な費用または埋没費用の程度に依存しよう。産業調整問題は労働力との関わりが深いので，いままで貿易論や労働経済学で精力的に進められてきた。

産業内貿易と雇用調整問題

　貿易の拡大（縮小）にともなう要素移動に関して，IITが産業間貿易と異なり調整にともなう犠牲が小さいと考えられてきた大きな理由の1つは，貿易自由化によってもたらされる貿易規模の拡大（縮小）が要素の移動を生じるが，要素の移動は相対的に要素集約度が類似した産業同士では調整費用が低いと考えられるからである。とくに，産業の規模が縮小する場合，縮小する産業で集約的に使用（雇用）される要素（労働者）が影響を被る。他方，拡大する産業で

は縮小産業から放出される失業・未利用となった労働力（要素）を十分に吸収できれば，調整の問題はさほど重要とはならない。しかし，その場合であっても以下の2つの課題がある。第1に，縮小する産業と拡大する産業は一般には要素集約度が異なるから，前者から放出される労働力（要素）の量と後者で求められるそれとの間で不一致が生じる。つまり，レイオフ，レイアウトまたは失業（未就業）が発生する。第2に，失業した労働者が新たな職場を探すことは容易ではないし，うまくみつかる場合でも再訓練に関わる費用がかかる。また，通例，労働力の需給には地域的なミスマッチも起きる。また，ひとたび投下した資本設備は転用が容易ではない。貿易構造の変化にともなうこのような調整の費用をどのように捉えたらよいのか？　雇用（産業）調整費用はまず，産業間で調整を必要とする場合とそれが産業内で必要とされる場合を比べれば，一般に後者の方が摩擦（費用）は小さいと考えられがちである。このような考え方の背景には，労働力の移動にかかる雇用調整（解雇と再雇用，つまり労働力の再配分）が異なる産業間でなされるよりも同じ産業内でおこなわれる方が摩擦が少なく，比較的に円滑に進むと期待されるというバラッサ［Balassa］(1966) の SAH (smooth adjustment hypothesis) 命題，あるいはディクソン［Dixon］＝メノン［Menon］(1997*，234ページ）が指摘したNDTG (non-disruptive trade growth) 命題があるからである。以下，この命題を検討する。

　1960年代以降，急速な自由化の進展にともない，IIT の研究は貿易自由化とそれにともなって生じる雇用調整問題にも人々の関心を喚起した。普通，労働者は今まで勤めた仕事（職）から他の仕事（職）へ移ることになれば，かなりのストレスとなり転職，退職さらには失業の誘因となり得る。また，新しい仕事を探すうえで大きな不確実性や忍耐，努力，犠牲がともなうことが多い。異なる産業間を移動する場合はなおさらである。かなり類似した業種（職種）同士の間の移動であっても大きなストレスとなる。しかし，この場合は，異なる産業（職種）間の移動よりも犠牲は小さいと思われてきた。つまり，産業構造の変化によって生じる調整問題は，生産構造が比較的に似ている産業（業種）間（要素集約性が類似していたり，利用する技術が似かよったもの）の方が摩擦は小さいと考えられてきた。

バラッサ [Balassa] (1966) は産業間貿易によるよりも IIT の方が産業調整費用は低いと予見した。つまり，

> 貿易自由化に対する調整の難しさは概していままで過大にみられてきたように思われる。消費財の貿易拡大はどの国でも生産の変化をともなっているわけではなく，機械，精密機械，および各種の中間財の場合は，生産システムの組み換えは比較的に容易におこなわれるようである。このような見方は，貿易自由化の進展により特定の産業が荒廃するとの加盟国の懸念がいままでに生じなかったことを説明しているのかもしれない。[Balassa] (1966, 472 ページ)

バラッサのこの指摘以降，工業国間でみられる IIT の拡大は，各国の比較優位に基づき特化部門の絞り込みを進める形で貿易自由化が加速されてきたと考えられる。たしかに，世界経済の発展は貿易自由化にともなう低い産業調整費用によって達成された面もあるとみることができる。この見解は，その後に結成された European Community (EC) の共通市場や NAFTA をはじめとする地域経済統合 (REI) が世界の各地で誕生したこととも軌を一にしている。もっとも，REI はポジティブな面ではヴァイナー [Viner] (1961*) が指摘した貿易創出効果が期待できるが，他面ネガティブな面としての貿易転換効果もあり，新たな保護貿易主義との疑念が常にもたれてきた。Koshiba [小柴] (2000*) は，域外の非同盟国の経済的厚生を犠牲にしない REI 締結について分析した。非同盟国にとっては，REI 域内に参入することで関税賦課の回避ならびにローカルコンテント条件を満たすうえで有効な政策手段（民間企業にとっては有効な国際経営戦略）となり得る。このような視点から Koshiba [小柴] ＝パーカー [Parker] (2001*)，小柴ほか [Koshiba et al.] (2001*)，パーカー [Parker] ＝ラザフォード [Rutherford] ＝Koshia [小柴] (2000*)，およびラザフォードほか [Rutherford et al.] (2001*) は，日本の自動車メーカーの NAFTA での事業展開を政治経済的視点から分析した。この課題を吟味するために，1990 年代に入ると，ある観察期間における産業内貿易の変化，つまりすでに検討を加えた MIIT に対して改めて関心が払われるようになった。

このような見方 (IIT の SAH 仮説) は理論面で精緻化が進められるとともに，調整費用を実際に推計したり，SAH 仮説を検証する実証研究がおこなわれるようになった。SAH 仮説に関する実証研究は，当初は特定の産業に関す

る分析が主であり，しかも当該産業全体でみた労働力の需給に関するものであった。この場合であっても，仕事（職），業種，職種，再訓練の条件や期間，地域，家族などの状況，失業の期間などが個々にそれぞれ大きく異なる労働力（労働者）に注目する必要がある。つまり，個々の労働者に発生する就職（仕事）・就業問題の分析である。同時に，国全体としてみて各国が比較優位に基づきより大きな貿易利益を得ようとすれば，より大きな調整費用を支払わなければならない。このような状況のもとで生じる貿易利益と調整費用との間の二律背反（トレードオフ）は，単に調整が同一産業内で生じるばかりか，異なる産業間でも生じるばかりでなく，さらには個々の労働者にとって前の仕事（職）と新たな仕事（職）の間でも発生する(注4)。また，職種間でもそれは起きると考えられる。したがって，それらのすべてをカバーする調整費用問題は重要であるとともにかなり複雑化することが懸念されることから，雇用調整に関して人々，とりわけ直接利害を有する人々ばかりか，政治家（為政者）および（学術）専門家の関心を大いに惹きつけた。

　当初，SAH仮説はバラッサ［Balassa］(1966)以外にも，スウェーデンについて分析したルンドバーグ［Lundberg］＝ハンソン［Hansson］(1986*)はIITが各種の問題を生じるものの，伝統的な貿易や特化と比べ概して調整は深刻なものではないと言及した［129ページ］。ところで，ディクソン［Dixon］＝メノン［Menon］(1997*，234ページ)はこの課題を「スムースな貿易の成長（non-disruptive trade growth : NDTG）」といったことはすでに記したが，この仮説は実証に基づくものではない。具体的に検証してみる必要がある。グリーンナウェイ［Greenaway］＝ハイン［Hine］(1991*)はEUを分析したうえで，IITと産業調整費用との関連は実証に基づいて検証されたものではないといい，両者を安易に結びつけるべきではないと注意を促した。さらに，貿易自由化は一方で特化に基づく資源の効率的な再配分（産業構造転換）へ導くことから，労働移動に関わる問題を生じるとともに，他方で未熟練労働者に対して雇用条件を絶対的にも相対的にも不利な状況へ追いやるのではないかという懸念を生じた。つまり，労働者の就労環境や処遇の悪化を問題視するようになった。

　もっとも，グリーンナウェイ［Greenaway］＝ハイン［Hine］(1991*)の鳴

らした警鐘との関連では、貿易自由化の進展にともなう雇用調整費用を具体的に推計した研究も現われてもいる。たとえば、ヤコブソンほか [Jacobson et al.] (1993*) は、米国労働者が失業によって逸失する利益を生涯で平均的に約8万ドルと推計した。ただし、それは労働者が失業する前の就労条件（賃金ベース、資格の有無、勤続年数など）により大きく異なるばかりでなく、米国以外で事情は大きく異なる。産業レベルの研究では、デ・メロ [De Melo] ＝タール [Tarr] (1990*) は、失業者への犠牲が自由化から生じる利益の現在割引価値に対してどれほど大きいのかという問題を調査したが、それによると費用1ドルに対して自由化の利益がおよそ28ドルであると推計した。同様の研究がタカクス [Takacs] ＝ウィンターズ [Winters] (1991*) によって英国の履物産業でもおこなわれたが、結果は数量制限を撤廃することによって費用1ドルに対して80ドル以上のメリットが生じるという。これらの研究は、貿易自由化がもたらすメリットがデメリットを凌ぐことを具体的に示しているが、これらの調査は、あくまでも自由化のメリットとデメリットの一時的な比較であるとともに、IITとの関連で調査したものでもないので、慎重に解釈する必要があろう。

調整問題と水平的および垂直的産業内貿易

IITとの関連で産業調整の問題を考えるときには、もう1つの課題がある。つまり、産業調整費用は水平的 IIT (HIIT) と垂直的 IIT (VIIT) とで違いがないのか？　違いがあるとすると、どちらの方がどれだけ有利なのか？　一般論として考えれば、HIIT の方が VIIT よりも調整費用は小さいと考えられる。要素集約度は前者の方が後者よりも近い産業が集まっているからである。しかし、つぎの項で検討するように生産プロセスが上流産業と下流産業とで垂直的に連結（リンク）しているような場合、条件次第では必ずそうなるとはいえない。産業や生産パターンの特徴をそれぞれ具体的に考察する必要がある。

IITとの関連で産業調整の問題を労働力について分析したのは、この原書（第11章）ですでになされている。表 C.4 は、カブラル [Cabral] ＝シルヴァ [Silva] (2006*) が SAH 仮説の検証を試みたいままでの幾つかの実証研究に

関し，調整費用変数を一覧表にまとめたものである．SAH 仮説を検証するためには，調整費用を十分にしかも偏らない形で捉える説明変数を用いて動学的な貿易モデルを構築しなければならない．こうした点からこれらの先行研究をみると，大部分は単純な相関分析であるとともに，調整費用についても比較的にラフなものである．つまり，1990 年代にみられた研究は，概して産業レベルで雇用の変化（ΔL_i）を調整費用のネガティブな代理変数とみて，単純な相関分析を施したものが多いことがわかる．その後は研究が複雑なものになるとともに，膨大なパネルデータを利用し，個々の労働者が遭遇する雇用環境およびその変化に関わる雇用調整を考察するものへと発展してきていることがわかる．つまり，貿易拡大（縮小）によって生じる産業の労働市場全体の変化に注目するだけでなく，各産業における仕事（職），部門，職種，失業期間など労働者の就労上の違いとその変化に注目し，それらの違いに基づく調整費用を考察する方向へ変わってきた．

　表 C.4 に掲載された先行研究のなかから幾つかの代表的な研究を概観してみよう．ブリュールハルト［Brülhart］＝エリオット［Elliott］(1998*)，サリスほか［Sarris et al.］(1999*)，サラカン［Tharakan］＝カルファット［Calfat］(1999*) およびブリュールハルト［Brülhart］(2000*) は調整費用を各種の IIT 変数との相関で分析した．これらの研究の大部分は調整費用を産業レベルで雇用変化（ΔL_j）との相関関係でみるか，あるいは当該産業で生じた全転職数（労働の全再分配）に占める IIT によって生じる転職数（労働の IIT 再分配）の割合（$WHITHIN_j$）との関係でみて，両者のうちどちらの方が相関関係が強いかをみる方法を用いた．この変数はデイビス［Davis］＝ハルティワンガー［Haltiwanger］(1992*) に由来しており，SAH との関連のアプローチ法は各産業内における労働再配分（再就職）を説明する重要な要素であることが明らかとなった．この変数の概念はもともとデイビスほか［Davis et al.］(1996*) が言及したが，仕事（職）の再配分の大きさが部門間における全体的な新規雇用プラス解雇の大きさをはるかに凌ぐという観察事実に基づいている．ここではまず，調整が生じる場合の費用発生の概念を定めておくことが求められる．調整費用発生概念の解釈には少なくともつぎの 2 つ（細かくは 3 つ）がある．つまり，いま 2 つの産業を考え，ある産業でたとえば職工が 100

302　補論：産業内貿易論の展望

表 C.4　SAH 仮説の先行研究によって考察された調整費用の説明変数

変　数	定　義	著者・発表年
ΔL_j	$\dfrac{L_j^1 - L_j^0}{(L_j^1 + L_j^0) \times 0.5} \times 100$ ただし，L_j^1 および L_j^0 はそれぞれ考察している期間の始期と終期における第 j 部門の労働者の数である。	Hine et al. (1994*) a Porto and Costa (1999*) a Rossini and Burattoni (1999*) a Kol and Kuijpers (1999*) a Smeets (1999*) a Brülhart and Elliott (1998*) b Sarris et al. (1999*) b Tharakan and Calfat (1999*) b
$WITHIN_j^n$	$\dfrac{(POS_j + NEG_j) - |POS_j + NEG_j|}{POS_j + NEG_j}$　ここで $POS_j = \sum_i (L_i^1 - L_i^0)$　もし $L_i^1 - L_i^0 > 0$ なら $NEG_j = \sum_i (L_i^1 - L_i^0)$　もし $L_i^1 - L_i^0 < 0$ なら。 ただし，i は企業，j は産業を意味する。	Brülhart et al. (2004) c Brülhart (2000*) c
$DURATION_j$	産業 j から削減された失業者の平均失業期間	Brülhart and Elliott (2002*) b
$WAGEVAR_j$	当該産業の実質賃金率の標準偏差	Brülhart and Elliott (2002*) b
$CWAGEVAR_j$	当該部門のフィリップ曲線の推定係数によって計測された当該産業における実質賃金の標準偏差	Brülhart and Elliott (2002*) b
INTRA－ および INTER IND MOVER	企業または産業での個人の労働移動の記録	Elliott and Lindley (2006*) c
$INDMOVEDIST_j$	$\dfrac{\sum_x m_{xj}}{L_j}$ ＝産業の移動割合　ここで，もし， 第 j 産業の第 x 労働者が他産業へ移動のときは $m_{xj} = 1$。 第 x 労働者が移動しないときは $m = 0$ である。	Brülhart et al. (2006*) c
$OCCMOVEDIST_j$	$\dfrac{\sum_x z_{xj}}{L_j}$ ＝職種移動の割合　ここで，もし， 第 j 産業の第 x 労働者が他職種へ移動のときは $z = 1$。 第 x 労働者が移動しないときは $z = 0$ である。	Brülhart et al. (2006*) c
TE_j	$TE_j = DE_j + CE_j$ ただし，TE_j は総合効果，DE_j はディメンション効果，CE_j はコンポジション効果を指す。	Cabral and Silva (2006*) c

注：a：単純な相関係数を用いているもの。
　　b：方程式がクロスセクションの単純な方程式モデルを用いて推定しているもの。
　　c：方程式がパネルモデルを用いて推定されているもの。
　　d：表中の Brülhart et al. (2004) は manuscript で本稿筆者に入手困難なので，参考文献リストから外した。当該論文については本表の出所を参考のこと。
出所：カブラル [Cabral] ＝シルヴァ [Silva] (2006*, 501 ページ)。ただし，本稿筆者が一部加筆・修正した。

人解雇されると同時に技師が100人新規に雇用されたと想定しよう。第1の解釈はこの場合，調整費用がかからないと解釈するものである。その理由は，仕事（職）の再配分の観点からは，職工と技師に関して仕事（職）の再配分が生じたが，産業全体でみると雇用数がプラス・マイナス・ゼロとなるからである。これまでの文献の多くのものはこの解釈であった。第2は，調整費用がかかると解釈するものである。この解釈にはさらに2つに分かれる。一方は職工と技師がそれぞれ異なる部門へ再配分されることが想定されるため，慣れない仕事（職）や環境に適応するさいの調整費用がかかるからである。他方は労働再配分（解雇と再就職）そのものが調整費用を意味すると捉える解釈である。両者は一方で調整費用発生概念の解釈が厳密になるが，他面でその厳密性は個々の就労者の雇用条件，職位・立場，環境（職場環境ばかりでなく家庭環境）などをよく掴まないとかえって誤謬を増幅する結果になることが懸念される。

　身近な例として経理を担当する事務職または秘書で考えてみよう。ある経理担当者（秘書）がA産業からB産業へ転職できたと想定しよう。この場合，調整費用は同一産業内の異なる企業間を移る場合と比較して余計にかかると合理的にいえるだろうか？　転職する産業に固有な特徴がそれぞれあるとしても，簿記会計（秘書知識）の専門知識があるのかないのかの方が大きな影響を与えると考える方が合理的であろう。同様に，同一産業内での転職と比べ異なる産業間の転職を比べると，前者は転職する職場がかなり離れている場合，後者は同一の居住地域内での転職だとすれば調整費用は単純に比較秤量できるものではない。さらに，失業に関しても非自発的な失業か自発的な失業かの違いも，その調整費用の比較に決定的な影響を与える。このようにみると，調整費用発生の概念とその把握は個々の就労者の条件・環境を具体的に調べることが肝要であるが，厳密性にはかなりの工夫が必要であることがわかる。経理を担当する事務職または秘書の例でも容易にわかるように，調整費用発生の概念は少なくとも仕事（職種）が固有であればあるほどつぎの点が極めて大きな意味を有する。つまり，調整費用の概念とは個々の就労者が仕事（職種）に関わる固有な特殊性（ある種の資格や条件など：qualifications）を取得するために要した犠牲や費用を斟酌したうえでの調整費用概念なのか，それとも資格を有する就労者が単に職場を移動するときにかかる費用概念を指すのかである。両者は明

らかに大きく異なる。あたかも白をクロといい,クロを白というほどの違いである。大部分の先行研究はこの点が曖昧である。

そこでこの点で曖昧さが残るものの,先行研究にもどり一般的な解釈にしたがえば,同一部門内あるいは同一企業内における仕事（職）の再配分は異なる部門間でのそれよりも調整費用が小さいと解釈する。これはたとえば,ある企業が労働者を企業内で配置換えする場合が1例として該当するが（あるいは当該労働者が職種を変えるようになったとしても）,しかしそれが部門特異の仕事（職）であるならば,再配分に関してかなり問題が起きると予想される。以上から,同一部門内での転職（労働の再分配）は異なる部門間での転職（労働の再分配）よりも調整費用が小さいと改めて解釈する。事実,この変数を用いるブリュールハルト［Brülhart］(2000*)の先行研究は $WHITHIN_j$ が大きい部門では調整費用が小さいと想定している。しかし再び,これらの先行研究の想定にはいままでの検討からわかった内容と矛盾する点がある。つまり,それは「$WHITHIN_j$ が大きい部門では調整費用が小さい」と想定する点についてである。同じ部門のなかの一方で労働者が解雇され,他方で新規に雇用されるということは,同一の労働者が仕事（職）を変えるという単純な転職であることは極めてまれであり,多くの場合,新規雇用には質の異なる,あるいは高い質の作業水準が求められる。このことは,大きな $WHITHIN_j$ には大きな調整費用がともなうことを意味するはずである。さらに,検討課題がもう1つある。ヘインズほか［Haynes et al.］(2002*)によると同一の仕事（職）を続ける者が異なる部門を移動する場合の調整費用は,仕事（職）を変えるが同一の部門（企業）にとどまる場合の費用と比較して大きくはないという。

以上の検討結果からいえることは,貿易と調整費用の関係を分析するためには労働市場を各産業全体として捉えては正しく分析できないと考えられる。貿易拡大と産業調整費用に関するその後の実証研究は仕事（職）,部門,職種,失業期間の長さ,家族および住環境の変化などに関する個々の労働者のデータを利用する研究へと展開してきた。

ブリュールハルト［Brülhart］＝エリオット［Elliott］(2002*)およびグリーンナウェイほか［Greenaway et al.］(2002*)はこの議論を発展させた。ブリュールハルト［Brülhart］＝エリオット［Elliott］(2002*)は調整費用として

3つの代理変数を考え，それらが異なる IIT（垂直的 IIT および MIIT）とどのように関連するかを分析した。3つの代理変数は産業レベルの実質賃金の標準偏差（$WAGEVAR_j$），失業率の変化または部門ごとに生じる需要変化に対する名目賃金の変化と分散（$CWAGEVAR_j$），および失業期間の長さ（$DURATION_j$）である。分析対象は英国の製造業品産業（SIC 3桁産業分類の200番台および300番台）で，観察期間は1979-91年である。

結論は SAH 仮説を支持する。とくに IIT が高いと賃金率の分散が比較的に小さいことをみい出した。これは労働力の移動や再訓練に関わる調整費用が低いためと考えられ，SAH を支持する。しかし，失業の平均期間は IIT と有意な相関関係があるとは認められない。これは英国製造業では，労働力の職種間あるいは地域間の移動に比べ，構造変化に基づいて生じる労働力移動の調整費用が低く，賃金水準が硬直的ではないと考えられるからである。換言すれば，SAH を支持する大きな理由は労働投入の多様性が産業内よりも産業間の方が大きいためであり，賃金水準が産業間よりも産業内の方が弾力的であるためではない。つまり，産業間貿易比率が高ければ部門間における方が賃金水準の分散が大きく，失業期間の長さは産業間貿易であれ IIT であれ，貿易の変化によって大きく左右されないとみられる。同時に，SAH 仮説は概して IIT を産業内貿易全体でみるよりも，その変化分つまり MIIT でみた場合の方が強い支持が得られる。

しかし，ブリュールハルト＝エリオットが採用した3つの代理変数はどれも貿易，とりわけ IIT の変化および賃金水準の変化や分散に直接関連したものではない。彼らが利用したデータは個々の労働者の仕事（職）に関わるのではなく，各産業全体のものであり，貿易自由化と調整費用に関する正しい計測とは異なるものといわざるを得ない。

グリーンナウェイほか [Greenaway et al.]（2002*）は SAH に関し，雇用調整費用をそれぞれ部門，企業，職種および地域ごとに労働者が直面する雇用環境や雇用条件に関するデータに基づき分析し，これらの労働市場の特性が貿易（産業間貿易および IIT）の拡大にともなう雇用調整費用とどのように関係するのかの分析を試みた。具体的には，貿易拡大にともなう雇用調整問題をそれぞれ調整費用の代理変数とみる部門間，企業間，職種間および地域間におけ

る労働市場の特性によってどの程度説明可能か,実証分析を試みた。結果は,産業間貿易であれ IIT であれ,貿易拡大は産出量変化をともなう雇用調整費用をもたらすことが明らかとなり,しかも IIT が高いほど費用も大きい。しかし,雇用調整費用が労働市場の特性に関連があるかについては明確なことはいえない。

産業内貿易と雇用調整問題:理論的補強

ラブリー [Lovely] = ネルソン [Nelson] (2002*) は 1990 年代に加速的に発展してきた MIIT 指数に関する研究が労働の調整費用を計測するうえでの 1 つの指標となっているが,理論的な観点からすれば,それは正しくないという。ラブリー = ネルソンはメノン [Menon] = ディクソン [Dixon] (1997*) の MIIT 指数の理論分析に基づき,IIT の変化が総貿易に及ぼす効果を検討することの方が,グルベル = ロイドの IIT 指数の変化を検討するよりも適切であるという。彼らは貿易フローの変化と労働市場の調整費用を連結することがその問題を解決へ導くとして,産業間および産業内の簡潔な貿易モデルをつくった。モデルは一般均衡で,小国モデルである。つまり,貿易財の価格は世界価格で,自国にとっては与件となる。以下の仮定をおく。

① 生産関数は部門特異の資本と労働であり,労働はサブセクター間を自由に移動できる。ただし,労働が部門間を移動するときに要する費用は部門内(産業内)を移動する場合の費用とくらべ高い。生産関数は一次同次であり,2 次微分が可能である。

② 最終財は 2 種類である。最終財の生産は 2 種類の中間投入財で組み立てるが,その生産費用は「ゼロ」とする。最終財の生産は投入物・産出物ともに価格は所与である。したがって,均衡条件は最終財の生産活動では利潤が「ゼロ」となる。

③ 最終財の生産はすべて国内で生産された中間投入財と輸入された中間投入財の 2 種類の中間投入財によって組み立てられる。

④ 中間投入財の生産は労働とサブセクター特異の資本とによっておこなわれる。

⑤ 労働は総供給が所与であり，4つのサブセクター間を自由に移動でき，完全雇用状態である。
⑥ 最終財は貿易（輸出と輸入）がおこなわれず，中間投入財が貿易され，その輸入に従価税が課される。両国に輸入競争部門と輸出財サブセクターがある。
⑦ 小国モデルなので，国内で課する関税率の変化は輸入する中間財の価格へ比例的に反映される。
⑧ 最終財の需要関数は国内における相対価格および関税収入を含む国内の総所得である。

ラブリー＝ネルソンは結論として，IITの変化が総貿易に及ぼす効果は2つの要因に依存するという。第1は国内生産の変化であり，第2は国内における中間投入財に対する総需要の変化である。これらの2点によって貿易の変化と雇用の調整費用を関連づけることが可能となる。ラブリー＝ネルソンが提起した最も重要な点はつぎの2つである。第1，貿易のタイプとその変化に基づく雇用の調整問題は貿易変化と雇用変化がどのようにリンクするかを明らかにすること。第2，雇用調整問題は労働力市場全体で議論するのでは見逃してしまうことがある点を指摘したことである。とりわけ後者に関して，個々の労働者にとって部門別，産業別，あるいは職種別に発生する雇用問題（採用や解雇）が雇用の調整費用をどの程度説明するかといった研究が労働経済学分野の研究成果を取り入れながら刺激されるようになった。具体的にみると，カブラル [Cabral] ＝シルヴァ [Silva]（2006*，502ページ）が指摘するように，貿易変化に基づきある産業で生産変化が生じたと仮定しよう。生産変更により一方で1万人の職工が解雇され，他方で1万人の技師が採用された場合，当該産業全体での雇用調整はプラス・マイナスで「ゼロ」である。しかし，解雇される個々の労働者1万人にとっては再雇用のための技術訓練等に時間，努力および資金がかかり，調整費用が発生する。いままでの議論の枠組みでは，このような調整費用は考察の対象外となることが多い。

雇用条件と調整費用

　ヘインズほか [Haynes et al.] (2002*) は労働の技術・熟練レベルに注目し，部門間および部門内における調整費用を分析した。技術・熟練レベルが部門固有であればあるほど同一部門内での労働移動費用は低い。このことから産業間貿易にくらべ IIT の方が SAH と調和する。ただし，IIT が SAH と調和するといままで考えられてきた背景は，賃金水準に及ぼす職歴の効果および職歴の長さと遺失賃金の関係に及ぼす効果についてのいままでの研究が労働市場全体と職歴の長さに関したものであった。このような捉え方は，技術・熟練レベルが個々の企業でそれぞれ異なるわけだから，それと同様に産業間や職種間で特異なものであれば矛盾はさほど生じないと考えられる。その場合には，産業や職種を変える労働者は部門内で職務を変える場合よりも遺失賃金が大きくなる。こうした背景が SAH の説明となっている。しかし，ヘインズほかは労働市場を全体としてみるのではなく，労働の技術・熟練レベルに注目し，部門間と部門内，職務および職種に関する職歴が賃金水準に及ぼす影響を調べた。

　賃金水準は同一の職業（職務）内のみならず，同一の産業内および同一の職種内で蓄積する職歴の長さに基づいて決まる。そこで，ヘインズほかは職歴の長さがどれほど賃金水準と関わるかについて研究した。このような分析により，労働者が職業（職務），産業および職種を変えることによる潜在的な調整費用が分析できると考えられる。分析したデーターセットは英国の若手の労働者に関するもので，観察期間は 1975-95 年に関してである。

　結論はヘインズほかによると，同じ職種を長く続けることが賃金に及ぼす効果が大きい。つまり，労働者が産業内を移動する場合の遺失賃金とくらべ，同じ職種についているかぎり，産業間の移動にともなう賃金ロスが勝ることはない。もちろん，産業間を移動する労働者は異なる職種につくことが多い。また，部門の分類基準を緩めるほど労働が部門間を移動する費用は大きくなるが，その場合でも，職種を変えることによる移動費用とくらべればだいぶ小さい。

　ブリュールハルトほか [Brülhart et al.] (2006*)，エリオット [Elliott] =

リンドレイ［Lindley］(2006*) およびカブラル［Cabral］＝シルヴァ［Silva］(2006*) は IIT と労働調整費用の関係を産業レベルではなく個々の労働者の雇用条件の違いとつなげて分析した。ブリュールハルトほか［Brülhart et al.］(2006*) ならびにエリオット［Elliott］＝リンドレイ［Lindley］(2006*) はそれぞれ英国の四半期ごとの労働力サーベイから個々の労働者ベースのデータを利用して異なる2期に関して観察を試みた。ブリュールハルトほか［Brülhart et al.］(2006*) は産業間移動および職種間移動に関する変数を2つ用い，労働者が産業間または職種間を移動（転職など）する場合に，移動前に就労していた産業または職種と移動後に就労する産業または職種がどれほど異なっているのかを労働移動に関するそれぞれ部門および職種の「距離」とみて，その距離が離れていればいるほど労働調整費用が高いと判断し，その分析を異なるタイプの貿易（産業間貿易と IIT）について比較検討した。対象となる個々の労働者のデータは 18 万個以上にのぼる。産業内移動に関する2つの変数は，第1に労働者が職種間を移動する場合の変数（$OCCMOVEDIST_j$）であり，もう1つは産業間を移動する場合の変数（$INDMOVEDIST_j$）である。彼らの分析によると，産業間ならびに職種間の両方で IIT がある程度の効果を及ぼすという。この分析は個々の労働者の仕事（職），部門，職種，企業あるいは産業の移動に関する膨大なパネルデータが利用できる点できわめて詳細な分析が可能であり，大きなメリットがある反面，大きな課題もある。つまり，個々の労働者の職業移動は貿易の変化に基づいて生じたものか，あるいは景気の変動やそれ以外の産業構造変化に基づくものかが鮮明ではない。さらに，彼ら自身も指摘するように（2006*，541 ページ），労働者の職業移動が貿易拡大（縮小）に基づく（非自発的な）雇用調整なのか，あるいは労働者自身の意思に基づく自発的なものかの区別がつきづらい。厳密な意味では，貿易の変化に基づく雇用調整費用の計測には後者を除く必要がある。しかし，両者が混在する結果，彼らの結論としては，貿易変化に基づく雇用調整費用の大きさは，たとえば年齢，大企業での就労，臨時雇用，結婚，あるいは自営業の立ち上げといった他の理由に基づく労働移動の要因に比べれば小さいという。

　カブラル［Cabral］＝シルヴァ［Silva］(2006*) は，分析の枠組みはブリュールハルトほか［Brülhart et al.］(2006*) およびエリオット［Elliott］＝

リンドレイ［Lindley］（2006*）ときわめて似ているが，さらに産業レベルに集計した形で新たな調整費用変数を提案している。新たな変数は（労働の再配分）総合効果（TE_j）といい，各職種グループに分類される労働者の絶対値で捉えた増減数を当該産業全体の平均値によって加重したものである。この総合効果はつぎの2つの効果の和である。第1は当該産業の労働総需要の変化であるディメンション効果（DE_j）である。第2はコンポジション効果（CE_j）である。コンポジション効果は当該産業の労働需要には変化を及ぼさないが，異なる職種間で労働需要に増減がある場合の効果を表す。総合効果は観察している期間中に当該職種や産業で働く労働者の数が変わらなければ「ゼロ」である。また，労働者の移動が起きれば起きるほど総合効果の値は大きくなる。したがって，それは労働調整費用が大きくなることを意味する。

　カブラル＝シルヴァの考察対象はポルトガルで，1995-1997年および1997-1999年の2期についてそれぞれ製造業98産業，企業数約20万社，200万人以上の個々の労働者についての産業と職種に関する雇用調整費用の分析である。結論はポルトガルのような小さな開放経済では，SAH仮説がこの総合効果による雇用調整費用の分析によってうまく説明できる。

　以上の考察から，貿易変化に基づく産業調整費用の問題は労働市場を産業全体として捉えるのではなく，個々の労働者の就業，解雇および転職に関わる雇用調整の問題として捉える方が正確であるとの認識が広がった。その結果，個々の労働者の雇用状況ならびに就業形態に関する分析が関心を惹くようになり，パネルデータによる分析が進められるようになった。このような視点から，カブラル［Cabral］＝シルヴァ［Silva］（2006*）はポルトガルの労働者が働く20万製造企業，200万人について個々の労働者が所属する産業および職種に関する情報を3つの観察時点（1995年，1997年および1999年）について集め，調整変数として3桁産業分類に基づき98産業に関する職種を8つに分類(注5)した。カブラル＝シルヴァの調整費用変数は「総再配分効果（total reallocation effect）」とよばれ，つぎの2つの説明変数によって説明される。第1は各職種グループにある各種の労働者であり，第2は当該産業全体の平均雇用者数である。

　このように，貿易変化がもたらす調整費用を考察すると，産業間または産業

内の労働市場における労働力の移動よりも、個々の労働者の仕事（職）の特性に着目し産業内における労働者の再分配（転職／再就職）に研究対象が移ってきたわけだが、このことはブリュールハルト［Brülhart］(2000*)がすでに注目していることであり、もともと SAH との関連でデイビス［Davis］＝ハルティワンガー［Haltiwanger］(1992*)およびデイビスほか［Davis et al.］(1996*)が言及していることでもある。

第 C.7 節　産業内分業／貿易：生産プロセスの分散化（フラグメンテーション）と集積化（アグロメレーション）

グリーンナウェイほか［Greenaway et al.］(1995*)は、1988 年における英国の製造業（第 2 部から第 4 部）について輸出入の価格差（較差）を±15 パーセントでみると水平的 IIT（HIIT）よりも垂直的 IIT（VIIT）の方が明らかに優勢であることをみい出したが、とりわけ部品や中間財の貿易の伸びが著しいことが今日では広く観察されている。

　貿易自由化の進展はいままでの産業構造の特徴や貿易パターンに変化をもたらしつつある。とりわけ注目される際立った変化は 2 つあり、第 1 は生産プロセスの分散化（フラグメンテーション：fragmentation）であり、一連の生産活動の流れ（プロダクション・チェーン／サプライ・チェーン）のなかで異なる部分（生産工程）が異なる国・地域に分散する現象である。貿易自由化の進展にともない企業は事業活動の多国籍化を展開し、事業の活動場所を国内に限定することなく海外に広げ、生産プロセスの適材適所を模索している。第 2 は生産プロセスの集積化（アグロメレーション：agglomeration）であり、川上産業から川下産業まで垂直的にリンクした一連の生産プロセスを担う異なる企業が特定の国・地域に集積する現象である。

　貿易自由化の進展にともなうこれら 2 つの異なる生産の特化（分業）形態のうち前者については、一連の生産活動が新製品の企画、研究・開発や原材料／中間財／労働力／技術・情報／経営管理能力などの経営資源の調達から始まる川上部門から流通・販売・アフターサービスにいたる川下部門までの各生産プ

ロセスの特長に従って，それぞれ最適な地理的空間においておこなえるよう生産プロセスを幾つかに分割 (diversification) または分節 (disarticulation) 可能になった結果生じてきた。このようなことが可能になった基本的な背景は，当初は多国籍企業などがグローバルな事業展開を進めるうえで FDI を通じ，分節化した生産プロセスを最適な場所に立地させることによって，より高いリターンが見込める国際分業パターンを指向したことである。具体的にはペンローズ [Penrose] (1956*, 1959*) を援用して小宮 (1988*, 261 ページ) および Komiya [小宮] (1990*, 144-5 ページ) が指摘するように，多国籍企業や FDI の最も重要な点の 1 つは経営資源の開発・蓄積とそれを国際間で移転させることである。ここで注目すべき点は，それらを初めは多国籍企業や合弁企業が，つづいて学習した現地企業が高度な技術を体化した資本，技術，マネジメントをはじめとする優れた経営資源を未開発で未熟練ではあるが途上国に豊富に賦存する天然資源や労働力と協業させることの結果，途上国は持ち前の比較優位を享受しつつ急速に優れた供給基地に一躍成長した。コル [Kol] ＝レイメント [Rayment] (1989*) は，国際貿易に中間財が重要な役割を果たすようになってきた背景をアーリン・ヤング [Allyn Young] (1928*) の特化にその由来を求めた[注6]。ここで最も注目すべきことは，従前では未熟練で単純な労働は低生産性を意味していたが，第二次世界大戦後，とりわけ工業化が進んだ 1960 年代後半から途上国が工業生産活動の強力な推進役を演じることになった。その背景には，第 1 に多国籍企業や FDI によって経営資源が国際間を移転すること。第 2 に，生産プロセスの分節化が大幅に進んだこと。そして第 3 に，各生産プロセスが適材適所を志向してグローバルに分散立地すること。以上の 3 つが組み合わさることによって，途上国は優れた近代的な生産技術を先進国から導入するとともに，比較優位を有する豊富な天然資源や労働力の経営資源を結合し，確実にしかも急速に工業化に食い込んできた。かつては途上国の工業化は 10 年，20 年あるいは半世紀もかかって先進工業国の技術レベルに近づいたが，1960 年代以降ではキャッチングアップがかつての 10 分の 1，20 分の 1 に短縮されてきた。しかも，途上国の工業化過程はますます加速化している。その影響は極めて大きく，しかも地球規模で進行している。いま，世界で最も心配されている環境問題も，畢竟，この延長にあり，今後の展開と喫緊

な対応が求められる所以である。歴史的には，1950-60年代から繊維産業においてこのような傾向が広くみられるようになるとともに，1970-80年代以降では電気・電子産業において，1990年代からは情報・テレコミュニケーション産業などで顕著にみられるようになった。第1の生産プロセスの分散化については，重要性を増す中間財や部品類の取引で新興工業国などに典型的にみられたオフショア生産や輸出加工区，さらにはマキラドーラなどの保税倉庫の設置・利用が現実に観察されてきた。ディクシット［Dixit］＝グロスマン［Grossman］（1982*），サニャル［Sanyal］＝ジョーンズ［Jones］（1982*），ジョーンズ［Jones］＝キャージコウスキー［Kiekowski］（1990*，1999*，2001*），アーント［Arndt］（1996*），フィーンストラ［Feenstra］＝ハンソン［Hanson］（1996*）ならびにディアドーフ［Deadorff］（2001*）は，生産の分散化に理論的な解明を試み，その理由を技術革新，とりわけ輸送費用と情報産業を主とした生産費用面での比較優位に立脚するとしている。理論的な分析はリカード・モデルに基づくか，あるいは要素賦存比率に基づくヘクシャー＝オリーン・モデルに立脚する。なぜそのようなことが生じるのであろうか？　その理由は産業構造が高度化することで生産プロセスが複雑化すると，各生産プロセスの内容に応じて，生産（加工）活動自体はもとより，物流など生産活動に付随的な要因についても比較優位に基づく立地が求められるようになるからである。

対照的に第2の生産プロセスの集積化は，垂直的に連結（リンク）した幾つかの異なる企業（同一産業に属する場合もあれば異なる産業に属する場合もある）がある特定の国・地域に集積することが広く観察されている。これらの企業の多くは要素集約度が異なっている。たとえば，ディケン［Dicken］（1998*）によると，米国での自動車の組み立てでは労働費用が総費用の23パーセントであり，さらにエンジンと変速機の組み立てにおいてはその割合が僅か8パーセントでしかなく，組み立ての場合の割合と比較して約3分の1であるが，どちらの生産活動も米国のある地域（ミシガン州を中心に）で生産がおこなわれている。米国の航空機産業はワシントン州（シアトル）やカリフォルニア州南部において機体の組み立てと部分品・中間財・アクセサリーなどの部品の生産をおこなう企業が集積している。

これとは別に，自動車産業や航空機産業では部分品の1つであるタイヤについて，主原料であるゴムの生産を原産国のマレーシア，タイ，あるいはインドネシアが比較優位を有しているので必ず加工をおこなっているのであろうか？ 事実は必ずしもそうとはいえない。人造ゴムが天然ゴムに代替するようになったこともあり，ほとんどのタイヤの生産は自動車生産や航空機の組み立てをおこなう先進国でおこなっており，そのことのほうが比較優位となっている。なぜこのようなことが生じるのか？ 理由は2つ考えられる。第1は，技術進歩などに基づき労働費用をはじめ原材料や中間財の費用や輸送費用などが総費用に占める割合が低くなるのにつれて，企業はそれらの費用が廉価な国・地域に工場を立地したり，あるいはそれらの国・地域から原材料や中間財を調達することによるメリットが相対的に弱まったことである。第2は，原材料・中間財・部品などの投入・産出構造（産業連関）の観点でみて，川上から川下までの一連の生産プロセスの流れは生産プロセスが相互に連結しているため，これらの製品の生産企業は地域的にもできるだけ近接する国・地域に立地することのほうが天災や人為的な事故・欠品に対するリスクは小さくなる。さらに，生産拠点を集結すれば頻繁に生じる生産の設計変更や仕様・手順の変更，顧客からのクレームやリコールなどに対して適宜，瞬時に対応する適応力が勝っており，そのことのほうが原材料や中間財・部品を低費用で調達するメリット（比較優位）を凌いでいるからである。つまり，企業がグローバル化で直面していることはつぎの2つである。第1に，原材料・中間財・部品などを海外から低費用で調達したり，あるいはそれらを求めて海外に事業所を設ける形（フラグメンテーション効果）で，国際分業利益を追及するのか。第2に，一連の生産プロセスを投入・産出構造の視点から集積（クラスター）し，そのメリットを追求（アグロメレーション効果）するのか。企業は両効果を秤量し，両者の攻めぎ合いのバランスを図り，もしくは両者の長所をそれぞれ引き出し組み合わせ補強した経営戦略を練り，実行を図る。

　企業が比較優位に基づきフラグメンテーション効果を追求するのか，あるいはアグロメレーション効果を求めて集積を進めるのかの攻めぎあいに注目した先行研究には，Matsuyama [松山] =Takahashi [高橋] (1998*)，リッチー[Ricci] (1999*)，ヴェナブルズ [Venables] (1999*) がある。これらの研究の

モデルは，リカード・モデルと同様に，生産が1要素（労働力）でおこなわれ，両国における技術水準の違いが外生的に与えられる。Matsuyama［松山］=Takahashi［高橋］(1998*)は労働力が両国で移動可能であるが，貿易不可能なサービスを取り扱う企業が独占的競争の状態にある状況を考察した。この場合，ある場合には好ましからざる集積が生じるとともに，他の場合には好ましい集積が生じないかもしれない。その理由は，サービスを取り扱う企業と移民する労働者の流入を上手に調整することができないからである。リッチー［Ricci］(1999*)のモデルは移民がおこなわれるモデルにより，クルーグマン［Krugman］(1991a*)と同様に生産の集積が生じることを明らかにした。ヴェナブルズ［Venables］(1999*)は2国間における多部門モデルによって比較優位と生産の集積の攻めぎあいを考察した。この場合，比較優位は外生的に与えられ，生産の集積が起きるのは垂直的に連結した生産プロセスの投入・産出構造に基づいて起きるとしている。ヴェナブルズによると，外生的に与えられる技術水準が両国で大きく異なる場合には，比較優位が大きな説明力をもつ。これに対して，技術水準の差異が両国で小さい場合には，どちらが説明力を有するのかは決定されない。

アミティ［Amiti］の2国・2要素モデル

アミティ［Amiti］(2005*)は垂直的に連結（リンク）した幾つかの産業の立地が比較優位に基づく従前の経済理論ばかりでなく，それとは異なる理由でなされる背景を生産活動の集積（agglomeration あるいは cluster）に基づいて理論的に明らかにした。つまり，伝統的なヘクシャー＝オリーン理論のフレームワークであっても，垂直的にリンクした幾つかの産業の立地は場合によっては比較優位に逆らう形で産業立地がなされ得ることを示すとともに，そのことからいままで考えられてきたのとは異なる貿易パターンが生じることがあることを理論的に明らかにした。アミティ［Amiti］(2005*)のモデルがこれまでに概説した先行研究と大きく異なる点は，2国・2要素モデルであり，ヘクシャー＝オリーン＝サムエルソンのモデルの設定と同じである。以下，アミティのモデルの概要を述べる。まず以下の仮定をおく。

① 2国：自国と外国
② 2要素：労働力と資本；要素の賦存状態は，自国は労働豊富であり，外国は資本豊富である。両要素は国内での移動は可能だが，国際間の移動は不可能である。
③ 産業は3つあり，すべてが生産活動に2要素を用いる。そのうちの2産業はチェンバリン流の不完全競争状態にある製造業部門であり，他は完全競争的な農業部門である。製造業部門は生産プロセスが上流部門と下流部門に分かれ，要素集約性がそれぞれ異なる。上流部門の生産プロセスは資本集約的，下流部門のそれは労働集約的である。同時に，上流部門および下流部門は一連の生産プロセスがそれぞれ投入・産出関係で連結（リンク）している。上流部門は中間財を生産し，下流部門は中間財をさらに加工・組み立てて最終財を生産する。製造業部門は規模に関して収穫逓増を仮定する。農業部門は規模に関して収穫一定を仮定する。
④ 両国とも等しく同じ水準の技術レベルに達することが可能である。
⑤ 両国の消費者は等しくホモセティックな選好関数を有する。
⑥ 製造業部門には上流部門も下流部門も企業が多く，どの企業も国内または海外に立地することができる。企業は立地した国において2要素を調達する。

以上の仮定から導出される命題はつぎのことである。

(1) 自給自足の場合は，上流部門も下流部門も企業はそれぞれの国だけに立地する。
(2) 製造業部門の企業がどこに立地するかは，つぎの2つの要因の攻めぎあいの作用に依存する。第1は製品市場であり，企業は市場の規模が大きい国に立地しようとする（市場志向）。第2は廉価な投入要素の入手可能性であり，企業は生産費用が低い国に立地しようとする（生産費用志向）。固定費用を節約しようとするため，企業は一方の国にのみに立地しようとする。
(3) 他の条件が等しければ，製品に対する需要面では，企業が立地したい国は大きな需要がある国であり，そのことによって企業は貿易に関わる費用（貿易費用）を節約しようとする。この場合，貿易費用には自然的なもの

第C.7節 産業内分業／貿易：生産プロセスの分散化と集積化

(たとえば，輸送費用)と，人為的なもの(たとえば，関税など)が考えられる。下流部門の企業は消費者が多い国で立地しようとする。上流部門の企業は中間投入財の市場が存在する下流部門企業が多い国に立地しようとする。こうして上流部門企業を下流部門企業の近くに立地させようとする誘因が働く。

(4) 対照的に，下流部門企業は費用を考えて多数の上流部門企業の近くに立地することでメリットを得ようとする。なぜなら上流部門企業が多い国ほど，中間投入財の費用は低くなるからである。ここに費用面の連鎖が需要面の連鎖とつながり，その関連で上流部門企業と下流部門企業がともにどちらか一方の国に集積する誘因が働く。

(5) 所得水準でみた国の相対的な規模は外生的に決定される要素賦存状態によって決まるだけでなく，そのことから外生的に決まる要素価格にも依存するわけだが，要素価格の高低は企業がどこに立地するか(集積か分散立地か)によって決定される。

(6) しかし，集積に対して障壁となることが2つある。第1は，要素賦存量が所与であるから，最終財に対する需要は両国に存在し，最終財を生産する下流部門企業が国内にも外国にも立地する。第2に，上流部門企業と下流部門企業は要素集約度に違いがあるので，生産費用効果が両部門の企業を異なる方向へ導く。つまり，上流部門企業を資本費用が相対的に低い国へ引き寄せるとともに，下流部門企業を賃金費用の相対的に低い国へ引き寄せようとする。

(7) 要素価格は企業がどの国に立地するかによって決定される。

以上の分析から，集積か分散立地かについての企業の立地選択を貿易自由化の進展と生産費用の関係で整理すると以下の通りである。

(a) 自給自足状態は貿易費用が無限大に大きい場合であり，この場合は農業部門および製造業部門はともに両国にそれぞれ存続しつづける。

(b) 貿易自由化が始まり，ひとたび貿易費用が下がり始めると，両国は自給自足状態から離れ，企業は比較優位に基づく立地を始める。

(c) 貿易費用が十分に低く(ゼロに)なると，それは企業をすべて比較優位に基づく立地へと促す。つまり，資本集約的な上流部門企業は外国に立地し，

労働集約的な下流部門は自国での立地を選択する。

(d) しかし,貿易自由化の進展は必ずしも比較優位に基づく企業の立地を促すとはいえない。国の規模が考慮されれば,比較優位に基づく生産費用志向による企業立地ばかりでなく,市場志向に基づく企業立地が促される。事実,大規模の市場を有する労働豊富国には労働集約的な下流部門の企業が立地するのみならず,一部の資本集約的な上流部門の企業も立地することが観察される。つまり,上流部門および下流部門の企業のこの国での集積を促すのであり,伝統的な貿易理論の命題とは異なる。

(e) それでは,貿易自由化は両国の要素価格をどのような状態のもとで均等化に導き,どのような状態のもとで拡大させるように導くのであろうか? その状態には3つある。第1は,企業の集積がどの国に生じるのか。第2は,垂直的に連結した製造業部門での平均の要素集約度に対する農業部門の要素集約度の大きさである。第3は,製造業部門の大きさである。製造業部門が小さく農業部門が両国に立地する状態であれば,資本も労働も規模の利益は享受できない。しかし,製造業部門が需要拡大によって相対的に大きくなれば,当該国は製造業品の生産に特化することにより,資本も労働もそれぞれの要素価格は上昇する。

アミティのモデルは比較的にシンプルであるが,垂直的 IIT を上流部門と下流部門に属する企業がリンクし,貿易費用の変化に対応してそれぞれ生産費用面とマーケットへのアクセス面で企業が立地をどのように選択するかを明快に分析しており,注目に値する。

Koshiba［小柴］(2005*) は日本の自動車製品の北米自由貿易地域 (NAFTA) との貿易を 1980-2000 年の間観察し,産業調整問題を自動車産業の需給バランス式に導入したスラック変数として調整費用を計測した。調整費用は当該産業の IIT だけを分析するだけでは不十分である。当該産業の貿易の変化のみならず国内市場における供給と需要の変化にも深く関係するわけであるから,当該産業全体,あるいはすべての産業の中で当該産業の占める割合の相対的な大きさによっても調整費用の影響が異なると考えられる。これらの誘因を視野に入れて調整費用を推計するモデルの構築と実証がさらに求められる。

第C.7節 産業内分業／貿易：生産プロセスの分散化と集積化　　319

補論の注
(注1) 「定型化された事実 (stylized facts)」は「経験 (的) 知識」のことであり，産業内貿易 (IIT) の大きさや水準が高い，または高まったとみられる場合に，それが何に基づくのかをつぎの要因に主に基づくとみる捉え方である。つまり，産業内貿易の大きさや水準が高いまたは高まった主な要因は，①1人あたりの所得あるいはその高い伸び，②先進市場経済の方が途上国や社会主義国よりも高い，③地域経済統合に加わっていないよりも加わっている国，④非製造業品よりも製造業品，に関わる。グリーンナウェイ [Greenaway] ＝ミルナー [Milner] (1987*, 46ページ)
(注2) ヘクシャー＝オリーン以降の新たな貿易理論の枠組みについて，本補論とは異なる視点からのサーベイ論文についてはサラカン [Tharakan] (1983*) およびスチュワート [Stewart] (1984*) も参照。
(注3) ワード [Ward's] (2003*, 2004*) 参照。
(注4) たとえば，「秘書」を考えると，製造企業に勤めていた人が商社に新たに勤める場合を想定してみよう。業種が異なることから業種間での転職（労働の再分配）となる。異業種間における労働の再分配だから，調整費用は高いとみるか低い（あるいは中レベル）とみるか，実証分析する場合は判断が求められる。この秘書にとっては職種が同じだから，費用は低いとみられる。しかし，この秘書にとって仕事（職）は職場が変わるだけではなく，仕事に関係するビジネス用語やその意味についても再訓練が必要であろう。労働の再分配（転職，再就職）に関わり職種や仕事（職）に関して幾つかの異なる特性がある場合，個々の特性についてとともに全体として費用はどれほどかを比較秤量するのは至難である。
(注5) 8職種は①経営管理者，②専門職業人・科学者・教員（専門家），③中間レベルの技師・専門家，④事務員・秘書，⑤販売員，⑥工場作業員，⑦機械操作員，⑧その他である。
(注6) コル [Kol] ＝レイメント [Rayment] (1989*) は，国際貿易に中間財が重要な役割を果たすようになってきた背景をアーリン・ヤング [Allyn Young] の特化にその由来を求めた。ヤング [Young] (1928*) は最終財市場の拡大により誘発される中間財に対する需要の拡大を満たすために収穫逓増の担い手である企業が分業を進めた結果であるという｛ヤング [Young] (1928*, 539ページ)；コル [Kol] ＝レイメント [Rayment] (1989*, 56ページ)｝。アーリン・ヤング [Allyn Young] はスミス [Smith] (1776*) の分業の利益を個人レベルから企業レベルへと拡張した。

参考文献（原書に記載のもの）

Adler, M. (1970) Specialisation in the European Coal and Steel Community. *Journal of Common Market Studies*, 8, 175-91.

Agmon, T. (1979) Direct investment and intra-industry trade: substitutes or complements? In Giersch (1979).

Agmon, T. and Hirsch, S. (1979) Multinational corporations and the developing economies: potential gains in a world of imperfect markets and uncertainly. *Oxford Bulletin of Economics and Statistics*, 41, 333-44.

Aitken, N. D. (1973) The effect of EEC and EFTA on European trade: a temporal cross-section analysis. *American Economic Review*, 63, 881-92.

Aquino, A. (1978) Intra-industry trade and intra-industry specialisation as concurrent sources of international trade in manufactures. *Weltwirtschaftliches Archiv*, 114, 275-95.

Archibald, G. C. (1971) (ed.) *The Theory of the Firm*. Harmondsworth: Penguin.

Armington, P. S. (1969) A theory of demand for products distinguished by place of production. *IMF Staff Papers*, 16, 159-78.

Balassa, B. (1965) *Economic Development and Integration*. Mexico, DF: Centro de Estudios Monetarios Latinoamericanos.

Balassa, B. (1966) Tariff reductions and trade in manufactures among industrial countries. *American Economic Review*, 56, 466-73.

Balassa, B. (1975) *European Economic Integration*. Amsterdam: North-Holland.

Balassa, B. (1979) Intra-industry trade and the integration of the developing countries in the world economy. In Giersch (1979).

Balassa, B. (1986) Intra-industry trade among exporters of manufactured goods. In Greenaway and Tharakan (1986).

Baldwin, R. E., et al. (eds) (1965) *Trade, Growth and the Balance of Payments*. Chicago: Rand McNally.

Baldwin, R. E. (1979) Determinants of trade and foreign investment: further evidence. *Review of Economics and Statistics*, 61, 40-8.

Barker, T. (1977) International trade and economic growth: an alternative to the neo-classical approach. *Cambridge Journal of Economics*, 1, 153-72.

Basevi, G. (1970) Domestic demand and ability to export. *Journal of Political Economy*, 78, 330-7.

Bergstrand, J. H. (1983) Measurement and determinants of intra-industry international trade. In Tharakan (1983).

Bhagwati, J. (ed.) (1971) *Trade, Balance of Payments and Growth*. Amsterdam: North-Holland.

Bhagwati, J. (ed.) (1982) *Import Competition and Response*. Chicago: University of Chicago Press.

Black, J. and Hindley, B. V. (1980) *Current Issues in Commercial Policy and Diplomacy*. London: Macmillan.

Blackhurst, R., Marian, N. and Tumlir, J. (1978) *Adjustment Trade and Growth in Developed and Developing Countries*. Geneva: GATT.

Blair, J. M. (1959) Administered prices: a phenomenon in search of a theory, *American Economic Review*, 49, 431-50.

Brander, J. A. (1981) Intra-industry trade in identical commodities. *Journal of International Economics*, 11, 1-14.

Brander, J. A. and Krugman, P. (1983) A reciprocal dumping model of international trade. *Journal of International Economics*, 13, 313-21.

Brander, J. A. and Spencer, B. J. (1984a) Tariff protection and imperfect competition. In Kierzkowski (1984).

Brander, J. A. and Spencer, B. J. (1984b) Trade warfare: tariffs and cartels. *Journal of International Economics*, 16, 227-42.

Caves, R. E. (1981) Intra-industry trade and market structure in the industrial countries. *Oxford Economic Papers*, 33, 203-23.

Caves, R. E. and Khalizadeh-Shirazi (1977) International trade and industrial organisation. In Jacquemin and DeJong (1977).

Cline, W. R., Kronso, N., Kawanabe, T. and Williams, T. (1978) *Trade Negotiations in the Tokyo Round: A Quantitative Assessment*. Washington Brookings Institution.

Corden, W. M. (1967) Monopoly, tariffs and subsidies. *Economica*, 34, 50-8.

Corden, W. M. (1974) *Trade Policy and Economic Welfare*. Oxford: Oxford University Press.

Cournot, A. (1938) Pricing by the proprietor of a mineral spring. In Archibald (1971).

Cox, D. and Harris, R. (1985) Trade liberalisation and industrial organisation: some estimates for Canada. *Journal of Political Economy*, 93, 115-45.

Curtis, D. C. A. (1983) Trade policy to promote entry with scale economies, product variety, and export potential. *Canadian Journal of Economics*, 16, 109-21.

Deardorff, A. V. (1984) Testing trade theories and predicting trade flows. In Jones and Kenen (1984).

Dixit, A. K. (1984) International trade policy for oligopolistic industries. *Economic Journal*, 94 (Suppl.), 1-16.

Dixit, A. K. and Norman, V. (1980) *Theory of International Trade*. Cambridge: Cambridge University Press.

Dixit, A. K. and Stiglitz, J. (1977) Monopolistic competition and optimum product diversity. *American Economic Review*, 67, 297-308.

Dornbusch, R. (1974) Tariffs and non-traded goods. *Journal of International Economics*, 4, 177-85.

Drabek, Z. and Greenaway, D. (1984) Economic integration and intra-industry trade: the CMEA and EEC compared. *Kyklos*, 37, 444-69.

Drèze, J. (1961) Les exportations intra-C.E.E. en 1958 et la position Belge. *Recherches Economiques de Louvain* (Louvain), 27, 717-38.

Dunning, J. H. (1981) *International Production and the Multinational Enterprise*. London: Allen and Unwin.

Eaton, J. and Grossman, G. (1983) Optimal trade and industrial policy under oligopoly. *NBER Discussion Paper.*
Eaton, J. and Kierzkowski, H. (1984) Oligopolistic competition, product variety and international trade. In Kierzkowski (1984).
Falvey, R. E. (1981) Commercial policy and intra-industry trade. *Journal of International Economics*, 11, 495-511.
Falvey, R. E. and Kierzkowski, H. (1984) Product quality, intra-industry trade and (im) perfect competition. Discussion Paper, Graduate Institute of International Studies, Geneva.
Fase, M. M. G. (1983) On Professor Glejser's technical possibility of intra-industry and inter-industry specialisation: a comment. In Tharakan (1983).
Finger, J. M. (1975) Trade overlap and intra-industry trade. *Economic Inquiry*, 13, 581-9.
Finger, J. M. and De Rosa, D. A. (1979) Trade overlap, comparative advantage and protection. In Giersch (1979).
Finger, J. M. and Kreinin, M. E. (1979) A measure of 'export similarity' and its possible uses. *Economic Journal*, 89, 905-12.
Frowen, S. F. (1983) *Controlling Industrial Economies: Essays in Honour of C. T. Saunders.* London: Macmillan.
Gavelin, L. and Lundberg, L. (1983) Determinants of intra-industry trade: testing some hypotheses on Swedish trade data. In Tharakan (1983).
Giersch, H. (ed.) (1974) *The International Division of Labour: Problems and Perspectives.* Tübingen, J. C. B. Mohr.
Giersch, H. (ed.) (1979) *On the Economics of Intra-Industry Trade.* Tübingen, J. C. B. Mohr.
Glejser, H. (1983) Intra-industry and inter-industry trade specialization: trends and cycles in the EEC (1973-1979). In Tharakan (1983).
Glejser, H., Goossens, K. and Vanden Eede, M. (1979) Inter-industry and intra-industry specialisation do occur in world trade. *Economics Letters*, 3, 261-5.
Glejser, H., Goossens, K. and Vanden Eede, M. (1982) Inter-industry versus intra-industry specialisation in exports and imports (1959-1970-1973). *Journal of International Economics*, 12, 353-69.
Gray, H. P. (1973) Two way international trade in manufactures: a theoretical underpinning. *Weltwirtschaftliches Archiv*, 109, 19-39.
Gray, H. P. (1979) Intra-industry trade: the effects of different levels of data aggregation. In Giersch (1979).
Gray, H. P. and Martin, J. P. (1980) The meaning and measurement of product differentiation in international trade. *Weltwirtschaftliches Archiv*, 116, 322-9.
Greenaway, D. (1982) Identifying the gains from pure intra-industry exchange. *Journal of Economic Studies*, 9, 40-56.
Greenaway, D. (1983a) *International Trade Policy: from Tariffs to the New Protectionism.* London: Macmillan.
Greenaway, D. (1983b) Inter-industry trade and intra-industry trade in Switzerland, 1965-77. *Weltwirtschftliches Archiv*, 119, 109-21.
Greenaway, D. (1984) The measurement of product differentiation in empirical studies of

trade flows. In Kierzkowski (1984).
Greenaway, D. (ed.) (1985) *Current Issues in International Trade: Theory and Policy*. London: Macmillan.
Greenaway, D. and Milner, C. R. (1981) Trade imbalance effects and the measurement of intra-industry trade. *Weltwirtschaftliches Archiv*, 117, 756-62.
Greenaway, D. and Milner, C. R. (1983) On the measurement of intra-industry trade. *Economic Journal*, 93, 900-8.
Greenaway, D. and Milner, C. R. (1984a) A cross section analysis of intra-industry trade in the UK. *European Economic Review*, 25, 319-44.
Greenaway, D. and Milner, C. R. (1984b) The new theories of intra-industry trade and arguments for protection. *Review of Currency Law and International Economics*, 20, 603-15.
Greenaway, D. and Milner, C. R. (1984c) Trade in differentiated goods and the shifting of protection across sectors. *Discussion Paper 28*, University of Buckingham.
Greenaway, D. and Milner, C. R. (1985) Categorical aggregation and international trade: a reply. *Economic Journal*, 95, 486-7.
Greenaway, D. and Tharakan, P. K. M. (eds) (1986) *Imperfect Competition and International Trade: The Policy Aspects of Intra-Industry Trade*. Brighton: Wheatsheaf Press.
Grubel, H. G. and Lloyd, P. J. (1971) The empirical measurement of intra-industry trade. *Economic Record*, 47, 494-517.
Grubel, H. G. and Lloyd, P. J. (1975) *Intra-Industry Trade*. London: Macmillan.
Gruber, W., Mehta, D. and Vernon, R. (1967) The R&D factor in international trade and international investment of United States industries. *Journal of Political Economy*, 75, 20-37.
Gupta, V. K. (1983) A simultaneous determination of structure, conduct and performance in Canadian manufacturing. *Oxford Economic Papers*, 35, 281-301.
Havrylyshyn, O. (1983) The increasing integration of newly industrialised countries in world trade: a quantitative analysis of intra-industry trade. A paper presented to a Symposium on Intra-Industry Trade at the European Institute for Advanced Studies in Management (Brussels, May).
Havrylyshyn, O. and Civan, E. (1983) Intra-industry trade and the stage of development: a regression analysis of industrial and developing countries. In Tharakan (1983).
Havrylyshyn, O. and Wolf, M. (1983) Recent trends in trade among developing countries. *European Economic Review*, 21, 1-30.
Helpman, E. (1981) International trade in the presence of product differentiation, economies of scale and monopolistic competition. *Journal of International Economics*, 11, 305-40.
Helpman, E. (1984a) Increasing returns, imperfect markets and trade theory. In Jones and Kenen (1984).
Helpman, E. (1984b) Imperfect competition and international trade: evidence from fourteen industrial countries. Paper Presented to International Economics Study Group Annual Conference, University of Sussex.
Helpman, E. and Krugman, P. R. (1985) *Market Structure and Foreign Trade: Increasing Returns, Imperfect Competition and the International Economy*. Brighton: Wheatsheaf Books.

Hesse, H. (1974) Hypotheses for the explanation of trade between industrial countries, 1953-70. In Giersch (1974).

Hildgert, F. (1935) The approach to bilateralism: a change in the structure of world trade. Stockholm: Svenska Handelsbank Index, 175-88.

Hirsch, S. (1976) An international trade and investment theory of the firm. *Oxford Economic Papers*, 28, 258-70.

Hirsch, S. (1977) Rich man's, poor man's and every man's goods: aspects of industrialisation. Tubingen: Kieler Studien, 148.

Hufbauer, G. C. (1970) The impact of national characteristics and technology on the commodity composition of trade in manufactured goods. In Vernon (1970).

Hufbauer, G. C. and Chilas, J. G. (1974) Specialisation by industrial countries: extent and consequences. In Giersch (1974).

Hwang, H. (1984) Intra-industry trade and oligopoly: a conjectural variations approach. *Canadian Journal of Economics*, 17, 126-37.

Jacquemin, A. P. and DeJong, H. W. (eds) (1977) *Welfare Aspects of Industrial Markets*. Leiden: Martinus Nijhoff.

James, J. (1983) The new household economics, general X-efficiency theory and developing countries. *Journal of Development Studies*, 19, 485-503.

James, J. and Stewart, F. (1981) New products: a discussion of the welfare effects of introduction of new products in developing countries. *Oxford Economic Papers*, 33, 81-107.

Johnson, H. G. (1965) Optimal trade intervention in the presence of domestic distortions. In Baldwin et al. (1965).

Jones, R. W. (1971) A three factor model in theory, trade and history. In Bhagwati (1971).

Jones, R. W. and Kenen, P. B. (1984) *Handbook of International Economics*, vol. 1. Amsterdam: Elsevier.

Katrak, H. (1973) Human skills, R&D and scale economies in the exports of the United Kingdom and the United States. *Oxford Economic Papers*, 25, 337-60.

Keesing, P. B. (1967) The impact of research and development on United States trade. *Journal of Political Economy*, 75, 38-48.

Kierzkowski, H. (ed.) (1984) *Monopolistic Competition and International Trade*. Oxford: Oxford University Press.

Kravis, R. and Lipsey, R. (1971) *Price Competitiveness in World Trade*. New York: Columbia University Press.

Krugman, P. (1979) Increasing returns, monopolistic competition and international trade. *Journal of International Economics*, 9, 469-79.

Krugman, P. (1980) Scale economies, product differentiation and the pattern of trade. *American Economic Review*, 70, 950-9.

Krugman, P. (1981) Intra-industry specialisation and the gains from trade. *Journal of Political Economy*, 89, 959-73.

Krugman, P. (1982) Trade in differentiated products and political economy of trade liberalisation. In Bhagwati (1982).

Krugman, P. (1984) Import protection as export promotion: international competition in the presence of ologopoly and economies of scale. In Kierzkowski (1984).

Lancaster, K. (1966) A new approach to consumer theory. *Journal of Political Economy*, 74, 130-57.

Lancaster, K. (1979) *Variety, Equity and Efficiency*. Oxford: Basil Blackwell.

Lancaster, K. (1980) Intra-industry trade under perfect monopolistic competition. *Journal of International Economics*, 10, 151-76.

Lancaster, K. (1984) Protection and product differentiation. In Kierzkowski (1984).

Lary, H. B. (1968) *Imports of Manufactures from Less Developed Countries*. New York: National Bureau of Economic Research.

Lawrence, C. and Spiller, P. (1983) Product diversity, economies of scale and international trade. *Quarterly Journal of Economics*, 98, 63-83.

Leamer, E. E. (1974) The commodity composition of international trade in manufactures: an empirical analysis. *Oxford Economic Papers*, 26, 350-74.

Linder, S. B. (1961) *An Essay on Trade and Transformation*. New York: John Wiley.

Linneman, H. (1966) *An Econometric Study of International Trade Flows*. Amsterdam: North-Holland.

Lipsey, R. (1976) Review of Grubel and Lloyd (1975). *Journal of International Economics*, 6, 312-14.

Loertscher, R. and Wolter, F. (1980) Determinants of intra-industry trade: among countries and across industries. *Weltwirtschaftliches Archiv*, 116, 281-93.

Lundberg, L. (1982) Intra-industry trade: the case of Sweden. *Weltwirtschaftliches Archiv*, 118, 302-16.

Lundberg, L. and Hanssen, P. (1986) Intra-industry trade and its consequences for adjustment. In Greenaway and Tharakan (1986).

Lyons, B. R. (1984) The pattern of international trade in differentiated products: an incentive for the existence of multinational firms. In Kierzkowski (1984).

MacCharles, D. C. (1986) Canadian international intra-industry trade. In Greenaway and Tharakan (1986).

Mainardi, S. (1986) A theoretical interpretation of intra-firm trade in the presence of intra-industry trade. In Greenaway and Tharakan (1986).

McAleese, D. (1979) Intra-industry trade, level of development and market size. In Giersch (1979).

Markusen, J. R. (1983) Factor movements and commodity trade as complements. *Journal of International Economics*, 13, 341-56.

Meade, J. E. (1955) *Trade and Welfare*. Oxford: Oxford University Press.

de Melo, J. and Robinson, S. (1981) Trade policy and resource allocation in the presence of product differentiation. *Review of Economics and Statistics*, 63. 168-77.

Messerlin, P. and Becuwe, S. (1986) Intra-industry trade in the long run: the French case 1850-1913. In Greenaway and Tharakan (1986).

Michaely, M. (1962) Multilateral balancing in international trade. *American Economic Review*, 52, 685-702.

Milner, C. R. (1985) Empirical analyses of costs of protection. In Greenaway (1985).

Mundell, R. A. (1957) International trade and factor mobility. *American Economic Review*, 47, 321-35.

Neary, J. P. (1978) Short run capital specificity and the pure theory of international trade. *Economic Journal,* 88, 488-510.

Neary, J. P. (1982) Inter sectoral capital mobility, wage stickiness and the case for adjustment assistance. In Bhagwati (1982).

Neary, J. P. (1985) Theory and policy of adjustment. In Greenaway (1985).

Neven, D. and Phlips, L. (1984) Discriminating oligopolists and common markets. *CORE Discussion Paper,* Université Catholique de Louvain.

Norman, G. and Dunning, J. H. (1984) Intra-industry foreign direct investment: its rationale and effects. *Weltwirtschaftliches Archiv,* 120, 522-40.

Ohlin, B. (1933) *Interregional and International Trade.* Cambridge, Mass.: Harvard University Press.

Pagoulatos, E. and Sorensen, R. (1975) Two-way international trade: an econometric analysis. *Weltwirtschaftliches Archiv,* 111, 454-65.

Pelzman, J. (1978) Soviet-COMECON trade: the question of intra-industry specialisation. *Weltwirtschaftliches Archiv,* 114, 297-304.

Phelps, E. S. (1972) *Inflation Policy and Unemployment Theory: A Cost Benefit Approach to Monetary Planning.* London: Macmillan.

Pomfret, R. (1979) Intra-industry trade in intra-regional and international trade. In Giersch (1979).

Porter, M. E. (1976) Interbrand choice, media mix and market performance. *American Economic Review,* 66, 398-406.

Pursell, G. and Snape, R. (1973) Economies of scale, price discrimination and exporting. *Journal of International Economics,* 3, 85-91.

Rayment, P. B. W. (1976) The homogeneity of manufacturing industries with respect to factor intensity: the case of the UK. *Oxford Bulletin of Economics and Statistics,* 38, 203-9.

Rayment, P. B. W. (1983) Intra-'industry' specialisation and the foreign trade of industrial counties. In Frowen (1983).

Robinson, E. A. G. (1960) *Economic Consequences of the Size of Nations.* London: Macmillan.

Rosen, S. (1974) Hedonic prices and implicit markets: product differentiation in pure competition. *Journal of Political Economy,* 82, 34-55.

Rothschild, R. (1982) Competitive behaviour in chain linked markets. *Journal of Industrial Economics,* 31, 41-56.

Samuelson, P. A. (1948) International trade and the equalisation of factor prices. *Economic Journal,* 58, 163-84.

Samuelson, P. A. (1949) International factor price equalisation once again. *Economic Journal,* 59, 181-97.

Scherer, F. M. (1979) The welfare economics of product variety: an application to the ready-to-eat cereals industry. *Journal of Industrial Economics,* 28, 113-34.

Scherer, F. M. (1980) *Industrial Market Structure and Economic Performance,* 2nd edn. Chicago: Rand McNally.

Shaked, A. and Sutton, J. (1982) Relaxing price competition through product differentiation. *Review of Economic Studies,* 49, 3-13.

Shaked, A. and Sutton, J. (1983) Natural oligopolies. *Econometrica,* 51, 1469-83.

Shaked, A. and Sutton, J. (1984) Natural oligopolies and international trade. In Kierzkowski (1984).

Spence, M. (1976) Product selection, fixed costs and monopolistic competition. *Review of Economic Studies*, 43, 217-35.

Stegemann, K. (1984) Trade policy to promote entry with scale economies: orthodoxy restored. *Canadian Journal of Economics*, 17, 774-7.

Stolper, W. F. and Samuelson, P. A. (1941) Protection and real wages. *Review of Economic Studies*, 9, 58-73.

Tharakan, P. K. M. (ed.) (1983) *Intra-industry Trade: Empirical and Methodological Aspects*. Amsterdam: North Holland.

Tharakan, P. K. M. (1984) Intra-industry trade between the industrial countries and the developing world. *European Economic Review*, 26, 213-27.

Tharakan, P. K. M. (1985) Empirical analyses of the commodity composition of trade. In Greenaway (1985).

Toh, K. (1982) A cross-section analysis of intra-industry trade in US manufacturing industries. *Weltwirtschaftliches Archiv*, 118, 281-300.

Tumlir, J. (1979) 'Comment' on Finger and De Rosa. In Giersch (1979).

Venables, A. J. (1982) Optimal tariffs for trade in monopolistically competitive products. *Journal of International Economics*, 12, 225-41.

Venables, A. J. (1984) Multiple equilibria in the theory of international trade with monopolistically competitive industries. *Journal of International Economics*, 16, 103-21.

Venables, A. J. (1986) Production subsidies, import tariffs and imperfectly competitive trade. In Greenaway and Tharakan (1986).

Verdoorn, P. J. (1960) The intra-block trade of Benelux. In Robinson (1960).

Vernon, R. (ed.) (1970) *The Technology Factor in International Trade*. Universities National Bureau Conference Series, 22. New York: Columbia University Press.

Vernon, R. (1966) International investment and international trade in the product cycle. *Quarterly Journal of Economics*, 80, 190-207.

Viner, J. (1950) *The Customs Union Issues*. New York: Carnegie Endowment.

Willmore, L. N. (1974) The pattern of trade and specialisation in the Central American Common Market. *Journal of Economic Studies*, 2, 113-34.

Wolf, M. (1979) *Adjustment Policies and Problems in Developed Counties*. Staff Working Paper 349, Washington: World Bank.

参考文献（「翻訳にあたって」および「補論：産業内貿易論の展望」に記載のもの）

　この参考文献（補論）に掲載した文献は翻訳した原本の参考文献に記載してないもののみを掲載した。原本に掲げてある参考文献は本補論では無印で，「翻訳にあたって」および本補論に掲載したものだけにアスタリックスをつけ，両者を識別した。

日本語文献

赤松要（1956*）「わが国産業発展の雁行形態—機械器具工業について—」『一橋論叢』第36巻第5号（11月号）68-80。

石田修（2003*）「日本の産業内貿易の構造」『九州大学経済学研究』第69巻第1・2合併号，140-50。

大山道広（1992*）「産業内貿易と比較優位」『世界経済評論』Vol. 36, No. 10, 53-61。

小田正雄（1993*）「地域統合と産業内貿易」『世界経済評論』Vol. 37, No. 9, 35-40。

加藤義喜（1961a・1961b・1961c・1961d）*「先進国貿易研究の新しい視角と試み・⑴・⑵・⑶・（完）」『世界経済』復刊第53号，8-18；第54号「先進国同質化の実態」，10-27；第55号「先進国間国際分業の実態」，11-41；および第56号「先進国の貿易依存度」，9-46。

加藤義喜（1961e*）「先進国貿易と貿易依存度」『世界経済』第57号，2-10。

小柴徹修（1988*）「日本の産業内貿易・上，中，下」『日本貿易と関税』6月号，26-34；7月号，42-48；および8月号，32-49。

Koshiba［小柴徹修］, T.（2005*）An industry trade box analysis of intra-industry trade in motor vehicles between Japan and NAFTA.『研究年報　経済学』東北大学 Vol. 66, No. 4, 1-32。

小柴徹修（2006*）「日本と北米自由貿易協定（NAFTA）地域との自動車製品の産業内貿易と産業調整」『経済学論纂』中央大学，第46巻第1・2合併号，51-80。

小島清（1958*）『日本貿易と経済発展』国元書房。

小島清（1961*）「世界経済の新展開とその理論—共同市場的運動の必然性と論理—」国際経済学会編『国際経済』第12号，1-26。

小島清（1976*）「先進国間の新国際分業・投資論」『世界経済評論』Vol. 20, No. 4, 26-34。

小島清（1982*）「合意的国際分業・国際合業・企業内貿易—産業内貿易へのアプローチ」『世界経済評論』Vol. 26, No. 11, 16-30；および Vol. 26, No. 12, 25-36。

小島清（2004*）『雁行型経済発展論』第1巻および第2巻，文眞堂。

小宮隆太郎（1988*）『現代日本経済，マクロ的展開と国際経済関係』東京大学出版会。

佐々波楊子（1973*）「先進国型国際分業のメカニズム—工業製品貿易についての一試論—」『三田学会雑誌』第66巻第9号，16-35。

佐々波楊子（1978*）「EECにおける産業内分業の進展（1962-1972）」『三田学会雑誌』第71巻第2号，67-84。

佐々波楊子（1981*）「産業内貿易研究の課題—国際的相互依存性のメカニズムの解明に向けて—」『世界経済評論』Vol. 26, No. 4, 20-27。

佐々波楊子・浜口登（1976*）「産業内分業と国際貿易」『三田学会雑誌』第69巻，第5号，40-67。

新堀聰（2002*）「WTO新交渉ラウンドと日本の貿易政策」『貿易と関税』7月号，4-13。

法専充男・伊藤順一・貝沼直之（1991*）「日本の産業内貿易」『経済分析』第125号，1-84。

本多光雄（1999*）『産業内貿易の理論と実証』文眞堂。
山崎俊雄（1992a*）「日本の産業内貿易―その推移と現状―」『東京銀行月報』第44巻第3号，4-16。
山崎俊雄（1992b*）「日本の貿易構造変化と産業内貿易の進展」『東京銀行月報』第44巻第7号，4-40。
山澤逸平（1984*）『日本の経済発展と国際分業』東洋経済新報社。
山本繁綽（1978*）「産業内貿易について―グルーベル＝ロイド批判と一試論」『経済論集』関西大学，第28巻第1・2・3・4号，53-78。
山本繁綽（1983*）「需要の高級化・多様化と産業内貿易」『経済論集』関西大学，第33巻第4号，1-27。
山本繁綽（1984*）「複占・差別化と産業内貿易」『経済論集』関西大学，第34巻第2号，115-207。

外国語文献

Abd-el-Rahman, K. (1991*) Firms' competitive and national comparative advantages as joint determinants of trade composition. *Weltwirtschaftliches Archiv,* 127 (1), 83-97.
Amiti, M. (2005*) Location of vertically linked industries: agglomeration versus comparative advantage. *European Economic Review,* 49, 809-32.
Arndt, S. W. (1996*) Globalization and the gains from trade. In Jaeger and Koch (1996*).
Aturupane, C., Djankov, S. and Hoekaman, B. (1999*) Horizontal and vertical intra-industry trade between Eastern Europe and European Union. *Weltwirtschaftliches Archiv,* 135 (1), 62-81.
Azhar, A. K. M. and Elliott, R. J. R. (2006*) On the measurement of product quality in intra-industry trade. *Review of World Economics/Weltwirtschaftliches Archiv,* 142 (3), 476-95.
Azhar, A. K. M., Elliott, R. J. R. and Milner, C. R. (1998*) Static and dynamic measurement of intra-industry trade and adjustment: a geometric reappraisal. *Weltwirtschaftliches Archiv,* 134 (3), 404-22.
Balassa, B. (1986*) The determinants of intra-industry specialisation in U. S. trade. *Oxford Economic Papers,* 38, 220-33.
Balassa, B. and Bauwens, L. (1987*) Intra-industry specialization in a multi-country and multi-industry framework. *Economic Journal,* 97 (December), 923-39.
Bano, S. S. (1991*) *Intra-Industry International Trade.* Aldershot, Hants: Avebury.
Bergstand, J. H. (1989*) The generalized gravity equation, monopolistic competition, and the factor proportions theory in international trade. *Review of Economics and Statistics,* 71 (February), 143-53.
Bergstand, J. H. (1990*) The Hecksher-Ohlin-Samuelson model, the Linder hypothesis and the determinants of bilateral intra-industry trade. *Economic Journal,* 100 (December), 1216-29.
Blanes, J. V. and Martín-Montaner, J. A. (2000*) The nature and causes of intra-industry trade: back to the comparative advantage explanation? The case of Spain. *Weltwirtschaftliches Archiv,* 136 (3), 423-41.
Blanes, J. V. and Martín-Montaner, J. A. (2006*) Migration flows and intra-industry trade adjustments. *Review of World Economics/Weltwirtschaftliches Archiv,* 142 (3), 567-84.
Bliss, C. and de Macedo, J. B. (eds) (1990*) *Unity with Diversity in the European Economy: The Community's Southern Frontier.* Cambridge: Cambridge University Press.

Bowles, P. and Woods, L. (eds) (2000*) *Japan After the Economic Miracles: In Search of New Directions*. Dordrecht, The Netherlands: Kluwer Academic Publishers.

Brenton, P. A. and Winters, L. A. (1992*) Estimating the trade effects of '1992': West Germany. *Journal of Common Market Studies*, 30 (2), 143-56.

Brülhart, M. (1994*) Marginal intra-industry trade: measurement and relevance for the pattern of industry adjustment. *Weltwirtschaftliches Archiv*, 130 (3), 600-13.

Brülhart, M. (1998*) Trading places: industrial specialization in the European Union. *Journal of Common Market Studies*, 36 (3), 319-46.

Brülhart, M. (1999) Marginal intra-industry trade and trade-induced adjustment: a survey. In Brülhart and Hine (1999).

Brülhart, M. (2000*) Dynamics of intra-industry trade and labour-market adjustments. *Review of International Economics*, 8 (3), 420-35.

Brülhart, M. and Elliott, R. J. R. (1998*) Adjustments to the European single market: inferences from intra-industry trade patterns. *Journal of Economic Studies*, 25 (3), 225-47.

Brülhart, M. and Elliott, R. J. R. (2002*) Labour-market effects of intra-industry trade: evidence for the United Kingdom. *Weltwirtschaftliches Archiv*, 138 (2), 207-28.

Brülhart, M., Elliott, R. J. R. and Lindley, J. (2006*) Intra-industry trade and labour-market adjustment: a reassessment using data on individual workers. *Review of World Economics/Weltwirtschaftliches Archiv*, 142 (3), 521-45.

Brülhart, M. and Hine, R. C. (eds) (1999*) *Intra-Industry Trade and Adjustments: The European Experience*. London: Macmillan.

Brülhart, M. and McAleese, D. (1995*) Intra-industry trade and industrial adjustment: the Irish experience. *Economic and Social Review*, 26 (2), 107-29.

Brülhart, M., McAleese, D. and O'Donnell, M. (1999*) Ireland. In Brülhart and Hine (1999*).

Cabral, M. and Silva, J. (2006*) Intra-industry trade expansion and employment reallocation between sectors and occupations. *Review of World Economics/Weltwirtschaftliches Archiv*, 142 (3), 496-520.

Caves, R. E. and Johnson, H. G. (eds) (1968*) *Readings in International Economics*. London: R. D. Irwin.

Cheng, T. and Kierzkowski, H. (eds) (2001*) *Fragmentation and International Trade*. Oxford: Oxford University Press.

Cooper, D., Greenaway, D. and Raynor, A. J. (1993*) Intra-industry trade and limited producer horizons: an empirical investigation. *Weltwirtschaftliches Archiv*, 129 (2), 345-66.

Crespo, N. and Fontoura, M. P. (2004*) Intra-industry trade by types: what can we learn from Portuguese data? *Review of World Economics/Weltwirtschaftliches Archiv*, 140 (1), 52-79.

Davis, S. and Haltiwanger, J. (1992*) Gross job creation, gross job destruction, and employment rellocation. *Quarterly Journal of Economics*, 107 (3), 819-63.

Davis, S., Haltiwanger, J. and Schuh, S. (1996*) *Job Creation and Destruction*. Cambridge: MIT Press.

Deadorff, A. V. (2001*) Fragmentation in simple trade models. *North American Journal of Economics and Finance*, 12, 121-37.

Dicken, P. (1998*) *Global Shift: Transforming the World*. (Third edition) London: Paul

Chapman.
Dixit, A. K. and Grossman, G. M. (1982*) Trade and protection with multistage production. *Review of Economic Studies*, 49, 583-94.
Dixon, P. and Menon, J. (1997*) Measures of intra-industry trade as indicators of factor market disruption. *Economic Record*, 73 (September), 233-7.
Dornbusch, R., Calvo, G. and Obstfeld, M. (eds) (1999*) *The Festschrift in Honor of Robert Mundell*. Cambridge, MA: MIT Press.
Durkin, J. T. and Krygier, M. (2000*) Differences in GDP per capita and the share of intraindustry trade: the role of vertically differentiated trade. *Review of International Economics*, 8 (4), 760-74.
Elliott, R. J. R. and Lindley, J. (2006*) Trade skills and adjustment costs: a study of intra-sectoral labour mobility. *Review of Development Economics*, 10 (1), 20-41.
Ellis, H. S. and Metzler, L. S. (sel.) (1970*: 6th impression (1950*: 1st impression)) *Readings in the Theory of International Trade*. London: George Allen and Unwin.
European Commission (EU) (1996*) *Economic Evaluation of the Internal Market*. *European Economy*. Reports and Studies 4, Luxembourg: Office for Official Publications of the European Communities.
Falvey, R. E. and Kierzkowski, H. (1987*) Product quality, intra-industry trade, and (im) perfect competition. In Kierzkowski (1987*).
Feenstra, R. C. and Hanson, G. H. (1996*) Productivity measurements, outsourcing and its impact on wages: estimates for the US, 1972-1990. *NBER Working Paper* No. 6052, June, Cambridge, MA.
Flam, H. and Helpman, E. (1987*) Vertical product differentiation and North-South trade. *American Economic Review*, 77 (5), 810-22.
Fontagné, L. and Freudenberg, M. (1997*) Intra-industry trade: methodological issues reconsidered. *CEPII Working Paper* 97/02. Centre d'Etudes Prospectives et d'Informations Internationales, Paris.
Fontagné, L., Freudenberg, M. and Péridy, N. (1998*) Intra-industry trade and the single market: quality matters. *CEPER Discussion Paper* 1959. Centre for Economic Policy Research, London.
Fontagné, L. and Freudenberg, M. (2002*) Long-term trends in intra-industry trade. In Lloyd and Lee (2002*).
Fontagné, L., Freudenberg, M. and Gaulier, G. (2006*) A systematic decomposition of world trade into horizontal and vertical IIT. *Review of World Economics/Weltwirtschaftliches Archiv*, 142 (3), 459-75.
Fujita[藤田], M., Krugman, P. and Venables, A. J. (1999) *The Spatial Economy: Cities, Regions and International Trade*. Cambridge, MA/London: The MIT Press.
Gabszewicz, J., Shaked, J. A., Sutton, J. and Thisse, J. E. (1981*) International trade in differentiated products. *International Economic Review*, 22 (3), 527-34.
Gabszewicz, J. and Turrini, A. (2000*) Workers' skills, product quality and industry equilibrium. *International Journal of Industrial Organization*, 18 (4), 575-93.
Greenaway, D. (1983*) Patterns of intra-industry trade in the United Kingdom. In Tharakan (1983).

Greenaway, D., Haynes, M. and Milner, C. R. (2002*) Adjustment, employment characteristics and intra-industry trade. *Weltwirtschaftliches Archiv*, 138 (2), 254–76.

Greenaway, D. and Hine, R. C. (1991*) Intra-industry specialization, trade expansion and adjustment in the European economic space. *Journal of Common Market Studies*, 29 (6), 603–22.

Greenaway, D., Hine, R. C. and Milner, C. R. (1994a*) Country-specific factors and the pattern of horizontal and vertical intra-industry trade in the UK. *Weltwirtschaftliches Archiv*, 130 (1), 77–100.

Greenaway, D., Hine, R. C. and Milner, C. R. (1995*) Vertical and horizontal intra-industry trade: a cross industry analysis for the United Kingdom. *The Economic Journal*, 105 (November), 1505–19.

Greenaway, D., Hine, R. C., Milner, C. R. and Elliott, R. J. R. (1994b*) Adjustment and the measurement of marginal intra-industry trade. *Weltwirtschaftliches Archiv*, 130 (3), 418–27.

Greenaway, D. and Milner, C. R. (1987*) Intra-industry trade: current perspectives and unresolved issues. *Weltwirtschaftliches Archiv*, 123 (1), 39–57.

Greenaway, D. and Milner, C. R. (2005*) What have we leaned from a generation's research on intra-industry trade? In Jayasariya (2005*).

Greenaway, D. and Milner, C. R. (2006*) Recent development in intra-industry trade: introduction by guest editors. *Review of World Economics/Weltwirtschaftliches Archiv*, 142 (3), 425–32.

Greenaway, D., Milner, C. R. and Elliott, R. J. R (1999*) UK intra-industry trade with EU north and south: a multi-country and multi-industry analysis. *Oxford Bulletin of Economics and Statistics*, 61 (3), 365–84.

Greenaway, D., Lloyd, P. J. and Milner, C. R. (2001*) New concepts and measures of the globalisation of production. *Economics Letters*, 73, 57–64.

Greenaway, D. and Tharakan, P. K. M. (1986*) Imperfect competition, adjustment policy, and commercial policy. In Greenaway and Tharakan (1986*).

Greenaway, D. and Tharakan, P. K. M. (eds) (1986*) *Imperfect Competition and International Trade: The Policy Aspects of Intra-Industry Trade*. Brighton: Edward Elgar.

Greenaway, D. and Torstensson, J. (1997*) Back to the future: taking stock on intra-industry trade. *Weltwirtschaftliches Archiv*, 133 (2), 249–69.

Greenaway, D. and Winters, L. A. (eds) (1994*) *Surveys in International Trade*. Oxford: Blackwell.

Gullstrand, J. (2002*) Does the measurement of intra-industry trade matter? *Weltwirtschaftliches Archiv*, 138(2), 317–39

Hamilton, C. and Kniest, P. (1991*) Trade liberalisation, structural adjustment and intra-industry trade: a note. *Weltwirtschaftliches Archiv*, 127 (2), 356–67.

Harfi, M. and Montet, C. (1999*) France. In Brülhart and Hine (1999*).

Haynes, M., Upward, R. and Wright, P. (2002*) Estimating the wage costs of inter- and intra-sectoral adjustment. *Weltwirtschaftliches Archiv*, 138 (2), 229–53.

Helleiner, G. K. (1981*) *Intra-Firm Trade and the Developing Countries*. London: Macmillan.

Helleiner, G. K. (1990*) *The New Global Economy and the Developing Countries: Essays in International Economics and Development*. Aldershot, Hants: Edward Elgar.

Helleiner, G. K. (1992*) *Trade Policy, Industrialization and Development: New Perspectives.* Oxford: Clarendon Press.
Helpman, E. and Krugman, P. (1985) *Market Structure and Foreign Trade.* Cambridge, MA: MIT Press.
Helpman, E. and Krugman, P. (1989*) *Trade Policy and Market Structure.* Cambridge, MA: MIT Press.
Hine, R. C., Greenaway, D., Milner, C. R. and Elliott, R. J. R. (1994*) Changes in trade and changes in employment. An examination of the evidence from UK manufacturing industry 1979-87. *SPES Research Paper,* University of Nottingham.
Hu, X. and Ma, Y. (1999*) International intra-industry trade of China. *Weltwirtschaftliches Archiv,* 135 (1), 82-101.
Hufbauer, G. C. (1966*) *Synthetic Materials and the Theory of International Trade.* London: Gerald Duckworth.
Hummels, D., Ishii [石井], J. and Yi, K. (2001*) The nature and growth of vertical specialisation in world trade. *Journal of International Economics,* 54, 75-96.
The International Bank for Reconstruction and Development/The World Bank (2002*) *Globalization, Growth, and Poverty: Building an Inclusive World Economy.* A World Bank Policy Research Report, New York: Oxford University Press.
Jacobson, L. S., LaLonde, R. J. and Sullivan, D. G. (1993*) Earnings losses of displaced workers. *American Economic Review,* 83 (4), 685-709.
Jaeger, K., and Koch, K. J. (eds) (1996*) *Trade, Growth and Economic Policy in Open Economies.* New York: Springer.
Jayasariya, S. (ed.) (2005*) *Trade Theory, Analytical Models and Development.* London: Edward Elgar.
Jones, R. W. and Kierzkowski, H. (1990*) The role of services in production and international trade: a theoretical framework. In Jones and Krueger (1990*).
Jones, R. W. and Kierzkowski, H. (1999*) Globalization and the consequences of international fragmentation. In Dornbusch, Calvo and Obstfeld (1999*).
Jones, R. W. and Kierzkowski, H. (2001*) A framework for fragmentation. In Cheng and Kierzkowski (2001*).
Jones, R. W. and Krueger, A. C. (eds) (1990*) *The Political Economy of International Trade.* Oxford: Blackwell.
Kiminami [木南], L. Y. and Kiminami [木南], A. (1999*) Intra-Asia trade and foreign direct investment. *Papers in Regional Science,* 78 (3), 229-42.
Kierzkowski H. (ed.) (1987*) *Protection and Competition in International Trade.* Essay in Honor of W. M. Corden. Oxford: Blackwell.
Kohno [河野], H. and Poot, J. (eds) (2000*) *Regional Cohesion and Competition in the Age of Globalization.* Cheltenham, UK: Edward Elgar.
Kojima [小島], K. (1964*) The pattern of international trade among advanced countries. *Hitotsubashi Journal of Economics,* 5, 16-36.
Kol, J. (1988*) *The Measurement of Intra-Industry Trade.* Ph. D. diss., Rotterdam: Erasmus Universiteit.
Kol, J. and Kuijpers, B. (1999*) The Netherlands. In Brülhart and Hine (1999*).

Kol, J. and Mennes, L. B. M. (1983*) Two-way trade and intra-industry trade with an application to the Netherlands. In tharakan (1983).

Kol, J. and Rayment, P. B. W. (1989*) Allyn Young specialisation and intermediate goods in intra-industry trade. In Tharakan and Kol (1989*).（佐々波楊子監訳，小柴徹修・浜口登・利光強訳（1993）『産業内貿易：理論と実証』文眞堂。）

Komiya[小宮], R. (1990*) *The Japanese Economy: Trade, Industry and Government.* Tokyo: University of Tokyo Press.

Koshiba[小柴], T. (2000*) A welfare analysis of regional economic integration. In Kohno[河野] and Poot (2000*).

Koshiba[小柴], T. and Parker, P. (2001*) Trade policy, open regionalism and NAFTA: the socio-economic context for Japanese automobile investment in North America. *Environments,* 29 (3), 35-54.

Koshiba[小柴], T., Parker, P., Rutherford, T., Sanford, D. and Olson, R. (2001*) Japanese automakers and the NAFTA environment: global context. *Environments,* 29 (3), 1-14.

Krugman, P. (1991a*) Increasing returns and economic geography. *Journal of Political Economy,* 99 (3), 483-99.

Krugman, P. (1991b*) *Geography and Trade.* Cambridge, MA: MIT Press.

Krugman, P. and Venables, A. J. (1990*) Integration and the competitiveness of peripheral industry. In Bliss and de Macedo (1990*).

Krugman, P. and Venables, A. J. (1995*) Globalization and the inequality of nations. *Quarterly Journal of Economics,* 110 (4), 857-80.

Krugman, P. and Venables, A. J. (1996) Integration specialization and adjustment. *European Economic Review,* 40, 959-67.

Kwan, C. H. (1994*) *Economic Interdependence in the Asia-Pacific Region.* London/New York: Routledge.

Leamer, E. E. (1994*) Testing trade theory. In Greenaway and Winters (1994*).

Lee, Y. (1987*) Intra-industry trade in the Pacific Basin. *International Economic Journal,* 1, 75-90.

Lee, Y. (1989*) A study of the determinants of intra-industry trade among the Pacific Basin countries. *Weltwirtschaftliches Archiv,* 125 (2), 346-58.

Lee, H. and Lee, Y. (1993*) Intra-industry trade in manufactures: the case of Korea. *Weltwirtschaftliches Archiv,* 129 (1), 159-71.

Leontief, W. W. (1954*) Domestic production and foreign trade; the American capital position re-examined. *Economia Internazionale,* 7 (1), 3-32. In Caves and Johnson (1968*).

Lloyd, P. J. and Lee, H.-H. (eds) (2002*) *Frontiers of Intra-Industry Trade.* London: Palgrave.

Lovely, M. E. and Nelson, D. R. (2002*) Intra-industry trade as an indicator of labor market adjustment. *Weltwirtschaftliches Archiv,* 138 (2), 179-206.

Lundberg, L. (1982*) Intra-industry trade: the case of Sweden. *Weltwirtschaftliches Archiv,* 118, 302-16.

Lundberg, L. and Hansson, P. (1986*) Intra-industry trade and its consequences for adjustment. In Greenaway and Tharakan (1986).

MacCharles, D. C. (1987*) *Trade among Multinationals: Intra-Industry Trade and National Competitiveness.* New York: Croom Helm.

Matsuyama[松山], K. and Takahashi[高橋], T. (1998*) Self-defeating regional concentration. *Review of Economic Studies,* 65, 211-34.
De Melo, J. and Tarr, D. (1990*) Welfare costs of U. S. quotas in textiles, steel and autos. *Review of Economics and Statistics,* 72 (3), 489-97.
Menon, J. (1994*) Trade liberalization and intra-industry specialization: the Australian experience. *Centre of Policy Studies General Paper,* No. G-107 (June).
Menon, J. (1996*) The dynamics of intra-industry trade in ASEAN. *Asian Economic Journal,* 10 (1), 105-15.
Menon, J. (1997*) Japan's intraindustry trade dynamics. *Journal of the Japanese and International Economies,* 11 (2), 123-42.
Menon, J. and Dixon, P. (1996a*) Regional trading agreements and intra-industry trade. *Journal of Economic Integration,* 11 (1), 1-20.
Menon, J. and Dixon, P. (1996b*) How important is intra-industry trade in trade growth? *Open Economies Review,* 7 (2), 161-75.
Menon, J. and Dixon, P. (1997*) Intra-industry versus inter-industry trade: relevance for adjustment costs. *Weltwirtschaftliches Archiv,* 133 (1), 164-9.
Mora, C. D. (2002*) The role of comparative advantage in trade within industries: a panel data approach for the European Union. *Weltwirtschaftliches Archiv,* 138 (2), 291-316.
Nilsson, L. (1997*) The measurement of intra-industry trade between unequal partners. *Weltwirtschaftliches Archiv,* 133 (3), 554-65.
OECD (1994*) *OECD Economic Outlook.* Paris.
Oliveras, J. and Terra, I. (1997*) Marginal intra-industry trade index: the period and aggregation choice. *Weltwirtschaftliches Archiv,* 133 (1), 170-8.
Parker, P., Rutherford, T. and Koshiba[小柴], T. (2000*) New direction in Canada's Japanese-owned automobile plants. In Bowles and Woods (2000*).
Penrose, E. F. (1956*) Foreign investment and the growth of the firm. *Economic Journal,* 66 (June), 220-35.
Penrose, E. F. (1959*) *The Theory of the Growth of the Firm.* Oxford: Blackwell. (末松玄六監訳 (1962*)『会社成長の理論』ダイヤモンド社。)
Porto, M. and Costa, F. (1999*) Portugal. In Brülhart and Hine (1999*).
Puga, D. and Venables, A. J. (1997*) Preferential trading arrangements and industrial location. *Journal of International Economics,* 43 (3/4), 347-68.
Ricardo, D. (1817*) *The Principles of Political Economy and Taxation.* London: John Murray. (竹内謙二訳 (1962*)『経済学及び課税の原理』上・下, 慶友社。)
Ricci, L. A. (1999*) Economic geography and comparative advantage: agglomeration versus specialization. *European Economic Review,* 43, 357-77.
Rice, P., Stewart, M. and Venables, A. J. (2002*) *The Geography of Intra-Industry Trade: Empirics, Topics and Economic Analysis and Policy.* Vol. 3, No. 1.
Rossini, G. and Burattoni, M. (1999*) Italy. In Brülhart and Hine (1999*).
Ruffin, R. J. (1999*) The Nature and Significance of Intra-Industry Trade. *Economic and Finance Review,* Fourth Quarter (3), Federal Reserve Bank of Dallas.
Rutherford, T., Parker, P. and Koshiba[小柴], T. (2001*) Global, local or hybrid?: evidence of adaptation among Japanese automobile plants in Japan, the United States and

Canada. *Environments*, 29 (3), 15-34.

Sanyal, K, and Jones, R. W. (1982*) The theory of trade in middle products. *American Economic Review*, 72 (1), 16-31.

Sarris, A., Papadimitriu, P. and Mavrogiannis, A. (1999*) Greece. In Brülhart and Hine (1999*).

Sazanami [佐々波], Y. (1986*) Some policy implications of intra-industry trade for Japan. In Greenaway and Tharakan (1986*).

Schumacher, D. (1983*) Intra-industry trade between the Federal Republic of Germany and developing countries: extent and some characteristics. In Tharakan (1983*).

Shelburne, R. C. (1993*) Changing trade patterns and the intra-industry trade index: a note. *Weltwirtschaftliches Archiv*, 129 (4), 829-33.

Smeets, H.-D. (1999*) Germany. In Brülhart and Hine (1999*).

Smith, A. (1776*) *An Inquiry into the Nature and Causes of the Wealth of Nations*. London: Dent, 1975. (大内兵衛・松川七郎共訳 (1969*)『諸国民の富』I & II, 岩波書店。)

Stewart, F. (1984*) Recent theories of international trade: some implications for the South. In Kierzkowski (1984).

Stokey, N. L. (1991*) The volume and composition of trade between rich and poor countries. *Review of Economic Studies*, 58 (1), 63-80.

Stolper, W. F. and Samuelson, P. A. (1941*) Protection and real wages. *The Review of Economic Studies*, 9 (November), 58-73. In Ellis and Metzler (The American Economic Association) (sel.) (1950*: 1st ed.)

Takacs, W. E. and Winters, L. A. (1991*) Labour market adjustment and British footware protection. *Oxford Economic Papers*, 43 (3), 479-501.

Tharakan, P. K. M. (1983*) The economics of intra-industry trade: a survey. In Tharakan (1983).

Tharakan, P. K. M. (1986*) Intra-industry trade of Benelux with the developing world. *Weltwirtschaftliches Archiv*, 122, 131-49.

Tharakan, P. K. M. (1989*) Bilateral intra-industry trade between countries with different factor endowment patterns. In Tharakan and Kol (1989*).

Tharakan, P. K. M. and Calfat, M. (1999*) Belgium. In Brülhart and Hine (1999*).

Tharakan, P. K. M. and Kerstens, B. (1995*) Does North-South horizontal intra-industry trade really exist? An analysis of the toy industry. *Weltwirtschaftliches Archiv*, 131 (1), 86-105.

Tharakan, P. K. M. and Kol, J. (eds) (1989*) *Intra-Industry Trade: Theory, Evidence and Extensions*. London: Macmillan Publishers. (佐々波楊子監訳, 小柴徹修・浜口登・利光強訳(1993*)『産業内貿易:理論と実証』文眞堂。)

Thom, R. and McDowell, M. (1999*) Measuring marginal intra-industry trade. *Weltwirtschaftliches Archiv*, 135 (1), 48-61.

Torstensson, J. (1991*) Quality differentiation and factor proportions in international trade: an empirical test of the Swedish case. *Weltwirtschaftliches Archive*, 127 (1), 183-94.

Torstensson, J. (1992*) *Factor Endowments, Product Differentiation and International Trade*. Lund Economic Studies, No. 47, Lund: University of Lund.

Venables, A. J. (1999*) The international division of industries: clustering and comparative advantage in a multi-industry model. *Scandinavian Journal of Economics*, 101 (4), 495-513.

Vernon, R. (1971*) *Sovereignty at Bay: The Multinational Spread of U. S. Enterprises.* New York: Basic Books. (霍見芳浩訳 (1973)『多国籍企業の新展開』ダイヤモンド社。)

Viner, J. (1961*) *The Customs Union Issue.* Washington DC: Anderson Kramer Associates.

Ward's Automotive Yearbook (2003*, 2004*) Ward's Communications. Southfield, MI.

Young, A. A. (1928*) Increasing returns and economic progress. *Economic Journal*, 38, No. 152, 527-42.

Zhang, J., Witteloostuijn, A. and Zhou, C. (2005*) Chinese bilateral intra-industry trade: a panel data study for 50 countries in the 1992-2001 period. *Review of World Economics/Weltwirtschaftliches Archiv*, 141 (3), 510-40.

著者索引

(「補論：産業内貿易論の展望」だけに記載のものには「*」印を付して識別した。)

ア行

アーミントン[Armington, P. S.] 196
アーント[Arndt, S. W.]* 313
アカマツ[赤松要]* 248-9
アキノ[Aquino, A.] 84, 86-8, 90, 92, 99, 105, 108, 113, 116, 201
アグモン[Agmon, T.] 63, 68, 127
アザー[Azhar, A. K. M.]* 270-2, 289, 292
アトゥルパン[Aturupane, C.]* 273
アドラー[Adler, M.] 207, 213
アブデル・ラーマン[Abd-el-Rahman, K.]* 274
アミティ[Amiti, M.] 315
イートン[Eaton, J.] 38, 46, 48, 51-2, 138, 140, 187, 261, 263-4
イシダ[石田修]* 257
イトウ[伊藤順一]* 257
ヴァーノン[Vernon, R] 141, 241, 248, 252-5
ヴァイナー[Viner, J.] 2, 298
ヴァドゥーン[Verdoorn, P. J.] 2, 74, 244
ウィルマー[Willmore, L. N.] 113, 123
ウィンターズ[Winters, L. A.]* 269, 300
ヴェナブルズ[Venables, A. J.] 15, 17, 190, 233, 264-5, 315
ウォルター[Wolter, F.] 99, 153, 157-8, 161, 178, 245, 265
ウォルフ[Wolf, M.] 120, 212
エイトケン[Aitken, N. D.] 136
エリオット[Elliott, R. J. R.]* 270-2, 287, 301-2, 304, 309-10
オーイーシーディー[国連経済開発機構：OECD]* 245
オオヤマ[大山道廣]* 257
オダ[小田正雄]* 257
オドンネル[O'Donnell, M.]* 286, 288

オリーン[Ohlin, B.] 1, 243
オリベラス[Oliveras, J.]* 287

カ行

カーティス[Curtis, D. C. A.] 216, 225
カイヌマ[貝沼直之]* 257
ガシュヴィッツ[Gabszewicz, J.]* 258
カトウ[加藤義喜]* 256
カトラック[Katrak, H.] 135
カブラル[Cabral, M.]* 300, 302, 307, 309-10
カリザデ・シラジ[Khalizadeh-Shirazi] 147
ガルストランド[Gullstrand, J.]* 273
カルファット[Calfat, M.]* 288, 301-2
キーシング[Keesing, P. B.] 135, 253
キミナミ[木南章]* 246
キミナミ[木南リリー]* 246
キャージコウスキー[Kierzkowski, H.] 10-11, 13, 46, 48, 138, 140, 187, 216, 248, 258, 261, 263-4, 313
ギャヴェリン[Gavelin, L.] 92, 245
クーパー[Cooper, D.]* 268
クールノー[Cournot, A.] 30
クイッパーズ[Kuijpers, B.]* 286, 288, 302
グプタ[Gupta, V. K.] 177
クライニン[Kreinin, M. E.] 99
クライン[Cline, W. R.] 199
クリージャー[Krygier, M.]* 248
グリーンナウェイ[Greenaway, D.] 55, 82, 84, 87, 92-5, 97, 113, 124, 129, 132, 144, 153, 156-7, 160, 163-4, 167-8, 172-3, 184, 195, 215, 219, 245, 247, 249, 263, 265, 267, 269, 273-4, 279, 285, 287, 299, 304-5, 311, 319
クルーグマン[Krugman, P.] 3, 14-5, 17, 27, 31, 34, 36-7, 135-6, 138, 191, 194, 196, 205, 216, 229, 231-2, 237, 248, 256-8, 261-

4, 280, 315
グルーバー[Gruber, W.]　135, 248, 253
グルーベル[Grubel, H. G.]　2-3, 77, 84, 91-2,
　　　97-9, 109, 113, 116, 118, 243, 256, 258,
　　　266, 283
グレイ[Gray, H. P.]　2, 91, 146, 150
クレイヴィス[Kravis, R.]　146
グレジャー[Glejser, H.]　106-7, 125, 245
クレスポ[Crespo, N.]*　270
グロスマン[Grossman, G. M.]　38, 313
クワン[Kwan, C. H.]*　248, 252
ケイヴス[Caves, R. E.]　147, 157, 161, 168,
　　　172, 174, 178, 245
コーデン[Corden, W. M.]　215, 224
コシバ[小柴徹修]*　257, 294, 298, 318
コジマ[小島清]*　248, 252, 256-7
コスタ[Costa, F.]　286, 288, 302
コックス[Cox, D.]　198, 213, 241
コミヤ[小宮隆太郎]*　312
コル[Kol, J.]*　245, 286, 288, 302, 312, 319

サ行

サザナミ[佐々波楊子]*　257
サットン[Sutton, J.]　40, 42-4, 46, 141,
　　　263-4
サニャル[Sanyal, K.]*　313
サムエルソン[Samuelson, P. A.]　67, 192,
　　　295
サラカン[Tharakan, P. K. M.]　130, 156-7,
　　　160-1, 171, 173, 176, 245, 247, 249, 288,
　　　301-2, 319
サリス[Sarris, A.]　286, 288, 301-2
ザン[Zhang, J.]*　246, 276
シーラー[Scherer, F. M.]　38, 55, 192, 220,
　　　224
シヴァン[Civan, E.]　113, 118-9, 121-2, 158,
　　　246
シェイクド[Shaked, J. A.]　40, 42, 43-4, 46,
　　　141, 263-4
ジェイムス[James, J.]　220
シェルブーン[Shelburne, R. C.]*　287, 292
シューマッハー[Schumacher, D.]*　246
シルヴァ[Silva, J.]*　300, 302, 307, 309-10

ジョーンズ[Jones, R. W.]　202, 248, 313
ジョンソン[Johnson, H. G.]　215, 231
スチュワート[Stewart, F.]　220, 319
スティグリッツ[Stiglitz, J.]　3, 13, 27, 256,
　　　261, 263, 280
ステグマン[Stegemann, K.]　228
ストルパー[Stolper, W. F.]　192, 295
スネイプ[Snape, R.]　225
スピラー[Spiller, L.]　14, 17-8
スペンサー[Spencer, B. J.]　231, 233, 237
スペンス[Spence, M.]　55
スミーツ[Smeets, H.-D.]*　288, 302
スミス[Smith, A.]*　319
ソレンセン[Sorensen, R.]　3, 157, 164, 245

タ行

タール[Tarr, D.]*　300
タカクス[Takacs, W. E.]*　300
タカハシ[高橋孝明]*　315
ダニング[Dunning, J. H.]　62, 68
ダルキン[Durkin, J. T.]*　248
チラス[Chilas, J. G.]　102, 104, 129, 132, 194
ディアドーフ[Deardorff, A. V.]　134, 156,
　　　248, 313
ディクシット[Dixit, A. K.]　3, 13, 15, 17, 27,
　　　231-2, 256, 263-4, 280, 313
ディクソン[Dixon, P.]*　283, 287-8, 297, 299,
　　　306
ディケン[Dicken, P.]*　313
デイビス[Davis, S.]*　301, 311
テラ[Terra, I.]*　287
トー[Toh, K.]　153, 157, 159-60, 167, 173, 245
トーステンソン[Torstensson, J.]*　249, 269,
　　　274
トゥムリア[Tumlir, J.]　142, 175
トゥリーニ[Turrini, A.]*　258
ドゥルキン[Durkin, J. T.]*　248
トム[Thom, R.]*　287
ドラベク[Drabek, Z.]　82, 113, 124
ドレッツ[Drèze, J.]　2, 115, 244

ナ行

ニースト[Kniest, P.]*　284, 287

340　索　引

ニアリー[Neary, J. P.]　202, 204
ニイボリ[新堀聰]*　257
ニールソン[Nilsson, L.]*　259
ネヴン[Neven, D.]　31, 37-8
ネルソン[Nelson, D. R.]*　288, 306
ノーマン[Norman, G.]　62, 68
ノーマン[Norman, V.]　15, 17, 261, 264

ハ行

パーカー[Parker, P.]*　298
バーカー[Barker, T.]　114
バーグストランド[Bergstrand, J. H.]　82, 88, 155, 157, 159-60, 162-3, 167-8, 172, 258, 260, 275
ハーシ[Hirsch, S.]　63, 114, 117
パーセル[Pursell, G.]　225
ハイン[Hine, R. C.]*　249, 273, 287, 299, 302
バウェンツ[Bauwens, L.]*　260
ハヴリリシン[Havrylyshyn, O.]　113, 118-22, 128, 158, 246
パゴウラトス[Pagoulatos, E.]　3, 157, 164, 245
バグワティ[Bhagwati, J.]　215
バセヴィ[Basevi, G.]　225
バノ[Bano, S. S.]*　245
パパディミトリュ[Papadimitriu, P.]*　288
ハフバウアー[Hufbauer, G. C.]　102, 104, 117, 129, 132, 135, 145, 194, 248, 253
ハマグチ[浜口登]*　257
ハメルズ[Hummels, D.]*　279
ハミルトン[Hamilton, C.]*　284, 287
バラッサ[Balassa, B.]　2, 74, 76, 88, 90, 92, 105, 108, 113, 122-3, 157-61, 163, 171, 178, 199, 201, 244-5, 256, 260, 265-6, 297-9
バラトーニ[Burrattoni, M.]*　301
ハリス[Harris, R.]　198, 213, 241
ハルティワンガー[Haltiwanger, J.]*　301, 311
ハルフィ[Harfi, M.]*　286, 288
ハンセン[Hanssen, P.]　158, 207
ハンソン[Hanson, G. H.]*　313
ハンソン[Hansson, P.]*　299
ヒルガート[Hildgert, F.]　1

フー[Hu, X.]*　246, 273
プーガ[Puga, D.]*　264
ファルヴィー[Falvey, R. E.]　3, 10-13, 134, 141, 216, 218, 248, 256, 258, 263-6
フィーンストラ[Feenstra, R. C.]*　313
フィンガー[Finger, J. M.]　91, 99, 157, 161, 174, 258, 266-8
フェイズ[Fase, M. M. G.]　110
フェルプス[Phelps, E. S.]　211
フォンターニエ[Fontagné, L.]*　269-70, 273-4
フォントーラ[Fontoura, M. P.]*　270
フジタ[藤田 M.]*　264
ブラトーニ[Burattoni, M.]*　288, 302
ブラックハースト[Blackhurst, R.]　208
フラム[Flam, H.]*　248, 257, 264
ブランダー[Brander, J. A.]　3, 31, 34, 36-7, 136, 191, 196, 231, 233, 237, 256, 264
フリップス[Phlips, L.]　31, 37-8
ブリュールハルト[Brülhart, M.]*　249, 270, 273, 285-8, 301-2, 304-5, 308-9, 311
ブレア[Blair, J. M.]　2
ブレインズ[Blanes, J. V.]*　273
ブレントン[Brenton, P. A.]*　269
フロイデンベルク[Freudenberg, M.]*　269-70
ヘインズ[Haynes, M.]*　304, 308
ベキュー[Becuwe, S.]　240
ヘス[Hesse, H.]　116
ヘライナー[Helleiner, G. K.]*　248
ペルズマン[Pelzman, J.]　113, 125
ヘルプマン[Helpman, E.]　21, 25, 135, 158, 200, 248, 257, 261-4
ペンローズ[Penrose, E. F.]*　312
ポーター[Porter, M. E.]　147-8
ボールドウィン[Baldwin, R. E.]　83
ホウセン[法専充男]*　257
ポルト[Porto, M.]*　286, 288, 302
ホワン[Hwang, H.]　39, 230
ホンダ[本多光雄]*　257
ポンフレット[Pomfret, R.]　91, 96

マ行

マ[Ma, Y.]* 246, 273
マークーセン[Markusen, J. R.] 68
マーティン[Martin, J. P.] 146, 150
マイカリー[Michaely, M.] 76, 98
マヴロギアニス[Mavrogiannis, A.]* 288
マクダウル[McDowell, M.]* 287
マクチャールス[MacCharles, D. C.] 244-6, 248
マッカリース[McAleese, D.] 117, 129, 286-8
マツヤマ[松山きみのり]* 315
マティーン・モンタナー[Martín-Montaner, J. A.] 273
マンデル[Mundell, R. A.] 67
ミード[Meade, J. E.] 215
ミルナー[Milner, C. R.] 84, 87, 92-5, 153, 156-7, 160, 163-4, 167-8, 172-3, 195, 200, 219, 247, 249, 265, 267, 287, 319
メイナルディー[Mainardi, S.] 64
メザリン[Messerlin, P.] 240
メネス[Mennes, L. B. M.] 245
メノン[Menon, J.]* 245, 283, 287-8, 297, 299, 306
デ・メロ[de Melo, J.] 196, 198-9, 300
モラ[Mora, C. D.]* 275
モンテ[Montet, C.]* 286, 288

ヤ行

ヤコブソン[Jacobson, L. S.]* 300
ヤマザキ[山崎俊雄]* 257
ヤマザワ[山澤逸平]* 248, 251-2
ヤマモト[山本繁綽]* 257
ヤング[Young, A. A.]* 312, 319
ヨーロピアン・コミッション[欧州委員会]* 273

ラ行

ラーチャー[Loertscher, R.] 99, 153, 157-8, 161, 178, 245, 265

ライアンズ[Lyons, B. R.] 56, 59, 66
ライス[Rice, P.]* 245
ラザフォード[Rutherford, T]* 298
ラフィン[Ruffin, R. J.] 280
ラブリー[Lovely, M. E.]* 288, 306
ラリー[Lary, H. B.] 238
ランキャスター[Lancaster, K.] 3, 20, 27, 47, 56, 59-60, 109, 138, 140, 144, 184, 190, 216, 220, 222, 237, 248, 256, 258, 261, 263-4, 266, 268
リー[Lee, H.]* 246
リー[Lee, Y.]* 246
リーマー[Leamer, E. E.] 136, 256
リカード[Ricardo, D.]* 295
リッチー[Ricci, L. A.]* 315
リプシー[Lipsey, R.] 97, 146, 258, 267
リンダー[Linder, S. B.] 45, 115, 137, 257-8, 260
リンドレイ[Lindley, J.]* 302, 309-10
リンネマン[Linneman, H.] 99
ルンドバーグ[Lundberg, L.] 92, 127, 157-8, 160, 207, 245, 299
レイメント[Rayment, P. B. W.] 91, 99, 238, 258, 267, 312, 319
レオンチエフ[Leontief, W. W.]* 256
デ・ローサ[de Rosa, D. A.] 157, 161, 174
ローゼン[Rosen, S.] 149
ローレンス[Lawrence, C.] 14, 17-8
ロイド[Lloyd, P. J.] 2, 77, 84, 91-2, 97-9, 109, 113, 116, 118, 243, 256, 258, 266, 283
ロッシーニ[Rossini, G.]* 288, 302
ロスチャイルド[Rothschild, R.] 237
ロビンソン[Robinson, S.] 196, 198-9

ワ行

ワーズ自動車年鑑[Ward's Automotive Yearbook]* 319
ワールド・バンク[国際復興開発銀行／世界銀行]* 247

事項索引

(「補論：産業内貿易論の展望」に記載のものだけに「*」印を付して識別した。)

あ行

アーリン・ヤングの特化[Allyn Young specialization]* 312, 319
アイスバーグ(氷山)モデル[iceberg model] 34, 200
1次産品[primary products] 1, 130, 257
偽りの比較優位[faise comparative advantage] 25
H-O-S モデル[H-O-S model] 2, 10, 13, 25, 181-3, 244, 258, 315
　　と貿易利益[gains from trade] 181, 183
OLI (ownership-location-internalisation)
　　パラダイム 61-3, 142

か行

寡占モデル[oligopoly models]
　　と最適な相殺関税(政策)[and optimal countervailing policies] 231-2
　　と水平的に差別化された製品の貿易[and trade in horizontally differentiated goods] 46-52, 138, 140-1, 261-4, 276-8
　　と通商政策[and commercial policy] 234, 241
　　自然寡占[natural oligopoly] 39-40, 43-4, 46, 140-1
　　(複占モデルも参照)
カテゴリー別(ごとの)(産業)集計(産業分類)
　　[categorical aggregation] 80, 82, 91, 96-7, 265-8
　　　問題[problems of]* 73, 265-8
雁行形態(発展)論[flying geese development]* 248-52
関税[tariffs] 123-4, 138, 142, 166, 175, 217-9
　　自由化[liberalization of] 116, 124

対称的　　[symmetric] 220
非対称的　　[asymmetric] 220-4
　　(通商政策も参照)
関税同盟[customs union] (経済統合を参照)
企業内貿易[intra-firm trade] 27, 63-7, 246, 248, 312
技術ギャップ(格差)論[technology gap theory]* 248, 253
技術的要素[technological factors] (製品差別化および研究開発(R&D)を参照)
気に入った品種[favorite variety]*
　　(理想とする品種を参照)
規模の経済(利益)[scale economies/economies of scale] 3, 9, 13-4, 17, 27, 53, 60-1, 63, 66, 117, 129-30, 135, 138-9, 126-31, 165-9, 172-3, 183, 190-1, 196, 199, 237, 248, 263, 274, 318
　　の計測[measurement of] 161, 165-7, 169, 172-3, 176
　　の実証的な影響[empirical effects of] 128, 172-3
多品種製品と　　[multiproduct and] 59
距離(の要素)[distance factors] 56-61, 128, 136, 138, 142, 165-6, 168-9, 175, 178
　　(地理的空間[geographical space]*も参照)
　　(輸送費用[transport cost]も参照)
クールノー=ナッシュ均衡[Cournot-Nash equilibrium] 189
　　(ナッシュ均衡も参照)
グラビティー(重力)型のモデル[gravity models] 135-6, 258-9
グルーベル=ロイド指数[Grubel and Lloyd index] 77-8, 244, 284-5, 287-91, 294
(地域)経済統合[regional economic integration: REI] 2, 114, 122-5, 128-9, 244,

索引　343

298, 318
ゲーム理論モデル[game theoretic model]
　　（寡占モデルも参照）
　——と通商政策[and commercial policy]
　　229-34
限界産業内貿易[marginal intra-industry trade: MIIT]* 283-8, 291-6
　グリーンナウェイ＝ハイン＝ミルナー＝エリオット(MIIT$_{GHME}$)の——* 285, 287-8, 294
　ハミルトン＝ニースト(MIIT$_{HK}$)の——* 284, 287-8
　ブリュールハルトの——(MIIT$_B$)：A指標* 285-8, 293-4
研究開発(R&D)費用(集約的)[research and development] 43-6, 135, 141, 248-9, 253
合意的国際分業論(モデル)[agreed specialization]* 257
広告集約度[advertising intensity] 146-8
　販売額に占める広告費の割合[advertising-sales ratio] 166, 172
効用関数[utility function] 11-2, 15-6, 18-23
　（需要の影響も参照）
国内独占モデル[domestic monopoly model] 224-9
国境貿易[cross border trade]* 259
異なる品種を(幾つか)求める嗜好[love of variety]* 248, 261, 263
固有要素モデル[specific factor model] 193-4, 202
雇用[employment]（調整問題を参照）
混乱のない貿易の成長[non-distractive trade growth]*
　（スムースな調整の仮説を参照）

さ行

最小効率規模[minimum efficient scale: m. e. s.] 153, 168, 172, 184, 198, 263
　（規模の経済も参照）
最適介入の分析[optimal intervention analysis] 5, 210, 215-6, 224, 229-31, 233
サプライチェーン[supply chain]* 248, 278,

311
差別価格[price discrimination] 37, 61
産業内貿易の計測(尺度)[measures of IIT] 73-83, 159-62
市場構造[market structure] 4, 139-41, 151-2, 165-7, 173, 236, 264-5, 273-4
　（寡占も参照）
　（独占的競争も参照）
資本集約度(性)[capital intensity]
　（要素集約度(性)を参照）
資本豊富[capital abundance] 13, 18-9, 264, 316
　（要素賦存(量)も参照）
奢侈品[luxurious goods]* 259-60
集中度[concentration ratio] 151-2
　（市場構造も参照）
需要(demand)
　——の影響[demand influence] 137-9, 170-1
　——の代替性(弾力性)[substitution (elasticity)]* 262, 266, 269
　代表的——[representative]* 257
　（効用関数も参照）
　（多様性仮説も参照）
　（類似性の仮説も参照）
準反応ベルトラント型均衡[semi-reactive Bertrand equilibrium] 49-50
消費者余剰[consumer surplus] 185-90
初期の研究(調査結果)[early research] 2
所得分配[income distribution] 192-5
新興工業国[newly industrializing countries] 119-22
新チェンバリン派のモデル[neo-Chamberlinian model] 13-20, 26-7, 138, 192, 194
　——の限界[limitation of] 19-20
　通商政策と——[and commercial policy] 219-20
新ヘクシャー＝オリーン流のモデル[neo-Heckscher-Ohlin model] 3, 9-13, 134
　——と通商政策[and commercial policy] 216-9
新ホテリング流のモデル[neo-Hotelling mod-

el]　9, 14, 20-6, 192, 194
　　──と通商政策[and commercial policy]　219-4
　　──への拡張[extensions to]　25-6
推測的変動[conjectural variation]　29-30
　　クールノーの仮説[Cournot assumption]　30-9, 229-34
　　クールノー・モデルの限界[limitations of Cournot model]　37-9
　　ベルトラント・モデル[Bertrand model]　38, 43-4, 49-50
垂直的製品差別化[vertical product differentiation]（製品差別化を参照）
垂直的な産業内貿易[vertical intra-industry trade: VIIT]*　248, 260-2, 264-5, 268, 270-8, 300-6
水平的な製品差別化[horizontal product differentiation]（製品差別化を参照）
水平的な産業内貿易[horizontal intra-industry trade: HIIT]*　248, 260-5, 268, 270-4, 276-8, 300-6
ストルパー＝サムエルソン命題[Stolper-Samuelson theorem]*　192-3, 295
スムースな貿易成長[smooth trade growth]*（スムースな調整の仮説を参照）
生産期間の長さ[length of production run]（規模の経済を参照）
生産者余剰[producer surplus]　185-8, 190
生産の集積(化)（アグロメレーション[agglomeration]またはクラスター[cluster]）*　248, 278, 311-5
生産の分散(化)（フラグメンテーション[fragmentation]）*　238, 248, 278, 311-5
生産プロセスの分割化(分節化)（生産の分散(化)を参照）
　　──の下流部門（川下産業）[lower sector]*　311, 314-5
　　──の上流部門（川上産業）[upper sector]*　311, 314-5
製造業品[manufactured goods]　1, 130-1, 246, 255, 257-8, 278, 305
製品差別化[product differentiation]　9-10, 13, 16-20, 24-5, 29-30, 39, 46-7, 51-2, 55, 61, 66, 115, 127, 130-1, 134-5, 137-8, 140-1, 143-55, 165-7, 169, 171-2, 183-9, 194, 196, 220, 231, 241, 246, 261-5, 270, 273, 279
　　──の代理変数選び[proxying]　145-50, 164-9
　　──の定義[defining]　144-5
　　技術的な──[technological]　144-5, 262
　　垂直的な──[vertical]　10-1, 14-9, 39-46, 66-7, 144, 216-7, 251, 260-5, 268-70, 273, 275
　　水平的な──[horizontal]　14-26, 46-52, 55-61, 65, 144, 220-4, 260-4, 268-70, 273, 275
製品スペクトル[product spectrum]　21-3, 51, 59
製品の品種[product variety]　14-26, 54-69, 218-29, 280-3
　　製品の開発費[costs of product development]　18-20, 40-4, 46-8, 56-61, 192, 222, 224
　　社会として最適な──[socially optimal]　190
異なる品種の配列が入り組む場合[interleaved arrangement]　220-4
異なる品種の配列が分割できない場合[split arrangement]　220-1
先進市場経済[developed market economies]　114, 118-21, 126, 156-8, 160-1
全体的な貿易の不均衡[aggregate trade imbalance]
　　──とIITの計測[and measures of IIT]　83-9
アキノの調整[Aquino adjustment]　86-8
グルーベル＝ロイドの調整[Grubel and Lloyd adjustment]　84-6
バーグストランドの調整[Bergstrand adjustment]　88-9
戦略的相互依存性[strategic interdependence]（推測的変動を参照）
双方向貿易[two-way trade]*　73, 105, 120-1, 141-2, 144, 243, 257, 272, 279

索　引　345

た行

対外直接投資［direct foreign investment: DFI/foreign direct investment: FDI］
　（多国籍企業を参照）
代表的需要［representative demand］*　257
多国籍企業［multinational corporations］　4, 54, 61-9, 115, 120, 131, 138, 141, 166, 174, 246-8, 252, 277-8, 312
多数均衡［multiple equilibria］　18
多品種製品生産企業［multi-product firm］　54-61, 66, 69
　──と産業内貿易［and intra-industry trade］　60-1
（製品の）多様性［variety］（製品差別化，および（製品の）多様性，または品種を参照）
（製品の）多様性仮説［variety hypothesis］　114
単位価値［unit value］*　269-72
　──較差［price wedge］*　270-1
　　FF 指標の──［price wedge of FF index］*　269-71, 273
　　GHM 指標の──［price wedge of GHM index］*　269-73
中央計画経済［centrally planned economies］　114-5
（原材料）調達［sourcing］　66, 120
　（多国籍企業も参照）
調整問題［adjustment problem］　194, 201-8, 283-9, 295-307, 318-9
　──に関する政策［and policy］　208-12
　──の実証分析（の）結果［empirical evidence on］　212-4
　──の費用［cost］*　283-5, 295-311, 313-4, 318-9
　雇用──［employment］*　201-8, 296-311
　スムースな──の仮説［smooth adjustment hypothesis: SAH］*　283, 297-9, 301, 305-6
地理的空間［geographical space］
　（距離を参照）
賃金（率）［wages］　12, 193, 202-6, 302, 305, 308, 317

（調整問題を参照）
　──の弾力性［flexibility］　205-6
通商政策［commercial policy］　142, 177, 215-35
　（関税も参照）
定型化された事実［stylized fact］*　113, 133, 246, 256, 267-8, 319
逓減費用［decreasing cost］*
　（規模の経済を参照）
独占的競争［monopolistic competition］　23, 190, 248, 278
　（新チェンバリン派のモデルも参照）
　（新ホテリング流のモデルも参照）
特化［specialization］　100-10
　──のグレッジャー指数［Glejser indices of］　106-9
　──の尺度［measurement of］　100-10

な行

内部化［internalization］　62, 66
ナッシュ均衡［Nash equilibrium］　23, 38, 42, 44
　（クールノー＝ナッシュ均衡も参照）
南─南貿易［South-South trade］　121
南─北貿易［North-South trade］　120-1

は行

バーグストラント・モデル［Bergstrand model］
　（推測的変動を参照）
発展途上国［less developed countries/developing countries］　1, 88, 114, 119-21, 127, 131, 245-7, 254-5
ハフバウアー指数［Hafbauer index］　145-6
バラッサ指数［Balassa index］　74-6
範囲の経済［economies of scope］　59-61, 66, 237
反応関数［reaction function］　32-5
販売費用［marketing costs］　64-6
比較優位［comparative advantage］
　（H-O-S モデルを参照）
非関税（関税以外の）障壁［non-tariff barrier］　138, 143, 166, 175
品質（製品の）［quality of product］*

──空間 [product-quality space: PQS]* 271-3
品種の相互の入り組み合い [interleaved arrangement] 220-4
　(製品の品種も参照)
複占モデル [duopoly model] 31-4, 42-4, 231
　(寡占モデルも参照)
プロダクト(製品)ライフサイクル論 [product life cycle theory: PLC]* 135, 141, 248, 252-3
──アプローチ [PLC approach]* 135
プロダクション・チェーン [production chain]* 248, 278, 311
分業パターン [pattern of division of labor]* 275-6, 311-9
　垂直的── [vertical division of labor]* 268-76
　水平的── [horizontal division of labor]* 268-76
ヘドニック価格指数 [hedonic price indices] 149-50
貿易の方向 [direction of trade] 12-3, 20, 45
貿易不均衡 [trade imbalance]
　(全体的な貿易不均衡を参照)
貿易(商品)分類(SITC) [trade classifications] 2, 79-80, 86-7, 90-6, 118, 124, 130, 146, 149, 157, 159, 198, 207, 258
貿易(の)利益 [gains from trade] 181-91
　──と産業内貿易 [and intra-industry trade] 181-9
　──の大きさ [magnitude of] 189-92
　──の実証分析(の)結果 [empirical evidence on] 195-200
北-北貿易 [North-North trade] 120
報復的なダンピング [reciprocal dumping] 34-9, 232
ボックス・ダイヤグラム [box diagram]* 292-4
　産業トレード── [industry trade]* 289-94

ま行

マイカリー指数 [Michaely index] 76-7
埋没費用 [sunk costs] 40, 56, 59-60, 296

(製品の多様性、または品種も参照)

や行

有限性の性質 [finiteness property] 42
輸送費用 [transport costs] 10, 31-7, 136, 166, 168-9, 175, 191, 230, 232
　(多国籍企業も参照)
　──と報復的なダンピング [and reciprocal dumping] 34-9
　(「アイスバーグ(氷山)」モデル ['iceberg model'] を参照)
要素集約度(性) [factor intensities] 10, 18-9, 134, 193, 260, 266, 283, 295-7, 313, 318
要素の移動 [factor movement]
　(多国籍企業も参照)
　──と IIT [and intra-industry trade] 67-9
要素賦存(量) [factor endowments] 10, 12, 14, 18-20, 25-7, 68, 109, 193-4, 262-4, 276-7, 302, 317
　(H-O-S モデルも参照)
　──比率(理論) [factor intensity theory]* 90, 244, 257-9

ら行

理想とする品種 [ideal quality]* 47, 49, 184, 189, 248, 263-5
類似性の命題 [similarity thesis] 115, 137-8, 170-1, 257, 276-7
レオンチェフの逆説 [Leontief's paradox]* 256
レント [rent]
　──移動 [shifting] 231
　──シーキングな関税 [-seeking tariff] 233-4
　──の移転と関税 [transfer and tariff] 190
労働(力)市場 [labour market]
　(調整問題も参照)
　──の分断化 [labour market segmentation] 206-8
(豊富な)労働(力) [labour abundance] 10, 12-3, 25, 264, 316

（調整も参照）
　（豊富（に賦存する）要素も参照）
労働需要[demand for labour]*
　——のコンポジション効果[composition effect]*　302, 310-1

　——の総合配分効果[total distribution effect]*　302, 310-1
　——のディメンション効果[dimension effect]*　302, 310-1

訳者プロフィール

小柴 徹修（こしば　てっしゅう）：東北学院大学経済学部　教授

1943（昭和18）年生まれ
1966（昭和41）年　中央大学経済学部卒
1974（昭和49）年　中央大学大学院経済学研究科博士（後期）課程満期退学
2005（平成17）年　東北大学大学院経済研究科博士後期課程終了　博士（経済学）
1974（昭和49）年　東北学院大学経済学部助手
1980-82（昭和55-57）年　米国ハーバード大学経営大学院で日米教育委員会フルブライト・プログラムのFDF（若手研究者）フェローとしてポスト・ドクトラル・プログラム勤務・研究
1995（平成7）年　日米教育委員会フルブライト・プログラムおよび国際学者交換協議会（CIES）のSIR招聘教授として、米国ワシントン州スポケーン市ホイットワース大学大学院MIMプログラムで「国際経営の政治経済的環境」、「国際経済」ならびに「日本経済」の教鞭を執る。

主な業績：　　　単著：「日本と北米自由貿易協定（NAFTA）地域との自動車製品の産業内貿易と産業調整」『経済学論纂』中央大学、第46巻第1・2合併号、2006年、51-80。
共著：「中小企業の国際化と課題」『日本経済の国際化とアジア経済』土屋六郎編、有斐閣、1987年。
共著：A welfare analysis of regional economic integration. (Chapter 3), Kohno, H., Nijkamp, P. and Poot, J. (eds) (2000), *Regional Cohesion and Competition in the Age of Globalization*. Cheltenham, U. K./Northamton, Massachusetts, U. S. A.: Edward Elgar, 49-62.
翻訳：デニス・ラム「OECD大使が語る国際貿易体制の行方と日米の責任」Trends（トレンズ）、米国大使館、1989年6月号。

栗山 規矩（くりやま　ただし）：石巻専修大学経営学部　教授

1941（昭和16）年生まれ
1966（昭和41）年　東京大学理学部卒
1974（昭和49）年　東京大学大学院経済学研究科博士後期課程修了　博士（経済学）
1969-73（昭和44-48）年　財団法人国民経済研究協会　研究員
1973（昭和48）年　東北大学経済学部助教授
1979-81（昭和54-56）年　米国ハーバード大学エンチン研究所でビジティング・スカラーとして研究
1988（昭和63）年　大阪大学教授社会経済研究所に併任
1994（平成6）年　郵政研究所特別研究官（通信経済研究部担当）に併任
2005（平成17）年　石巻専修大学経営学部教授

主な業績：　　　共著：『情報経済論入門』（共著者：大平号声）、福村出版、1995年。
共編著：『経済統計にみる企業情報化の構図』（共編著者：溝口敏行、寺崎康博）、

富士通ブックス，1996年。
共著：『これだけは知っておこう！統計学』(共著者：佃良彦，照井伸彦，金崎芳輔，鈴木賢一，山下英明，吉田浩)，有斐閣，2002年。
翻訳：Johnston, J.『計量経済学の方法　全訂版(上)，(下)』(共訳者：竹内啓，関谷章，美添泰人，舟岡史雄)，東洋経済新報社，1975年。

佐竹　正夫（さたけ　まさお）：東北大学大学院環境科学研究科　教授

1948（昭和23）年生まれ	
1971（昭和46）年	早稲田大学商学部卒
1979（昭和54）年	一橋大学大学院経済学研究科博士（後期）課程満期退学
1979（昭和54）年	小樽商科大学商学部講師
1994（平成6）年	東北大学大学院国際文化研究科教授
2003（平成15）年	東北大学大学院環境科学研究科教授

主な業績：　　　共著：「アンチ・ダンピングとWTOの紛争解決手続き」『日本の新通商戦略』馬田啓一・浦田秀次郎・木村福成編，文眞堂，2005年。
共著：「日米通商摩擦の展望」『国際日本経済論』池間誠・大山道広編，文眞堂，2001年。
単著：Trade conflicts between Japan and the United States over market access: the case of automobiles and automotive parts. *The Pacific Economic Papers*, No. 310, (December) 2000.

産業内貿易の経済学

2008年11月15日　第1版第1刷発行　　　　　　　　　検印省略

訳　者	小　柴　徹　修
	栗　山　規　矩
	佐　竹　正　夫

発 行 者　前　野　　　弘

発 行 所　株式会社　文　眞　堂

東京都新宿区早稲田鶴巻町533
電話 03 (3202) 8480
FAX 03 (3203) 2638
http://www.bunshin-do.co.jp
郵便番号 (162-0041) 振替00120-2-96437

印刷・モリモト印刷　製本・イマキ製本所
©2008
定価はカバー裏に表示してあります
ISBN 978-4-8309-4632-5　C3033